国家级一流本科专业建设·管理学教学用书

公司治理

贺小刚◎主　编　　王博霖　丁雪婷　叶文洁◎副主编

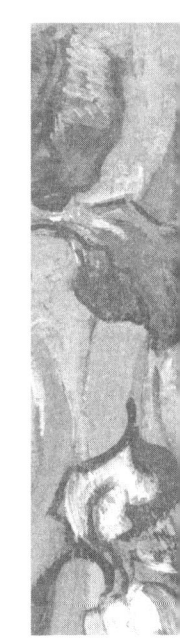

Corporate

Governance

上海财经大学出版社

上海学术·经济学出版中心

图书在版编目(CIP)数据

公司治理 / 贺小刚主编. —上海：上海财经大学出版社，2024.3
国家级一流本科专业建设·管理学教学用书
ISBN 978-7-5642-4292-3/F.4292

Ⅰ.①公… Ⅱ.①贺… Ⅲ.①公司-企业管理-高等学校-教材 Ⅳ.①F276.6

中国国家版本馆CIP数据核字(2023)第217578号

□ 责任编辑　李嘉毅　廖沛昕　林佳依　刘冬晴
□ 封面设计　张克瑶

公司治理

贺小刚　主　编
王博霖　丁雪婷　叶文洁　副主编

上海财经大学出版社出版发行
(上海市中山北一路369号　邮编200083)
网　　址:http://www.sufep.com
电子邮箱:webmaster @ sufep.com
全国新华书店经销
上海新文印刷厂有限公司印刷装订
2024年3月第1版　2024年3月第1次印刷

787mm×1092mm　1/16　21.75印张(插页:2)　557千字
印数:0 001－3 000　定价:59.00元

总 序
PREFACE

近年来,我国经济、金融领域发展广度和深度不断得到拓展,规模迅速扩大,创新步伐加快。建立一套内容新颖、结构合理、体系科学,并且切合当前我国大学生培养实际需求的经济管理系列专业本科教材,是当前社会经济发展和高校培养经济管理类专业人才的必然要求。

上海财经大学浙江学院由上海财经大学和浙中教育集团合作举办,是一所按新机制和新模式运作,具有独立法人资格的全日制本科独立学院。学院依托上海财经大学在经济管理学科领域的深厚积淀和财经人才培养方面的丰富经验,紧贴长三角、浙中城市群经济和社会发展需要,坚持立德树人根本任务,坚持地方性、应用型、特色化的发展道路,秉承"厚德博学、经济匡时"的校训精神,致力于培养能够融入国际社会、参与区域和国际合作与竞争的应用型、开拓型、外向型优秀人才。学院紧密切合社会发展需要和市场需求,拓展交叉学科,发展综合性学科。专业设置以经济学、管理学为主,兼顾理学、工学和文学等专业。

学院以全面提高办学质量、办学效益和办学声誉为目标,秉持"质量兴院、特色强院"的办学理念,以提高人才培养质量为核心,构建完善的人才培养体系。加强师资队伍建设,强化教学管理,抓好学科建设、专业建设、课程建设,积极引进国内外优质教学资源,提高教学和科研水平。坚持内涵建设和外延发展相协调、规范的制度体系与灵活的办学机制相协调,夯实内部管理基础与外联开放办学相结合。目前,学院主要学科负责人、专业核心课程教师由上海财经大学委派的拥有较强科研能力、良好教学经验的教授担任,采用先进的教育方法、教育手段,配置优良的教育资源,努力建设一批具有领先水平的特色专业。学院秉承上海财经大学重视基础课程教学的理念,建设优质的经济管理类平台课程,在向母体学校看齐、重视基础理论的同时,更强调实用性和可操作性。经过几年的摸索,自2011年起,学院开始建设符合自身特色的精品课程,其中已经完成结项的院级精品课程共31门、院级课程思政示范课程共16门、省级线下一流课程共8门。随着教育教学手段及方式的改变和提升,学院进一步加强在线精品课程建设,已经完成结项的院级精品在线开放课程共18门、已经认定的省级线上一流课程共8门、省级线上线下混合式一流课程共21门、省级社会实践一流课程共7门。

本套教材系学院首批精品课建设过程中,选取优秀的讲义为基础,经进一步修改完善而成,由上海财经大学出版社负责出版。在教材编写中,希望能够体现以下特点:

(1) 在教材类别的选择上,主要考虑面向经济管理类本科专业,同时考虑其他各类专业对经济管理相关理论与知识的需求。选材力求"精"和"新"。

（2）在教材内容的选择上，注意广泛吸收国内外优秀教材的最新成果，在力求完整介绍基本理论、基本知识的基础上，强调实用性和可操作性。

（3）在教材的编写中注重计算机的应用，注重对学生运用经济管理理论与方法和计算机技术解决实际问题能力的培养与训练。

本套教材的酝酿与编写，自始至终得到上海财经大学和上海财经大学出版社的热情帮助。编写大纲和书稿经过教材编写委员会的认真讨论、反复论证。希望我们的劳动成果能够得到国内外同行的认可，受到学生的欢迎。

马　洪
2023 年 12 月
上海财经大学浙江学院

前 言
FOREWORD

对公司治理问题的探讨源于股份公司的出现,最早可追溯至1776年,英国著名经济学家亚当·斯密(Adam Smith)在其经典著作《国富论》中讨论了公司所有权与经营权分离的现象,以及公司管理者与所有者存在潜在利益冲突的问题。其后在1932年,美国学者伯利(Berle)和米恩斯(Means)合著的《现代公司与私有财产》一书出版,在这部论著中,两位学者基于大量实证材料分析得出结论:现代公司的所有权与控制权实现了分离,控制权由所有者转移到公司经理人手中。20世纪70年代末,公司恶意购并事件的大量出现掀起了西方学界公司治理研究热潮,为对抗恶意并购,公司经理人员采取诸多反收购措施,而这类措施的实施大多以牺牲股东利益为代价,因此如何保护股东利益成为这一阶段公司治理研究的核心。此后,公司治理成为经济、金融、管理领域理论界和实务界所关注的核心研究课题之一。自20世纪90年代开始,国外公司治理的研究前沿转向机构投资者、公司社会责任、跨国企业的治理、知识经济下的公司治理等方面。传统的公司治理议题以股东价值论为圭臬,之后美国经济学家布莱尔(Blair)等学者提出了利益相关者理论(Stakeholder Theory)。经过几十年的探讨与推动,公司治理的理论内涵、研究框架和研究成果都得到了很大的丰富和完善,形成了诸多规范性的意见和做法,实务中各公司所构建的行之有效的公司治理体系便是这些成果的体现。

随着我国改革的不断深化和开放程度的日益加深,国内学界对企业问题研究的广度及深度都在迅速拓展,具体从早期普遍性的问题,如为何国有企业低效现象普遍且频出、为何国有企业改革要走产权明晰化道路、如何对国有企业进行股份制改造,到后期开始关注如何在所有权与控制权分离的条件下激励与约束经理人行为、如何创造企业公平竞争的市场环境、何种治理模式更能支持创新等。20世纪90年代,在我国国有企业向现代企业制度转轨过程中,企业经营者自主权不断扩大导致了内部人控制现象的大量出现。内部人控制导致国有资产大量流失,企业领导人腐败问题日渐突出,阻碍了国有企业深化改革的脚步。故而,虽然公司治理实践在我国开始的时间较晚,但自其出现后便引起政府、业界乃至整个社会的持续关注与重视。实践的需要呼唤理论的探索与解答,国内学者也开始关注并推动了公司治理的研究热潮。除早期经典的研究领域外,有关公司数智化、网络化、创业、高质量发展、绿色治理、公司制度演进以及企业ESG(环境、社会、公司治理)等都是国内研究的热点和重点。短短几十年,国内学界在公司治理领域的相关研究在国内外经济学、管理学界等不同学科领域顶刊上的迭现,不仅引起国外学界的关注,助推了国内外学者们的交流与合作,而且催动了国内高校公司治理相关课程的开设。

当前,社会经济发展到了一个新的阶段,不管是实务界还是学界,对公司治理相关问题愈加重视,社会各界对公司治理效率、决策行为表现等问题愈加关注,公司治理的相关内容也开始进入商学院的课程体系。如今国内外众多高校将公司治理作为一门独立课程,甚至作为工商管理专业的核心课程开设。为最大限度呈现公司治理的全貌,本教材做了以下尝试:在框架体系编排上,从广义的公司治理视角出发,围绕主体和客体、结构和形式、机制和功能、边界和范围等方面,构筑公司治理的体系框架,使读者能够系统、全面、深入地把握公司治理的内涵;在编写及内容呈现上,力求传统经典与学界前沿兼顾、理论与实践结合、传承与创新并重。具体而言,本教材的特色主要体现于以下四个方面:

第一,追史溯缘,追寻公司治理的本质根源。对任何一门学科,要想清楚准确了解其所述之事,就应追史溯缘,只有知其缘、知其道,方能解其所述之事。更为重要的是,从学科演进过程中,我们既可以看到实务界所遇之困,也可以从中获其解。在本教材中,我们分享"是什么",即介绍公司治理的主体和客体,也分享"为什么",即讨论公司治理的结构与机制逻辑,还阐述"所出之缘",分享公司治理机制的内容是如何演进的,并在此基础上,评述公司治理发展现状,结合当前全球经济社会发展趋势,对未来发展的方向提出一些想法和思考。

第二,叙理论实,理论与实践的有机整合。公司治理是一门理论与实践并重的学科。本教材努力实现公司治理基本理论与企业具体实践的有机整合:在基本概念与理论观点的阐述上,进行理论分析与抽象推演;在治理结构、机制以及模式方法上,立足于实务界,广泛借鉴切题且有价值的企业实践案例。为了让读者在掌握基本理论基础上增强实践能力,本教材结合管理类专业教学特点,每一章都配备案例分析等内容,便于读者思考讨论,培养其解决实际问题的能力。

第三,溯情于境,从中国实践出发,讲好中国故事。"中国有九百六十多万平方公里土地、五十六个民族,我们能照谁的模式办?谁又能指手画脚告诉我们该怎么办?面对丰富多彩的世界,我们应该秉持兼容并蓄的态度,虚心学习他人的好东西,在独立自主的立场上把他人的好东西加以消化吸收,化成我们自己的好东西,但决不能囫囵吞枣、决不能邯郸学步。照抄照搬他国的政治制度行不通,会水土不服,会画虎不成反类犬,甚至会把国家前途命运葬送掉。只有扎根本国土壤、汲取充沛养分的制度,才最可靠,也最管用。"[①]改革开放四十多年来,在中国企业以举世瞩目的速度成长腾飞中,公司治理扮演了不容忽视的角色。这也是立足于红色大地向读者展现了不同背景下不同的有效公司治理模式,向读者述说了中国特色社会主义市场经济情境下的公司治理机制为何有效的故事。因此,本教材在总结公司治理的一般规律和全球典型模式的同时,聚焦脚下的热土,剖析身边的中国故事。

第四,溯理于境,坚定中国体制机制的理论自信。"一个国家选择什么样的治理体系,是由这个国家的历史传承、文化传统、经济社会发展水平决定的,是由这个国家的人民决定的。我

---

① 参见习近平.庆祝全国人民代表大会成立60周年大会上的讲话,2014年9月5日。

前　言

国今天的国家治理体系，是在我国历史传承、文化传统、经济社会发展的基础上长期发展、渐进改进、内生性演化的结果。"①国家治理如此，公司治理同样如此。公司治理理论产生发展于西方国家的公司治理实践，但中国公司的治理萌发成长于脚下的土壤，这片土壤所滋养的公司治理是一个具有鲜明中国特色的全新体系。特定情境下的公司治理分享，一方面有助于读者对公司治理理论和实践有更深入全面的了解，另一方面有助于读者对中西方的公司治理实践进行对比，在对比中寻找差异，在差异中理性思考，在思考中坚定理论自信。

在全书编写过程中，上海财经大学浙江学院工商管理系及上海商学院的一批优秀青年教师参与其中。本人作为主编承担了双重责任：一是负责确定教材的提纲、主要内容以及结构等关键环节的相关工作，并对教材进行修改、审核和统纂，以确保教材质量；二是在编写教材过程中培养年轻教师，提高他们的科学研究能力、教学能力。本教材各章节的撰写分工如下：上海商学院的王博霖博士撰写第一章（公司与公司治理的形成）、第二章（公司治理的理论基础）、第三章（公司治理模式）及第九章（声誉市场与经理人的职业关注）；上海财经大学浙江学院的刘靖思老师撰写第四章（股权结构与治理效率），丁雪婷老师撰写第六章（激励机制设计）、第十章（媒体、法治与其他外部治理）及第十三章（互联网时代下的公司治理），鲍华江老师撰写第五章（董事会与监事会）及第七章（负债经营与股利政策），邵瑜老师撰写第十一章（信息披露机制）及第十二章（网络治理：公司治理的延伸），叶文洁老师撰写第八章（市场竞争与控制权市场）及第十四章（公司治理模式的演进及国际比较）。另外，叶文洁老师还负责全书的文字修改等细节工作。

本书的出版得到了上海财经大学浙江学院马洪院长、曾惠成副院长以及邱风副院长的大力支持。上海财经大学出版社王芳老师一直很关心关注本教材的出版，在她的热心帮助下，本教材得以顺利出版，在此一并表示感谢！此外，本教材参阅和引用了诸多学者的研究成果，包括有关的教材、著作以及论文，也引用了一些知名网站的资料，在此我们谨向这些学者及作者表示诚挚的感谢！由于编者水平和时间有限，本教材必然存在不足，恳请同行及读者批评指正，以使本书能够日臻完善！

贺小刚于上海
2023 年 12 月

---

① 参见习近平.省部级主要领导干部学习贯彻十八届三中全会精神全面深化改革专题研讨班上的讲话，2014 年 2 月 17 日。

目 录
CONTENTS

第一章　公司与公司治理的形成
- 2　概要
- 2　案例导读
- 3　第一节　企业与公司的本质
- 9　第二节　公司治理的形成
- 11　第三节　公司治理的目标与任务
- 14　第四节　公司科层契约与治理架构
- 16　第五节　公司治理边界及原则
- 21　本章小结
- 21　练习题
- 21　关键术语
- 22　结篇案例
- 23　参考文献

第二章　公司治理的理论基础
- 26　概要
- 26　案例导读
- 27　第一节　两权分离理论
- 29　第二节　公司控制权理论
- 32　第三节　企业融资理论
- 34　第四节　委托代理理论
- 37　第五节　利益相关者理论
- 40　本章小结
- 40　练习题
- 40　关键术语
- 40　结篇案例
- 41　参考文献

第三章　公司治理模式

页码	内容
45	概要
45	案例导读
46	第一节　外部治理模式
48	第二节　内部治理模式
51	本章小结
52	练习题
52	关键术语
52	结篇案例
53	参考文献

第四章　股权结构与治理效率

页码	内容
55	概要
55	案例导读
56	第一节　大股东及其作用
65	第二节　中国企业中的大股东
71	第三节　机构投资者
78	本章小结
79	练习题
79	关键术语
79	结篇案例1
81	结篇案例2
82	参考文献

第五章　董事会与监事会

页码	内容
88	概要
88	案例导读
89	第一节　董事会及其职能
90	第二节　董事会中的独立董事
97	第三节　董事会的性别结构
100	第四节　董事长与CEO
105	第五节　监事会
107	本章小结
108	练习题
108	关键术语
108	结篇案例

| 109 | 参考文献 |

第六章　激励机制设计

115	概要
115	案例导读
116	第一节　经理的激励性报酬
135	第二节　内部人持股计划
145	本章小结
145	练习题
145	关键术语
146	结篇案例
146	参考文献

第七章　负债经营与股利政策

149	概要
149	案例导读
150	第一节　负债经营
154	第二节　股利政策
158	本章小结
158	练习题
158	关键术语
158	结篇案例
159	参考文献

第八章　市场竞争与控制权市场

163	概要
163	案例导读
165	第一节　产品市场竞争
174	第二节　控制权市场
188	本章小结
189	练习题
189	关键术语
189	结篇案例
193	参考文献

第九章　声誉市场与经理人的职业关注

- 196　概要
- 196　案例导读
- 197　第一节　声誉理论的简单回顾
- 201　第二节　经理人的职业关注
- 203　第三节　经理人声誉价值的度量与我国资本市场的证据
- 206　本章小结
- 207　练习题
- 207　关键术语
- 207　结篇案例
- 208　参考文献

第十章　媒体、法治与其他外部治理

- 212　概要
- 212　案例导读
- 213　第一节　媒体的参与公司治理
- 219　第二节　法治环境与公司治理
- 225　第三节　法治外制度的公司治理角色
- 233　本章小结
- 233　练习题
- 233　关键术语
- 233　结篇案例
- 234　参考文献

第十一章　信息披露机制

- 238　概要
- 238　案例导读
- 239　第一节　公司信息披露基本理论
- 243　第二节　信息披露机制
- 247　第三节　会计、审计信息与信息披露
- 248　本章小结
- 248　练习题
- 248　结篇案例
- 250　参考文献

第十二章　网络治理：公司治理的延伸

- 253　概要
- 253　案例导读
- 254　第一节　网络组织概述
- 263　第二节　网络治理概述及选择
- 268　第三节　网络治理结构与机制
- 273　本章小结
- 274　练习题
- 274　关键术语
- 275　结篇案例
- 278　参考文献

第十三章　互联网时代下的公司治理

- 284　概要
- 284　案例导读
- 285　第一节　互联网金融时代下的公司治理
- 290　第二节　移动互联网时代下的公司治理
- 293　第三节　大数据时代下的公司治理
- 298　本章小结
- 299　练习题
- 299　关键术语
- 299　结篇案例
- 300　参考文献

第十四章　公司治理模式的演进及国际比较

- 303　概要
- 303　案例导读
- 305　第一节　外部控制主导型公司治理模式
- 313　第二节　内部控制主导型公司治理模式
- 320　第三节　家族控制主导型公司治理模式
- 326　第四节　公司治理模式的趋同化
- 332　本章小结
- 333　练习题
- 333　关键术语
- 333　结篇案例
- 334　参考文献

第一章
公司与公司治理的形成

全章提要

概要
案例导读
- 第一节　企业与公司的本质
- 第二节　公司治理的形成
- 第三节　公司治理的目标与任务
- 第四节　公司科层契约与治理架构
- 第五节　公司治理边界及原则

本章小结
练习题
关键术语
结篇案例
参考文献

概要

1. 企业的本质是什么?

罗纳德·哈里·科斯(Ronald H. Coase)最早建立了新制度经济学的企业理论,他认为,企业是价格机制的替代物。沿着科斯的思路,张五常提出,企业是合约选择的一种形式;奥利弗·伊顿·威廉姆森(Oliver E. Williamson)则认为,企业是一种科层组织。20世纪七八十年代以后,经济学家们进一步分析了影响交易成本的具体因素,他们认为,企业是不完全合约的产物。

2. 什么是公司治理?

公司治理(Corporate Governance)是现代企业,特别是公司制企业经营。

3. 公司治理问题是如何产生的?

所有权与控制权的分离将引发股东与经理人之间利益不一致的问题。也就是说,只要存在交易成本,代理问题便不可能通过一个合约解决,此时公司治理问题就必然在一个组织中产生。

案例导读

不翼而飞的300亿元货币资金
——康美财务造假案例

1997年成立的康美药业股份有限公司(以下简称"康美药业")是集药品、中药饮片、中药材、医疗器械于一体的民营企业,并于2001年在上交所成功上市,共发行1 800万股普通股。

证监会于2018年12月立案调查康美药业,2019年4月康美药业发布《2018年前期会计差错更正专项说明的审核报告》的公告(以下简称《公告》)对2017年财报数据进行修正,修正后存货减少195.5亿元、营业收入多记89亿元、营业成本多记76.6亿元。更让人为之咋舌的是货币资金锐减299.44亿元,近300亿元货币资金陡然消失,单项金额差错比高达87%。证监会已初步查明,康美药业披露的2016年至2018年年度财报均存在重大虚假。

证监会坐实康美药业"三宗罪",分别为虚增银行存款、虚增收入、资金转入关联方买卖本公司股票。

康美药业具体造假手段如下:

1. 使用虚假银行单据虚增银行存款

虚增银行存款对应的是康美药业以"会计差错"为由调整的近300亿元货币资金,在康美药业发布的《公告》中,将该调整解释为由于采购付款、工程款支付以及确认业务款项时的会计处理存在错误而导致这300亿元货币资金记账错误。康美药业将巨额资金的消失解释为"财务错误",辩称"点错小数点",这实在令人难以信服。

2. 伪造收入凭证虚增收入

根据《公告》,康美药业因为"使用不实单据及业务凭证"导致营业收入由原来的265亿元调整为108亿元。其造假实际数额及造假来龙去脉还需等待证监会进一步调查。康美药业近3年的收入规模分别是216.4亿元、175.8亿元和193.6亿元,其中又有多少是康美药业虚增的收入?受收入影响的利润是否也存在水分?

3. 将资金转入关联方买卖本公司股票

此番"暴雷"使得曾经市值千亿元的康美药业缩水至330亿元,但是截至2019年5月17日,康美药业的股价已连续上涨4天。而后经证监会调查,其上涨原因是康美药业将88.8亿元资金转给两家关联公司,用于买卖自家股票,涉嫌操作股票。

康美药业作为上市公司,其年报必须经过审计师签字后才能对外公布,且财务报告必须有明显标注:"本公司董事会、监事会及董事、监事、高级管理人员保证年度报告内容的真实、准确、完整,不存在虚假记载、误导性陈述或重大遗漏,并承担个别和连带的法律责任。"

那么,康美药业的财务造假是如何完成的呢?公司内外部治理机制作为一种制度安排,为何未能发挥作用?这一系列问题值得人们深思。

资料来源:冯若文,姚远.公司治理视角下的康美财务造假案例剖析[J].江西科技师范大学学报,2019,188(4):70-77.

第一节 企业与公司的本质

一、企业的本质

(一)企业理论的主要学派与观点

自20世纪30年代企业理论产生以来,与企业理论相关的研究取得了显著的成绩。通常认为,企业理论开始于科斯的论著——《企业的性质》,科斯创造性地利用交易成本分析了企业与市场的关系,阐述了企业存在的原因(Coase,1937)。实际上,专门以企业组织和企业制度为研究对象的著作应当从伯利和米恩斯的《现代公司与私有财产》算起(Berle and Means,1932)。对企业理论来说,科斯、伯利和米恩斯的上述著作当称"开创性工作"。这一提法比较恰当(钱颖一,1995)。

1. 科斯的交易费用理论

科斯认为,企业与市场的根本区别在于它们采用了不同的资源配置机制。市场是基于价格的契约组织,各种生产要素的供求由价格信号来调节。而企业是基于权威的层级组织,企业内部不存在价格机制,生产要素的分配则由管理者或计划者来决定。换言之,科斯将企业视为一种由行政和权威支配的生产组织。他引入并运用"交易费用"这一概念来解释企业的存在,认为企业能够取代市场的原因在于它能降低交易费用。当然,企业的规模也不能无限扩张,以至于完全取代市场。其规模的确定取决于企业内部组织协调的成本与市场交易的成本之间的比较。

2. 威廉姆森的资产专用性理论

威廉姆森进一步发展了科斯的交易费用理论,他的研究发现,在市场交易中,如果涉及专用性资产,就会提高交易费用,而且资产的专用性越强,交易费用越高(Williamson,1980)。专用性资产的交易会增强机会主义,甚至"套牢"。交易双方,买方或卖方可能利用资产的专用性剥削对方的"准资金"。这样,就会大大增加交易费用,甚至会阻碍专用性资产的投资。为了解决此类问题,最好的办法就是交易双方组成一家企业。如果交易双方原来就是两家企业,那么就将它们合成一家大企业。这就是所谓的"纵向一体化"。这使科斯关于企业存在的原因,即节省交易费用的解释更加深入。当一项投资只能为一方提供收益时,就会出现一种特殊的关系,这种关系让一方有机会利用另一方。沿用科斯的分析框架,要解决这个问题,有两种办法:要么让两方合并成一个整体,要么让两方签订一份合同。

3. 有成本的契约理论

在探讨一体化的问题时,不能忽略格罗斯曼(Grossman)和哈特(Hart)提出的"有成本的契约理论"(Grossman and Hart,1986)。该理论将企业视为一个"产权集",并定义企业为"由其所拥有或控制的资产所构成的组织"。基于该理论,一体化既有利益,也有成本。一体化会提高一方的生产率,但会降低另一方的生产率,并导致投资失效。因此,一体化的条件是,当企业甲对企业乙的管理控制权所带来的生产率提高大于企业乙对自身管理控制权的丧失所造成的生产率下降时,企业甲才会并购企业乙。

4. 克雷普斯的"声誉"观点

克雷普斯(Kreps)认为,市场契约的不完全性常常使交易双方失去信誉,造成摩擦、争执和欺诈,导致交易费用过大,甚至无法完成交易。但是,如果有一方是"长寿"的,则任何人都同意与"长寿"的一方签订契约,接收其权威指令,不必担心受到欺骗;"长寿"的一方也不会滥用权威,因为它要维护自己的"声誉"。这里所谓"长寿"的一方,就是企业。

5. 阿尔钦和德姆塞斯的团队理论

阿尔钦(Alchian)和德姆塞斯(Demsetz)在1972年发表的论文中对科斯将企业视为"权威组织"的观点提出了异议。他们认为,企业内部的交易与市场交易没有本质区别,产品交易的契约与劳动交易的契约也是一样的。他们将企业定义为一种团队生产(Team Production)或团队式的"合约组织"。团队生产的优势在于,它的总产出大于各个成员单独生产的产出之和。用数学公式表示,即 $Z > z + z = aX + bX$。因此,团队生产存在的根本原因是它比个体生产更有效率。他们的结论是,"只要通过团队生产所获得的产出大于各个成员分别生产的产出之和,再加上组织成本,就会采用团队生产"。他们在解释企业生产的原因时,扩展了科斯的思路,但他们并不是将企业与市场进行比较,而是与个体生产者进行比较(Alchian and Demsetz,1972)。

然而,阿尔钦和德姆塞斯并没有详细说明为什么团队生产比个体生产更高效,而是主要关注了团队内部的监督机制。他们指出,由于无法准确衡量每个成员对团队生产的贡献,因此成员会倾向于减少努力,从而导致"偷懒"或"搭便车"的现象(Alchian and Demsetz,1972)。为了解决这个问题,就需要进行监督,但监督也是有成本的。如果监督成本不为零,那么偷懒成员所付出的私人成本就会低于团队所承担的总成本。如何有效地进行监督?最好的方法是设立专门的监督者。但是,谁来监督监督者呢?如果将企业剩余索取权和一系列其他权利(包括决定成员资格、出售企业等)交给监督者,也就是让他成为企业的所有者,那么这个问题就可以得到解决。阿尔钦和德姆塞斯讨论了企业产权中的两种重要类型:剩余索取权,即对团队生产所产生的合作剩余(总收入减去固定契约性报酬)的

请用手机微信扫二维码,学习"知识扩充"。

剩余索取权和剩余控制权

索取权;剩余控制权,即未在契约中明确规定的权利,拥有剩余控制权的一方可以决定资产除契约规定用途以外的所有用途。

6. 奈特的风险分配理论

奈特(Knight)以研究风险和不确定性理论而著称,他的企业理论是在他论述风险问题时提出的。由于奈特关于企业的观点比较分散,因此他的企业理论长期以来并不为人们所注意。奈特早在1921年就创立了现代企业理论,他在企业理论方面的贡献曾受到德姆塞斯的高度评价,甚至认为该理论的创立先于科斯的企业理论。奈特将企业视为一种在雇员和所有者之间有效分配风险的制度,他从人的本性出发,把人对待风险的态度分成两类:作为企业家的本性是敢于直面风险,不回避风险;而作为雇员的本性是厌恶风险(Knight,1921)。这就需要一种制度安排,使两者在合作中各得其所,更有效率。这就是:成为企业家的所有者是以获得利润作为补偿,他可以指挥后者,但必须为后者提供保障,即后者可以随时获得固定的报酬,但前提是接受指挥。此外,他进一步从风险角度论述了古典企业向公司制企业转变的原因,即公司可以更好地处理风险和减少败德行为。同时,他发现了公司制所带来的所有权与控制权之间的矛盾。奈特指出,制定决策者的薪水是固定的,但不承担企业风险;而承担风险者——股东,获得利润但并不进行决策,也不实施控制(Knight,1921)。

7. 詹森、麦克林、张五常的契约理论

詹森(Jensen)和麦克林(Meckling)对科斯的企业定义持有不同的观点,他们明确指出企业的本质是契约关系(Jensen and Meckling,1976)。张五常也对科斯的观点提出了质疑,他认为,企业并非市场的替代方式,而是一种以要素市场取代产品市场的方式,更准确地说是一种合约类型取代了另一种合约类型(张五常,1983)。因此,张五常将企业看成要素市场上的合约。但这样做可能导致混淆企业与市场,具体表现:第一,无论是资本与生产资料之间的交易,还是资本与劳动力之间的交易,都属于要素交易,与产品市场上的交易没有本质区别,都是市场行为,而非生产组织,因此不能称之为企业。第二,企业需要借助合约作为中介才能建立,合约的履行体现了契约关系在企业中的延续。但企业并不等同于一般意义上的合约,它是一系列契约关系的联结。要素间的签约是市场行为,签约结束后就进入企业组织。在企业内部运行的是行政决策机制,是命令与服从的关系;而合约的本质特征是自由人之间的平等交易关系。第三,将企业视为一般意义上的合约,即与市场上买卖双方的合约没有区别,这将不可避免地导致企业成为一个没有边界的组织,就像市场一样。

不同经济学家对企业的本质有不同的理解,从而形成了不同的理论流派。总体上,这些流派可以分为两大类:交易费用学派和契约学派。交易费用学派(代表人物有科斯、威廉姆森、克雷普斯等)认为,企业是一种能够降低市场交易费用的科层组织,它与市场是替代关系。这一学派对交易费用的节约原因有多种解释,如信息不对称、不确定性、资产专用性等。契约学派(代表人物有张五常、阿尔钦和德姆塞斯、奈特、哈特和格罗斯曼等)则认为,企业是一种基于契约的组织,它与市场是同质的。这一学派认为,企业的存在是团队生产的效率优势、风险分担的需要、管理劳动交易的特殊性等因素导致的。

(二) 企业的概念

企业是一种经济组织,其目的是利用资本获取利润,其法律主体是企业法人。企业的形成与发展是社会生产力和商品经济的产物。随着人类社会的进步、生产技术的改进和劳动分工的细化,人们创造了超过自身消费需求的剩余产品,从而引发了交换活动。交换活动又反过来促进了生产活动的发展和多样化,使得个体生产者和家庭作坊逐渐演变为早期的企业组织。总之,企业是由人力和物力要素组成的,自主地从事生产、流通或服务等经济活动的,具有营利性质的经济单位。在我国,企业长期以来被定义为实行独立核算、自负盈亏的产品生产、流通或服务性活动的经济单位。

企业的基本特征有如下三点:第一,企业是在社会化生产条件下存在的,是商品生产与商品交换的产物;第二,企业是从事生产、流通与服务等基本经济活动的经济组织;第三,就企业的本质而言,它属于追求盈利的营利性组织(刘彦文和张晓红,2014)。

企业不同于非营利性组织,如大学、医院等;也不同于一些社会组织,如政党组织、教会组织等;另外,它与公司也存在一些差异。公司一般是指依法设立的,有独立的法人财产,以营利为目的企业法人,其主要形式为有限责任公司和股份有限公司;而企业一般是指以营利为目的,运用各种生产要素,向市场提供商品或服务,实行自主经营、自负盈亏、独立核算的法人或其他社会经济组织。

(三) 企业制度的类型

从企业制度的发展历史来看,它经历了两个发展时期:古典企业制度和现代企业制度。古典企业制度以业主制企业和合伙制企业为主,现代企业制度主要以公司制企业为代表。总体来言,企业制度包括业主制企业、合伙制企业和公司制企业。

1. 业主制企业

业主制企业也叫个人独资企业(Sole Proprietorship, SP),是一种按照《中华人民共和国个人独资企业法》成立的企业形式,其特点是由一个主体单独出资、经营、管理,并享有全部收益和承担全部风险(马连福等,2020)。

业主制企业具有以下几个特征:第一,其出资人(投资者、企业主)只能是一个自然人,这是它与合伙制企业和公司制企业的本质区别;第二,它在法律上属于自然人企业,没有法人资格;第三,其企业主对企业拥有全部权利,可以完全独立地支配和管理企业财产和经营活动;第四,其企业主对企业承担无限责任。也就是说,业主制企业的企业主既享有以企业名义获得的所有利润,又要对企业经营中产生的所有风险和债务承担无限责任。

业主制企业存在一些劣势:首先,其经营风险很大,如果经营不善导致企业发生财务危机,则不仅会造成财产损失,而且可能影响到企业主其他个人财产;其次,其出资人只有一个,资本来源有限,难以扩大规模,不适应现代大规模生产的需要;最后,它与企业主个人紧密相连,存续期限较短,一旦企业主死亡或停止经营,企业也即终止。

2. 合伙制企业

合伙制企业(Enterprise of Partnership, EP)是指由两个或两个以上自然人通过订立合伙合同,共同投资设立、共同经营管理的营利性经济组织(马连福等,2020)。

合伙制企业是一种以合伙人之间的合伙合同为基础,以合伙人之间的平等、信任和相互代理为特征,不具有法人资格的自然人企业。合伙制企业与公司制企业的根本区别在于,合伙制企业强调人的联合,而不是资本的联合。合伙人之间在没有另外约定时,享有平等的对外代表权、管理权和利润分配权。但是,合伙人之间的出资份额转让受到严格限制,不能随意转让给第三方。此外,合伙人对合伙制企业债务承担无限连带责任,即当合伙制企业财产不足以清偿债务时,债权人可以向任何一个合伙人要求全部偿还。

根据合伙人对合伙制企业债务承担责任的不同,合伙制企业可以分为普通合伙企业和有限责任合伙企业。普通合伙企业的所有合伙人均为普通合伙人,他们对合伙企业债务承担无限连带责任。有限责任合伙企业由至少一个普通合伙人和至少一个有限责任合伙人组成,普通合伙人对合伙企业债务承担无限连带责任,有限责任合伙人只以其出资额为限对合伙企业债务承担责任,并且一般不直接参与合伙企业的经营管理活动。有限责任合伙企业是一种介于普通合伙企业和有限责任公司之间的组织形式,是对普通合伙制度的一种特殊规定。

与业主制企业相比,合伙制企业具有以下优点:一是分散了经济风险和责任,所有合伙人共同承担经营风险和责任;二是扩大了资本来源,可以充分利用所有合伙人的财力和能力,提高经营管理水平,扩大企业规模;三是享受税收优惠,大多数国家不将合伙制企业作为独立的纳税单位征收所得税,而是将各个合伙人从合伙企业分得的利润与其他个人收入汇总缴纳一次所得税。然而,其缺点也很明显:一是风险较大,普通合伙人对合伙企业债务承担无限连带责任;二是稳定性较弱,合伙人的退出或死亡会导致合伙企业解散或重组。

二、公司制企业

公司已经成为经济活动最主要的组织形式,其影响也渗透到社会生活的各个方面。大部分社会成员在公司中工作,主要收入来自公司,公司与社会平等、可持续发展和政府质量等议题密切相关。

(一) 公司制企业的界定与类型

1. 公司制企业的界定

公司制企业(Corporate Enterprise)是依法成立的、以营利为目的的经济组织。公司要依法成立,具有独立产权和组织形式,以营利为目的。不过,与传统的自然人企业相比,现代公司制度一般是指由一定人数以上的股东共同出资设立,股东以其出资额为限对公司负责。公司制企业使企业的创办者和企业家在资本的供给上摆脱了对个人财富、银行和金融机构的依赖。在最简单的公司制企业中,公司由三类不同的利益主体组成:股东、公司管理者、员工。

2. 公司制企业的主要类型

公司制企业包括有限责任公司和股份有限公司两种形式(马连福等,2020)。有限责任是公司制的核心内容。有限责任意味着公司与其所有者和雇员相分离,公司所有的不等同于构成公司的个人所有的。有限责任具有三层含义:一是公司的责任独立,即公司以其全部资产对公司债务承担独立清偿责任;二是股东责任有限,即股东以其出资额为限对公司承担责任;三是股东对公司承担责任,而不是对公司债权人承担责任。有限责任的主要功能在于降低和分散投资风险,有效集聚社会资本,激励投资并促进高风险项目开发,进而推动投资和经营分离以实现专业化优势。

有限责任公司又称有限公司,是指按法律规定条件成立,两个以上股东共同出资,并以认缴出资额对公司经营承担有限责任,公司以全部资产对债务承担责任的企业法人(马连福等,2020)。对于有限责任公司,许多国家的法律限制了公司股东的最低和最高人数;但对其他类型公司,仅有股东最低人数限制,无最高人数限制。有限责任公司与股份有限公司的不同之处在于,它只通过发起设立,无募集设立方式,设立程序简易;公司最低资本额较少,公司资本总额需由各股东全部缴足,可分期缴纳。此外,有限责任公司资本具有封闭性,且最低出资额较低。各国公司法普遍规定有限责任公司资本仅由其股东认缴,不得公开募集,不得发行股票。

股份有限公司,又称股份公司,是指公司全部资本分为等额股份,股东以所持股份为限对公司承担责任,公司以全部资产对债务承担责任的企业法人(马连福等,2020)。股份有限公司是筹集资本最有效的形式,其资本分为金额相等且数额较小的股份,可以公开发行,可快速、大量集聚社会闲散资金。股份有限公司股东众多,每个股东仅以所持股份金额为限对公司承担责任,无须各自承担整个公司的经营和债务风险,这有效分散了投资者的风险。股份有限公司的股份及债券可自由转让,这不仅降低了投资者风险,而且使投资更方便灵活。

此外,根据股票是否上市,股份有限公司分为上市公司和非上市公司。上市公司是指在公开资本市场即证券市场发行和交易股票、债券的股份有限公司。我国境内上市公司现指经国务院证券监管机构核准或其授权证券交易所依法定条件和程序核准,在北京、上海、深圳证券交易所公开发行和交易股票、债券的股份有限公司。与其他股份有限公司相比,上市公司具有以下特征:一是上市公司是指依法在证券市场公开发行和交易股票、债券的股份有限公司。《中华人民共和国公司法》(以下简称《公司法》)第一百二十条所称"上市公司",是指股票在证券交易所上市交易的股份有限公司。二是政府对这类公司在股份募集、公司设立、信息披露等方面实施更全面、更严格的监管,如公司股东和股本总额必须达到较其他公司更高的法定条件,上市公司必须定期提供并公开财务会计报告,必须即时报告重大事项等。

> 请用手机微信扫二维码,学习"知识扩充"。
> 公司的重要性

(二) 公司中的权力结构

公司是一种法人组织形式,由多个具有独立人格的股东以资本为基础设立,并享有自身的财产权利。公司作为法人,既由众多股东构成,又要保持其法人独立性,不能与自然人混同。因此,公司权力的分立和制衡是现代公司权力配置和运行的基本原则。

1. 公司所有权

公司所有权(Ownership)是一种财产权利,它赋予资产所有者依法对其所拥有的资产进行全方位的物权支配,即依法享有对自己财产的占有权、使用权、收益权和处分权。公司所有权是财产所有者的专属权利,其他人都应尊重和不侵犯其所有权,因此它是一种最完整、最充分、最典型的产权,是其他产权的基础和核心。此外,所有权还体现在对生产劳动的目标、对象、手段、方式和结果的控制力,具有绝对性、排他性、永久性等特征。

2. 公司经营权

公司经营权(Managerial Authority)是一种企业权利,它赋予企业依据相关法律法规,对企业财产的经营、投资和其他活动进行支配和管理的权力。企业经营者通常是公司的具体经营管理机构,即公司经理和公司董事会及其成员。

为了提高公司的效率并避免公司权力过度集中,公司通常按照决策、执行和监督三权相互分立、相互制衡的原则设置组织机构。例如,决策权包括涉及股东利益的重大决策、涉及公司经营的重要决策以及一般经营执行决策。这样就产生了相应的公司组织机构,即股东(大)会、董事会和经理层。为了避免组织机构的越权、滥权和侵权行为,公司法和公司章程规范了各个组织机构的权力、利益和责任,以及它们的行为方式和程序。这样,它们之间形成了一个相互依存、相互作用和相互制约的组织体系。公司权力构成如图 1-1 所示。

```
              公司权力
         ┌──────┼──────┐
       监督权   执行权   决策权
```

图 1-1 公司权力构成

公司权力包括对财产的排他性占有、使用、收益和处分的决策权、执行权和监督权,此三权可以集于一身,也可以分权制衡,分解与制衡程度取决于公司所有权与经营权的分离状况。

随着现代公司制企业的形成,现代公司表现出股权结构分散化、所有权和经营权分离等重要特征。伴随着企业规模的扩大,产品出现多样化趋势,产品线不断延长或增多,企业分工越来越明确,企业的组织形式因此逐渐层级化,演变为分权结构。在这种情况下,公司不得不引入职业管理层,将相当一部分经营管理权从公司创业者转移至职业管理者,形成了所有权和经营权"两权分离"的局面。

请用手机微信扫二维码,学习"知识扩充"。

公司和公司法的合同理论

第二节 公司治理的形成

一、公司运行中的低效问题

现代公司制企业的形成导致了股权结构分散化、所有权和经营权分离等特征。随着企业规模的扩大和产品的多样化,企业组织形式逐渐层级化,分权结构成为主流。在这种情况下,公司投资者将部分经营管理权力转移给职业管理层,形成了委托代理关系。由于股东(委托人)和经理人(代理人)之间存在利益和目标不一致、信息不对称、机会主义等问题,因此可能导致经理人出现"道德风险",从而损害股东利益。这种损害股东利益的代理问题表现为经理人片面追求个人收入、公司规模、短期效益等,以及存在不当的在职消费等行为,形成了代理成本。

利益相关者理论认为公司是由高级管理层、股东、董事会和其他利益相关者(如员工、顾客、供应商等)构成的利益共同体,这些利益相关者在公司的运作中有着不同的权利和责任,也有着不同的利益诉求和期望(Cochran and Wartick,1988)。因此,公司中的问题往往涉及以下几个方面:谁是公司的最终受益者?谁应该是公司的最终受益者?当这两者之间存在冲突时,公司应该如何平衡和协调各方的利益?在这些问题中,股东与管理者之间的关系尤为重要,因为它直接影响到公司的治理效率和绩效。在公众公司中,股东与管理者之间存在着所有权与控制权的分离(Berle and Means,1932),即股东虽然拥有公司的所有权,但无法直接参与公司的日常管理,而是通过董事会来委派和监督管理者。这种分离导致了两个主要的问题:一是代理问题,即管理者可能违背股东的利益而追求自身的私利;二是"搭便车"问题,即分散的小股东缺乏监督管理者的动力,因为他们无法独占监督所带来的收益,而只能与其他股东共享。这些问题使得公众公司面临严重的治理挑战和风险。

另外,公司作为一个主体,它与公司外部各种力量之间也需要平衡。公司治理就是要处理这些利益相关者(Stakeholders)之间的关系问题。利益相关者包括企业内部的股东、经理人员、债权人和员工,企业外部的相关上下游企业、社区、政府。企业内部的利益相关者关系涉及企业最优所有权安排问题。企业与外部利益相关者之间的关系涉及外部性问题,即企业的决策行为不仅影响自身的效率,而且可能对利益相关者造成损失。如何处理企业利益相关者之间的关系,不仅是一个经济问题,而且是一个法律与社会问题。

二、公司治理的出现

在股权分散的情况下,公司治理首先要解决所有者和经营者之间的委托代理问题。在一家大型的公众公司里,股东、经理人员、债权人和员工之间的关系是复杂的,这需要一套治理规则来平衡各方之间的关系。

公司治理的提出最早可以追溯到伯利和米恩斯1932年的著作《现代公司与私有财产》,他们以详细的数据介绍了20世纪20至30年代美国企业所有权与控制权分离的现象,探讨了"所有权与控制权分离导致股东与经理人之间的利益不一致"问题,从而拉开了公司治理研究的序幕(Berle and Means,1932)。两位学者的研究结果表明,公司股东从两权分离中获得了更多利益,但也面临着更大风险。控制权从所有者转移到管理者手中,但管理者的利益常常和股东的利益不同,因此股东必须激励、约束和监督公司管理层,使他们能够为实现股东利益最大化而努力。

根据Hart(1995)的观点,在以下两个条件同时满足的情况下,公司治理机制会形成:第一,组织内部存在代理问题或利益冲突。代理问题是指代理人(管理层)与委托人(股东)的目标不一致所导致的问题。利益冲突则更广泛地指组织内各相关方之间的利益不一致。第二,由于交易成本的存在,这些代理问题和利益冲突无法通过完全契约来解决。完全契约是指能够对所有未来状态做出规定的契约。但这种契约不可能存在,因为交易成本使得这种契约的订立和执行成本过高。所以,在代理问题和不完全契约的情况下,公司治理机制作为一种治理结构会形成,其目标是弥补原始契约在权责分配不明确方面带来的问题。即使在小型的封闭企业中,相关方之间的利益冲突也是存在的,只是大型公司表现得更为明显。最后,治理结构将作为一种协调公司内部各方利益关系的决策机制而存在。

根据Shleifer和Vishny(1997)的观点,公司治理的目标是确保资金提供者(如股东、债权人等)按时收回投资并获得合理回报。公司治理实质上是在公司层面建立"帮助投资者收回投资并获得回报"的基本制度安排。

像管理和经营一样,公司治理目前已经成为维系现代股份公司正常运行的基本制度安排和活动。Rajan和Zingales(2003)在安然等会计丑闻爆发后指出,"最近的丑闻(安然、世通等)表明,即使在最先进的市场经济里,在改善公司治理方面依然大有可为"。美国立法当局在2002年迅捷地推出了《萨班斯-奥克斯利法案》(Sarbanes-Oxley Act),要求加强上市公司信息披露,完善董事会的监督功能(包括独立董事的引入及其在专业委员会中扮演的重要角色)。而在2008年爆发的全球金融风暴中,与"次贷"发行相联系的高管股权激励扭曲和经理人超额薪酬现象再次成为公司问题存在的明证,从而显示了加强治理机制设计的必要性与重要性。

三、公司治理的内涵

公司治理的概念最早出现在20世纪80年代早期的经济学文献中。在此之前,威廉姆森认为公司治理有狭义和广义之分(Williamson,1980)。狭义的公司治理解决的是因所有权和控制权相分离而产生的代理问题,它要处理的是公司股东与公司高层管理人员之间的关系问题。广义的公司治理包括企业与所有利益相关方之间的法律、制度和文化安排(Jensen and Meckling,1976)。美国全国公司董事协会在20世纪80年代初将公司治理定义如下:它是确保企业长期战略目标和计划得以确立,能够按部就班地实现这些计划的一种组织制度安排。公司管理机构还要确保能维护公司的向心力和完整性,保持和提高公司声誉,对与公司发生各种社会经济联系的团体和个人承担相应的义务和职责。

有学者指出,公司治理应致力于解决所有者与经营者之间的关系问题,公司治理的焦点在于使所有者与经营者的利益相一致(Berle and Means,1932)。法玛(Fama)和詹森更加明确地指出,公司治理研究的是所有权与经营权分离情况下的代理问题(Fama and Jensen,1983)。事实上,直到今天,以两权分离下股东与经理人(经营者)之间的委托代理关系为基础,刻画、分析、解决由此而产生的代理问题依然是公司治理的基石和主体(Jensen and Meckling,1976)。

La Porta等(2000)从保护外部投资者的角度理解公司治理制度,认为公司治理在很大程度上就是外部投资者用以防止内部人侵蚀的一系列机制。比如,在公司治理结构完善的公司,违反诚信义务的经理人不仅会受到公司处罚,而且会受到法律制裁(La Porta et al.,2000)。因此,投资者可以放心地成为该公司的股东。通过形成合理的公司治理结构,现代股份公司能够在一定程度上协调外部投资者和经理人之间的利益冲突,实现外部资金的融通。受股东委托组成的董事会成为公司治理的核心和实现公司治理的重要平台(Jensen and Meckling,1976)。

中国学者也对公司治理概念进行了阐述。公司治理结构由股东、董事会和高级管理人员组成。完善公司治理,需要明确各方的权力、责任和利益,相互制衡(何自力,1998)。张维迎(1996)认为公司治理结构就是企业所有权安排,解决两权分离下的委托代理问题。杨瑞龙和周业安(1997)认为企业治理结构本质上是所有权安排的相关契约。林毅夫和李周(1997)认为公司治理是所有者对企业经营管理和绩效监督的制度安排,目的是减少信息不对称,保护所有者利益。李维安等(2019)将公司治理分为狭义和广义:狭义是所有者对经营者的监督,广义则考虑所有利益相关方。张维迎(1996)也区分狭义公司治理(董事会和股东权力)和广义公司治理(控制权和收益分配的法律及制度安排)。

基于上述观点可以看出,学界对公司治理的定义虽在表述上存在差异,但都提到了两个主体——股东和经营者,并广泛强调了股东对自身利益的保护及对管理层的监督、控制。这需要从股东与管理层之间的委托代理关系及由此产生的公司治理问题着手理解。公司治理的本质目标,是解决包括但不限于股东与管理层委托代理关系所产生的各类利益冲突。具体来说,公司治理需解决以下三点:第一,在所有权与控制权分离情况下,解决经营者与股东之间的委托代理问题,以保证股东利益最大化;第二,在股权分散条件下,协调股东关系,特别是保护中小股东免受大股东侵害;第三,在股东追求利益最大化情况下,协调利益相关方关系。

第三节 公司治理的目标与任务

良好的公司治理首先要符合外部法律上的强制规范要求,即"合规",公司的各个层面都必须遵守法律,这是公司的法定义务,也是公司治理的底线;其次要在"合规"基础上着眼于业绩的改进,不仅是被动地应付监管部门推动的规范标准,而且股东、董事和经理都有发挥自身能动性的空间,也更多地需要公司自主性的治理创新,使公司治理创新成为公司发展和走向卓越的一股重要驱动力。

一、公司治理的目标

关于公司治理的目标,目前主要有以下两种观点:
1. 股东至上主义与股东价值最大化
(1) 股东至上主义
股东至上主义,或称股东至上原则,是美国企业管理以及公司法上的基本原则。与股东至上主义相对应的是利益相关者主义。股东至上主义的几个基本观点可以概括如下：公司法的目的是谋求股东利益最大化；当股东的利益与非股东利益相关者的利益发生冲突时，应当首先考虑股东利益；对于非股东利益相关者利益的保护，不应当体现在公司法中，而应当体现在劳工法、契约法等法律中。

从经济理论上考察，股东将自己的财产委托给董事或者经理经营，董事、经理的经营目的就是实现股东利益的最大化，即股东至上。但是，在公司法上，股东至上有着不同的起源。美国公司法上的股东至上并不是为了调和股东与非股东之间的利益冲突而创制的，是为了解决多数股东与少数股东之间的冲突而创制的。不过，随着时间的推移，原有的股东至上原则已经逐渐被少数股东压迫这一现代原则所替代。股东至上原则已经脱离原有的内涵而独立发展，发展到当代，就形成了"少数股东压迫原则"与"股东至上原则"两种不同的原则。

（2）股东价值最大化

股东价值最大化认为，股东是企业的唯一所有者，也是公司治理的唯一主体。公司治理是指股东对经营者进行激励和约束，以确保股东能够得到其提供的资金回报。因此，公司治理的目标就是追求股东价值最大化。但是，在如何实现这一目标上存在着"金融模式论"和"市场短视论"两种观点。

金融模式论也称金融市场理论，基于该理论，股东拥有公司，公司应按照股东的利益进行管理。公司的价值可以在金融市场得到表现，或者说最大化股票的价值等同于最大化公司财富创造。该理论的基础是有效市场理论，即股票价格完全由金融市场决定并有效地反映该公司的所有相关信息。根据这一理论，金融市场能够比较有效地解决委托代理问题，特别是在校正公司管理层的不负责任行为等方面具有重要作用，因为控制权市场的存在将使价值下降的公司面临被收购的威胁。

基于市场短视论，金融市场是短视和缺乏忍耐性的，股东们并不了解自身的长期利益，在公司为长期利益进行投资（如在研究与开发以及在市场拓展战略等方面进行持续投资而对股东延期支付）时，股东通常倾向于卖出股票进而降低股票的价格。因此，该理论认为，来自金融市场的短期压力迫使公司管理层在很多情况下将精力集中在短期业绩上，公司可能实际上是在进行低业绩的操作，并且牺牲长期利益和竞争能力。

股东价值最大化的目标容易引发经营者的"道德风险"。股东价值最大化的目标要求股东设计一个最优的可以对经营者行为进行激励和约束的机制，使经营者为实现财富最大化而努力工作。但是，经营者与股东的利益并不一致，而经营者对企业拥有控制权，在信息不对称的条件下，经营者很容易利用其控制地位从事损害股东利益的行为。债权人、员工等其他利益相关者难以对经营者实施有效监督，这为经营者谋取自身利益最大化创造了有利环境。

2. 利益相关者利益最大化

"利益相关者"一词是由斯坦福大学研究所于1963年首次提出的。斯坦福大学研究所提出，"利益相关者是那些没有其支持，组织就不可能生存的团体"。这一定义使人们认识到，企业并非仅仅为股东服务，在企业周边还存在着许多与企业生存和发展密切相关的其他利益群体。但是，这个定义忽视了利益相关者与企业之间的交互影响。针对这一不足，瑞安曼（Rhenman）从利益相关者与企业之间交互影响的角度出发，提出利益相关者依赖企业以实现其个人目标，企业也依赖利益相关者而得以生存和发展。

上述观点与当时正在兴起的公司社会责任理论不谋而合。公司社会责任理论的源头可以追溯到20世纪30年代的多德(Dodd)和伯利之间的论战。他们争论的焦点在于:公司究竟是为了股东利益还是为了社区利益?20世纪六七十年代,公司社会责任的理论研究重新得到关注,但是争论的焦点已经变为公司是否应当对股东之外的利益相关者承担责任的问题。公司社会责任的理论研究成果对利益相关者的研究提供了重要的理论支持。在公司社会责任理论中,经理层需要正确理解利益相关者的范畴,确定公司活动的"界限",在这一"界限"内,最大化股东和利益相关者的利益。

利益相关者利益最大化观点认为,企业是由利益相关者组成的"一系列合约的联结"。公司的利益相关者包括股东、经理人员、债权人、政府、供应商、员工和社区公众等(唐跃军和李维安,2008)。良好的公司治理应该体现与尊重法律赋予利益相关者的权利,当利益相关者受法律保护的权益遭受侵犯时,其应有权利寻求有效的救济。应该强化利益相关者参与的机制,鼓励公司与他们在创造财富、工作机会与维持企业财务健全性等方面开展积极合作,同时赋予利益相关者取得相关信息的渠道。

利益相关者利益最大化理论存在如下问题:首先,现实中不同利益相关者的利益诉求存在分歧甚至冲突,多方共赢在现实中难以实现(Schwartz and Carroll,2003)。其次,利益相关者利益最大化可能导致"搭便车"问题的产生(Jensen,2010)。由于考虑所有利益相关者利益,因此个别利益相关者可能获得超过其贡献价值的收益,从而降低其参与公司治理的积极性,形成"搭便车"问题。

二、公司治理的任务

(一) 委托代理与监督制约

在公司制企业中,股东聘用具有专业管理知识和专门管理技能的经理人员经营公司业务,由此股东与经理人员之间产生了委托代理关系。由于股东与经理人员的利益不完全一致,因此,为了保证经理人员从股东的利益出发做出决策,必须对其进行监督。

(二) 大股东约束与利益均衡

当公司股权结构分散时,代理问题表现为股东与管理层之间的利益冲突。但在股权高度集中时,大股东获得对公司的实际控制权。由于大股东与其他股东的利益不完全一致,因此大股东可能为谋求自身最大利益而侵占其他股东利益。Johnson 等(2000)提出"利益输送"(Tunneling)概念,认为股权集中会导致大股东与中小股东之间出现严重的代理问题。大股东倾向于利用控制权,通过各种渠道从公司攫取资源,侵蚀中小股东利益。此时,代理问题从股东与管理层的冲突转变为大股东与小股东的冲突。因此,在股权集中的情况下,关键是对大股东进行监督和约束,避免其侵害小股东的利益。

(三) "股东有限责任"与债务权益保护

"有限责任"对于股东来说是一个优势,但这一原则的滥用会危及债权人的利益。若大股东操纵公司从事与其注册资本不相符的业务,则产生的经营风险显然对股东和债权人来说是不对等的,保护债权人的利益就成为一个重要问题。

(四) 利益相关者与利益保护

根据利益相关者理论,公司是与包括股东、债权人、雇员、客户、供应商、政府、社区等在内的广大公司利害相关者的一系列契约的联结。因此,公司治理的主体不仅要保护股东的利益,而且要保护包括债权人、雇员、客户、供应商、政府、社区等在内的所有利益相关者的利益。

(五) 信息不对称与信息有效披露

利益相关者需要获取公司的信息来进行决策,但是经理人员负责公司的日常运作,控制了信息披露,因此与其他利益相关者之间存在信息不对称,而且经理人员为了自身的利益最大化,存在虚假披露的倾向,这就要求通过公司治理来保证经理人员披露高质量的信息。

(六) 关联交易治理与行政-市场双重约束

关联交易是关联方之间转移资源或义务的交易,其主要特征是,尽管交易以市场行为方式进行,但由于一方往往对另一方具有控制力或重大影响,因此交易结果并不一定是公平的,有可能造成一方对另一方利益的侵害,并由此影响投资者的信心和资本市场的稳定。这就需要通过政府的行政权力和市场力量双重制约来减少不公允关联交易。

(七) 内部人控制与制约

所谓"内部人控制",是指在所有权与经营权分离的情况下,独立于股东或投资者的经理人员掌握了企业实际控制权,在公司战略决策中充分体现自身利益,甚至内部各方面联手谋取各自利益,从而架空所有者的控制和监督,使所有者的权益受到侵害。由此可知,内部人控制会导致治理结构的扭曲和经理人员损害利益相关者利益的败德行为,造成资源浪费,因此需要对其进行控制与制约。

第四节 公司科层契约与治理架构

一、公司科层与市场契约

为了实现良好的运营效果,一家公司必须建立一个有效的科层组织结构。在这个结构中,只有信息流通、指令明确、协调一致才能达到组织的总体目标。科层组织是公司运营成功的基础条件,市场力量的平衡则是达成组织总体目标的关键条件。公司内部的科层主要呈现委托代理关系,公司与外部市场之间则主要呈现契约关系(李维安,2006),如图1-2所示。

图1-2描绘了公司内部科层组织结构与外部市场之间的关系。公司内部上下级之间存在委托代理关系;公司通过法人组织形式参与外部要素、产品和金融市场。在要素市场,公司与劳动力、供应商等建立联系;在产品市场,公司面对批发商、客户等;在金融市场,公司与债权人、投资者互动。劳动力通过和投资者平等谈判后加入公司,受公司科层约束;供应商和外部债权人更多通过市场交易与公司建立关系。

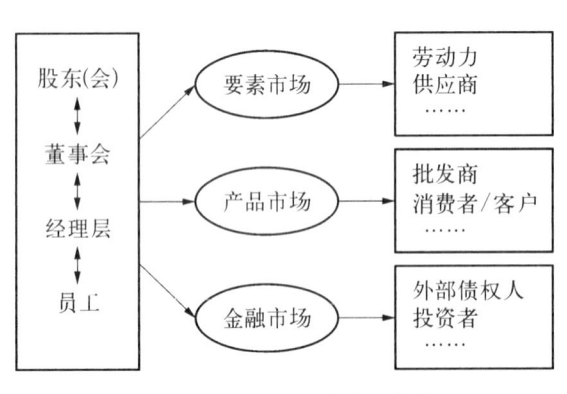

图1-2 公司科层与市场契约

由此可见,公司治理既涉及内部科层,也关乎公司与外部市场的制度安排。所有相关方都期望从公司经营中获得符合其投入的回报,共同塑造公司治理;但信息获取能力不同,信息优势者可能利用信息差异谋取更多利益。因此,公司治理的关键在于规范信息优势者的行为。

当然,市场机制也对公司内部科层权力起制约作用,如股票二级市场和管理阶层流动市场,防止资源僵化。

二、公司治理涉及的当事人

公司治理涉及的当事人可分解为股东、债权人、经营者、雇员、供应商、客户、社区、政府等(李维安,2006)。

(一) 债权人、经营者、雇员

公司债权人通过债权要求公司偿还债务。公司在经营过程中形成了各种债权债务关系,相关的主要会计科目包括银行贷款、应付账款、应付工资、预收账款、应付债券等。这些会计科目反映的经济活动主要是公司借贷、发行公司债券、商业赊销等。由于债权人承担债务到期无法收回或不能全部收回的风险,因此债权人对公司拥有监督权,在特殊情况下,如在破产清算中拥有控制权。

从广义上看,经营者和雇员都属于公司员工。经营者直接对股东/董事会负责,贯彻股东意图,管理公司运营,这一层次的公司治理主要是设计能促使经营者像股东那样思考和行事的制度。雇员处于组织结构的末端,直接面对经营者。在资本雇佣劳动的前提下,员工由于初始禀赋受限,因此更多选择服从或离职。随着技术进步,资本雇佣劳动逐渐让位于劳动雇佣资本,这将影响公司治理。此时,经营者和关键技术岗位员工作为重要人力资本,公司治理需要考虑他们的剩余索取权、控制权以及监督管理权。

(二) 供应商、客户、社区和政府

经营者与供应商、客户和社区关系最直接。供应商在公司中的专用性资产投入取决于与公司的交易规模和合约期限。供应商对公司治理的关注更多考虑自身在公司的专用性资产的转换成本。良好的公司治理也是吸引供应商形成公司专用性资产的前提,两者互为因果。客户是公司生存和发展的决定因素,使公司成长壮大就是公司治理的主要目标之一。客户流动性决定了良好公司治理是建立初期客户关系的基础。网络经济中,客户锁定依赖达到正反馈临界值。这些都形成规范公司治理的强大外部压力。公司与社区可能形成互相依存的关系。一方面,公司为社区提供税收和就业岗位,要挟社区提供优惠的资源;另一方面,社区的土地、水源和容忍污染构成要挟公司的资源。这需要通过公司治理机制妥善处理。政府是特殊的公司治理主体,公司主要通过纳税和寻租来购买政府提供的公共物品。

三、公司治理的架构

公司治理主要按照《公司法》规定的法人治理结构进行,可以划分为内部治理和外部治理。内部治理是《公司法》确认的正式制度安排,构成公司治理基础,主要是股东(会)、董事(会)、监事(会)和管理层之间的制衡机制。外部治理主要是通过外部市场的压力机制——市场竞争迫使公司采用适应市场的治理模式。股东/潜在股东、债权人通过资本市场与公司联系;管理层、员工和客户通过劳动力市场和产品市场与公司联系。竞争市场压力要求公司自动选择良好的公司治理安排。政府对市场的替代也构成公司外部治理,是公司治理的重要外生变量。公司内部治理主要通过《公司法》确定的"三会四权"实现。内部治理有两个特征:第一,自我完善,主要通过董事会、监事会和股东会实现;第二,在所有者和管理层之间注重制衡,从股东利益出发设计制度,激励和约束管理层。

公司外部治理的主要场所包括资本市场、产品市场、劳动力市场、国家法律和公众舆论等。如股东在证券市场"用脚投票"、消费者在产品市场自由选择,迫使公司采取良好的公司治理,保持资本市场和产品市场的吸引力。劳动力市场竞争迫使管理层和员工减少机会主义行为。国家法律确定了公司活动的基本框架,公众舆论作为非正式压力机制也影响公司的发展。

公司治理根植于不同的文化,不同的文化创造了不同的商业规则和商业文明。目前被人们所认可的公司治理模式大体包括亚洲的家族治理模式、日本和德国的内部治理模式以及英国和美国的外部治理模式。这些不同的治理模式都是对文化的提炼。

第五节 公司治理边界及原则

一、现代公司与公司边界

公司治理边界与公司边界有着密切关系,一般而言,公司边界可从如下几个角度进行界定:

(一) 财产边界

公司是一种成熟的企业形式,是按照法律规定设立的具有与自然人同等民事行为能力的独立经济主体。公司以其法人身份拥有法人财产。法人财产主要来源于投资者的出资,也包括资本金增值和经营中形成的负债资产。法人财产权是公司对所有法人财产依法享有的独立支配权,这种权利包括占有、使用、收益和处分等权利。公司的法人财产有以下特点:第一,它是以独立财产和实体为基础承担相应民事责任的,具有严格的规范条件和法律界定;第二,其独立性表现为对财产的占有、支配、使用和处分的全部权利,公司的最终所有者不能干涉这些权利的行使;第三,法人财产具有永久性,只要其法人身份不变,这种权利就不会改变。可以看出,法人财产是公司存在的重要物质基础,没有独立支配的财产和财产权,公司就不能存在。因此,公司的财产边界是现代公司以其法人身份所拥有或使用的所有财产所构成的范围,其本质就是公司产权。财产边界也叫作产权边界。

(二) 组织边界

现代公司是按照法律规定成立的企业组织。这种组织不仅要有自己的名称、经营场所和必要的财产,而且要有相对稳定的组织机构和相应的职能部门。公司组织主要包括行使所有权、决策权、监督权和经营权的股东大会、董事会、监事会以及高层管理机构和生产经营的职能部门等。从形式上看,公司表现为由法人结构规制下的组织实体。如果说法人财产是公司存在的基础,那么,公司组织就是其运行和活动的基础。从公司治理的角度看,公司的组织边界取决于公司的组织特性。

(三) 法人边界

法人边界反映公司的人格特征,是公司财产边界和组织边界的最终体现。现代公司是人格化的企业法人,有别于社会中的其他法人,如学校、医院、宗教团体等。作为法人企业,它又不同于个人业主、合伙制等自然人企业。现代公司是以其独立的法人身份参与市场经济活动,公司的合并、分立、破产和清算也都表现为法人资格的变更与终止。公司作为经济实体,法人则是责任的承担者和实体的代表。公司具有与自然人相同的民事行为能力,可以起诉与被诉,并以其全部法人财产承担有限责任。法人对财产的独立拥有和有限责任原则,决定了不同公司之间的交易与活动可以明确地归属于不同的法人,不论现实中的公司活动多么复杂,法人之间的界限总是清晰的和不容模糊的。因此,可以说,现代公司的活动主要是法人的活动,公司的行为表现为法人的行为,公司的边界也体现为法人的边界。公司边界与公司治理边界既有区别又有联系。公司的参与人为了各自的利益而达成的制度安排构成公司的治理框架,不同的公司参与人与公司的关系及其评价是不一样的,这取决于公司当事人在公司中形成的专用性资产的多少。因此,理论上的公司治理边界是公司中所有专用性资产当事人的行为集合。而公司边界主要是从静态角度以公司作为主体来判断它的财产边界、组织边界和法人边界。当然,有时候公司治理边界在特定条件下可以与公司边界重合。

二、专用性资产与公司治理边界

(一) 专用性资产的概念

专用性资产(Specific Assets)的概念最早于1978年被提出(Klein et al.,1978),它是指只有当某种资产和某项特殊用途结合在一起时,这种资产才是有价值的,否则它的价值将无法体现,或者即使有价值,与为了获得这项资产所进行的投入相比,资产的所有者也是受损失的。资产的专用性越强,其所有者在和别人进行谈判时的"筹码"就越少。

专用性资产具有以下两个主要特征:第一,价值的不确定性。专用性资产并不是一种通用的资产,它只适用于某一特定交易或特定使用者,这使得其价值存在很大的不确定性。专用性资产一旦与特定交易或使用者脱钩,其价值就会迅速降低。第二,投资具有渗透性。专用性资产的建设和获取需要进行专门的投资,而且这种投资一旦进行就很难收回或转用于其他用途。这种"沉没成本"使得专用性资产的供给方处于依赖交易关系的被动地位。例如,现有甲企业和乙企业,假定甲企业的A产品是乙企业B产品的重要原料。乙企业对A产品的需求扩大,甲企业需要进行专用性资产投资以扩大其A产品的产量,但是当甲企业的专用性资产投资到位,开始正常运营不久,乙企业的B产品在市场上的销量却逐渐下滑,造成对A产品的需求量减少,使得A产品的生产无法实现专用性资产运营的规模效益,导致甲企业对该项专用性资产的投资蒙受了重大损失。如果需要对甲企业的这项专用性资产进行评估,评估师就应该考虑这种损失造成的资产贬值。

(二) 公司治理边界

在公司中,股东、债权人、经营者、雇员等主要利益相关者都投入了不同程度的专用性资产,这些资产与特定公司的运营和发展密切相关。这些利益相关者对公司治理的需求强度取决于他们的专用性资产的多少。而其他利益相关者,如竞争者、供应商、社区和政府,虽然也与公司有利益关联,但他们在公司中的专用性资产较少,因此不应该被纳入公司治理边界的范围。政府在公司治理中的作用是一个重要的外部因素,但不是公司治理边界的一部分。公司治理边界是指主要利益相关者在公司中专用性资产所构成的空间和范围,它们之间的关系可以用图1-3来说明。

公司治理边界中的主要内容包括:(1) 主要当事人组成的组织结构,在这种结构中他们之间形成一定的制衡关系。(2) 董事与董事会是作为股东的代表在相互博弈以及与其他当事人的博弈均衡中实现公司治理。除此之外,还包括接管威胁、代理权争夺、财务结构等博弈形态。

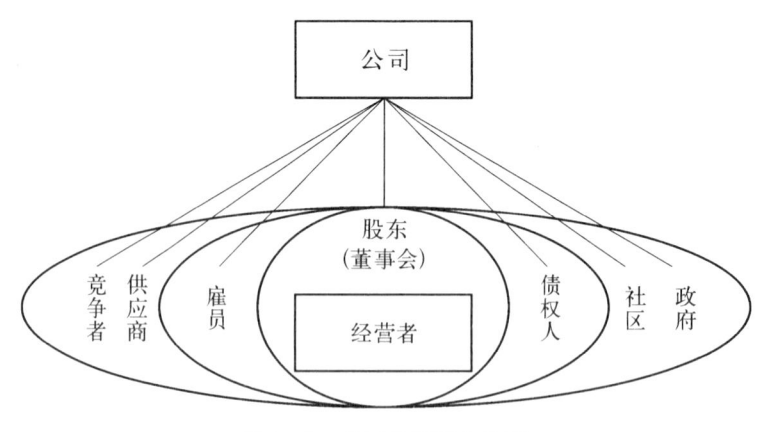

图 1-3 公司的当事人关系

董事会受股东信托负责公司战略和资产经营,监督和制约经营者的主要决策,并在必要时撤换不称职的执行人员。通常有两种类型的公司董事,即执行董事和独立董事。执行董事又是公司的内部行政人员,通常是公司的高级经理;独立董事是不在公司中担任行政职务的董事。设置独立董事的目的是避免"内部人控制"问题,防止拥有控制权的内部人——经理们利用公司资产为自己谋利益。对公司实施控制和对公司绩效负责是董事会的职责。董事会通常提供四项基本功能,即制定战略、确定政策、监督管理者和承担责任。但在具体实践过程中,董事会的活动差异很大。董事会可以只任命首席执行官(CEO)并赋予其充分的权力,从而将干预维持在最低限度;董事会也可以将自己看作最高管理层的管理者,提出或批准所有重要决策。

代理权竞争作为一种治理博弈,是股东"抱怨"(Voice)和罢免那些不称职的经营者的基本做法。经理们通常向股东请求由他们代表股东在股东大会上投票,一般情况下,这些请求会得到满足。但在代理权竞争中,持异议的股东可以通过"争夺"其他股东的代理权委托来投票反对现任的经营者或提出新的候选人。从理论上讲,任何人都可以通过对代理权的争夺来挑战现任经理,但这必须受到法律中有关代理权处理规则的约束。代理权竞争是一种可供选择的、低成本的、改变公司控制权的做法。争夺代理权与其他接管方法的不同之处在于,必须使投票表决的股东相信提议者有能力比现行经营层做得更好;并且,应法律要求,提议者必须与经营层所须符合的要求一样来满足众多的申请要求。尽管其他股东很难对这些"另类"提议者的动机和盈利承诺做出准确的判断,但"争夺运动"发动者的大股东(通常是大型的机构股东)身份所显示的号召力往往会帮助他取得其他股东的支持。一般情况下,只有持有大股份的投资者才愿意忍受其他人的"搭便车"行为而去监督董事会或发起代理权竞争。

所以,股权的集中能显著影响对公司的控制。对经理人员来说,大股东的存在是一种威慑,致使他们不敢过分偏离股东意志。因为接管可以使大股东因出售其所拥有的大量股票而获得可观的利润,所以大股东比一般小股东更愿意促进接管活动,从而使接管的可能性上升,威胁经理们的职务。另外,大股东还可以通过与在位的经营层进行非正式的谈判甚至直接取得控制权来实施变革,其成本比接管和代理权竞争低。正是因为大股东拥有足够多的权益,使得其监督、接管等活动产生的利润增加足以抵补成本,所以他们有足够的激励去实施监督活动,努力促成接管或改革,迫使经理们精心呵护公司的资产。

在大型公司里,公司通过董事会实施某种转变往往进展缓慢,或代价太大,没有效率,而接管等市场活动可以自动发挥作用。只要接管者能看到机会,他们就可以迅速通过标购夺取公司控制权。一般认为,发生在公司控制权市场上的接管是有利于股东、社会及公司组织的。当技术和市场的变化需要公司进行业务调整时,现有的经理却囿于认识而不愿改变既定的策略、组织和管理方式,这时,由外部人员来接管可以迅速实施转变。债务对经营者来说是一个硬预算约束。公司的控制权或者说企业所有权是一种状态依存所有权。所以,融资合同实际上起着配置剩余控制权、改变控制权状态的作用。公司向债权人借款,并承诺在某时按某条件偿还。如果到时无法偿还,公司的控制权就被移交给债权人。这种安排既能防备投资者随意插手和滥用权力,又能防备经营者攫取投资者投资收益的机会主义行为。

公司治理既要解决准租金的分配问题,又要达到企业决策的科学性,保持企业的长期稳定增长。企业的长期稳定增长是准租金产生的前提,这有赖于有效的公司治理。在个体主义的理论下,个人理性往往导致集体非理性。因此,基于权威的科层组织对市场的替代在许多情况下是顺理成章的。有效的公司治理是基于企业组织目标对有关当事人的内外部激励和约束而达到的一种均衡状态。

(三) 公司治理边界的主要类型

1. 有限责任与集团子公司的治理边界

公司的有限责任是公司作为独立企业法人具有的最重要的法律特征,被奉为公司法的经典原则,也是公司成为现代市场经济社会赖以存在的基础和迅猛发展的动力的源泉。然而,随着现代公司的发展,公司与各方面利益关系的复杂化以及由诸如关联交易引起的公司间关系的复杂化,所有者与公司、母公司与子公司之间的关系往往比较微妙,以至于利用公司形式和有限责任的保护来粉饰业绩、欺诈债权人和背离其他利益相关者的利益。也就是说,公司的实际活动往往超越法人边界,公司自身的行为往往忽视法人边界。

2. 集团母公司的治理边界

企业集团的复杂性使得企业集团公司治理具备双重特征:(1)母公司、子公司以及关联公司分别有基于治理结构实施治理的职责;(2)企业集团本身构成了一个治理机制运作系统。同时,企业的社会责任决定了企业集团公司治理的主体从股东扩大到利害相关者。这样就使得企业集团的权力、责任配置以及监督、指导、决策等治理活动超越了企业的法人边界,从而引出企业集团公司治理边界的问题。在企业集团中,母公司与子公司之间是控制权的关系,母公司的决策意志能够充分体现在子公司的行为中,也就是说,母公司决策意志延伸的范围构成了母公司与子公司外延的界限。这个界限被称为集团治理内边界,它体现了母公司决策权的范围。集团治理内边界超越了母公司的法人边界。虽然在公司法的意义上母公司和子公司都有独立的法人治理边界,但在实际的经济意义上,子公司要受母公司的治理,它的行为体现了母公司的决策意志,对母公司有说明责任。因此,集团治理内边界体现了说明责任的范围。

3. 网络经济中的公司治理边界

网络经济中的技术基础是互联网,这种经济形态是人类智慧的重大成就。它具有独特的运行规律,主要包括:直接经济、强大的正反馈效应、网络的正外部性、标准化竞争、互补性、信息产品的高固定成本低边际成本、消费转移的高成本、注意力经济、系统竞争等。网络经济的基本规律导致了公司治理边界的一些变化:(1)网络经济以最直接的方式拉近服务提供方和服务对象的距离,将工业时代的迂回经济转变为信息时代的直接经济。这减少了公司治理边界中的中间环节,使过去较高的交易成本的治理过程成为可能。(2)在网络经济形态中,需求方规模经济和供应方规模经济有机结合,导致"双重效应"。需求方增长不仅降低了供应方成本,而且使产品对其他用户更具吸引力,从而进一步加速需求增长,形成强大的正反馈效应,导致产业和市场的快速发展。(3)网络的正外部性意味着,当我们加入网络时,网络会变得更大更好,对参与各方都有益。与网络外部性密切相关的是总体转移成本。对于试图在市场中推出新的、不兼容技术的公司来说,最大的挑战是通过克服总体转移成本,即所有用户的成本总和来扩大网络规模,这对单一公司来说,治理的边界和内容必须向合作和兼容的方向发展。(4)受强烈网络效应影响的技术通常有一个长的引入期,紧接着是爆炸性增长。这种模式是由正反馈效应引起的:随着用户基数的增加,越来越多用户使用该产品变得可行。最后,产品达到临界规模,占领市场,成为标准。在竞争成为标准,或至少获得临界规模的过程中,客户预期至关重要。事实上,被预期将成为标准的产品将会成为标准。对公司来说,这种"预期"构成了决定公司治理边界的关键专用性资产。(5)互联网的应用必须大量消费者共同使用才能充分发挥效用。对公司来说,消费者同调偏好的专用性资产达到临界点是关键。(6)信息产品的接近零边际成本和"体验产品"以及注意力经济决定了公司治理边界的自变量——专用性资产的又一新变化,锁定效应和消费者的转移成本以及搜索引擎也被纳入其中。

三、公司治理的主要原则

公司依附于市场,市场的繁荣又取决于公司信息节点的能量。公司及公司的利益相关者都可以利用市场来作用于公司。公司治理的市场机制主要包括资本市场、劳动力市场(含经理市场)、产品市场等机制。市场机制在公司治理中主要是通过进入和退出机制以实现对部分专用性资产的解套,从而给不能退出者和不想退出者压力,设法维护公司信息节点有效地发散信息。我国的上市公司大多不喜欢现金分红,那么股东就以投机方式来套现退出,弱化公司的信息能量,使整个股市产生波动,致使投融资渠道萎缩,最终影响经济形势。

公司治理机制是上述不同当事人在各种变量的压力下相互作用而达成的一种保证各自利益和集体利益的运动规则,这种机制性规则的目的在于使公司这一信息节点最大限度地发挥其能量。在目的和机制之间存在着机制设计的一般原则。

(一)激励相容原则

保持一个机制有效的根本原则就是激励相容,这一原则强调了机制需求者最终目的的一致性,强调了机制设计者和机制需求者最终目的的一致性。机制的形成有两种基本类型:一是行为主体在相互博弈中自发形成,二是在经济主体相互博弈的基础上由第三者设计。激励相容原则在第一类机制形成中是自然的贯彻;在第二类机制形成中,第三者设计机制时很可能陷入信息不对称的圈套而使设计的目的与机制需求者的目的发生偏离。因此,机制设计必须清楚机制需求者的行为基础及其模式。现实中的公司治理机制主要表现为设计的属性,所以贯彻激励相容原则尤为重要。

(二)资产专用性原则

判定公司利益相关者的主要依据是资产专用性。根据上述内容,资产专用性是指某种资产只能用于某种专门的用途,如果转作其他用途,其价值就大大降低,放弃其他用途构成此类专用性资产的机会成本。公司的利益相关者都在公司中形成了某一数量的专用性资产,这些能够用数量来表示的专用性资产可以用一定的标准和方法分离出来,这恰恰成为不同的利益相关者不同行为决策的关键。无论是股东、债权人、经理人员、员工还是与公司具有较长期契约关系的供应者和消费者，都有一定的专用性资产锁定在特定的公司中。

（三）等级分解原则

等级分解原则是指组织的内部结构安排能够克服各当事人的机会主义行为，进一步地说就是对组织中的决策权和相应的责任进行分解，并落实到每个便于操作的基层单位，从而有助于防止"道德风险"，进一步节约交易费用。

（四）效用最大化动机和信息不对称假设原则

这一原则是信息范式下研究问题的出发点，效用最大化的动机表明了行为人的行为方向，信息不对称或不完备表明了行为过程中的约束。因而，行为人即使从效用最大化动机出发，由于信息不完备的约束，也不见得就能达到效用最大化。公司治理机制体系中的卡尔多改进[①]比帕累托评价标准更现实，就是因为最大化的行为动机受制于信息不对称。

本章小结

1. 公司制企业是人类历史上的重大发明，它打破了人们血缘和地缘的合作，建立了以契约为导向的合作关系。公司制自从诞生后，不仅为人类创造了巨大的财富，而且成为企业做大做强的重要制度保障。公司治理制度设计对于有效发挥公司的力量十分重要。

2. 现代公司的重要特征之一就是公司所有权与经营权的分离，这种分离既解决了公司不断成长中的资金问题，又导入了专业化管理。人的经济特征使公司所有者与经营者的利益往往不一致，导致委托代理问题突出，公司治理便应运而生。

3. 公司治理解决的是所有权的配置与公平性问题，公司管理解决的是经营权的配置与效率问题，两者是一枚硬币的两面，在公司的发展中都是不可或缺的。

练习题

1. 公司治理问题是如何产生的？
2. 简述公司治理的基本问题和当事人。
3. 良好的公司治理的特征是什么？
4. 简述股东至上主义和利益相关者利益最大化的主要观点。两者之间的区别是什么？
5. 公司治理边界的类型和主要内容是什么？
6. 公司治理的主要原则是什么？

关键术语

公司治理　公司制企业　利益相关者　科层和契约　专用性资产　公司治理边界

[①] 卡尔多改进，也称卡尔多-希克斯效率，于1939年由约翰·希克斯(John R. Hicks)提出，以比较不同的公共政策和经济状态。如果一个人的境况由于变革而变好，从而他能够补偿另一个人的损失且还有剩余，那么整体的效益就改进了。这是福利经济学的一个著名的准则。

结篇案例

世界500强安然公司为什么轰然倒塌

安然公司主要经营北美的天然气和石油输送管道业务。20世纪80年代后期,安然公司利用美国政府放松对能源市场管制的时机,从事能源产品的期货、期权等新型交易,并不断扩大经营范围,开拓其他大宗商品的衍生交易市场,占据了新型能源交易市场的垄断地位。安然公司在短短15年间从一家地区性的能源供应商演变为世界上最大的能源和商品交易商,曾连续4年被美国《财富》杂志评选为"美国最具创新精神的公司"。2000年安然公司在《财富》500强中排名第十六位;同年,公司股票价值最高达每股90.56美元,公司资产市值达800亿美元。

从安然公司虚报盈利和掩盖债务的造假行为曝光到申请破产,公司股价跌到不足1美元。安然公司2001年12月向法庭提交的资产负债表显示,公司资产为498亿美元,负债为312亿美元,按资产计算,这是美国历史上一宗最大的企业破产案。安然公司的破产并非偶然,其公司治理出现了严重问题。

从安然事件中可以看到一个缺乏责任心的董事会。公司董事长兼总裁肯尼斯·莱(Kenneth L. Lay)利用个人的影响力,通过巨额资助竞选与历届政府要员关系密切。根据美国政府两家监督机构公布的调查报告,有258名国会议员曾接受过安然公司的捐款,至少有15名布什政府高官拥有该公司股份。安然公司董事会更像是一个有浓厚利益关系的俱乐部,该公司董事会精英荟萃,包括美国商品期货交易委员会前负责人,英国议会前领导人,美国著名大学资深退休法学家、会计学教授,公司与董事利益相互交织、互相利用。安然公司与独立董事签订了多份有关咨询服务和产品销售的业务合同,还向独立董事任职的非营利机构大量捐款,在这种利益交织的情况下,独立董事对公司管理层的监督形同虚设。董事会不顾职业道德,听从时任董事长肯尼斯·莱和首席执行官杰弗里·斯基林(Jeffrey K. Skilling)的建议,允许时任首席财务官安德鲁·法斯特(Andrew S. Fastow)暗地里建立私人合作机构,非法转移公司财产,董事会和公司高层完全忽视了对安德鲁·法斯特行为的监控,甚至根本对他建立的私人合作机构的盈利情况不闻不问。公司董事缺乏诚实信用的基本道德和行为规范,安然公司的29名高级行政人员被美国联合银行起诉指控的缘由是明知公司前景欠佳,仍乘机出售数以百万计的股票。当安然公司股价已跌至不到最高点的1/3时,公司29名高级主管却抛售股票获得11亿美元的利润。与此同时,公司董事长兼总裁肯尼斯·莱却向员工表示,对公司的前景从未像现在这样感觉良好,并禁止员工出售股票,致使员工的退休储蓄金损失数十亿美元。

安然公司董事会特别委员会在纽约联邦破产法院公布一份长达218页的报告,认为安然公司之所以倒闭是因为管理层经营不善以及部分员工利用职权之便为自己聚敛财富。报告揭露,安然公司从20世纪90年代末期到2001年夏天的成功都是虚幻的泡沫,一些高级经理不但隐瞒上一财年安然公司高达10亿美元的亏损,而且出售价值数百万美元的安然公司股票。调查表明,安然公司的高层经理们成立了不少复杂的机构,和公司外部人员合作操纵安然公司的财务报表,从中赚取了数千万美元的黑心钱。2000年公司首席财务官安德鲁·法斯特在一笔合作交易中投入2.5万美元,在短短2个月内就轻而易举地赚取了450万美元的巨额个人利润,他的助手在3年中利用财务合伙账户把12.5万美元变成了1 050万美元。

由此可见,在缺乏监督和制约的条件下,公司就会被个人操纵和利用,成为内部人谋取个人利益的手段,最终受损失的是股东和公司的利益相关者。安然事件使我们看到,无论是多么有实力的公司,缺乏有效的治理机制最终将葬送公司的前程,给社会造成巨大损失。

资料来源:鲁桐,仲继银,孔杰.公司治理:董事与经理指南[M].北京:中国发展出版社,2008.

案例思考题:安然公司破产的原因是什么?对现代公司治理有何启发?

参考文献

[1] 何自力.论公司权力结构与公司治理[J].经济学家,1998(3):68-74.

[2] 李维安.公司治理学[M].北京:高等教育出版社,2006.

[3] 李维安,郝臣,崔光耀,等.公司治理研究40年:脉络与展望[J].外国经济与管理,2019(12):161-185.

[4] 林毅夫,李周.现代企业制度的内涵与国有企业改革方向[J].经济研究,1997,3(3):10.

[5] 刘彦文,张晓红.公司治理[M].2版.北京:清华大学出版社,2014.

[6] 马连福,等.公司治理[M].2版.北京:中国人民大学出版社,2020.

[7] 钱颖一.企业的治理结构改革和融资结构改革[J].经济研究,1995(1):20-29.

[8] 唐跃军,李维安.公司和谐、利益相关者治理与公司业绩[J].中国工业经济,2008(06):86-98.

[9] 杨瑞龙,周业安.一个关于企业所有权安排的规范性分析框架及其理论含义——兼评张维迎、周其仁及崔之元的一些观点[J].经济研究,1997(1):12-22.

[10] 张维迎.所有制、治理结构及委托-代理关系——兼评崔之元和周其仁的一些观点[J].经济研究,1996(9):3-15+53.

[11] 张五常.企业的契约性质[M]//企业制度和市场组织:中译本.上海:上海三联书店,1983.

[12] Alchian A A, Demsetz H. Production, information costs, and economic organization[J]. American Economic Review, 1972, 62(5): 777-795.

[13] Berle A A, Means G C. The Modern Corporation and Private Property[M]. New York: Macmillan, 1932.

[14] Coase R H. The nature of the firm[J]. Economica New Series, 1937(4): 386-405.

[15] Cochran P P, Wartick S L. Corporate governance: A literature review[R]. USA: Financial Executives Research Fundation, 1988.

[16] Fama E F, Jensen M C. Separation of ownership and control[J]. Journal of Law and Economics, 1983, 26(2): 301-325.

[17] Grossman S J, Hart O D. The costs and benefits of ownership: A theory of vertical and lateral integration[J]. Journal of Political Economy, 1986, 94(4): 691-719.

[18] Hart O. Corporate governance: Some theory and implications[J]. Economic Journal, 1995, 105(430): 678-689.

[19] Jensen M C, Meckling W H. Theory of the firm: Managerial behavior, agency costs and ownership structure[J]. Journal of Financial Economics, 1976, 3(4): 305-360.

[20] Jensen M C. Value maximization, stakeholder theory, and the corporate objective

function[J]. Journal of Applied Corporate Finance, 2010, 22(1): 32-42.

[21] Johnson S, La Porta R, Lopez-de-Silanes F, et al. Tunneling[J]. American Economic Review, 2000, 90(2): 22-27.

[22] Klein B, Crawford R G, Alchian A A. Vertical integration, appropriable rents, and the competitive contracting process[J]. Journal of Law and Economics, 1978, 21(2): 297-326.

[23] Knight F H. Risk, uncertainty and profit[M]. Boston: Houghton Mifflin, 1921.

[24] La Porta R, Lopez-de-Silanes F, Shleifer A, & Vishny R W. Agency problems and dividend policies around the world[J]. Journal of Finance, 2000, 55(1): 1-33.

[25] Rajan R G, Zingales L. The great reversals: The politics of financial development in the twentieth century[J]. Journal of Financial Economics, 2003, 69(1): 5-50.

[26] Schwartz M S, Carroll A B. Corporate social responsibility: A three-domain approach[J]. Business Ethics Quarterly, 2003, 13(4): 503-530.

[27] Shleifer A, Vishny R W. A survey of corporate governance[J]. Journal of Finance, 1997, 52(2): 737-783.

[28] Williamson O E. The organization of work a comparative institutional assessment[J]. Journal of Economic Behavior & Organization, 1980, 1(1): 5-38.

第二章
公司治理的理论基础

全章提要

概要
案例导读
- 第一节　两权分离理论
- 第二节　公司控制权理论
- 第三节　企业融资理论
- 第四节　委托代理理论
- 第五节　利益相关者理论

本章小结
练习题
关键术语
结篇案例
参考文献

概要

1. 两权分离的本质是什么?

两权分离即公司所有权与控制权分离,它随着股份公司的产生而产生。两权分离理论的代表人物是伯利、米恩斯和钱德勒(Chandler)等。股权分散的加剧和管理的专业化,使得拥有专门管理知识并垄断了专门经营信息的经理实际上掌握了对企业的控制权,导致"两权分离"。

2. 什么是逆向选择和道德风险?

逆向选择是指在交易前,信息不对称导致市场上存在一些质量较差的产品或者服务,而消费者无法辨别质量的高低,从而导致市场上的产品质量水平下降。道德风险是指在交易后,信息不对称导致一方改变自己的行为或者状态,从而损害另一方的利益。

3. 利益相关者理论如何应用在公司治理领域?

利益相关者理论是一种分析影响企业组织行为的理论框架,它认为企业应该综合平衡各个利益相关者的利益要求,而不仅仅是股东的利益。利益相关者理论还为企业绩效评价提供了一个多维度的评价体系,不仅考虑企业的财务绩效,而且考虑企业在客户、员工、供应商、社区等方面的绩效,以及企业对社会和环境的贡献。

案例导读

188家全球企业巨头签署"公司的目的"

2019年8月19日,代表苹果、百事、摩根大通与沃尔玛等上市大企业的美国工商团体"商业圆桌会议"发表了名为"公司的目的"的宣言。该宣言强调企业将更重视履行对社会的责任,不再独尊股东利益,并希望重新界定企业在当今美国社会中的角色。这项宣言已获得美国188位顶尖企业首席执行官的联合签署,以示共同负责。

宣言内容显示,企业界应该摒弃数十年来的惯例,除了维护股东利益外,也应该在改善员工福利与教育培训以及环境保护方面进行投资,并且公平对待合作的供应商。宣言写道:"我们每家企业都有自己的企业目的,但我们对所有利益相关者都有着共同的承诺。每个利益相关者都至关重要,我们致力于为所有公司、社区和国家的未来成功创造价值。"

《纽约时报》的报道指出,这项宣言的发表意味着企业界正在反思自身在当今社会中应扮演的角色。

资料来源:全球公司史重大里程碑:188家全球巨头签署《公司的目的》宣言![N].纽约时报,2019-08-19.

第一节　两权分离理论

公司治理结构是什么？人们往往从所有权和经营权的分离来解释这个问题，认为公司治理结构就是界定股东和经理人各自的权利和责任。然而，这种解释会引出一个错误的结论，那就是公司的控制权应当由代表股东的经理人掌握。

一、公司制与两权分离

现代公司制企业的发展，导致了股权结构的分散化、所有权和经营权的分离等显著特征。随着企业规模的扩大，产品线变得多元化并不断延伸，企业分工更加细化，企业的组织形式也逐步呈现层级化的特点，形成了分权结构。在这样的背景下，公司必须引入职业管理层，将部分经营管理权从公司创业者转移给职业管理者，造成了所有权和经营权"两权分离"的状况。创业者（股东）具有所有权、职业管理者（经理人）具有经营权，这就构成了委托代理关系。作为代理人的经理人与作为委托人的股东，两者的利益和目标并不完全一致。在两权分离的基础上，信息不对称、机会主义等因素的存在可能使代理人产生"道德风险"，导致损害股东利益的代理问题，即管理层不按照股东利益行事而形成的各种代理成本，包括经理层单方面追求个人收入、单方面追求公司的经营规模、为追求短期效益而牺牲公司长期发展规划以及存在不合理的在职消费等行为。

二、两权分离理论的主要内容

（一）两权分离理论的出现

随着科技的发展和信息通信技术的进步，规模经济效应越来越显著。规模巨大的公司可以通过分散化的投资策略规避经营风险，在市场中取得竞争优势。所以，现代公司的规模呈现不断扩大的态势。随着公司规模的扩大，最初的所有者由于经营能力的限制，可能不再胜任大型公司的经营管理工作。更重要的是，在现实社会中，个人经营能力和个人财富的分配是不对称的，有些人拥有较多财富却缺乏经营能力，而有些人经营能力很强却只拥有少量个人财富。那么，这两类人合作就可以做到"双赢"。为了让有更强经营能力的人发挥他的专长，也为了使拥有财富但缺乏经营能力的人得到更多财富增值，所有权与控制权的分离成为现代公司选择有能力的企业家的必要条件（袁克利，2005）。

由于委托人和代理人具有不同的目标函数，存在道德风险和逆向选择问题，因此，一方面公司的股权不断分散，单个投资者在公司中的控制权不断缩小；另一方面，公司需要雇用具有经营才能和专业管理知识的管理人员来管理公司事务。这样，拥有专业知识和内幕信息的管理人员实际上控制着公司的经营决策权。

在完美的市场中，以所有权和控制权分离为特征的财务契约可以解决委托代理问题，并实现签约各方经济福利的最大化，因为，信息是对称分布的，所有者对管理者的监督不需要花费任何成本；市场是无摩擦的，所有者撤换管理者以实施惩罚不用付出任何代价；债权人为了保护其利益，要求企业破产和清算企业资产时，能够全额收回其贷款，不会产生任何价值损失。但是，现实的资本市场是不完美的，信息分布的不对称性使监督成本大于零，这样管理者就可以采取自利行为,以损害投资者利益为代价为自己谋利。交易成本的存在,使发现管理者渎职后,实施惩罚的代价十分高昂。

作为现代公司法的经典命题,两权分离不仅得到学界的广泛认同,而且成为影响各国公司法制度供给的重要因素。一方面,为两权分离提供制度供给,如代理投票权制度、表决权委托制度、商业判断规则等,将公司的经营交由具有专业知识的管理人员。另一方面,需要建立制度以消解因两权分离而产生的代理成本,如管理层的忠实勤勉义务、独立董事制度、股东诉讼(直接诉讼和派生诉讼)等。

(二)两权分离理论的本质

两权分离理论是一种所有制理论,这一理论由两个核心命题构成:第一,生产资料所有权包含所有权、占有权、支配权和使用权。所有权意味着资产的归属,占有权是有条件的使用权,支配权是对资产的管理权,使用权是直接操作资产的权利。这些权利在法律上体现为产权体系。第二,生产资料的所有权和经营权可以统一,也可以分离。所有权代表资产的最终控制权;经营权包括占有权、支配权和使用权,是资产的日常操作权。所有权和经营权的分离体现为国家或集体保持产权,企业行使经营权。

在引述经典作家关于资本主义生产条件下土地所有者和农业资本家之间土地租赁关系的分析、职能资本家和借贷资本家之间货币资本借贷关系的分析,以及股份公司中资本所有者与资本管理者之间关系的分析之后,许多学者断言,生产资料所有权与经营权是可以分离的,进而将这种分离作为指导我国国有企业改革的依据。在这方面,最典型的观点是,传统的计划经济体制把全民所有等同于国家直接经营企业,即将所有权和经营权都集中于国家之手,这不符合市场经济发展的要求。要体现市场经济的要求,就必须改革全民所有制的内部关系,使国家保持所有权,使企业获得经营权。这样既在整体上坚持了公有制,又在局部上保证了各家企业生产经营的自主性,不但有利于促进市场经济的发展,而且有利于全民所有制优越性的发挥(何自力,1999)。

三、对两权分离理论的反思

两权分离理论不仅揭示了现代公司的内部结构和运行机制,而且对公司治理、股东权利、经理责任等方面提出了重要的问题和挑战。两权分离理论的提出引发了一系列学术讨论,也引起了一些反思。

(一)忽视了股东的多样性和利益差异,将股东视为一个整体

两权分离理论将所有权与占有权、支配权和使用权割裂开来,否定了所有权的统一性。就所有权的内涵来讲,它是指由所有人享有的排斥他人对物占有、使用、收益及处分进行干涉的权力。在这里,所有权是由占有、使用、收益和处分这四项权能构成的。在生产社会化程度不高,经营方式比较简单的条件下,所有人往往集所有权的各项权能于一身。但是随着社会经济的发展,无论是进入社会化大生产以后,还是在现代企业中,占有、使用、收益和处分的权能不可能也不需要集中于所有人,其财产也不必完全由所有人自己经营,有关权能完全可以依据所有人的意志和利益从所有权中全部或部分分离出去。但是,所有人将其所有权的各项权能都分离出去,并不意味着所有权的丧失。控制权是所有人的所有权存在的根据,它是法律所赋予的。控制权就是指对商品的支配权,作为收入确认的性质的标志,控制权比较容易分辨。流行的两权分离理论虽然看到了所有权各项权能与所有权相分离的趋势,但没有认识到控制权在实现所有人的意志和利益、保证所有权的完整性方面所起的作用。因此,两权分离理论并不能

否定所有权的统一性。

（二）低估了股东的参与和影响力，将股东视为被动的投资者

根据两权分离理论，所有权的各项权能都以经营权的名义给了企业，留给所有者的只剩下依据财产归属原则所享有的剩余索取权。然而，不论是对所有者来讲，还是对企业的运营来讲，所有者是否拥有控制权绝不是无关紧要的。现代企业制度的运营经验表明，在所有者丧失对企业运营的有效约束和控制的地方，所有者的权益往往得不到切实保障，企业治理问题非常突出；而在所有者权益受损的情况下，企业经营的绩效也不可能得到有效的改善和提高，因为不受约束和控制的企业行为必然是短视的和不负责任的。所以，两权分离理论并不能否定所有权的主导性。

（三）过分强调经理的自主性和控制力，将经理视为主导的控制者

股份公司和法人企业制度的出现，改变了所有权关系的本质，所有权分解为原始所有权和法人所有权，法人所有权又与经营权在企业内部分离。股份制初期，经营权与原始所有权和法人所有权都相对独立，经营者有自主权，企业自负盈亏，有法人财产约束机制。现代股份公司和公司法规出现后，原始所有权与经营权的分离不再绝对，股东的所有权除了获得股息和转移股票外，还可以通过董事会对经营者进行任免和参与重大决策；同时，经营权受到法人所有权的各种限制。

（四）忽略了公司的社会责任和利益相关者的权益，将公司视为单纯的利润追求者

公司应当在追求股东利益最大化的同时，关注员工权益、客户权益、环境保护等社会责任。公司的各利益相关者除了股东，还包括债权人、员工、客户、供应商等。公司应当在股东与其他利益相关者之间达成利益的平衡。管理层仅追求股东利益最大化可能导致道德风险，采取过度激进的经营策略将损害公司长远利益。管理层可能利用信息优势，为自己谋取私利，损害股东利益。股东本身也不是完全理性的"经济人"，可能做出非理性决策，不利于公司价值最大化。

第二节 公司控制权理论

一、控制权的产生及内涵

自伯利和米恩斯在1932年出版的《现代公司与私有财产》一书中指出公司经营者实际上掌握了公司的控制权，即"经理革命"，理论界就开始关注公司控制权问题。伯利和米恩斯认为，控制权是对大多数董事有实际选择权的法定权力或影响力。我国学者周其仁（1996）认为，企业控制权就是排他性利用企业资产，特别是决定企业资产的投资和市场营运。长期以来，人们以委托代理框架中的"股东至上主义"逻辑来诠释管理者控制权的内涵，基于连建辉（2004）的观点，管理者不仅拥有企业特定控制权，而且拥有企业剩余控制权，管理者拥有的企业剩余控制权内生于企业契约内各参与方之间谈判的过程中。

当然，管理者对其所拥有的企业剩余控制权的行使并没有体现在各自分散的日常经营管理职能上，而是通过企业董事会来实现。在现代企业中，董事会不仅是一个股东控制权的受托机构，而且是参与企业契约的投入专用性资产的各要素所有者共同分享和行使企业剩余控制权的配置载体。长期以来，人们把董事会视为股东行使企业剩余控制权的受托机构，这是一种在新古典分析传统支配下的"股东至上主义"逻辑认识的产物,如图 2-1 所示。实际上,董事会的性质是企业中各利益相关主体共同配置企业剩余控制权的合作博弈载体。董事会是由各利益相关主体的代表共同组成的,各利益相关主体所拥有的企业剩余控制权是通过各自的代表在董事会中借助于一系列治理机制实现的(连建辉,2004),见图 2-2。

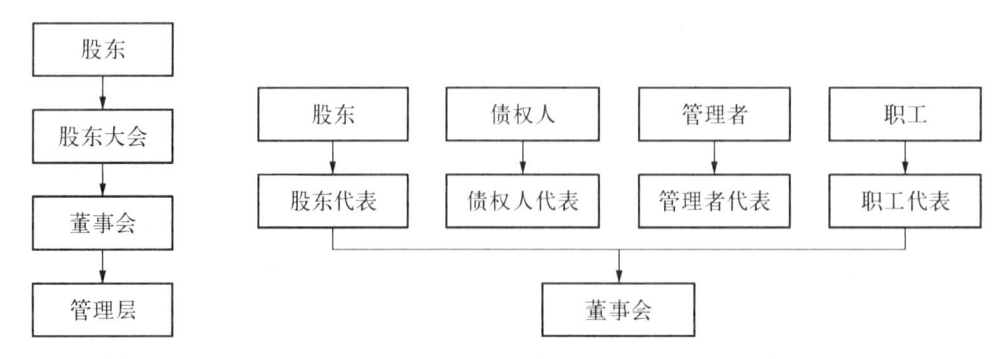

图 2-1 传统董事会模式

图 2-2 现代公司制企业中的董事会模式

二、控制权的来源

(一) 物质资本

完备合同理论框架下的标准委托代理理论先假设控制权来源于所有权:委托人提出一个合同安排,由代理人选择接受或不接受,即便代理人有信息优势和机会主义倾向,委托人也总可以通过对代理人的激励与约束相容,促使代理人朝委托人的利益最大化目标付诸行动。委托人对合同(交易)的控制权自然源于其对物质资本的所有权。Hart 和 Moore(1990)的不完备合同理论也认为,"由于合同不完全,因此所有权是权力的来源",而且"对物质资产的控制权能导致对人力资产的控制权"。中国学者张维迎(1996)从风险、监督的难易程度论证了"资本雇佣劳动"的逻辑,证实了企业的控制权来自物质资本。Alchian 和 Demsetz(1972)在团队生产理论中指出,为减少成员偷懒而实施监督的监督者之所以拥有这种权力,是因为他是剩余索取者和资本所有者。

(二) 人力资本和物质资本的结合

控制权理论忽视了人力资本的重要性,如格罗斯曼和哈特认为对非人力资本的控制将导致对人力资本的控制(Grossman and Hart,1986)。人力资本从属于非人力资本,但这一理论的解释力日渐受到两方面的挑战:一是企业赋予经营者大量控制权;二是随着新经济时代的来临,企业中人力资本的重要性日渐突出。在市场经济条件下,企业是人力资本(包括员工阶层和经理阶层)和非人力资本所有者共同签订的一份特殊契约。Rajan 和 Zingales(1998)认为,人力资本属于主动性资本,它决定企业其他资本和人力资本本身能否获得回报以及获得多少回报。因此,企业人力资本的拥有者理应取得剩余索取权。布莱尔认为,既然经理、员工都是人力资本所有者,对投入企业中具有专用性的资产承担了风险,就应与股东一起分享企业所有权(Blair,1999)。周其仁(1996)进一步指出,人力资本与人身不可分离的自然属性决定了员工可以随时关闭自己的人力资本。因此,现代企业只能激励员工而不能压榨员工,员工无疑拥有对自己人力资本的剩余控制权。按照剩余索取权和剩余控制权应对称的观点,承认员工拥有剩余控制权,员工也应该取得对应的剩余索取权。

三、控制权的分类和配置

(一) 控制权的分类

企业的控制权可根据企业的决策程序、契约性控制权、形式控制权和实际控制权进行分类（胡凯和谢申祥，2006）。

根据企业的决策程序，法玛和詹森将企业控制权分为决策经营和决策监督（Fama and Jensen，1983）。决策经营是指提出资源利用和契约结构的建议以及执行已认可的决策，即决策提议和实施。决策监督是指对需实施的提议做出决策选择以及考核决策执行人的绩效并给予奖励，即决策认可和监督。

哈特和莫尔（Moore）根据企业的契约性控制权，将企业控制权区分为特定控制权和剩余控制权（Hart and Moore，1990）。特定控制权是指能够通过事先的契约确定在不同情况下如何行使的控制权。剩余控制权是指事前没有在契约中明确界定如何使用的权力，是决定资产在最终契约所限定的特殊用途之外如何被使用的权力。

阿洪（Aghion）和梯罗尔（Tirole）将企业控制权区分为形式控制权和实际控制权（Aghion and Tirole，1997）。其中，形式控制权是指理论上由谁做出决策，一般源于所有权，如股份公司的股东大会具有对公司重大事项的决策权，但是具有形式控制权的人未必是实际控制权的主体；实际控制权是指实际做出决策的权力，实际控制权来源于对信息的掌握。

(二) 控制权的配置

1. 剩余控制权与剩余索取权相匹配的控制权配置

早期的控制权理论没有对特定控制权与剩余控制权进行区分，剩余控制权是从剩余索取权发展而来的。剩余索取权是对企业剩余现金流的要求权，而剩余控制权是对企业契约规定外的交易或事项的投票权、决策权。对于剩余索取权和剩余控制权，先前的观点强调前者（Alchian and Demsetz，1972），现代观点（如不完备合同理论，即GHM理论[①]）更强调后者。但两者都认为剩余控制权和剩余索取权应统一。GHM理论强调两者的统一，并进一步指出由剩余控制权可推导出剩余索取权的安排。此外，也有学者从风险承担者与风险制造者相对应的角度（Blair，1996）、企业知识结构的角度（Meckling and Jensen，1976）出发，都得出剩余控制权和剩余索取权相匹配才是企业控制权配置有效率的结论。因此，以剩余控制权理论为基础，将资本的范围扩张到人力资本，自然会得出企业契约中的人力资本也应拥有剩余控制权的结论。

2. 资本结构制约下的控制权配置

詹森和麦克林开创了融资结构的契约理论，指出融资结构由代理成本决定，而融资结构通过影响经营者的努力水平、融资结构的市场信号传递功能、经营者占有的股份与其对企业控制权的分配这三种途径影响企业价值（Meckling and Jensen，1976）。Harris和Raviv（1990）沿着Meckling和Jensen（1976）开拓的路径考察了投票权的经理控制，企业的负债、股权比率及兼并市场三者间的关系，建立了一个投票权和剩余收入权匹配的模型，证明资本结构是保证优秀候选人获得公司控制权的一种工具。Aghion和Bolton（1992）建立了一个当事人受财富约

[①] GHM模型即Grossman-Hart-Moore模型，或称"所有权-控制权"模型。GHM理论是由三位经济学家格罗斯曼、哈特和莫尔共同开创的，它是西方近十几年来在研究企业理论、公司治理结构的控制权配置等理论中有关激励及信息获得性影响问题的重要分析工具。

束下,企业家(有技术无资金)和资本家(有资金无技术)的市场签约模型,指出控制权的相机配置要求企业在债权融资时,能按规定偿还债务,这样,剩余控制权就能配置给企业家;如果不能按规定偿还债务,则剩余控制权就配置给投资者。Hart(2001)在不完全合同框架下研究了最佳债务合同:如果融资方式是发行带有投票权的股票(普通股),则资本家掌握剩余控制权;如果融资方式是发行不带投票权的股票(优先股),则企业家掌握剩余控制权;如果融资方式是发行债券,则剩余控制权仍由企业家拥有,前提是按期偿还债务本息,否则,剩余控制权就转移到资本家手中。

请用手机微信扫二维码,学习"知识扩充"。

高新技术企业的控制权

第三节 企业融资理论

在现代企业融资活动中,如何通过融资方式的选择来实现企业市场价值最大化,即如何确定最优资本结构,一直是财务理论和实践中人们十分关注的问题。不同的理论对这一问题有不同的理解,人们通常将这些理论分为传统融资结构理论、现代融资结构理论和融资结构优化理论(杨慧,2006)。

一、传统融资结构理论

早期的融资结构理论研究可以追溯到20世纪50年代初期。美国经济学家大卫·杜兰特(David Durand)将当时对资本结构的看法归纳为三种类型:净收益理论、净营业收益理论和介于两者之间的传统折中理论(Durand,1952)。净收益理论是通过对企业净收益进行资本化来推算企业价值,认为增加债务可以降低资金成本,提高企业价值。当债务占100%时,企业价值能达到最大。净营业收益理论认为,财务杠杆的变化不会影响企业总价值,因此加权平均资本成本是固定不变的,企业的融资顺序与价值无关。传统折中理论认为,运用财务杠杆会增加财务风险,导致债务资本和权益资本的成本上升,因此每家企业都存在一个最优的资本结构,适当运用财务杠杆可以达到该最优结构。尽管早期的融资结构理论缺乏科学的论证,但它们都认为债务融资应该放在最优先的地位。

二、现代融资结构理论

(一)M-M无税理论

M-M无税理论是经典的企业融资理论之一,该理论由莫迪利阿尼(Modigliani)和米勒(Miller)在1958年提出。根据他们的观点,在完全市场下,企业的资本结构对其整体价值没有影响(Modigliani and Miller,1958)。该理论的核心内容包括:第一,在没有税收的情况下,企业的资本成本是独立于其资本结构的。企业可以通过增加负债融资来替代股权融资,而不会改变其整体的资本成本。第二,企业的整体价值取决于其创造的预期收益,而与其融资方式无关。股权融资与负债融资对企业价值的影响会互相抵消。第三,股东可以通过个人杠杆效应复制任何资本结构,因此不同的资本结构不会影响公司的整体价值。

M-M无税理论是在对净经营收益理论进一步发展的基础上提出的,它通过严格的数学推导,证明了在一定的条件下,企业的价值与其所采用的融资方式无关,即在完善的资本市场中,企业的资本结构与企业的市场价值无关。这一强有力的结论得到 Stigliz(1969)的进一步加强,只要融资政策不改变投资机会集合,即使在存在风险债务(破产)和个人借款受限制的情况下,融资结构也与企业的价值无关。但 M-M 无税理论是建立在一系列严格的假设前提下的,如没有企业破产风险、没有企业和个人所得税、资本市场有效运作等。因此,该理论受到了不少批评。

(二) M-M 含税理论

Modigliani 和 Miller(1963)在先前的基础上对该理论进行了修正,将公司所得税的影响引入原来的分析,却得出了与原来完全相反的结论:企业的价值会随着负债比率的增加而提高。米勒还在 1977 年建立了一个包括企业所得税和个人所得税在内的模型,来探讨负债对企业价值的影响。两次修正的结论是一致的,都认为企业的负债率越高越好,都将债务融资放在企业融资的最优位置。但是,上述结论显然与现实不符。M-M 含税理论及其修正理论虽然考虑了负债带来的避税效应,但忽视了负债导致的风险和增加的费用。应该说,在理想的环境下,该理论证明的逻辑严密性是毋庸置疑的。但在经济活动中,很少有企业运用这一模型进行决策,原因是 M-M 含税理论模型的完善市场假设与实际环境有较大的差异,所以模型存在很大的局限性。

三、融资结构优化理论

20 世纪 70 年代出现了一种新的资本结构理论,它不仅考虑了负债所带来的风险和各种费用,而且通过适当的平衡来确定企业的资本结构,这就是权衡理论。权衡理论认为,企业的最佳融资结构应该是在负债价值最大化和债务上升所带来的财务风险成本以及代理成本之间进行选择。虽然该理论揭示了确定最佳融资结构的方法,但由于对财务风险成本和代理成本的量化相当困难,因此用该理论仍难以确定最佳融资结构。不过,我们可以看到该理论仍将债务融资放在优先的位置(杨慧,2006)。

(一) 新优序融资结构理论

梅耶斯(Myers)的新优序融资结构理论是最早系统地将不对称信息引入企业融资理论研究的。Myers(1984)在信息不对称的情况下提出了新优序融资结构理论,其基本观点如下:第一,企业将以各种借口避免通过发行普通股或其他风险证券来取得对投资项目的融资;第二,为使内部融资能满足达到正常权益投资收益率的需要,企业必然确定一个目标股利比率;第三,只有在确保安全的前提下,企业才会计划通过向外融资来解决其部分资金需要,而且会从发行风险较低的证券开始。该理论考察了不对称信息对融资成本的影响,发现这种信息会促使企业尽可能少用股票融资。因此,新优序融资结构理论的中心思想是,偏好内源融资,如果需要外源融资,则偏好债务融资。

(二) 信号模型对融资结构的影响

信号模型主要探讨在信息不对称条件下,企业如何通过适当的方法向市场传递有关企业价值的信号,以影响投资者的投资决策。信号模型主要分为两类:有成本的信号均衡模型和无成本的信号均衡模型。信号模型曾被广泛应用于财务理论领域的研究(Ross,1977;Leland and Pyle,1977)。

资本结构理论发展历程中出现过两个重要的信号模型。第一个是 Leland 和 Pyle(1977)的模型。该模型认为,在信息不对称的情况下,为了使投资项目的融资能够顺利进行,借贷双方必须通过信号传递来交流信息。Leland 和 Pyle(1977)进一步指出,在给定投资收益率的前提下,企业最佳负债水平点本身就是反映投资项目风险大小的一种信号。第二个重要的信号模型是 Ross(1977)的模型,也称"激励-信号"模型。Ross(1977)认为,管理层实际掌握着企业的"内部信息",管理者既是内部人士,也是内部信息的处理者;此外,企业所运用的任何债务和权益都与企业激励财务结构所传递的信号相对应。

(三) 控制权理论对融资结构的影响

控制权理论是产业组织理论的一个重要组成部分,这一理论认为,企业经理对控制权本身的偏好使得他们会通过调整企业的融资结构来影响企业的市场价值。Aghion 和 Bolton(1992)将控制权理论引入资本结构研究,指出资本结构不仅决定了企业收入流的分配,而且决定了企业控制权的分配。在契约不完备的情况下,企业由谁控制将对其价值产生重要影响。如果进行债务融资,当企业无法按期偿还债务时,企业的剩余控制权就将转移给债权人,这是控制权安排的一个例证。对于偏好控制权的经理来说,企业融资结构的顺序应该是内部融资、发行股票、发行债券和银行贷款。但从改善企业治理结构和建立约束监督机制的角度看,其融资结构的顺序应该是完全相反的。因此,增加债券融资的比重是最优选择。

综上所述,财务理论界的大多数专家学者认为,企业存在一个最优的动态资本结构,尽管在实践中确定这个最优结构有一定难度,但控制权理论为选择有利于企业价值最大化的融资方式提供了一个有价值的思考角度,这有助于我们在现实中积极探索企业的最佳融资结构。

请用手机微信扫二维码,学习"知识扩充"。

经济新常态下企业融资理论探究

第四节 委托代理理论

一、委托代理关系的内涵

委托代理关系是一种契约关系,其中,委托人授权代理人代表其行事,并授予代理人一定的决策权限,代理人有义务按委托人的意愿行事,并获得相应的报酬。委托代理理论认为,由于信息不对称和利益冲突等,理性的代理人会追求自身效用最大化,而非委托人利益最大化,从而导致代理问题。股东与管理者之间就存在典型的委托代理关系,股东作为委托人,希望管理者作为代理人能够提高公司价值;但管理者可能基于信息优势和利益不一致而实施损害股东利益的行为。为解决委托代理问题,委托人需要设计监督机制和激励机制以调控代理人行为(Jensen and Meckling,1976)。

二、逆向选择与道德风险

委托代理理论的发展建立在信息经济学提出的非对称信息环境的基础上。信息不对称是指一方拥有另一方所没有的信息,这会导致契约双方面临严重问题(Arrow,1985)。根据Arrow(1985)在合同中讨论信息不对称问题的框架,可以将由信息不对称带来的问题分为逆向选择和道德风险,其划分依据是信息不对称发生在契约签订之前还是之后。

在契约订立前,信息不对称可能导致逆向选择问题。达成合同的第一步是在市场上搜寻合适对象,但该对象可能掌握某些私有信息并隐藏以谋取私利,从而损害另一方利益。逆向选择问题导致市场失灵,乔治·阿克洛夫(George Akerlof)的《柠檬市场:质量不确定性和市场机制》开创信息经济学先河,他因此获得2001年诺贝尔经济学奖。阿克洛夫以旧车市场为例阐述信息不对称导致逆向选择使市场失效:买主不知每辆车的真实质量,只知优劣车概率分布。劣车卖主可声称自己的车为优质,导致买主损失。理性买主出价低于平均价,只有劣质车完成交易,优质车被挤出市场,市场的高质量供给低于需求。保险公司也面临逆向选择,投保人可能隐瞒私有健康信息,实际出险概率高于保险公司模型的推测,如果不调整保费,公司就会破产。这偏离了市场最优价格(Akerlof,1970)。

契约订立后,信息不对称可能导致道德风险。道德风险是一方利用探测不到的私有信息实施机会主义行为,损害另一方利益。委托代理理论关注激励和监督代理人问题,因为双方信息不对称,所以代理人可能损害委托人利益。与逆向选择不同,道德风险受契约规定机制约束。公司治理中的设计机制以遏制代理人机会主义行为、降低代理成本为重要议题(Arrow,1985)。

委托人与代理人的划分,以及代理人行为的归类如表2-1所示。

表2-1 委托人与代理人的划分

委托人	代理人	代理人的行为	归 类
保险公司	投保人	防盗措施	隐藏行动道德风险
保险公司	投保人	饮酒、吸烟	
地主	佃农	耕作能力	
股东	经理	工作努力	
经理	员工	工作努力	
员工	经理	经营决策	
债权人	债务人	项目风险	
住户	房东	房屋修缮	
房东	住户	房屋维护	
选民	议员或代表	是否真正代表选民利益	
公民	政府官员	廉洁奉公或贪污腐化	
原告/被告	代理律师	是否努力办案	
股东	经理	市场需求/投资决策	隐藏信息道德风险
债权人	债务人	项目风险/投资决策	
企业经理	销售人员	市场需求/销售策略	
雇主	雇员	任务的难易/工作努力	
原告/被告	代理律师	赢的概率/办案努力	

续 表

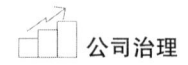

委托人	代理人	代理人的行为	归 类
保险公司	投保人	健康状况	逆向选择
雇主	雇员	工作技能	
买者	卖者	产品质量	
债权人	债务人	项目风险	
雇主	雇员	工作技能/受教育水平	信号传递和信号甄别
买者	卖者	产品质量/质量保证期	
垄断者	消费者	需求强度/价格歧视	
投资者	经理	盈利率/负债率、内部股票持有率	
保险公司	投保人	健康状况/赔偿办法	

资料来源：张维迎.博弈论与信息经济学[M].上海：上海三联书店,上海人民出版社,1996：401.[美]埃里克·拉斯缪森.博弈与信息[M].2版.北京：北京大学出版社,生活·读书·新知三联书店,2003：184.

三、代理成本

代理成本是指在委托代理问题中,委托人为促使代理人行为符合其利益而产生的各种成本,主要包括监督成本、担保成本和剩余损失三部分。监督成本是委托人监督代理人的成本,担保成本是代理人向委托人保证自己会为委托人利益而行动的成本,剩余损失是代理人的行为偏离委托人目标所造成的损失(Jensen and Meckling, 1976)。

代理成本还包括代理人受到约束的效率损失,如经理人过多关注短期业绩而忽视长期发展(林志帆和龙晓旋,2019)。委托代理理论认为,公司治理的关键是委托人设计机制以强化对代理人的激励和监督,控制代理人的道德风险和逆向选择,减少代理成本(Jensen and Meckling, 1976)。公司治理是解决企业内部委托代理问题的机制,通过契约安排监督、激励和分配风险,促进所有者和经营者利益一致。

委托代理理论把企业看作委托人和代理人之间围绕风险分配所做的一种契约安排。由于利己的动机和信息的不对称,代理人经常出现道德风险和逆向选择问题。因此,公司治理问题的关键在于委托人如何设计有激励和监督意义的机制和合约,以控制代理人的道德风险和逆向选择,从而增强代理效果和减少代理费用(Jensen and Meckling, 1976)。从这个理论角度来看,公司治理就是因委托代理问题而产生、为解决企业内部委托代理问题而服务的契约制衡机制。它规定着企业内部不同要素所有者之间的关系,通过契约对所有权和控制权进行分配,从而影响经营者和所有者的关系。公司治理需要恰当处理不同权利主体之间的监督、激励和风险的分配问题,促使经营者与所有者的利益相一致,督促经营者为所有者的利益最大化服务。

第五节 利益相关者理论

在公司治理层面,持续了上百年的一场争论是,公司经营的目的到底是实现股东的利益,还是实现利益相关者的利益?经理层到底是为谁服务的?争论的这两派观点分别是股东至上理论(Shareholder Primacy Theory)和利益相关者理论。

2019年8月,181家美国顶级公司的CEO在"商业圆桌会议"上发表了名为"公司的目的"的宣言,重新定义了公司运营的宗旨,宣称:股东利益不再是一家公司最重要的目标,公司的首要任务是创造一个更美好的社会。该组织自1978年以来定期发布有关公司治理原则的声明,自1997年起发布的每份声明都赞同股东至上的原则,凸显公司的首要任务就是让股东受益,并实现利润最大化。2019年的这份宣言历史性地终结了以股东利益最大化为信条的经营理念时代,为在创造经济价值的同时,力图创造社会和环境多重共享价值开辟了通途。从全球来看,ESG兴起,责任投资规模巨大。自中国经济转入高质量发展阶段以来,ESG日益受到重视,证监会于2018年修订的《上市公司治理准则》确立了ESG信息披露基本框架。这些充分说明企业在ESG等多领域创造价值是时代的要求。

一、利益相关者理论的基本内容

"利益相关者"一词最早出现在1963年斯坦福研究院的一份内部备忘录中,后来由爱德华·弗里曼(R. Edward Freeman)在其经典著作《战略管理:利益相关者方法》中进行阐释和发展。弗里曼认为,企业应当兼顾各利益相关者的利益,而不仅仅是股东利益(Freeman,1984)。20世纪90年代,美国学者米切尔(Mitchell)等人根据权力、合法性和紧迫性对利益相关者进行分类,强调不同类别的利益相关者对企业的影响各有不同(Mitchell et al.,1997)。进入21世纪,学界对利益相关者的概念不断丰富和拓展,利益相关者主要包括股东、员工、客户、供应商、债权人、政府部门等,内部和外部利益相关者是其重要分类维度。学会正确看待和平衡各利益相关者的利益,是现代企业管理的重要内容。

如果企业只注重股东利益的最大化而忽略其他利益相关方,就往往会对企业的可持续发展产生负面影响。相反,如果企业能够兼顾各利益相关方的利益,就往往能获得更好的社会支持,有利于企业的长期发展。利益相关者理论为企业的社会责任和可持续发展提供了理论依据。它要求企业管理者在制定策略时,不能只考虑股东利益,而要把各利益相关方的利益都纳入决策考量中。

二、利益相关者理论:从单边治理向多边治理的转变

从历史的角度来考察公司治理结构的变迁,我们可以看出,这种变迁是一种从单边治理向多边治理转变的过程。

(一)早期的公司治理模式——股东主权模式

早期的公司治理模式主要是股东主权模式,这种模式强调股东是公司的终极所有者,因而对公司有最终的控制权。早期公司形成的基本原因之一是筹集巨额资本。16至17世纪处于全盛期的英国,从更大的地域和更广的社会阶层吸收资金以满足海外勘探和贸易的需要,从而

采用了公司这种形式。也正是由于这一特点,使得早期的公司为少数股东所控制,并且这些股东基本上是个人股东。尽管当时的公司有所有权和控制权分离的倾向,但还远远没达到伯利和米恩斯所说的"两权分离"的程度,主要的经营管理方式仍然与最初的企业形式相似,以股东的单边治理为主。

Blair(1999)在考察早期公司治理模式的形成时指出,股东获得全部回报和承担全部风险的原始公司模式,应该追溯至早期的公司,那时的典型公司所拥有和经营的是一条运河、一条铁路,或者一家大的生产企业。企业家式的投资者的资金投入被用来建设或者购买铁路、运河、工厂以及向雇佣的经理人支付最初的报酬。相应地,经理人负责购买原材料、燃料、招募员工,监督生产或管理企业的运行以及将产品(生产企业)投放到市场。这些产品的销售过程往往伴随着支付工资(包括经理人的工资),缴纳税收,购买更多的原材料,保持机器的良好运转和偿还借款等。而且,所有这些投入品的获得都是依据市场价格的变动进行的。除此之外的剩余便是"利润",这些利润归属于最初的投资者(股东)是理所当然和毫无争议的,因为他们是唯一与企业有效资产连在一起并承担风险的人。这些资产包括存货、运河、公路、机车和工厂,以及可接受的所有者经理的"企业家特长"。对于符合这一模式的企业来说,可以接受的事实是,资本投资和企业家的努力是财富创造的源泉,股东获取全部财富并承担全部相关风险。作为公司来说,这看起来就像是,公司治理安排所提供的机制是股东经营的机制。这种机制尽可能地赋予股东更多控制权,通过培育和保护投资者和企业家在有形资本上进行股东财富的创造(Blair,1999)。从 Blair(1999)的分析中可以看到,企业的单边治理形式和早期公司所处的时代环境是分不开的。其一,公司中人力资本的特征尚不明显,公司的出现或存在主要是由于巨额资金的需要从而采取的一种集资方式,而公司原先的生产特点并没有多大变化,简单的分工生产模式仍占主要地位,人力资本的"专用性"没有明显形成。其二,当时的股权相对比较集中,使得大股东有足够的动机和能力去干涉公司的治理。正是在这种背景下,股东主权模式成为主要的公司治理模式。

(二) 单边治理的弱化——SM 型治理结构

从 19 世纪下半叶开始,随着运输与通信技术的革命性变化,公司的市场规模越来越大,此时公司的治理模式逐渐发生变化。这种变化最重要的方面是股权的分散化。

导致股权分散的主要因素:第一,公司发展对资本市场的依赖。股份公司经常需要筹集新的资本,这导致了资本来源的多样化。例如,在美国,铁路建设所需的资本远远超过购买种植园、纺织厂或者船队所需的资本,因此,单个企业家、家族或合伙人很难拥有铁路。第二,公司合并导致股权分散。正如伯利和米恩斯所指出的,成为大公司最显著的方式之一,就是联合或兼并。历史上发生了几次兼并浪潮,这些兼并使得原来由个人、家族或合伙人控制的许多小公司整合为一家大公司,从而使得多个所有者共享一家企业的所有权。当公司为了重组和统一而利用各种手段,通过出售股票来筹集资金时,股份的持有就更加分散了。第三,大股东或家族内部原因造成股份分散。这主要包括两方面的原因:一是持股家族为了分散投资风险而出售他们集中持有的股份,从而获得投资组合收益;二是财富继承分割而引起的股权分散。第四,法律或政治制度的变化引起股权分散。这种情况在美国比较明显。自 1929 年大萧条后,美国制定了一系列规范证券市场、商业银行、投资银行和保险公司的法律,进一步促进了公司股份的分散化。

公司股份的分散直接导致了伯利和米恩斯所说的"两权分离",即所有权和控制权的分离。这种提法最一般的解释就是公司所有权属于股东,公司控制权则掌握在公司的经理层手中。

这也是现代公司治理问题的根源,经理层与股东利益目标的不一致使得经理层不能完全按照所有者(股东)的利益决策,由此导致的代理成本成为公司治理所要解决的最主要问题。然而,仔细考察这种两权分离背后的关系,我们会发现这种变化最本质的地方在于特质人力资本开始走出特质非人力资本所有者的影子,人力资本开始形成,公司的力量开始分化。正如周其仁指出,"企业家才能和管理才能这些人力资本从一体化的资本中分离了出来……而且径直走向大企业的舞台中心……因此,股份公司并不是什么所有权与经营权的分离,而是财务物质资本和经理知识能力资本及其所有权之间的复杂合约"(周其仁,1996)。

这一变化引起了公司治理结构方面的最初变化,即出现了两类利益相关者:作为特质人力资本所有者的经理人(M)和作为特质非人力资本所有者的股东(S)。他们共同分享了公司的剩余控制权,这种特点的公司控制结构称为 SM 型治理结构。

(三)多边治理的逐渐形成——MWS 型治理结构

第一次世界大战后,生产的专业化程度不断加深,资本市场迅速发展并在公司的融资过程中发挥了越来越重要的作用,这些变化引起了现代股份公司在治理结构上的变化。

一种变化是经理阶层进一步职业化从而引起人力资本的专用性进一步加强,一般员工在人力资本方面的专用性投资不断提高。如果说在 SM 型治理结构的企业里人力资本开始显现的话,那么在此之后的 MWS 型治理结构的企业里——这里的"M"指管理层、"W"指一般员工、"S"指股东,人力资本在企业中的地位则大大提高。这主要得益于社会分工的进一步深化,从而导致人力资本的专用性达到了前所未有的程度。布莱尔指出,绝大多数现代公司创造财富的能力主要是以职工技能与知识和组织能力为基础的,这些技能则是在他们用这些技能服务于消费者与顾客时产生的。这里指明了人力资本所起到的重要作用,也暗示了这种人力资本是员工在工作中边干边学形成的,那么这种人力资本就不具有在市场上的直接可获得性,这样就使得人力资本的专用化程度自然加深。

另一个重要变化是随着金融理论的发展,人们的投资方式发生了变化,特别是投资组合理论的诞生使得股东开始追求短期的获利行为。他们将资金分散开来投资于多种资产,这样一方面使股权更加分散化,另一方面导致了股东从原来的"用手投票"转变成"用脚投票",即股东不再以干预公司的事务从而获利为目标,而是开始选择能够盈利的公司以便在短期内获得收益,由原来的"积极投资者"转变为"消极投资者"。

这两种变化导致了公司治理结构的进一步变革,股东参与公司治理的力量进一步弱化,而员工在公司治理中的作用得到了加强,具体表现为员工的收入由原来的固定工资向多样化发展,除去固定工资外,名目繁多的收入形式——奖金、福利、退休金计划、股票期权等——层出不穷。员工的收入更多地与公司的经营业绩相联系,因此员工在公司的经营过程中开始承担一定的经营风险,他们参与公司治理的动机也得到了加强。

(四)多边治理的强化——ES 型治理结构

ES 型治理结构是 MWS 型治理结构的一种演进形式。"E"指的是同时拥有本公司股权和公司专用化人力资本的职工群体,包括管理层和普通员工;"S"指的是股东群体。自 20 世纪 80 年代起,员工持股计划逐渐流行,由此产生了一种新的共同治理结构模式,即 ES 型治理结构。员工持股的出现改变了原有的股权分配,相比于纯粹的股东,持有本公司股权的员工可以被称为"内部股东",其他股东则是"外部股东"。这些内部股东所持有的股权通常受到更多的限制,例如不能随意转让、必须遵守一定的最低持有期限等。这样就降低了这些股权的流动性,增强了股东利益与公司利益的一致性,激发了股东参与公司治理的积极性;同时,由于专用化程度的提高,位于生产一线的员工比其他人更能掌握生产过程中的信息,因此将一些决策权下放给一线员工是一种提高效率的改进。在这种情况下,公司有将决策权下放的动机,员工也有参与公司治理的动机,持股员工在公司治理中地位的提升便是必然结果。

本章小结

1. 两权分离是指股权和经营权在现代公司中的分离。两权分离理论揭示了公司治理的本质和核心问题,即如何保护股东的利益、约束经营者的行为、实现股权和经营权的有效协调。

2. 控制权是对大多数董事有实际选择权的法定权力或影响力。管理者不仅拥有企业特定控制权,而且拥有企业剩余控制权。

3. 企业融资理论探讨了企业融资决策对公司治理的影响,表明了不同的融资结构和融资方式会对企业的风险、收益、信誉和竞争力发挥不同的作用,从而影响企业的价值创造能力。

4. 委托代理理论阐述了委托代理关系对公司治理的意义,提出了解决委托代理问题的方法和原则,如建立有效的激励机制、监督机制、惩罚机制和保障机制等。

5. 利益相关者理论拓宽了公司治理的视野和范围,强调了公司治理的社会责任和伦理道德,倡导了公司治理的多元化和平衡化,为公司治理的发展提供了新的思路和方向。

练习题

1. 两权分离理论的两个核心命题是什么?
2. 如何保护中小股东的利益?
3. 控制权的来源是什么?
4. 利益相关者理论的实质是什么?

关键术语

两权分离　控制权　逆向选择　道德风险　代理成本　利益相关者　单边治理　多边治理

结篇案例

三鹿奶粉案例

作为国内曾经最大的奶粉生产企业,河北石家庄三鹿集团股份有限公司(以下简称"三鹿集团")于1996年成立,由田文华担任董事长、总经理和党委书记。2006年,作为全球最大乳品原料出口商的新西兰恒天然集团加入三鹿集团成为其第二大股东。2007年,三鹿集团被评为最具社会责任感企业。但2008年9月11日,三鹿婴幼儿配方奶粉掺杂三聚氰胺有毒物质事件曝光后,三鹿集团被迅速推向破产边缘。2009年1月22日,该案一审宣判,田文华被判无期徒刑。2009年2月12日,三鹿集团正式宣告破产。

反思三鹿"毒奶粉"事件,我们不难发现,三聚氰胺只是事件的导火索,其背后的内部运营

风险管理失控才是真正的罪魁祸首。下面针对三鹿集团的内部控制问题,从内部环境四要素进行剖析:

1. 公司治理结构未能形成科学有效的职责分工和制衡机制

三鹿集团的大股东是石家庄乳业有限公司,享有56%的控股权,而且该公司96%左右的股份由九百多名老职工拥有;第二大股东是新西兰恒天然集团,持有三鹿集团43%的股权。另外,田文华既是三鹿集团的董事长,又担任总经理,任职长达21年。显然,三鹿集团股权高度集中、大股东公司股权分散,而且董事长与总经理之间没有任何制衡,内部人控制不可避免,治理结构失衡。

2. 内部审计和监督止于形式

在企业中,理应成立内部审计部门,配置相应的审计人员,确保审计部门独立行使权力,发挥内部监督作用。出于保证内部控制有效性的需要,企业应发挥内部监督部门的作用。三鹿集团通过在养殖区建立技术服务站、派出驻站人员来实施内部质量监督。派出驻站人员是内部控制中实施内部监督的重要手段之一。然而,在实际执行过程中,驻站人员并没有实施严格的监督检查程序,为奶农弄虚作假,在原奶中添加三聚氰胺埋下隐患。

3. 人力资源政策方面存在重大缺陷

据调查分析可知,三鹿集团奶源部的员工中有几千人来自农村,即奶源地,可见三鹿集团人力资源政策制定不完善的突出表现之一是用人不当。另外,三鹿集团管理层称其在三年多的时间里对原奶在收购环节中被掺入三聚氰胺毫不知情,许多人对此表示怀疑,显然管理层难辞其咎。

4. 社会责任感欠缺

企业文化是"灵魂",不仅可以提升企业的核心竞争力,而且可以为内部控制有效性提供有力保证。三鹿集团将"为提高大众的营养健康水平而不懈努力"作为企业文化。资料显示,多年来三鹿集团切实坚持履行社会责任。对于三鹿集团的文化及其履行的社会责任,没有人给予完全的否定。但是三鹿集团产品中含有大量三聚氰胺,给婴幼儿及其他消费者带来巨大的身心伤害,给中国奶业造成恶劣的影响。由此可见,三鹿集团并没有将社会责任铭记于心,选择了背道而驰。

资料来源:闫艳.基于企业内部控制环境建设的研究——以三鹿奶粉事件为例[J].商场现代化,2015(13):2-3.

案例思考题:

1. 三鹿集团违背了利益相关者治理的哪些原则?
2. 结合以上案例总结企业承担社会责任的重要意义。
3. 讨论实践中有哪些利益相关者治理的正面典型例子。

参考文献

[1] 何自力."两权分离"理论新探[J].理论与现代化,1999(3):20-23.

[2] 胡凯,谢申祥.企业控制权理论综述[J].经济纵横,2006(6):78-79+45.

[3] 连建辉."管理者控制权"重探——管理者与企业剩余控制权的配置[J].财经科学,2004(4):37-41.

[4] 林志帆,龙晓旋.卖空威胁能否激励中国企业创新[J].世界经济,2019,42(9):126-

150.

[5] 杨慧.企业融资理论基础探析[J].黑龙江金融,2006(8):35+37.

[6] 袁克利.试析基于所有权与控制权分离的公司治理理论[J].财会月刊,2005(29):2-4.

[7] 张维迎.所有制、治理结构及委托-代理关系——兼评崔之元和周其仁的一些观点[J].经济研究,1996(9):3-15+53.

[8] 周其仁.市场里的企业:一个人力资本与非人力资本的特别合约[J].经济研究,1996(6):71-80.

[9] Aghion P, Bolton P. An incomplete contracts approach to financial contracting[J]. Review of Economic Studies, 1992, 59(3): 473-494.

[10] Aghion P, Tirole J. Formal and real authority in organizations[J]. Journal of Political Economy, 1997, 105(1): 1-29.

[11] Akerlof G A. The market for lemons: Quality uncertainty and the market mechanism[J]. Quarterly Journal of Economics, 1970, 84(3): 488.

[12] Alchian A A, Demsetz H. Production, information costs, and economic organization[J]. American Economic Review, 1972, 62(5): 777-795.

[13] Arrow K J. The economics of agency[M]//Principals and Agents: The Structure of Business. Boston: Harvard Business School Press, 1985: 37-51.

[14] Blair M M. Firm-specific human capital and theories of the firm[J]. Employees and Corporate Governance, 1999: 58-59.

[15] Blair M M. Ownership and control: Rethinking corporate governance for the twenty-first century[J]. Long Range Planning, 1996, 29(3): 432-432.

[16] Durand D. Costs of debt and equity funds for business: Trends and problems of measurement[R]. Conference on Research in Business Finance. NBER, 1952: 215-262.

[17] Fama E F, Jensen M C. Separation of ownership and control[J]. Journal of Law and Economics, 1983, 26(2): 301-325.

[18] Freeman R E. Strategic Management: A stokcholder approach[M]. Pitman, 1984.

[19] Grossman S J, Hart O D. The costs and benefits of ownership: A theory of vertical and lateral integration[J]. Journal of Political Economy, 1986, 94(4): 691-719.

[20] Harris M, Raviv A. Capital structure and the informational role of debt[J]. The Journal of Finance, 1990, 45(2): 321-349.

[21] Hart O. Financial contracting[J]. Journal of Economic Literature, 2001, 39(4): 1079-1100.

[22] Hart O, Moore J. Property rights and the nature of the firm[J]. Journal of Political Economy, 1990, 98(6): 1119-1158.

[23] Jensen M C, Meckling W H. Theory of the firm: Managerial behavior, agency costs and ownership structure[J]. Journal of Financial Economics, 1976, 3(4): 305-360.

[24] Leland H E, Pyle D H. Informational asymmetries, financial structure, and financial intermediation[J]. Journal of Finance, 1977, 32(2), 371-387.

[25] Meckling W H, Jensen M C. Theory of the firm: Managerial behavior, agency

costs and ownership structure[J]. Journal of Financial Economics, 1976, 3(4): 305-360.

[26] Mitchell R K, Agle B R, Wood D J. Toward a theory of stakeholder identification and salience: Defining the principle of who and what really counts[J]. Academy of Management Review, 1997, 22(4): 853-886.

[27] Modigliani F, Miller M H. Corporate income taxes and the cost of capital: a correction[J]. American Economic Review, 1963, 53(3): 433-443.

[28] Modigliani F, Miller M H. The cost of capital, corporation finance and the theory of investment[J]. American Economic Review, 1958, 48(3): 261-297.

[29] Myers S C. Capital structure puzzle[J]. The Journal of Finance, 1984, 39(3): 575-592.

[30] Rajan R G, Zingales L. Power in a theory of the firm[J]. Quarterly Journal of Economics, 1998, 113(2): 387-432.

[31] Ross M. The determination of financial structure: The incentive-signalling approach[J]. Bell Journal of Economics, 1977, 8(1): 23-40.

[32] Stiglitz J E. A re-examination of the Modigliani-Miller theorem[J]. American Economic Review, 1969, 59(5): 784-793.

第三章
公司治理模式

全章提要

概要
案例导读
- 第一节　外部治理模式
- 第二节　内部治理模式

本章小结
练习题
关键术语
结篇案例
参考文献

概要

1. 公司治理模式分为几类?

"一个国家选择什么样的治理体系,是由这个国家的历史传承、文化传统、经济社会发展水平决定的。"[①]国家治理如此,公司治理同样如此。总体而言,公司治理领域中公认的公司治理模式主要分为以英国、美国等国家为代表的外部治理模式和以日本、德国等国家为代表的内部治理模式。

2. 不同公司治理模式有何特征?

公司治理模式可以分为外部治理模式和内部治理模式。这两种模式的区别主要在于公司的融资方式、股权结构和控制权分配。采用外部治理模式的公司依赖股票市场融资,股权分散,控制权受外部市场监督。采用内部治理模式的公司依赖负债融资,股权集中,控制权受内部利益相关者监督。两种模式各有优缺点,随着社会的变化,两者在不断地融合。

案例导读

治理模式创新:高科技公司融资之路

2019年11月26日,阿里巴巴重新在港交所挂牌上市,成为首家同时在美股和港股两地上市的中国互联网公司,开盘当日,市值即超越腾讯控股,成为港股第一大市值公司。

阿里巴巴旗下B2B公司曾于2007年登陆港交所,这也是阿里巴巴创业时最早的业务。然而,一方面,国际金融危机打击了全球贸易环境;另一方面,以淘宝网为代表的C2C电商形态迅速崛起,很快超过了B2B业务的体量,并衍生出了支付宝、菜鸟网络、阿里云等遍布阿里巴巴生态的子业务。在多重因素的影响下,阿里巴巴的B2B公司在2012年选择私有化,退出港交所。

2013年,阿里巴巴(包含淘宝网等在内的所有集团内业务)寻求以同股不同权的合伙人制度在香港上市。但当时的港交所尚没有此项规则,也无法在短期内迅速改革。阿里巴巴时任CEO陆兆禧表示,香港市场对新兴企业的治理结构创新还需要时间研究和消化。

最终,阿里巴巴放弃在香港上市,并在2014年改为远赴纽交所上市,共筹集了250亿美元资金,成为全球规模最大的IPO。近年来,阿里巴巴的市值几度突破5 000亿美元,与港交所的腾讯控股交相辉映,成为中国最大的两家互联网公司。港交所上市公司承袭英国公司治理模式,强调对股东权利的保护。而2013年完成内部治理机制整合与创新的阿里巴巴,构建了同股不同权的合伙人制度,以实现公司内部更为专业的管理团队对经营方向的掌控,最大限度地激发内部团队

---

① 习近平.习近平谈治国理政[M].北京:外文出版社,2014:105.

的创造力,这也得到了大股东——软银集团的默许。然而,这种同股不同权的机制,突破了传统港交所公司治理体系下股东权利基于资本投入衡量的制度安排,冲击了既有的公司治理规范。

阿里巴巴的同股不同权机制,在上市公司制度安排中属于个案,但是这种制度的创新为其他具有相似特征的上市公司提供了参考;同时,治理结构的创新也为政策制定者提供了启示:上市公司的治理模式应当趋同化还是差异化?如何在保障相关主体各自利益的前提下,激发公司的活力和创新力?

资料来源:张信宇.阿里巴巴在港二次上市,终于要跟腾讯同台竞技了[EB/OL].新浪财经,2019-06-18.

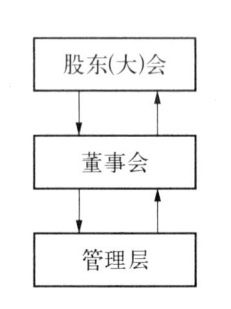

第一节 外部治理模式

外部治理模式,又称"英美治理模式""市场导向型公司治理模式"。在英国和美国等坐拥相当发达的资本市场和经理人市场的国家,公司表现出股权分散、个别股东发挥作用有限、公司控制权掌握在管理者手中、外部监控机制发挥主要监控作用等特征,因而形成了外部治理模式。在这种市场环境下,具有高流通性的资本市场对上市公司有着直接的影响。虽然经理层具备较大的自由度和独立性,但来自股票市场的压力很大,因此股东的意志能得到较多体现,也就是说,外部市场在公司治理中起着重要的作用。

一、外部治理模式的特点

外部治理模式强调股东利益最大化,依靠市场机制来监督和激励经营者。公司内部通过公司的基本章程来限定公司不同机构的权力并规范它们之间的关系。外部治理模式基本遵循决策、执行、监督三权分立的框架。其具体特点如下:

(一)股权分散化和流动性强

在外部治理模式下,公司的股东人数众多,股份分散,没有明显的控股股东或家族股东。股东之间缺乏协调和合作,对公司内部治理缺乏监督和参与的积极性。股东主要通过市场来控制、监督、激励和约束经营者,具体表现为以买卖股票来表达对公司的满意或不满。股票市场的发达和活跃为股权交易提供了便利和效率,增强了股权的流动性。

(二)董事会独立性和监督能力强

通常情况下,采用外部治理模式的公司的股东大会下只设立董事会,不设监事会(如图3-1所示)。如美国各州公司法规定,美国公司设立股东大会,由公司全体股东组成,是公司的最高权力机构,行使州法授予的权利。在这种模式下,董事会由内部董事和外部董事组成,外部董事占多数,保持了董事会的独立性和客观性。外部董事通常是专业人士或其他公司的高层管理者,具有丰富的知识和经验,能够有效地监督和评价内部董事和经营者的工作表现。董事会下设若干委员会,如审计委员会、报酬委员会、提名委员会等,分工负责公司有关重要决策的制定和实施。

图3-1 外部治理模式

(三)经营者激励机制完善、灵活

在外部治理模式下,经营者的收入与公司的业绩和股价密切相关,体现

了绩效导向的原则。经营者通常享有较高的薪酬水平和丰厚的福利待遇,以吸引和留住优秀的管理人才;同时,经营者面临较大的风险和压力,如果不能达到预期的目标或表现不佳,就可能被解雇或公司被收购。为缓解股东与管理层之间的利益冲突,提升高管与股东目标的一致性,以股权激励为代表的长期激励性薪酬通常在英国和美国等国家公司高管薪酬体系中占据较大比例。自1952年美国辉瑞制药公司首次推出股票期权计划以来,股票期权制度在英国和美国两国迅速推开。到20世纪80年代中期,美国最大的200家公司中,60%以上建立了不同形式的股权激励制度。

(四)独立董事占据多数

董事会是股东大会的常设机构,其职权是由股东大会授予的。由于独立董事可以独立地对公司的经营做出客观判断和科学决策,并且占据绝对多数比例,因此会加大经营者所受到的压力,从而有效增强了管理的科学性和有效性,最大限度地保护了各利益相关者的利益(马连福等,2020)。

(五)设置专门委员会

与保护股东权益的主旨一致,在英美治理模式下,公司内部治理机制体现了股东利益至上的层级安排。股东(大)会是公司的最高权力机构,负责选举董事会成员并对公司重大事项进行裁决。其下设立董事会,代表股东选聘与监督经理人。公司的日常经营管理则由管理层负责。在这种模式下,不单独设立监事会,监督功能主要由以独立董事为主的审计委员会、提名委员会和薪酬委员会承担。专门委员会的设置从两方面加强了董事会的职能:一方面,专门委员会成员少、形式灵活,便于就问题进行反复沟通,降低信息不对称性;另一方面,专门委员会由专业人士构成,在针对相关问题进行处理时能够提供更加有效的建议。这些专门委员会的设置增强了董事会内部的分工与合作,使得公司决策程序更加标准化、结构化。

(六)外部市场监督机制有效、多元

在外部治理模式下,公司受到多方面外部市场监督机制的约束和影响,包括资本市场、收购市场、管理人才市场、产品市场、法律法规等。资本市场通过股价反映公司的价值和信誉,对公司提出了高效率、高透明度、高回报的要求。收购市场通过竞争性收购或敌意收购对低效率或低价值的公司进行淘汰或重组。管理人才市场通过吸引或流失优秀的管理人才对公司进行激励或惩罚。产品市场通过竞争或合作为公司提供了机遇或挑战。法律法规通过规范、保护市场秩序和利益相关者权益对公司进行制约和指导。

二、对外部治理模式的评价

外部治理模式是在法制健全、资本市场成熟、股权分散的条件下形成的。在这种模式下,股东难以监管和干预经理人,只能通过买卖股票来实现公司治理,因此,市场机制在公司治理中起到了重要作用。这种模式的利弊与其股权流动性强的特点有关。

(一)外部治理模式的优点

外部治理模式依靠外部市场对公司进行治理,在股权分散的情况下,通过市场机制对经营者进行激励和约束,以保证股东利益的最大化。在这种模式下,美国、英国等国家的企业具备强大的创新能力及竞争力。

首先,外部治理模式提高了公司的运营效率和竞争力。在外部治理模式下,经营者面临来

自股票市场、经理人市场和产品市场的压力,如果不能提高公司的业绩和市值,就可能遭到解雇或者被市场淘汰的风险。这种压力促使经营者更加关注公司的长期发展,优化资源配置,创新管理方式,提高生产效率和质量,增强公司的竞争力和盈利能力。例如,美国IBM公司在1993年面临巨额亏损和收购威胁时,新任总裁路易斯·格尔斯特纳(Louis Gerstner)进行了一系列改革,包括裁员、剥离非核心业务、调整组织结构、强化客户服务等,使得IBM公司在短期内扭亏为盈,重回行业领先地位。

其次,外部治理模式增强了公司的透明度和信息披露水平。在外部治理模式下,经营者需要向股东和公众提供及时、准确、完整的财务和经营信息,以便于市场对公司进行评价和监督。这种信息披露有利于提升公司的信誉和形象,降低融资成本,吸引更多投资者和客户。信息披露也有助于防止经营者滥用职权,损害股东利益,从而保证了公司治理的公正性和合法性。例如,美国证券交易委员会(SEC)要求上市公司定期提交各种报告文件,并对违反信息披露规则的行为进行严厉处罚。

最后,外部治理模式激发了经营者的创新精神。在外部治理模式下,经营者不仅要承担来自市场的压力,而且要享受来自市场的奖励。如果经营者能够通过创新和变革来提高公司的业绩和市值,就可以获得更高的薪酬和声望,甚至有可能成为其他公司的目标人选。这种奖励机制激发了经营者的积极性和主动性,促使他们不断寻求新的机遇和挑战,敢于承担合理的风险,推动公司的持续发展。例如,美国苹果公司在2007年推出了革命性的手机产品,打破了传统手机行业的格局,为公司带来了巨大的收益和影响力。

(二) 外部治理模式的缺点

这种股权高度分散的外部治理模式同样存在一些问题。

一方面,外部治理模式增加了公司的短期行为和投机风险。经营者可能采取一些不利于公司未来的行为,如过度裁员、削减研发投入、操纵财务报表、牺牲产品质量等,以求在股票市场上获得更高的评价和奖励。经营者也可能利用内幕信息或者操纵股价,进行一些投机性的交易,从而损害其他股东和投资者的利益。例如,安然公司曾经是美国最大的能源公司之一,但由于其高层管理人员通过会计造假夸大收入和隐瞒债务,以及利用内幕信息进行非法交易,最终导致该公司在2001年破产。

另一方面,由于股权结构相对分散且具有强流动性,因此在外部治理模式下,股东在公司治理中的参与度和影响力因为股权结构的分散而降低,导致股东更倾向于利用强流动性的资本市场来"用脚投票",以维护自己的利益。这种情况使得所有权对经营权的制约力减弱,管理层的监督效果不佳。

请用手机微信扫二维码,学习"知识扩充"。

安然事件

第二节 内部治理模式

内部治理模式又称"关系控制治理""网络导向型公司治理"及"德日治理模式"。内部治理模式根植于德国和日本等国家的法律、文化、政治、经济等环境。日本、德国及其他一些欧洲大陆国家虽然拥有较为发达的股票市场,但企业从股票市场中筹到的资金数量相对较少,主要通过法人及银行进行债务融资,导致企业资产负债率较高。在德国和日本的企业中,银行、供应商、客户及公司员工都积极地通过公司的董事会及监事会行使监督职能、参与公司治理。在公司治理中起到显著作用的是法人股东、银行以及内部经理人的流动,控制权市场发挥的作用不显著,因此被称为内部治理模式。

一、内部治理模式的特点

(一) 股东大会、董事会和监事会

与英美治理模式下不设监事会而依托独立董事完成监督职能不同,德国及其他一些欧洲大陆国家采取了双层制的董事会制度。这些国家实行了双层董事会制度,即公司内部有两个董事会:执行董事会(董事会)和监督董事会(监事会)。股东大会直接选举监事会,监事会则负责任命董事会的成员,并制定政策目标和监督职能。

德国公司的监事会由股东代表和员工代表组成,股东代表包括银行代表及具有专业技能和知识的专家等。这种股东大会、董事会和监事会分离的机制可以在一定程度上确保决策者和执行者的相互独立,从而提高监事会的监督效果。日本公司的商业网络模式是指多家公司以形成企业集团的方式建立联系,集团内的公司通过交叉持股、互任董事等方式相互关联,构成一个公司网络。这种公司网络反映了日本社会固有的集体主义价值观,强调网络内的团结、合作关系、终身雇佣和企业联盟。在日本公司的董事会中,独立董事的比例通常很低,这与英美治理模式有很大的差异。日本公司的监督体系主要由两部分组成:一是董事会对董事职务执行情况的监督,二是监事对董事职务执行情况的监督以及会计监督。具体架构如图3-2所示。

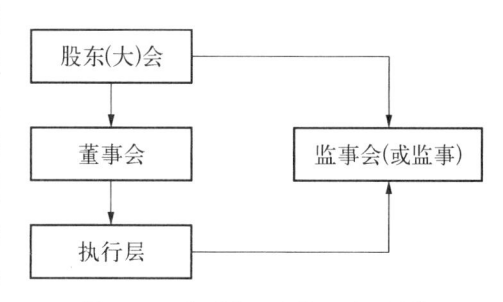

图 3-2 典型的日本公司治理结构

(二) 银行治理

与英美治理模式不同,由于证券市场相对不发达,德国和日本的企业难以通过直接融资来满足自身的资金需求,因此,它们主要依赖银行等金融机构提供的贷款、担保、信用等服务,形成了以银行为中心的金融体系。德国企业倾向于内部主导型公司治理,股东、银行及员工代表都可以对管理层进行监督。但这种银行与企业相互持股的主银行制度在一定程度上排斥了除银行之外的股东及控制权市场、资本市场、经理人市场等对企业的治理作用。

以德国为例,股东(大)会和工会共同选举监事,实行共同治理原则,一般要求监事会一半代表股东,另一半代表员工。董事会由监事会选举产生,由执行董事构成,行使执行职能,负责具体的企业运营,一般架构如图3-3所示。在德国模式下,股东(大)会、董事会、监事会分设,监督者与执行者相互独立,并且经营者由监事会选举产生,这样的安排进一步强化了内部监督机制,有利于发挥监事会对经理人的监督作用(姜付秀等,2022)。

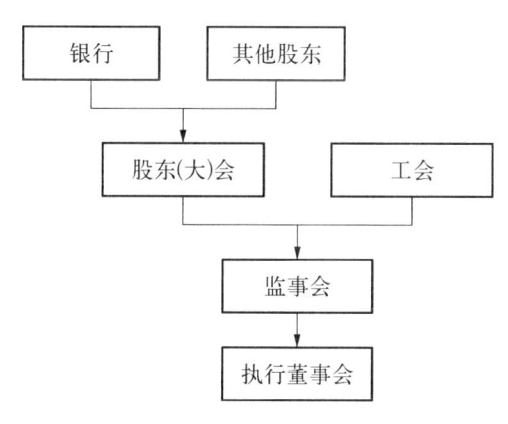

图 3-3 典型的德国公司治理结构

日本企业在第二次世界大战后形成了以间接金融制度为基础,以集团企业为范围的一种银行和

企业之间的长期稳定交易关系——主银行关系。主银行制度是指企业以一家银行作为自己的主要贷款行并接受其金融信托及财务监控的一种银企结合制度。在主银行制度下,一家企业的全部或大多数金融服务由一家银行固定提供。与此同时,主银行对企业拥有相机接入治理的权力,甚至可以持有企业的股份,包括有投票权的股份。主银行不仅可以通过向融资企业派遣董事直接参与企业的经营管理,而且可以通过各种形式的监督对融资企业进行治理。

(三)法人股比例高且交叉持股

在内部治理模式下,企业之间存在紧密的关系网络,通过相互持股、交叉持股、互惠交易等方式来增强内部人之间的信任和合作。这种关系网络有利于维护企业间长期稳定的交易关系和分工合作关系,也有利于抵御外部竞争和干扰。德国和日本两国的公司治理模式都倾向于形成企业集团,其中各家公司通过交叉持股来加强内部联系,这在日本尤为普遍。交叉持股的起源可以追溯到1952年日本的阳和房地产公司事件,该公司遭到恶意收购,导致三菱集团进行内部调整。日本于1953年修改了"反垄断法",为了防止被二级市场收购,三菱集团旗下的子公司开始相互持股。从那时起,交叉持股成为日本企业抵御收购的一种策略。20世纪50年代,日本企业还利用交叉持股来与银行建立紧密关系,以便获得资金支持。

但是,这种关系网络也导致了股权结构的封闭性和僵化,使得股票流通性弱,外部人难以介入公司治理,内部人则可以利用信息优势和控制权优势,维护自身利益。具体来说,由于所有权与控制权相对集中,因此信息通常在以银行为主的内部人之间分享,而缺乏面向整个市场的信息披露要求。由于德国和日本两国的公司信息透明度相对较低,因此这种股权结构导致德日治理模式下公司股票的流动性较弱。

(四)员工参与治理

德国和日本的公司治理模式都强调员工参与。德国的员工参与源于社会主义和工人运动的历史,它通过法律规定,让员工在监事会中占一半席位,对企业的监督和决策有一定的影响。日本的员工参与体现在经营者的选任和终身雇佣制上,它反映了日本企业对员工的信任和重视。这种模式有利于提高企业决策的民主性,调动员工的积极性,同时要求股东和员工共同监督经理层。

在德国,拥有2 000名以上职工的股份有限公司、合资合作公司、有限责任公司等企业,必须实行监事会参与决定制度,即职工通过选派职工代表进入监事会来参与公司重大经营决策。监事会的成员视企业规模而定,一般为20名,其中一半由股东选举,另一半由职工选举。这种参与方式的法律依据是1976年通过的"参与决定法"。

二、对内部治理模式的评价

内部治理模式通常伴随着较低的信息披露质量、相对弱势的资本市场和低流动性的劳动力市场。此时,股东、内部高管网络等内部人对经理人具有很强的监督能力和监督意愿。因此,该治理模式更多是通过内部人监督和"用手投票"的方式实施公司治理。这种公司治理模式的优点与缺点归根结底都源于其银行主导的企业法人交叉持股的融资结构。

(一)内部治理模式的优点

首先,在采用内部治理模式的企业中,股东持股比例高。法人或银行持有大量股份,他们有足够的动力和能力监督公司的经营管理并直接介入公司的日常管理决策,防止经营者利用"内部人控制"做出损害股东利益的行为;同时,内部治理模式能够减少信息不对称的问题,提高信息披露的质量和透明度。

其次,内部治理模式能够提高公司的管理效率,实现资源的有效配置。法人或银行与公司之间有长期稳定的合作关系,他们能够提供稳定的融资支持和技术支持,降低公司的融资成本和技术风险;同时,内部治理模式能够促进公司之间的分工合作和优势互补,提高市场竞争力。此外,由于法人或银行与公司之间有共同的利益目标和战略愿景,因此他们能够为公司提供长期的战略指导和规划,鼓励公司进行研发投入和技术创新。

最后,德国、日本等内部治理型公司积极鼓励员工参与治理,这样既提高了内部监督能力,又维护了员工的切身利益,还提升了员工对企业的忠诚度。企业员工通常富有凝聚力和敬业精神,这有利于企业的长远发展。

(二)内部治理模式的缺点

采用内部治理模式的企业缺乏外部资本市场的压力,监督机制流于形式。法人或银行相互持股,股权流动性弱,资本市场难以发挥对企业经营者的监督和制约作用;同时,这些企业没有规范的信息披露制度,使得经营者免受来自市场的压力。经营者不但摆脱了股东的监督和控制,而且掌握和控制了董事会,以至于企业经理和普通员工可以联合起来,形成内部人控制,利用信息不对称和产权不清晰的制度缺陷,侵蚀银行及其他法人的资产。

主银行制导致泡沫经济。自20世纪80年代以来,日本中央银行以扩张性的货币政策支持经济增长,使得证券市场和房地产市场出现轮番上涨的震荡。与此同时,银行为了招揽生意,不断向公司进行大量贷款,还为自己的关联公司寻求发展外债的途径,助长了公司的过度扩张。所以,主银行制被看成日本"泡沫经济"形成的一个重要原因。

日本和德国的内部治理模式着眼于公司的长远利益,综合考虑各方利益相关者,强调协调、合作。其中,经理人员多由大股东选派,其变动也更多地受该大股东的影响。但经济的发展已经向这种治理结构提出了新的挑战。由于日本不规范的银行制度和世界金融市场的介入,一些公司减少了对银行的依赖,终身雇佣制开始动摇。与此同时,一些金融机构也开始出卖一部分公司股票,这些变化必将影响治理结构的变革(金永生,2001)。

随着经济全球化的发展,企业对国际资本和国际人才的需求迅速增加,德日治理模式的封闭性所引致的问题日益凸显。有不少学者预测,为应对经济全球化和金融全球化压力,内部治理模式会逐渐开放,向外部治理模式发展。

本章简要介绍了内部治理模式和外部治理模式这两种典型的公司治理模式,以及两者的特征及优缺点。内部治理模式和外部治理模式的区别主要在于融资方式、股权结构和控制权分配等方面。在企业实践中,这两类治理模式不断发展、演进,最终趋同,具体内容将在后续章节展开叙述。

本章小结

1. 在外部治理模式下,公司往往具有强大的创新能力和竞争力,这是因为股票高度的流动性提升了整个市场的资源配置效率,成熟的公司控制权市场为公司的快速扩张提供了资源。但"强管理者,弱所有者"的现象以及金融市场的短视行为也给公司的可持续发展造成了阻碍。

2. 在内部治理模式下,在公司治理中起显著作用的是法人股东、银行以及内部经理人的流动。股东对参与公司决策有着很强的动机,更加注重公司的长远发展。然而,缺少外部市场的监督、相互持股下的资本虚增以及股东（大）会的空壳化等问题为公司发展埋下了隐患。

练习题

1. 内部治理模式和外部治理模式的特征分别是什么？
2. 内部治理模式和外部治理模式存在哪些差异？
3. 内部治理模式和外部治理模式分别有哪些优缺点？

关键术语

外部治理模式　内部治理模式

结篇案例

当当网的未来

当当网是知名的综合性网上购物商城。从1999年11月正式开通至今，当当网已从早期的网上卖书拓展到线上售卖各品类百货，包括图书、音像、美妆、家居、母婴、服装和3C数码等几十个大类，数百万种商品。

1996年，李国庆和俞渝邂逅，在纽约结婚，这也是当当网的起点。李国庆和俞渝说服了美国国际数据集团（IDG）、卢森堡剑桥集团（LCHG）共同投资。他们凭借发达国家现代图书市场的运作模式和成熟的管理经验，结合世界先进的计算机技术和网络技术，推动了中国图书市场的"可供书目"信息事业和"网上书店"的门户建设，当当网由此诞生，成为中国最大的图书资讯集成商和供应商。

当当网在2003年就已经实现盈利，年销售额达到8 000万元，俞渝又主导了当当网2003年、2006年两轮大规模的融资。2010年年底，在俞渝的努力下，当当网成功在纳斯达克上市，占据了中国网购市场40%的份额。但好景不长，2011年，李国庆和俞渝在微博对骂，导致当当网的股价暴跌近九成。加上多家电商在野蛮生长，对当当网发动了疯狂阻击，加入价格战的当当网开始出现亏损，股价跌破发行价，之后再也没能恢复盛况。

从2004年到2014年这10年间，当当网不仅发展不尽如人意，而且错过了很多次"上岸"的机会。亚马逊、百度、腾讯都曾对当当网抛出橄榄枝，准备收购或入股当当网，而每当俞渝准备拥抱变化、愉快接受合作时，都因持股比例、交易价格或理念问题而遭到李国庆的否决。

为了挽回资本败局，2016年当当网从美国退市，完成私有化，此时当当网的市场份额已经跌到了1.3%。李国庆和俞渝的持股比例变成了五五开。后来双方根据俞渝的建议，各自将一半的股权交给儿子，并由俞渝代持儿子手上的所有股权，最后俞渝持股64.2%，李国庆持股27.51%。

在《进击的梦想家》节目中，已经从当当网高层隐退近4年的李国庆声称俞渝使用阴谋把他赶出了当当网。

2020年4月26日，当当网创始人李国庆带领数人闯入公司，抢夺公司公章、财务章等47枚印章，并在公司张贴"告全体员工书"，指出李国庆全面接管公司，负责公司的经营管理；俞渝不再担任公司执行董事、法定代表人及总经理；俞渝无权在公司行使任何职权，无权向员工发出任何指示,无权代表公司对外做出任何意思表示或者行为。

随后,当当网发表声明称,2020年4月26日早间,李国庆伙同5人,闯入当当网办公区抢走几十枚公章、财务章,公司已经报警。当当网以及关联公司公章、财务章失控期间,任何人使用该公章、财务章签订的任何合同、协议以及具有合同性质的文件或其他任何书面文件,公司将不予承认,公章、财务章即日作废。

2020年4月26日18时左右,当当网召开电话会议,向媒体通报有关情况。当当网副总裁阚敏表示,公司目前掌握在俞渝手中;李国庆称接管当当网是私自越权,是违法的;李国庆的临时股东会会议是单方面的,"告全体员工书"的内容不属实。

"抢公章事件"将李国庆和俞渝的矛盾与冲突再度推向高潮,对比正在快速发展的京东及淘宝,当当网似乎已经深陷泥潭。

资料来源:当当上演夺权大戏:创始人李国庆"抢公章"要全面接管公司 当当回应"已报警"[EB/OL].新浪财经,2020-04-26.

案例思考题:

内部治理是公司治理的重要机制,当当网的内部治理出现了什么问题?在家族企业治理中,家族利益及亲缘关系是一把"双刃剑",家族企业应当如何实现长远发展?

参考文献

[1] 姜付秀,等.公司治理:基本原理及中国特色[M].北京:中国人民大学出版社,2022.

[2] 金永生.公司治理结构的国际比较及发展趋势研究[J].北京理工大学学报(社会科学版),2001(4):31-34.

[3] 马连福,等.公司治理[M].2版.北京:中国人民大学出版社,2020.

[4] 赵晶.公司治理:原理与案例[M].北京:中国人民大学出版社,2021.

第四章
股权结构与治理效率

全章提要

概要
案例导读
- 第一节　大股东及其作用
- 第二节　中国企业中的大股东
- 第三节　机构投资者

本章小结
练习题
关键术语
结篇案例1
结篇案例2
参考文献

概要

1. 股权结构的基本内涵是什么?

股权结构包括股权结构的界定与具体的表现形式。

2. 大股东在公司治理中的效益包括哪些内容?

集中的所有权是确保公司利润最大化的重要途径之一。大股东主要通过两种机制来发挥积极的公司治理作用:一方面,可以通过对管理层进行监督,在事前约束管理层的机会主义行为;另一方面,可以通过事后的"用脚投票"规则对管理层产生退出威胁,促使管理层在事前采取更多有利于公司价值提升的行为。

3. 中国企业中的大股东对股权结构有何影响?

股权结构是公司治理机制的基础,它决定了股东结构、股权集中程度以及大股东身份,导致股东行使权力的方式和效果有较大的区别,进而对公司治理模式的形成、运作及绩效有较大影响。大股东尤其是控股股东利用其控制权,依据"资本多数决"的原则,可以决定公司的许多重要事项,如并购重组、对外担保等,大股东可以获得超过其持股比例的"控制利益"。

4. 机构投资者有什么作用?

机构投资者是大型的专业投资机构,如保险公司、养老基金、投资银行、对冲基金等,他们的投资规模较大,对资本市场的影响力也较强。机构投资者的作用包括提供资金、降低风险、增强市场流动性、提高市场透明度、拥有投票权。

案例导读

年度股东大会

在美国,公司被要求定期召开年度股东大会。在绝大多数案例中,年度股东大会是正式性的,股东可以行使他们的投票权。无论采用何种方式,股东都有机会向管理层提问,并且要求公开披露会议纪要和投票结果。

一些公司,尤其是日用消费品生产公司以及最大型的和最著名的公司会吸引大量参与者,而且这些人经常持有异议。在一些案例中,当管理层预期到会产生争议时,他们会避开这些股东。但在某些股东大会中,CEO宣布他们不会在股东大会中安排股东提问。在其他的一些大会中,由于董事会成员不出席,因此也就不用回答问题了。例如,有的美国公司拟定在亚洲召开年度股东大会,也有些公司将年度股东大会从休斯敦挪到得克萨斯州的一个偏远小镇,将时间定于早上8点半,并订购旅馆的所有房间,这样就没有人能够提前一晚到达开会地点。他们会按照惯例在股东大会上宣称:"我们期望你们尽可能都来。"同样地,2010年,赛门铁克公司宣布将会举办一次没有人亲自参加的虚拟会议。

在其他国家,股东大会通常被称为年会(AGM)。在英国,超过10%的股东可以要求召开特别股东大会,但在美国,这项权利不是强制性的,而且受到很多限制。

资料来源:罗伯特·A.G.蒙克斯,尼尔·米诺.公司治理[M].5版.北京:中国人民大学出版社,2017:95.

第一节 大股东及其作用

一、股权结构的界定与表现

(一)股权结构的界定

基于股东地位(身份)可对公司主张的权利就是股权。入股的资源,可以是财务资本、物资资本、技术资本、无形资产、管理能力等。股权结构是指股份公司总股本中,不同性质的股份所占的比例及其相互关系。股权结构是公司治理结构的基础,它直接影响公司代理问题的表现形式和公司治理的重心与效率。不同的股权结构还影响企业组织结构安排,最终决定了企业的行为和绩效。

与股权相关的一个重要概念是大股东。关于大股东,首先需要说明的是,现有文献对大股东并没有较为一致的定义。在理论模型中,大股东的监督能力随着持股数量的增加而增强,即监督能力是其持股数量的连线增函数。而在实证文献中,由于许多国家(如美国、中国等)均规定股东持股超过或变动达到5%时便需要进行公开披露,因此,实证文献多用5%作为判别大股东的标准(Edmans,2014)。此外,鉴于各个国家对股东权利的具体规定及公司股权的结构特征,10%和20%的持股比例也常被作为大股东的判定标准。

现在大部分学者主要是从股权集中度和股东性质两个角度去理解股权结构。股权集中度,即前五大股东持股比例,主要有三种类型:第一,股权高度集中,绝对控股股东一般拥有公司股份的50%以上,对公司拥有绝对控制权;第二,股权高度分散,公司没有大股东,所有权与经营权基本分离,单个股东所持股份的比例在10%以下;第三,公司拥有较大的相对控股股东,还拥有其他大股东,所持股份比例在10%和50%之间。从规范的角度看,公司应该适当降低股权集中度,改变"一股独大"局面,适当发展机构投资者、战略投资者在公司治理中的积极作用,并确保股权的流通性。

股东性质,是指公司股份的所有者身份,即公司股权结构中各股东所代表的特定利益群体。不同的股东性质对公司的经营决策、组织结构以及财务状况等方面产生不同程度的影响。与此相对应的一个概念是股东性质的结构,即不同类型的股东集团分别持有公司股份的比重,在我国,主要是指国家股东、法人股东及社会公众股东的持股比例。从理论上讲,股权结构可以按企业剩余控制权和剩余收益索取权的分布状况与匹配方式来分类。从这个角度,股权结构可以被区分为控制权不可竞争和控制权可竞争两种类型。在控制权可竞争的情况下,剩余控制权和剩余索取权是相互匹配的,股东能够并且愿意对董事会和经理层实施有效控制;在控制权不可竞争的股权结构中,企业控股股东的控制地位是锁定的,对董事会和经理层的监督作用将被削弱。

(二)股权结构的国际比较

在早期的以英国和美国公司为研究对象的文献中,学者和政策制定者们普遍接受 Berle

和 Means(1932)的观点,认为公司的股权是极其分散的,一些不持有或较少持有股份的管理者控制着公司。这一观点极大地影响了美国于 20 世纪 30 年代颁布的《联邦证券法》,该法旨在保护小股东利益免受管理者的侵蚀。股权分散的固有观点也对学术界产生了深远影响,导致后来的学者多以股权分散作为研究的假设或起点。

然而,从 20 世纪 80 年代开始,学者们发现英国和美国公司的股权结构并非想象中的那么分散,即使在最大的美国公司里,股权也适度集中(Demsetz,1983)。在几百家美国上市公司中存在着持股比例超过 51% 的股东(Holderness,1988),甚至美国公司中的管理层持股也要多于 Berle 和 Means(1932)发现的管理层所持股份数量(Holderness,1999)。

其他研究也表明,世界上大多数国家的股权结构呈现高度集中的特点。例如,La Porta 等(1999)基于 27 个国家和地区的 540 家大公司数据的研究发现,只有在富有的普通法国家(如美国)的大公司中才有非常分散的股权结构,而大多数国家的大公司很少是分散持股的。在使用 La Porta(1999)追溯最终控制人的方法的基础上,Claessens(2000)考察了 8 个东亚国家的 9 个地区[①]共计 2 980 家上市公司股东的最终控制权和现金流权,发现东亚国家的公司通过使用金字塔结构和公司间的交叉持股来增加控制权,并且有超过 2/3 的公司由单一大股东控制。与此同时,Faccio 和 Lang(2002)追溯了 13 个西欧国家[②]的 5 232 家上市公司股东的最终持有情况,发现有 91.86% 的上市公司拥有至少一个投票权不少于 5% 的大股东,有 63.07% 的上市公司拥有至少一个投票权不少于 20% 的大股东。

此外,针对文献中广泛存在的"美国公司的股权要较其他国家公司的股权集中度低"这一传统说法,通过随机选取 CRSP 和 Compustat 中 376 家具有代表性的上市公司,发现 96% 的上市公司包含至少一个持股不少于 5% 的大股东,且大股东合计平均持有上市公司 39% 的股份。此外,通过与 Faccio 和 Lang(2002)中的 13 个西欧国家和 Claessens(2000)中的 8 个东亚国家的 7 842 家上市公司的股权比较,最终发现美国公司的股权集中度和其他国家并无明显差异。

因而,无论是对于欧洲、亚洲等国家,还是对于传统文献中所认为的股权极度分散的美国,公司内均普遍存在持股超过 5% 的大股东甚至控股股东。相对于小股东,大股东持有更多股票,不仅更有意愿对管理层进行监督,而且更多投票权确保其更有能力对管理层进行监督和干预。大股东在全球范围内的广泛存在促使学者们对大股东的治理作用进行了较为集中的探讨。

请用手机微信扫二维码,学习"知识扩充"。

谷歌与百度的双层股权结构

二、大股东的作用

集中所有权是确保公司利润最大化的重要途径之一(Stigltz,1985)。现有文献认为,大股东主要通过两种机制来发挥积极的公司治理作用:一方面,通过对管理层进行监督,在事前约束管理层的机会主义行为;另一方面,通过事后的"用脚投票"规则对管理层形成退出威胁,促使管理层在事前采取更多有利于公司价值提升的行为。然而,大股东的存在也会带来额外成本,由于具有较强的能力,因此大股东可以通过"隧道效应"(Tunnel Effect)等手段以牺牲中小股东的利益来获取私有收益,引发大股东与中小股东之间的代理成本。

---

① 8 个东亚国家分别为中国、印度尼西亚、日本、韩国、马来西亚、菲律宾、新加坡和泰国。
② 13 个国家分别为澳大利亚、比利时、芬兰、法国、德国、爱尔兰、意大利、挪威、葡萄牙、西班牙、瑞典、瑞士和英国。

(一) 大股东的监督效应

大股东对管理层进行监督是缓解管理层与股东之间的代理问题的重要方式。通过积极地参与公司治理、对管理层进行监督,大股东能够在事前约束管理层的机会主义行为。大股东监督的方式比较多元化,如向管理层提交议案、与管理层协商谈判、向媒体披露不利于管理层的信息,以及通过并购等获取公司控制权并更换管理层等。

无论以什么形式进行监督,"搭便车"始终是一个无法避免的问题,即股东承担监督的全部成本,但仅获得了监督带来的一部分收益。在一家股权分散的公司中,股东间"搭便车"的行为使得任何小股东均无足够大的激励对管理层进行监督。Grossman 等(1980)以并购为例建立的理论模型充分说明了这一点。他们指出,在一家股权分散的公司里,没有持股的外部人将不会为了提高公司绩效而进行价值提升型的并购。其原因在于,现有股东将要求一个至少和公司价值提升后一样的并购价格,导致外部人承担所有监督和并购成本,而只获得其持有的一部分股份;同样,公司的小股东也没有足够的收益以弥补监督管理层的成本。

然而,大股东的存在可以有效地缓解股东间的"搭便车"行为。大股东由于持有较多公司股份,能够获得公司价值提升后的较多收益,并弥补股东监督管理层的成本,因此,大股东的存在增大了大股东以及其他外部投资者对公司进行并购的可能性,大股东还可以通过"呼吁"(Jaw Boning)等机制抑制股东与管理层之间的代理问题,从而有利于公司价值的提升。

首先,大股东的监督能够抑制管理层的不合理投资动机。Jensen(1986)指出,过度投资是管理层获取私利的重要方式。通过建造"企业帝国"(Empire-building),管理层可增加直接控制的资源,为其带来更大的权力、更多的薪酬、更高的成就感和威望。公司内有大股东存在时,其较强的监督作用能够缓解管理层的过度投资冲动,抑制管理层的机会主义行为,提升公司的投资效率。例如,没有受到监督的管理者倾向于采用非营利性的投资多元化战略,这种战略以股东利益为代价来减少风险以稳固自己的职位,而大股东的出现缓和了管理层的代理行为。Amihud(1981)发现,相比于管理者控制型企业,大股东控制的企业较少多元化。与此同时,管理者持股比例与公司投资多元化战略之间呈现负相关关系,且大股东的存在一般会减少公司的投资多元化。

其次,大股东的监督能够有效地增大管理层变更的概率。大股东由于持股较多,因此,他们有动机,也有能力及时替换那些不称职的公司高管。有学者对1982年至2006年美国上市公司的高管变更进行研究,结果发现大股东(机构投资者)的监督显著增大了高管的强制变更概率。

再次,大股东的存在能够抑制管理层的盈余管理行为,提高公司信息披露质量。在两权分离的情形下,管理层往往基于个人薪酬、股权激励和变更等原因,存在着通过操纵信息披露来隐瞒和误导外部投资者的强烈动机。而在股权集中的情况下,大股东利用手中的投票权,通过控制董事会,派出自己的直接代表或者自己本人担任公司董事长或 CEO,来控制财务信息的产生和披露。

最后,由于大股东有激励和能力监督管理层,抑制管理层的机会主义行为,因此,当公司内出现意欲积极参与公司治理的大股东时,往往会引起正向的市场反应。Klein 等(2009)为此观点提供了直接的证据,他们发现,激进的对冲基金和其他大股东(风险投资基金、私人股权基金和个人投资者)签订13D法令将产生正向的市场反应。[①] 其中,当公司与对冲基金签订13D

[①] 美国 SEC 规定,当持有公司股票超过5%的机构投资者意欲参与公司治理时,需要签订13D法令;而当持有公司股票超过5%的机构投资者不参与公司治理时,则需要签订13F法令。

法令时,将获得10.2%的市场超额收益,并且在一年后仍然获得11.4%的超额收益;而当公司与其他大股东签订13D法令时,将获得5.1%的市场超额收益,在一年后则获得17.8%的超额收益。Holderness(1985)也发现,当那些比较活跃地参与公司治理的股东成为公司大股东时,市场有更好的反应。

(二) 大股东退出的影响效应

由于高昂的监督成本、典型的"搭便车"现象及法律障碍等因素的存在,大股东采用并购、代理权之争、策略性投票和提出股东议案等方式积极地参与公司治理,其作用是非常有限的。相反,大股东会选择另一种公司治理机制——退出。在一项对118家全球机构投资者的调查中,McCahery(2015)发现,有80%的机构投资者会在不满意公司的绩效时将退出策略作为其首选的治理机制。

股东退出公司有几种途径:(1) 股东可以通过转让公司股权来退出公司,不过不同国家存在一定的差异。比如根据我国《公司法》的相关规定,股东转让股权时须征得其他股东过半数同意,且其他股东有优先购买权。(2) 股东可以通过行使异议股东股权回购请求权来退出公司。我国《公司法》第七十四条规定,有下列情形之一的,对股东会该项决议投反对票的股东可以请求公司按照合理的价格收购其股权:第一,公司连续5年不向股东分配利润,而公司该5年连续盈利,并且符合本法规定的分配利润条件的;第二,公司合并、分立、转让主要财产的;第三,按照公司章程规定的营业期限届满或者章程规定的其他解散事由出现,股东会会议通过决议修改章程使公司存续的。(3) 股东还可以向人民法院起诉要求解散公司从而达到退出的目的。

大股东是知情交易者,即大股东能够获取更多公司私有信息,这是导致大股东退出发挥公司治理作用的重要条件。现有研究普遍认为,相对于持股较少的股东,大股东更有动机和能力搜集公司的私有信息,并凭借私有信息来获取交易利润。例如,Bushee(2007)发现,只有持股较多的投资者才会获得私有信息;随着机构投资者持股数量的增加,其股票交易所包含的私有信息会越来越多。当在小规模公司内、为公司的投资顾问或为知名大机构时,大股东会进行更多基于私有信息的交易。Brockman(2009)同样认为,持有较多股份的大股东会搜集更多公司特有的信息,相比于非知情的股权分散的股东,内部和外部大股东均具有明显的公司特有信息优势。这一信息优势将反映在股票收益的特定公司部分,即大股东增大了知情交易的概率和异质性波动,减弱了股价同步性。

基于大股东对公司知情的视角,一系列研究对大股东退出的公司治理作用进行了理论分析和实证检验。例如,Parrino Sias(2003)首次实证检验了大股东退出是否会对公司行为产生影响。具体地,他们考察了大股东退出是否会显著影响公司内高管的变更。他们发现,当因公司绩效较差等因素对公司的经营管理不满意时,机构投资者会卖出其持有的股票,平均卖出12%的股份。在投资者卖出其持有的股份后,公司的CEO在接下来的一两年内更可能遭到强制变更,且公司更倾向于从外部选聘CEO。可能的原因是公司董事会非常在意公司的股东构成,并通过开除不称职的CEO来防止机构投资者的退出。

大股东退出同样可以通过影响公司被并购的概率来发挥治理作用。Gopalan(2005)理论分析并实证检验了大股东退出对公司被并购的影响,发现大股东退出显著增大了公司被并购的概率。具体地,当大股东卖出股票并退出时,会引起股票价格的下跌,增强股票的流动性。同时,知情大股东的退出激励了潜在的竞价股东获取公司信息,以期通过并购机制来提升公司价值。当大股东持有的股票数量较少、股票流动性较强和公司规模较小时,大股东更倾向于通过卖出股票来发挥治理作用。实证检验表明,大股东的退出交易显著增大了公司之后被并购的概率:当公司内最大的股东卖出其持有股票的50%及以上时,在此后的4年内公司被并购的概率显著提高了35%,且大股东持股减少1单位标准差,公司在接下来的1年内将有4.2%的超额收益。

除了大股东的退出行为会增加股票信息含量、提高公司信息透明度、向市场传递负面信息、拉低股票价格,进而发挥公司治理作用(提高公司被并购概率和CEO强制变更的概率)外,后续的学者渐渐发现,大股东的"退出威胁"同样能够有效地缓解管理层与股东之间的代理问题。即使没有真实的大股东退出发生,其可信的"退出威胁"也足以约束管理层,大股东依然能够有效地发挥治理作用。

基于"退出威胁"的观点认为,作为对公司信息知情的投资者,当大股东意识到管理层实施不利于公司的行为时,会以"用脚投票"的方式卖出所持有的公司股份。由于大股东持有较高比例的股份,在退出时往往会导致股价下跌,引起管理层财富的损失,因此,为了留住大股东,以使自身财富免受损失,管理层会在事前更加努力地工作,减少机会主义行为,做出有利于公司价值提升的决策。这一结论与Palmiter(2002)的研究相吻合,即大股东能够通过"卖出其持有的股票并导致目标公司股价下降"的威胁来影响管理层的决策。同时,管理层的财富对公司股价的敏感度越高,大股东的退出威胁就越能约束管理层的机会主义行为,有利于公司价值的提升。

Admati(2009)分析了大股东"退出威胁"的公司治理作用,并区分了在面临不同的代理问题时,大股东的退出威胁对管理层的约束作用。在他们的模型中,假定股东和管理层之间存在两类代理问题:一类是对股东不利但有利于管理者私有收益获取的"坏决策"问题;另一类是对股东有利但对管理者有成本的"好决策"问题。信息不对称使得管理层对其将要采取什么决策及决策的经济后果拥有私有信息,股东则只对管理者的行为拥有不完全信息。然而,相比于小股东,大股东可以通过参与公司治理、信息搜集等获得更多私有信息,并据此进行股票交易;并且,在其模型中,管理者和股东均是理性的,股票价格能够完全反映公共信息,大股东的股票交易能够反映在公司的股价中。基于以上假设,Admati(2009)推论,当面临不同的代理问题时,大股东的退出威胁发挥着完全相异的作用。具体地,当公司面临"坏决策"的代理问题,即公司需要防止管理层为了获取私利而做出有损于股东财富的行为时,知情大股东的退出威胁能有效地约束管理层的私利行为,降低代理成本。而当公司面临"好决策"的代理问题,即公司需要激励管理层采取有利于股东价值增加但对管理层有成本的行为时,知情大股东的潜在退出并不能降低代理成本,相反,会恶化该类代理问题并增加代理成本。

尽管大股东的退出威胁得到了理论证明,但实证检验大股东的退出威胁面临较大的挑战。由于不同于真实的退出,大股东的"退出威胁"并不可直接观测,因此,对大股东退出威胁所产生的公司治理作用的检验往往依赖于间接手段。考虑到大股东的退出与股票的流动性息息相关,当股票流动性较强时,大股东一方面更加容易退出,另一方面能够凭借私有信息获取更多交易利润。因此,股票流动性的提高增强了大股东的退出威胁作用。

无疑,大股东积极参与公司治理的方式与其采用"华尔街规则"的"用脚投票"方式并不是相互替代的,相反,两种治理方式互相补充、相互加强。大股东的退出威胁将能够增加"呼吁"活动以及与管理层私下协商时的话语权,有利于大股东有效地参与公司治理。对于大股东而言，他们也会综合考虑自己所处的环境、监督和退出的成本与收益，相机选择两种治理方式。

（三）大股东的利益侵占行为

大股东的监督和退出机制能够缓解股权分散情况下的"搭便车"现象，有利于抑制管理者的机会主义行为，从而缓解第一类代理问题，但同时会带来大股东侵蚀其他小股东权益的第二类代理问题。Shleifer(1997)指出，在大部分国家，公司治理应该解决的是控股股东侵蚀小股东权益的第二类代理问题，而非管理层与股东之间的第一类代理问题。大量学者赞同此观点，认为在大股东控制公司的情况下，公司内的主要代理问题更多地表现为控股股东对中小投资者的利益侵蚀行为。

公司内的第二类代理问题来源于大股东的控制权私有收益。持股比例较高的大股东会产生控制权私有收益，这种不被其他股东分享的私有收益会使大股东具有机会主义的"隧道效应"，即能够控制公司的股东为了自身的利益将公司的财产和利润转移出去的行为。控股股东的隧道行为通常有两种：第一，控股股东为了其私有收益通过自我交易将公司的资源转移出去。这种自我交易包括尽管违法但往往不可观测且不受处罚的直接偷窃或欺诈、在法律允许范围内给予控股股东具有价格优势的资产销售、过高的高管薪酬、贷款担保等。第二，控股股东通过稀释股票发行、排斥小股东、内部交易、爬行式收购①(Creeping Acquisition)以及其他伤害小股东利益的金融交易方式来增加其持有股份的价值。此外，由于控股股东的某些隧道行为并非违法，因此，即使在对股东权利保护程度较高的发达国家，控股股东的隧道行为也普遍存在。

控股股东的隧道行为动机依赖于其持股比例。在控股股东控制权一定的情况下，其拥有的股权比例越少，采取隧道行为的动机就越强。当控制权私有收益增加时，"一股一票"的规则就会愈加偏离，现金流权和投票权不再一致。因此，随着控制权与现金流权偏离程度的加深，控股股东会有较强的动机剥夺更多公司资源。Shleifer(1999)对27个国家大规模公司股权结构的分析表明，具有控股股东的公司通常使用金字塔结构以达到现金流权和控制权的分离。具体地，他们发现，除了位于投资者保护较强国家的公司有着较分散的股权结构外，在其他国家，公司内普遍存在超过20%的控股股东参与公司管理；并且，控股股东往往通过金字塔结构使现金流权和控制权分离，在持有较少公司股份的同时获得更大控制权。在这种情况下，控股股东有较强的动机侵蚀小股东的利益。

正是由于公司大股东有较强的动机侵蚀中小股东的利益，因此，如何衡量大股东的利益侵占或"掏空"行为以及该行为产生的经济后果等成为现有研究的重点。如上所述，控股股东的隧道行为可以以各种方式实现，并且往往不可观测，这使得对控股股东的隧道行为进行识别并直接度量尤其困难。Jiang和Yue(2015)指出，现有文献普遍采用以下两种方式度量控股股东的隧道行为：

第一，由于控股股东的隧道行为动机是获得控制权私有收益，因此，使用控股股东支付的投票权溢价对控股股东的控制权私有收益进行衡量，并据此推测控股股东可能的隧道行为是现有文献常用的一种方法。例如，Zingales(1994)证明了意大利公司的控制权私有收益超过非

---

① 爬行式收购，即通过在股票二级市场上购买股票，每达到法律规定需披露公告的触发点时就加以公告，通过多次购买来取得足以控制目标公司的股份。

投票权股票价值的60%。Nenova(2003)衡量了18个国家投票权的价值,并发现这些价值的差异多来自法治环境、法律实施、投资者保护、并购管制和公司章程的不同。Dyck(2004)估计了39个国家的控制权私有收益,并发现资本市场越不发达、股权越集中以及私下协商私有化越多,控制权私有收益越高。

第二,对控股股东可能采取的"隧道"类型的具体交易行为进行识别,并以此将其与公司绩效和公司治理相联系是现有学者采用的另一种方法。大量学者认为,集团内公司的并购、向集团内成员发行的非上市流通证券、关联方的货款担保以及控股股东和上市公司之间的关联方交易等,都可能成为控股股东侵害中小股东利益的行为方式。例如,通过对韩国商业集团内的并购进行研究,Bae等(2002)认为这些集团内并购的价格倾向于提高集团内其他公司的价值,却损害了小股东的利益。此外,在对中国上市公司的控股股东隧道行为进行研究时,其他应收款、非经营性资金占用也多被用来度量控股股东的隧道行为。

(四) 大股东与公司价值

大股东与小股东利益冲突的第二类代理问题使得大股东有动机实施较难观测的"掏空"行为,并对公司造成负面影响,如发布有偏的信息及盈余管理以掩盖其"掏空"行为、扭曲公司投资决策、引起或恶化公司融资约束,甚至削弱公司治理作用等,进一步降低公司价值。

首先,大股东的存在可能降低公司信息质量,增强公司进行盈余管理的动机。相对于外部投资者或小股东而言,大股东掌握了较多公司私有信息,当大股东和外部投资者之间存在严重的信息不对称时,大股东便具有强烈的动机通过操纵信息披露来隐瞒和误导外部投资者以获得控制权私有收益。Fan和Wong(2002)研究了股权结构与会计盈余信息之间的关系,发现控制权与现金流权的分离造成了控股股东与外部投资者之间的代理冲突,控股股东根据自己的偏好和利益来披露会计盈余信息,导致报告盈余对外部投资者而言失去了可信性,削弱了公司报告盈余的作用。另外,盈余管理是掩盖控股股东侵占公司利益、获取控制权收益的重要手段。由于大股东的侵占行为一旦被发现,其他股东就会采取相应的行动来减少利益侵占的发生,因此,大股东会通过盈余管理来隐藏公司的真实业绩,掩盖其获得的私有收益。而有效的投资者保护会削弱两者之间的正相关关系。企业集团及其内部交易为大股东转移财富、实现自身利益提供了可能,这使得属于企业集团的公司具有更强的动机实施盈余管理。

其次,大股东的存在将恶化投资效率。大股东控制权私有收益是推动公司非效率投资行为的内在动因。一方面,为了获得控制权私有收益,大股东利用其控制权扭曲公司投资行为。比如大股东以高于市场均衡水平的价格购买控股股东所掌控的其他公司资产,或投资使控股股东所掌控的其他公司在生产上能获得协同效应的资产。尤其是当公司的自由现金流非常充裕时,大股东有强烈的动机将其投入能提高其私有利益而非使股东价值最大化的项目。另一方面,大股东对控制权私有收益的收取会造成公司融资成本的上升,引起或恶化公司面临的融资约束,造成公司投资不足。由于大股东具有获取控制权私有收益的强烈动机,因此,如果其他股东和债权人能理性预期这一行为的发生,那么投资者就会在事前要求公司为使用外部资金而支付高额溢价。当公司的"掏空"动机较强,即公司有较高的两权分离度时,公司将面临较严重的融资约束;并且,当公司的信息透明度较低,并且有更频繁的财务重述时,这种关系将更加显著。因此,当受制于高成本的外部融资约束时,公司将不得不放弃前景较好的投资项目,继而产生投资不足问题。

再次，大股东对小股东的利益侵占行为会造成公司治理失效。以高管激励机制为例，当面临管理层和股东之间的代理问题时，大股东能够克服股权分散情形下中小股东"理性的冷漠"和"搭便车"问题，从而能够有效地监督管理者。此时，基于公司绩效的CEO薪酬和解聘制度可以有效地降低股东和经理人之间的代理成本。但是，当大股东利用自身优势谋取私有收益，侵害中小股东的利益，并造成上市公司经营环境恶化、经营绩效下降，甚至亏损破产时，大股东无法区分自身行为和经理的经营能力对业绩下降的影响程度，进而导致管理层可能将公司业绩下降的缘由部分或全部推给大股东，从而增强管理层与大股东业绩"卸责"的讨价还价能力，降低管理层薪酬契约和解聘机制的有效性。

最后，大股东对小股东的利益侵占行为会造成公司价值下降。Claessens等（2002）分别用内部人的持股比例和控制权与现金流权的分离度来衡量利益协同效应和离心离德效应（Entrenchment Effects），通过对亚洲8个国家的研究发现，内部人持股比例与公司价值正相关，控制权与现金流权的分离度与公司价值负相关，这表明了控制权与现金流权的分离会降低公司价值。

因此，大股东的存在，一方面使其有激励和能力对管理层进行监督，积极参与公司治理，且通过"退出"策略在事后影响公司治理，同时，来自事前的"退出威胁"能够有效约束管理层，使其做出价值提升型的公司决策，进而缓解第一类代理问题；另一方面，具有大股东的公司将存在第二类代理问题，持有较多股份的大股东可能为了获取控制权私有收益而通过"隧道效应"等行为侵占中小股东的利益，扭曲公司决策，弱化公司治理作用等，并对公司价值造成损害。

三、多个大股东

大股东有动机和能力监督经理层，从而抑制第一类代理问题，但又引发了新的代理问题。因此，从理论上讲，如果公司存在多个大股东，那么，一方面他们持股较多，有动机和能力监督经理人，从而缓解了第一类代理问题；另一方面，他们相互监督，从而可以缓解第二类代理问题。

基于多个大股东的股权结构在全球范围内广泛存在，学者们对多个大股东的治理作用给予了持续关注，探讨了多个大股东所产生的经济影响。Maury和Pajuste（2005）指出，正是由于多个大股东的股权结构在各个国家的公司中如此普遍，因此研究多个大股东之间的控制权分配情况及多个大股东股权结构与公司价值之间的关系就显得至关重要。现有研究在理论和实证探讨大股东的治理作用时，主要集中于对公司价值的影响，可以分为以下五种角度：

第一，持股较为平均的多个大股东的股权结构有利于公司价值的提升，即把控制权在多个大股东之间分散有利于抑制股东获取私有收益的行为。多个大股东的股权结构能够形成，是创始股东为确保公司价值最大化而主动选择的结果。Bennedsen（2000）假定大股东持有较多股份，而管理层并未获得公司的控制权；同时，没有任何一个大股东能够单独对公司进行绝对控制。当公司面临融资约束需要进行融资时，公司的创始股东将出卖其股权。然而，一旦公司的股权结构形成，大股东之间就会为了控制权收益而相互竞争，并形成控制联盟（Ruling Coalition）以获得公司的控制权。此时，创始股东出卖股权以获取融资将产生两种相反的作用：一方面，控制联盟拥有的现金流权越大，就有越少的动机索取公司的私有收益，这有利于公司价值的增加；另一方面，股东间的股权越分散，具有较大现金流权的控制联盟就越不容易形成（获胜的控制联盟指其获得多达公司50%的投票权，并拥有最小的现金流权）。因此，为了使公司价值最大化,创始股东在出售公司的股份时会避免股权的分散,最终使控制联盟不仅能够获取公司的控制权,而且能够减弱侵蚀其他股东利益的动机。

第二,多个大股东并非为了小股东的利益而进行监督,相反,他们会同时享有控制权私有收益。Gomes(2006)以多个大股东之间的相互作用为视角,分析了公司的最优股权结构形成。当存在分享控制权的多个大股东时,一方面,这会增加政策制定者的股权利益,减少其以较高的效率成本来获取私有收益的动机;另一方面,大股东之间事后的讨价还价可以阻止有损于小股东利益的决策发生。因此,公司的最优股权结构是外部小股东对公司监督与多个大股东讨价还价成本之间的权衡。在不同的公司特征(投资机会)和法治环境下,最优的股权结构也有所不同。尤其当法治环境较差时,外部小股东更难对大股东攫取私有收益的行为进行监督,而多个大股东的存在因其持股较多而能够缓解其攫取私有收益的问题。

请用手机微信扫二维码,学习"知识扩充"。

默多克家族和小股东

第三,多个大股东的存在同样会导致多个大股东之间的合谋,从而侵蚀中小股东的利益。Laeven(2008)以股东性质为切入点,发现了多个大股东之间存在合谋的证据。通过采用芬兰上市公司的数据发现,多个大股东的出现使得其他大股东有能力和动机监督第一大股东,抑制其转移公司利润的行为,因此,公司内多个大股东的股权越接近,公司价值越高;并且,这种现象在家族控股的企业内更加明显(家族控股的企业内高管和董事多由内部人担任)。然而,当公司内的大股东均为家族类型时,大股东之间更容易形成控制联盟。此时股东持有的股份越多,公司价值越高。在公司内多个大股东之间,现金流权越分散(大股东之间的现金流权差异越大),公司的价值越低。进一步的研究发现,在法律保护程度较高的地区,合谋控制公司的股东对公司资源的侵蚀有所缓解,公司价值受多个大股东之间股权分散的影响有所减弱。当公司内的大股东为不同类型时,大股东之间股权分散与公司价值之间的关系更加显著,即当拥有不同现金流权的大股东为不同性质时,更不容易合作或形成控制联盟。与之类似,Attig等(2008)发现,相比于政府作为第二大股东,家族作为第二大股东的公司具有更高的权益成本。

第四,当公司内有多个大股东时,大股东退出的威胁会发挥更强的作用。Edmans(2011)首次综合考虑了多个大股东的监督和退出威胁,认为最优的股权结构是大股东进行监督所获取收益和大股东退出威胁下所获取收益的权衡。具体而言,只有持股足够多的股东才有动力监督管理层,并在必要时干预、纠正管理层的价值破坏行动。然而,尽管持股份额较多的大股东的存在有利于监督,但当公司内只有单一大股东时,他在获取公司负面的私有信息时会策略性地防止私有信息的扩散。单个大股东的存在会使其抛售股票,进而获取出售股份的利润,这时的股价更能反映公司的真实信息,继而更有利于其通过"退出"策略约束管理层。因此,最优的股权结构是大股东进行监督所获取收益和大股东退出威胁下所获取收益的权衡,较少的大股东有利于监督并进行干预,较多的大股东则增加了退出威胁。

第五,多个大股东分享控制权也会对公司产生负面影响。多个中等规模的大股东有可能形成共谋,侵占其他股东的利益;并且,公司中大股东的数目越多或大股东之间持股比例越分散,大股东之间就越可能通过共谋形成持有最小的现金流权的控制联盟,进而有更强的动力实施更多的掠夺行为。同时,大股东之间的讨价还价会带来协调成本,从而降低决策效率,甚至在极端情形下使得一些具有正净现值的投资项目被放弃。

综上所述,多个大股东的存在既可能通过缓解第一类代理问题(大股东有动机和能力监督经理人)和第二类代理问题(大股东相互监督)提升公司价值,也可能因为大股东之间的合谋或互相斗争而降低公司价值。由此来看,多个大股东既能导致有利的经济后果,也能导致不利的经济后果,视不同的情况而定。

> **【知识扩充：思政探索】**
>
> **中国企业的主要股权制度**
>
> 学习和了解我国企业主要实行的同股同权制度以及近几年在我国小范围实行的双重股权制度,在深入比较两种制度差异的基础上,讨论为什么不能广泛推行双重股权制度,有何局限性;充分认识"平等"这一社会主义核心价值观在股东权利方面的重要体现。中国监管部门有无可能允许公司采取双重股权结构?
>
> 双重股权制度在中国上市公司无法落实,但如果是非上市的有限责任公司,则可通过公司章程、股东协议等方式保留对公司的控制权,前提是其他投资人和股东接受。A股实施注册制后,不管是科创板还是创业板,都允许实行双重股权结构。2020年1月20日,公有云计算公司优刻得在上交所科创板正式挂牌上市,成为A股首家采取双重股权结构的上市公司。
>
> 结合教材中提到的大股东利益侵占行为,尤其是大股东的资金占用行为等在我国较为普遍的大股东"掏空"行为,展开讨论,充分认识"诚信""法治"等社会主义核心价值观在约束大股东不道德乃至违规违法行为,从而促进我国企业高质量发展中的重要意义。
>
> 学习和了解股东的权利与义务,讨论当自己成为公司股东时,在法律上具有哪些权利,同时应尽哪些义务,学习运用法治思维和法治方式维护自身权利和知法、懂法、守法的法律意识。
>
> 针对本教材中讲到的多个大股东的利弊,特别是多个大股东之间的合作可形成正向合力,但合谋、斗争或认知差异所产生的冲突则损害了公司价值,结合中华民族传统思想讨论和分析如何协调好多个大股东之间的关系,在合作和合谋的对比中,以及合作与斗争、冲突的辩证思考中,领会我国历史悠久的和谐共处但不同流合污的"和而不同"思想,以及"和衷共济"的团结理念。

第二节　中国企业中的大股东

一、大股东在中国

众所周知,中国上市公司的股权结构是高度集中的,"一股独大"的现象非常普遍。那么,在中国,大股东对上市公司究竟产生了什么影响呢?我们首先来看中国上市公司的股权结构情况。鉴于国有企业在中国上市公司中所占的比重接近一半,并且国有企业与非国有企业存在较大的差异,我们将样本分成国有控股公司与非国有控股公司,其中,将最大的股东为国家的上市公司定义为国有控股公司。对于非国有控股公司,最大的股东通常为个人或家族。与美国及众多其请用手机微信扫二维码,学习"知识扩充"。
中国上市公司第一大股东持股情况
中国上市公司前五大股东持股情况

他发达经济体相比,中国的股权集中度更高。在中国,集中的股权可能反映了公司良好的治理结果;然而,集中的股权也可能代表了公司糟糕的治理效果,因为控股股东可能盘剥中小股东的利益,这种类型的盘剥在发展中国家可能是一个重大的代理问题。

(一) 中国大股东对公司价值的影响

1. 大股东会对公司产生负面影响

唐宗明和蒋位(2002)以1999年至2001年的大宗国有股和法人股转让事件为样本,研究了上市公司大股东利用控制权对中小股东的侵害,通过国际比较,认为中国内地的大股东侵害程度高于英国、美国、意大利、日本、新加坡等国家以及中国香港地区,但低于泰国、菲律宾。另外,中国的股权分置以及外部约束机制的失效,使得那些控股股东及其代理人作为"内部人"基本上可以为所欲为,以各种"合法"的财务行为侵害流通股股东权益,进而导致财务决策机制扭曲。通过对1998年至2002年进行配股的上市公司的股权融资偏好的研究,张祥建和徐晋(2005)发现,大股东在实行股权融资后,通过各种可能的隧道行为从上市公司转移财富,从而侵害中小股东利益,使公司价值下降。汪昌云和孙艳梅(2010)在考察股东及管理者代理冲突的基础上发现,控股股东的隧道行为多发生在业绩好的公司,且当公司面临退市或丧失配股资格时,为确保以后有机会获取控制权私有收益,控股股东会用关联交易支持上市公司。大股东对公司产生的负面影响还表现在弱化公司治理机制上。例如,大股东"掏空"时必须与管理层合谋,这也降低了大股东以业绩作为衡量经理人努力程度的标准的需求,从而削弱了管理层激励与业绩的关系,降低了管理层解职对业绩的敏感性(Zhang et al.,2014)。

2. 大股东对公司产生有利影响

蒲自立和刘芍佳(2004)认为,大股东虽然获取了控制权私有收益,但也使公司的绩效得到了提升。徐莉萍等(2006)在对大股东的股权进行清晰界定的基础上,研究股权集中度和股权制衡对公司绩效的影响,认为经营绩效和股权集中度之间呈现显著的正向线性关系,而且这种线性关系在不同股权性质的控股股东中都是明显存在的;进一步地,在比较不同股权性质的控股股东的激励效应时,还发现中央直属国有企业和私有产权控股的上市公司所表现的激励程度最高,地方所属国有企业控股的上市公司次之,而国有资产管理机构控股的上市公司所表现的激励程度最低。

3. 大股东既发挥积极作用,又存在侵占中小股东利益的行为

曹廷求等(2007)以2004年至2006年上市公司为样本,发现无论是采用中间所有权还是终极所有权,股权集中度与公司绩效都呈现左低右高的U形曲线形状,这与白重恩等(2005)的结论一致。肖作平(2006)以审计质量作为评判标准,发现第一大股东持股比例与审计质量呈倒U形关系:当第一大股东持股比例在0~48.56%时,审计质量随第一大股东持股比例的上升而上升;当第一大股东持股比例超过48.56%时,审计质量随第一大股东持股比例的上升而下降。李新春等(2008)综合考虑了大股东的监督效应和侵占效应,以及管理者的利益趋同效应和离心离德效应,发现监督效应和侵占效应在中国民营上市公司中均发挥作用,企业大股东易于勾结起来和高管形成串谋以侵占小股东利益,但当股权超过绝对控股附近水平(59.98%)时,大股东勾结其他股东和高管层形成共谋体对实质性小股东的侵占效应得到弱化,从而更有利于其监督效应的发挥。此外,离心离德效应与利益趋同效应在中国民营上市公司中同样发

挥作用。

（二）中国大股东持股的经济后果

大股东的治理作用可能只在某些方面有所显示，并且在不同的方面其表现强度存在差别，这种差别也许因具体的公司特征、外部环境而有所不同。因此，在区分中国上市公司大股东持股所产生的经济后果时，应注意以下几个方面：

1. 在研究大股东对绩效的影响时，需要考虑采用哪种指标来衡量绩效

众所周知，国外学者倾向于采用市场指标如托宾 Q 值来衡量企业绩效，因为不同于财务指标可以被管理层或信息披露者操纵，在较为有效的市场上，市场指标可以更为客观地反映企业的业绩表现。但是，在中国，由于市场参与者的投机心理，公司股价往往偏离公司基本面（Allen et al.，2005），因此，市场指标在衡量公司绩效时可能有更大偏差。[①] 我们所进行的描述性统计结果显示，采用市场指标和财务指标所得出的结果截然相反。我们按照第一大股东持股比例低于30%、30%～50%、高于50%将全部 A 股上市公司划分为三类，同时区分了国有控股和非国有控股，考察了每类公司的净资产收益率（ROE）和托宾 Q 值（按总资产的账市比代替）[②]。无论是国有控股公司还是非国有控股公司，从财务指标看，当第一大股东的持股比例大于50%时，公司的业绩表现是最好的；但是，如果从市场指标来考察，当第一大股东持股比例低于30%时，公司的业绩表现是最好的。这一点可能是学者们在研究大股东对公司业绩的影响时需要慎重考虑的。这一结果也值得政府职能部门、公司的利益相关者深思。

2. 大股东对公司绩效的作用机理

在西方文献中，大股东的作用在于有效地监督经理人。需要注意的是，这一解释是基于经理人掌握着公司资源支配权，经理人行为直接决定了公司业绩表现。但是，正如我们在本书中所强调的那样，在中国，公司资源配置权更多地掌握在大股东手中，在这样的情况下，大股东的协调作用是针对谁的？又是如何发挥作用的？基于此，在发现大股东的存在对公司绩效产生正向影响时，对相应作用机理的讨论需要仔细斟酌。

请用手机微信扫二维码，学习"知识扩充"。

基于最大股权的公司业绩（ROE）
基于最大股权的公司业绩（托宾 Q）

3. 讨论大股东的作用时应考虑企业性质，即区分国有控股和非国有控股

众所周知，在中国，国有控股公司和非国有控股公司是截然不同的两类企业，两者的区别不仅表现在控股股东性质的差别上，而且体现在企业目标这一根本问题上。譬如说，政府的目标是社会利益最大化，于是国有控股公司往往会放弃利润最大化目标，如雇用过多劳动力以实现充分就业。而作为终极控制人，政府的这一目标必然影响所控制的国有控股公司的目标，国有控股公司承担的政策性任务就会有损于公司价值最大化。我们认为，国有控股股东和非国有控股股东在公司治理中的优缺点很难得到有效评估，即使两类企业的业绩不同，也很难将其归咎于大股东。

4. 同是"一股独大"，持股比例的高低所产生的后果却大相径庭

在中国，大股东"一股独大"长期饱受诟病。然而，必须清醒地认识到，当大股东持股比例不同时，其行为动机存在极大的差异。如果大股东持股比例较高，则利益协同效应起主导作用，

[①] 中国资本市场常常出现所谓的"板块轮动""概念炒作"现象。譬如，在市场追捧重组题材时，一些 ST 公司的股价表现要远远好于一些绩优股。

[②] Q 值是权益市场价值与货币账面价值之和除以总资产账面价值的比率。为估计非流通股的市场价值，我们假定一个流通股的 30% 为非流动性折价。采用其他非流动性折价得到的结果与教材中报告的结果相似。

大股东可能并不会实施有损公司价值的行为;相反,如果大股东的持股比例较低却又控制着公司,则大股东的"掏空效应"占据上风,大股东可能实施自利行为以损害其他股东的利益。譬如说,在大股东持有公司60%的股份时,他从上市公司转移1元的财富中有0.6元是他自身的,只有0.4元是他人的;而在第一大股东持有公司30%的股份时,他从上市公司"掏出"的1元钱中有0.7元是他人的。无疑,在后一种情况下,大股东有强烈的动机"掏空";而在前一种情况下,大股东的"掏空"动机不强。

(三)多个大股东在中国公司的作用

与许多国家的上市公司一样,在中国,多个大股东的股权结构普遍存在。我们对中国上市公司的股权结构情况进行了考察,与前一部分一样,在合并一致行动人的基础上,分别按照持股比例是否高于10%和20%作为大股东的划分标准,对上市公司大股东的个数进行了描述性统计。多个大股东的股权结构在中国上市公司中同样普遍,20%以上的上市公司中存在着两个以上持股超过10%的大股东,15%左右的上市公司存在着两个以上持股超过20%的大股东。然而,总体上看,中国上市公司的股权更多地集中在一个大股东手中。值得一提的是,中国的监管层曾倡导多个大股东的股权结构,认为公司内存在多个大股东是一种较为理想的股权结构,能够相互监督、相互制衡。在早期的一些文献中,对多个大股东的讨论多归结为股权制衡,并探讨了其公司治理效应。

基于股权制衡的角度,国内研究一部分认可股权制衡所带来的正向作用。例如,白重恩等(2005)发现第二到第十大股东持股之和与公司价值呈正相关关系;李琳等(2009)通过对2002年至2007年上市公司的业绩波动进行研究,认为股权制衡降低了企业经营风险,对实现公司绩效的发展和稳定至关重要。然而,朱红军和汪辉(2004)通过案例研究发现,股权制衡模式并不一定比"一股独大"更有效率。在存在多个大股东的公司内,董事会同样会被某个大股东完全控制,在巨大的控制权收益的驱动下导致各股东之间激烈的公司控制权争夺战。在当前的制度下,控股股东的"支持效应"大于"掏空效应",股东间的制衡对提高上市公司的效率毫无作用。

> 请用手机微信扫二维码,学习"知识扩充"。
>
> 中国上市公司大股东数量(以持股10%为标准)
> 中国上市公司大股东数量(以持股20%为标准)

此外,毛世平(2009)在对分离型金字塔控制结构和非分离型金字塔控制结构与股权制衡进行研究后,认为金字塔控制结构下的股权制衡总体上表现为负面治理效应而不是理论上证明的正面治理效应,且股权制衡结构正面治理效应的发挥是有条件限制的,在两个终极控制人共同控制上市公司的情况下,分离型金字塔控制结构和非分离型金字塔控制结构各自对上市公司产生负面治理效应和正面治理效应发挥主导作用。

除了对外部大股东持股数量方面进行研究外,现有研究还分析了不同性质的外部股东对公司治理的作用。徐莉萍等(2006)认为,虽然过高的股权制衡对公司绩效有负面影响,但不同性质外部大股东的作用效果有差异,而且其在不同性质控股股东控制的上市公司中的表现也不尽一致。具体来说,当外部大股东为中央直属国有企业或者外资股份时,正面效果比较显著;其他种类外部大股东的存在基本不会对公司的经营绩效产生正面影响,而金融机构持股对公司经营绩效起着负面作用。国有和民营股东在民营化公司中的制衡作用,与"一股独大"公司相比,国有股东制衡的公司更可能被民营控股股东"掏空",民营股东制衡的公司更不可能被民营控股股东"掏空",这说明不同性质的制衡股东具有不同的制衡效果。

然而,股东会议上,股东通过直接、间接、契约签订等方式结合成事实上的"一致行动人",

而投票权往往归为一个大股东。在这种情况下,如果不考虑"一致行动人"的存在,而只简单地按照股东数量进行研究,则容易将本属于单一大股东控制的公司错误归类为具有多个大股东的公司,进而得到有偏的结论。因此,在探讨中国上市公司股权结构的治理作用和经济后果时,应首先识别出"一致行动人",在此基础上对多个大股东的作用效果进行探讨。股权制衡要发挥其应有的制衡作用,需要相应的环境,既包括制度层面的,也包括文化等层面的。在法治环境不完善从而不能对人股东的行为进行很好的约束的情况下,当控制权私有收益极高时,大股东极易为了获取公司控制权而进行激烈争夺,从而对公司的正常经营发展和公司价值产生不利影响。例如,东北高速前三大股东持股比例分别为30.18%、25.00%和20.10%,被中国证监会视为"有可能创造上市公司权力制衡的经典治理结构"。然而,大股东之间长期斗争,导致公司治理混乱。2007年7月,东北高速成为沪、深两市第一家非因业绩亏损而被"戴帽"的上市公司。随着中国法治环境的逐步改善,大股东遵守规则的意识在不断提升,上市公司的运作日趋规范,股权制衡的公司治理效应逐步显现。

另外,股权制衡所发挥的公司治理作用应考虑第一大股东持股比例的情况。在第一大股东持股比例很高,譬如在持股比例大于50%,实现对上市公司的绝对控股时,控股股东通过监督管理层或直接参与经营管理甚至向上市公司提供支持等方式提升公司价值,获取较高控制权共享收益的激励,此时"利益一致效应"占据上风,而大股东的"掏空"动机较弱。在这种情况下,暂且不说其他大股东的持股比例难以抗衡控股股东,其他大股东对控股股东的监管制衡也并非必需。然而,在第一大股东持股比例不高,"掏空"动机很强时,就需要其他大股东对其进行一定的监督、制衡,而这种监督、制衡会提升公司业绩。

值得注意的是,中国资本市场上长期饱受诟病的大股东"一股独大"并非完全不好,在大股东持股比例很高,从而利益协同效应占据上风时,"一股独大"有利于公司绩效的改善和价值提升;而"股权制衡"也并非那么完美,只有在控股股东不具有绝对控股权,而"掏空"动机又较强时,"股权制衡"的优势才能显现。

请用手机微信扫二维码,学习"知识扩充"。

不同股权结构下公司绩效的比较

【知识扩充:思政探索】

股份公司的控制权

在股份公司中,存在契约控制权的授权过程,即作为财产所有者的股东,把本应由其拥有的契约控制权在保留必要内容的基础上,其余绝大部分授予董事会,而董事会在保留一部分权能后,又把一部分授予经理层,但最终的控制权仍由财产所有者的股东享有。

我国上市公司的实际控制权主要掌握在第一大股东手中,控制权争夺也主要由第一大股东变更引起。因此,第一大股东的归属对整个公司的权力配置有着举足轻重的影响。

结合习近平总书记在江苏徐州市考察时关于"国有企业是中国特色社会主义的重要物质基础和政治基础,是中国特色社会主义经济的顶梁柱"的论述,以及习近平总书记在十八届三中全会上关于"积极发展混合所有制经济""国有资本、集体资本、非公有资本等交叉持股、相互融合的混合所有制经济,是基本经济制度的重要实现形式,有利于国有资本放大功能、保值增值、提高竞争力"的讲话,深入理解公有制经济在我国社会主义市场经

> 济体制中的重要主体地位，正确看待和坚持我国公有制为主体、多种所有制经济共同发展的基本经济制度，了解我国做出的混合所有制改革等一系列激发国有企业活力和深化经济体制改革的举措。

二、国有股东与民营股东的差异

以我国上市公司的股权结构为例，按投资主体的不同可分为国有股、法人股和公众股。国有股是指有权代表国家投资的部门或机构以国有资产向公司投资形成的股份，包括以公司现有国有资产折算成的股份。由于我国股份制企业大多由原国有大中型企业改制而来，因此国有股在公司股权中占有较大的比重。法人股是指企业法人或具有法人资格的事业单位和社会团体以其依法可经营的资产向公司投资所形成的股份，可细分为国有法人股和非国有法人股。根据法人股认购对象的不同，可以将法人股进一步分为境内发起人股、外资法人股和募集法人股三部分。公众股是指社会个人或股份公司内部职工以个人合法财产投入公司形成的股份。公众股有两种基本形式：公司职工股和社会公众股。公司职工股是本公司职工在公司公开向社会发行股票时按发行价格认购的股份，社会公众股是指股份公司采用募集设立方式设立时向社会公众（非公司内部职工）募集的股份。[①]

（一）国有股东

国有股东是指直接或间接持有或控制公司股权的国家机构或其代理机构，比如政府部门、机构、事业单位、境内国有独资或全资企业。在一些国家，国有企业的传统角色是重要的公共服务提供者，因此政府通常以国有股东的形式参与经济活动。如果国有股东持股比例超过50%，或不同的国有股东合计持股（包括直接持股和间接持股）比例超过50%，则它们就是国有大股东。不同国家对国有股东的法律地位和权力约束不同，但总体上来说，国有股东在企业中通常占据主导地位，能够干预和影响经营决策。此外，由于其与政府关系密切，因此国有股东通常能够获得更多优惠待遇和政策支持。

（二）民营股东

民营股东是相对于国有股东而言的，通常是指持有公司股份的个人或机构。它们作为股东投资企业，通常更关注企业的盈利和投资回报率。因此，它们在企业管理方面通常更加注重效率和效益，更倾向于实际控制企业的经营决策，希望把自己的投资转化为企业的经济利益。另外，民营股东通常比其他股东更有创新精神，在企业经营中可能采取更灵活的方式，推动企业生产和管理的改革和创新。

（三）国有股东与民营股东的差别

不同性质的股东对企业的发展有不同的影响，各股东之间也会存在竞争与补充的关系。企业应该在合理激活各类股东持股热情的同时，注重实际经营效果，积极塑造良好的股东治理结构，以最大限度地保护各类股东的利益，提高企业整体的经营效率。

[①] 目前，我国已取消上市公司发行内部职工股的规定。另外，股份有限公司申请股票上市时，公司股本总额不少于3 000万元人民币；公开发行的股份不得少于公司股份总数的25%，公司股本总额超过4亿元人民币的，公开发行股份的比例不少于10%。

从现有文献看,大多数研究认为国有股权会对公司治理产生负面影响。例如,杜莹和刘立国(2002)从股权结构的质和量两个方面对中国上市公司的股权结构和公司治理效率进行了实证分析,发现国家股比例与公司绩效显著负相关。平新乔等(2003)认为,在现存的国有企业体制下,代理成本使企业绩效只达到了30%～40%,并在研究中发现国有企业的代理成本明显高于私人产权企业。中山大学管理学院课题组(2008)通过对珠三角非上市企业进行研究,发现私有产权控股的非上市公司治理结构明显好于国有产权控股的非上市公司。与此同时,另有学者认为国有股权的公司并不劣于其他股权,如李骥等(2005)认为,在我国的过渡体制下,企业的完全非国有化并没有促使企业努力发展具有竞争力的核心业务,完成非国有化的企业往往倾向于业务多元化,而这些多元化的企业在绩效方面并不比仍有国家持股的股份公司表现得更好。政府将国有企业的具体经营控制权划转给企业集团,可以使产权明晰,有效减轻第一类代理问题,但会加剧国有企业之间股东的代理问题。

无疑,非国有控股股东的存在可以有效地对经理人进行监督,从而降低经理人的机会主义行为。然而,它可能引发大股东基于自利动机的机会主义行为,损害中小股东的利益,进而有损于企业价值。对于国有控股股东而言,尽管国家是最终控制人,但由于所有者缺位问题,公司实际上由经理人控制着,这极易产生经理人的机会主义行为。然而,民营控股股东从上市公司转移的财富可以据为己有,国有控股股东从上市公司转移的财富并不属于"掏空"行为,因此国有控股股东(更多的是各级政府)可能并不会基于自身私利去"掏空"上市公司。

另外,相对于国有大股东,有研究发现,家族大股东在危机冲击下承担着更为严重的经济和非经济性损失,从而使得他们表现出更强的管家角色意识以支持企业渡过难关;家族大股东委派的CEO与大股东之间更容易建立起"强关系"联盟,在危机期间更能有效地支持大股东管家角色功能的实施,从而能更大限度地提升公司的价值。当然,到底是国有控股公司的第一类代理问题对公司价值的破坏作用更大,还是非国有控股公司的第二类代理问题对公司价值的破坏作用更大,这是一个难以简单评价的问题。

第三节 机构投资者

一、机构投资者的含义与历史发展

(一) 机构投资者的含义

机构投资者,是指用自有资金或者从分散的公众手中筹集的资金专门进行有价证券投资活动的法人机构,包括证券投资基金、社会保障基金、商业保险公司、商业银行、保险公司、共同基金、投资公司、养老基金和各种投资公司等。与机构投资者对应的是个人投资者。一般来说,机构投资者投入的资金数量很多,而个人投资者投入的资金数量较少。机构投资者是一种特殊的金融机构,为了特定目标,它将小投资者的储蓄集中在一起管理,并在可接受的风险范围和规定时间内,追求投资收益最大化(Steil,2004)。在美国等发达国家,机构投资者扮演了重要的角色,不仅在许多国家的公司中持有大量股份,而且积极参与公司治理,这对公司产生了重要影响。在股权分散的情况下,机构投资者成为广大中小投资者约束经营者最重要的机构。随着机构投资者本身实力的壮大和资本市场效率的提高,越来越多的机构投资者主动采取措施影响公司董事会和管理层,提高公司质量,获取超额收益。

(二) 机构投资者参与公司治理的历史发展

机构投资者并不是一开始就积极地参与公司治理活动。事实上,早期的机构投资者作为公司所有者的色彩非常淡,只是消极的股东,并不直接干预公司行为。但是,到了20世纪90年代,他们开始积极参与和改进公司治理。

20世纪早期,机构投资者一般采用"华尔街规则"中的"用脚投票"方式来实现自己的利益。例如,美国的《格拉斯-斯蒂格尔法案》禁止美国银行直接持有股票,1929年美国股票市场崩溃后的管制改革也限制了机构投资者积极参与公司治理。然而,20世纪末期,机构投资者快速发展,成为证券市场的重要组成部分,其数量、规模和持股比例均有大幅度提高。在机构投资者队伍不断壮大的同时,相关政策以及机构投资者投资策略的改变促使其行为发生变化,以养老基金、对冲基金、工会基金等为主的机构投资者也逐渐参与公司治理。

一方面,英国、美国等主要国家对机构投资者参与公司治理的限制规则进行修订是导致机构投资者积极参与公司治理的重要因素。如美国证券交易委员会早在1942年便允许股东提交有关公司投票的提案,此后,其在1993年强化了机构股东的作用,允许机构股东对公司治理结构提供有约束力和建设性的措施,在不影响他人表决的前提下,允许股东事先联系,并进行没有限制的口头交流(陈全伟,2008)。这一规则的改变使得美国公司代理权之争的成本由100万美元下降到不足5 000美元。英国的有关监管部门也允许机构投资者审慎地使用投票权,鼓励机构投资者积极参与公司治理。

另一方面,机构投资者的指数化投资策略促使其积极参与公司治理。机构投资者大多长期持有指数成分股公司的股票,以机构投资者的重要组成部分——养老基金来说,其持有绝大部分指数化成分股。1997年,加利福尼亚、得克萨斯、纽约和佛罗里达州规模最大的养老基金持有的股票中超过50%是指数化的。因此,在不满意公司的表现时,机构投资者并不再简单地卖出股份。

在此背景下,美国、英国等西方国家的机构投资者逐渐放弃了"华尔街规则",从"用脚投票"的间接治理向积极的直接治理转变,尤其从20世纪80年代开始,机构投资者参与公司治理的事件明显增多,引发了机构投资者"股东积极主义"的兴起。机构投资者可通过股东提案、积极运用投票权,并征集委托投票权,与董事会和管理层私下协商以及在媒体上定期公布治理目标公司名单,参与董事会治理以及利用敌意收购来监督管理者等方式主动参与公司治理。

机构投资者不仅在发达国家扮演了重要角色,而且在新兴市场国家经历着快速增长(Khorana,2005)。机构投资者的迅速发展及其行为引起了学者们的研究兴趣。已有文献主要围绕机构投资者通过何种方式参与公司治理、其参与对公司治理产生了哪些影响以及带来的经济后果等问题展开研究。

请用手机微信扫二维码,学习"知识扩充"。

主权财富基金

二、机构投资者的监督功能

相较于个人投资者和家族股东,机构投资者被认为具有较强的监督作用。如前文所述,机构投资者一般持有较多公司股份,能够获得监督所产生的较多收益以弥补其监督成本。因此,机构投资者有动力对公司管理层进行监督,能够缓解股权分散下的小股东"搭便车"问题;持有更多股票使机构投资者更有能力影响公司决策。

机构投资者主要可以通过以下两种途径参与公司治理和改善上市公司治理水平：一是行为干预。这里所说的行为干预，其实就是机构投资者作为投资人有参与被投资公司管理的权利。发现价值被低估的公司就增持该公司的股票，然后对董事会进行改组、发放红利，从而使机构投资者获利。因为，一方面，上市公司由于价值被低估而交易清淡，不被市场认可，导致公司长远发展投融资渠道闭塞，对公司长远的价值提升造成障碍。机构投资者有可能通过干预公司实行积极的红利政策调整，从而调动市场的积极反应，达到疏通公司与市场沟通渠道的效果。另一方面，作为上市公司的合作伙伴，机构投资者一般遵循长期投资的理念，公司运作的成功需要机构投资者的积极参与。二是外界干预。机构投资者还可以直接对公司董事会或经理层施加影响，使其意见受到重视。例如，机构投资者可以通过其代言人对公司重大决策如业务扩张多元化、并购、合资、开设分支机构、雇用审计管理事务所表明意见；可以通过向经理层信息披露的完全性、可靠性提出自己的要求或意见，从而使经理层面临市场的压力；同时，公司业绩的变化也迫使经理层及时对股东等利益相关者的要求做出反应，这样就促使经理层必须更加努力地为公司未来着想，以减少逆向选择和道德风险。在潜在危机较为严重的情况下，机构投资者可能与其他大股东一起，更换管理层或寻找适合的买家，甚至进行破产清算以释放变现的风险。当然，机构投资者也可以通过将公司业绩与管理层对公司所有权的分享相结合，从而使管理层勤勉敬业，在公司成长中获得自身利益的增值，公司其他利益相关者也获得利益的增加。

基于机构投资者积极参与公司治理的现象，现有学者对其参与公司治理的效果进行了检验。越来越多的研究也为机构投资者的积极治理效应提供了经验证据，进而发现机构投资者能够显著抑制管理层的机会主义行为，缓解公司内管理层与公司间的第一类代理问题。尤其对于具有长期投资视野的机构投资者而言，他们具备更强的监督意愿和监督能力，有助于公司治理水平的提升。

首先，机构投资者能够有效抑制公司的盈余管理。盈余管理是管理层用来掩盖其较差绩效，获取个人私利的重要方式。DeFond(1991)较早地发现持股较多的机构投资者可以降低管理层事先调整盈利的可能性。De-chow(1996)也发现机构投资者能够降低公司进行财务欺诈的概率。Mitra(2005)得出了同样的结论，即机构投资者的持股比例越高，管理层进行机会主义的盈余管理和利用应计项目操纵利润的行为越少。尽管进行短期投资的机构投资者不影响甚至反而会激化公司的盈余管理动机，但具有长期视野和勤勉的机构投资者能够显著减少高管的机会主义行为。Bushee(1998)将机构投资者分为短暂型、勤勉型和准指数型三类，研究发现，被大量短暂型机构投资者持股的公司有可能发布非公认会计原则盈余信息以便日后重估；勤勉型的机构投资者更能获得所持股公司的私有信息及管理状况，可以相对较低的成本对管理层进行监督，并且较长的持股时间可使其获得监督带来的收益，进而有动机投入更多精力和资源对公司进行研究，并抑制管理层做出损害公司长期价值的行动。短期机构投资者持股比例与公司的正向盈余管理正相关，长期机构投资者持股则显著抑制了管理层利用应计利润达到公司利润目标的盈余管理行为。

其次，机构投资者能够显著抑制高管的高额薪酬，提高高管的薪酬-绩效敏感性。20世纪90年代，美国公司的高管薪酬呈现爆发式增长。"管理层代理理论"认为，高管的高额薪酬是管理层利用其权力获取个人私利的重要手段，是公司内部代理问题的反映。因此，对管理层的薪酬契约进行监督成为机构投资者实行股东积极主义的重要内容。关于高管薪酬的股东提案获得通过的概率不断提高。按照IRRC的统计，在1973年至2004年，有8600项股东提案进入投票程序,其中在1987年至1994年有12%的高管薪酬提案获得了通过,而在2005年这一比例达到了26%。基于管理层权力视角,机构投资者的参与削弱了高管对董事会制定高管薪酬的负面作用。机构投资者显著降低了高管薪酬,提高了高管薪酬对企业业绩的敏感性。机构投资者进行监督的成本越低,其对公司高管薪酬以及薪酬与绩效之间的敏感性具有越显著的作用。他们通过实证检验也发现,对于积极的机构投资者即监督成本相对较低的独立投资咨询公司和投资公司而言,管理者在监督公司管理层方面有明显优势,其持股能够降低高管薪酬,并增强高管薪酬与企业业绩之间的敏感性。

再次,机构投资者提高了高管强制变更的概率。在不满意公司管理层时,积极的机构投资者往往会对高管任职投反对票,以达到变更高管的目的。例如,由于受到2008年金融危机以及对美林证券实施并购的影响,美国银行股价下跌近85%,以加州公共雇员退休基金(CalPERS)等为代表的股东谴责该公司CEO兼董事长肯尼斯·刘易斯(Ken Lewis)本应顶住政府的压力采取收购行为,CalPERS号召其他股东反对刘易斯身兼两职。在2009年春季的股东投票中,刘易斯以49.7比50.3的投票结果被免去了董事长的职务,随后他又从CEO职位上提前辞职。即使机构投资者不能投票否决高管,其联合其他机构投资者投反对票的行为也传达了对公司不利的信息。DelGuercio(2008)对股东投反对票的作用效果进行了研究,发现在股东投反对票后,公司经营绩效有所提高,CEO异常离职率提高。后续的研究发现了同样的证据。例如,通过对1982年至2006年美国上市公司高管变更的研究发现,机构投资者的监督显著增大了高管的强制变更概率。在样本期间,无论是公司内知名的积极大股东持股,还是由这些积极大股东持股的公司,都显著增加,公司绩效随之有所提高。机构投资者持股的改变正向影响了公司治理。公司内的机构投资者持股越多,CEO越可能因较差的公司绩效而离职,并且公司价值随后得到提升。此外,现有研究还发现,机构投资者能够迫使公司增加股利发放,减少自由现金流,抑制高管利用反收购条款巩固自己在公司中地位的行为,阻止高管进行有损于公司价值的并购。与公司没有关联关系的机构投资者持股比例越高,公司宣布实施反收购议案的超常收益越高。这一系列证据均表明,机构投资者起到了积极的监督作用。

最后,机构投资者的监督有利于公司价值的提升。早期的研究发现,机构投资者对公司绩效并不产生正面影响,甚至有负面影响。对于绩效无关论,Becht(2009)总结了已有文献所发现的股东积极主义与公司绩效无关的三个原因:"搭便车"行为导致机构投资者对公司管理层的监督不足,机构投资者参与公司治理的法律和制度障碍,以及美国机构投资者的激励问题。发现机构投资者对公司绩效产生负面影响的研究则认为,机构投资者只关注当期收益的短期视野,牺牲了公司的长期绩效和发展,管理经验的缺乏导致其参与公司治理干扰了公司的正常运营,且机构投资者内基金经理人与股东之间的代理问题也使其更多地获取私人收益而非提升公司绩效。然而,随着机构投资者持股的增多,法律法规对机构投资者行使股东权利的重视以及对参与公司治理的限制降低或取消,越来越多的研究发现机构投资者有利于提升公司绩效。例如,Smith(1996)认为机构投资者积极主义是有效的,他研究了美国一只对目标公司进行监督和改变的较大的养老基金,发现接受基金建议的公司后来获得了财富增长。通过进行跨国研究,Ferreira(2008)发现,外国机构投资者以及与公司无关联的独立机构投资者持股比例越高,股东的价值越大,经营绩效越好。Brav(2008)对2001年至2006年美国对冲基金的研究发现,在对冲基金向公司提出的战略、经营和财务方面的建议中,有2/3获得了全部或部分通过;并且,在对冲基金签署13D法令的宣告日有7%的超额收益,而这些公司的经营绩效在2年内均有较为明显的提升。

三、机构投资者的退出

如前文所述,20 世纪早期,机构投资者在不满意公司管理层、公司绩效或长期战略时,多采用"华尔街规则"的方式卖出股票,从该公司退出。相对于 20 世纪 80 年代后机构投资者积极参与公司治理,机构投资者"用脚投票"在很长时间内被认为是其应对不利事件或信息的一种消极方式。

机构投资者的退出行为同样可作为一项公司治理机制。相关证据表明,机构投资者在现实中普遍倾向于在不利的情况下卖出股票。McCahery(2011)对全球范围内的机构投资者进行了问卷调查,在参与调查的 118 家全球机构投资者中,有 80%的机构投资者表示,会在不满意公司的绩效时将退出策略作为其首选策略。

机构投资者能够获得公司更多私有信息是其退出发挥公司治理效应的关键。值得注意的是,已有研究在探讨股东退出及退出威胁作用的时候,多基于大股东的视角,认为持有较多股份的大股东具有更强的动机和能力搜集公司的私有信息。然而,在英国、美国等国家,大股东往往是机构投资者。而机构投资者的持股一旦超过 5%,就会触发相应的法律法规,必须进行持股披露(如美国机构投资者在持股超过 5%时需要签署 13D、13F 法令等),这一数据的可得性使得现有研究在实证检验大股东的退出作用时,大多将持股超过 5%的机构投资者视为大股东,这也导致已有研究(Edmans et al.,2013)中发现的大股东退出作用更多地表现为机构投资者的退出作用。

然而,机构投资者的退出作用并不完全等同于大股东的退出作用。考虑到大股东持有大量股份,一旦退出将对公司股票价格产生极大的负面冲击。这一情况致使大股东不会频繁进行股票交易,更难完全退出,因此大股东往往长期持有公司股票。对于机构投资者,尤其是短期机构投资者而言,其持股相对较少,其股票交易也更加频繁,其股票交易行为更容易将公司私有信息包含在公司股价中。一些学者的研究发现,相较于个人投资者,机构投资者具有更多信息优势,凭借其所获得的私有信息,机构投资者可以通过频繁交易获取交易利润。Yan(2009)发现,短期机构投资者的交易活动更能预测未来收益,长期机构投资者的交易活动则与未来收益无关。这意味着短期机构投资者会掌握更多投资信息。

Holmstrom(1993)首次将知情交易者的交易行为和管理层的代理问题联系起来,其理论模型指出,当投资者花费更多资源以获取公司未来价值的私有信息时,股票价格将更能反映管理层的行为,公司价值最终得到提升。Gallagher(2013)对机构投资者的摆动交易(Swing Trade)进行了研究①,发现机构投资者的这种短期交易提高了股票价格信息的透明度和市场效率,并且股票价格信息透明度的提高与公司绩效正相关。因此,他们认为,机构投资者的短期交易(退出)有效地限制了管理层的机会主义行为,使管理层的行为更能反映在公司股价中。

Parrino(2003)认为,董事会对股东构成的关注会导致机构投资者的退出。他们发现,当机构投资者因公司绩效较差等原因对公司的经营管理不满意时,会卖出其持有的股票;同时,公司 CEO 在接下来的一两年内更可能遭到强制变更。在公司 CEO 强制变更的前两年内,持有该公司股份的机构投资者数量和持股总和均有所减少。进一步的分析表明,这些持股的减少来自谨慎(银行信托部门)、更加知情(独立投资咨询机构)和从事动量交易的机构投资者。而在机构投资者卖出公司股票后的一到两年内,公司的 CEO 更可能遭到强制性变更,公

---

① 这种交易方式是从股票价格的上下波动中获利,而不太关注股票的基本面和长期趋势。

司随后也更倾向于从外部聘任CEO来接替。一旦CEO遭到强制变更，股东的异常变化就会立即消失。

> **【知识扩充：思政探索】**
>
> 对赌协议的效力
>
> 对赌协议在A股IPO实践中颇为敏感，可能对公司上市构成障碍。因为对赌协议常见的股权回购或金钱补偿等条款可能违反公司法关于股东不得抽逃出资、股份回购或利润分配的强制性规定，从而损害公司、其他股东及债权人的合法权益，违背资本维持等公司法的基本原理。但这并不意味着对赌协议就是无效的。在《全国法院民商事审判工作会议纪要》中，首次明确了投资方与目标公司的股东或者实际控制人订立的对赌协议的有效性。对于投资方与目标公司订立的对赌协议的效力则需根据公司法另行讨论。

四、机构投资者在中国

在中国，机构投资者一般包括共同基金、QFII、保险公司、金融公司（由企业集团设立的供成员企业内部融资的企业）、补充养老保险（一些公司为职工设立的额外基金，中国的定期养老基金不得持有股票）、证券公司、社会保险基金（政府为帮助残疾人或失业者设立的基金）、信托公司等。

与美国公司治理中机构投资者发出的越来越响亮的声音相比，我国的机构投资者多是沉默的，并没有像美国的机构投资者一样成为公司治理调整的主力军。尤其是在2001年以前，中国的机构投资者选择了做"沉默的大多数"，没有在公司治理的改进中发出应有的声音。近年来，我国的机构投资者正以崭新的面貌出现在证券市场上，机构投资者参与公司治理的行为初露端倪。

国内上市公司治理中的"内部人控制"问题需要机构投资者的介入，投资理念的转换也需要机构投资者参与公司治理，而机构投资者拥有的人才、资金和政策优势也为机构投资者参与公司治理提供了可能性。下面通过简述中兴通讯增发H股事件来了解中国上市公司中机构投资者参与公司治理的积极性。[①]

中兴通讯（000063）是深、沪两市赫赫有名的蓝筹股。2002年该公司准备增发H股的消息导致股票从超过24元暴跌至18元以下，创一年来新低，流通市值为此蒸发超过12亿元。2002年8月20日，尽管遭到众多基金和中小股东的强烈反对，中兴通讯临时股东大会仍以90%以上的赞成票通过了H股发行计划。会场上大股东与流通股股东针锋相对，股东大会在表决时曾一度中断。有机构投资者表示，公司以15港元的价格发行H股，流通股股东不能接受，他们的心理价位是30港元，他们认为这是中兴通讯在贱卖公司的财产。以汉唐证券为代表的流通股机构投资者要求进行两次表决——到场所有股东表决和流通股股东表决，但是最终未能成事。虽然大局已定，但是汉唐证券、申银万国、长盛基金等数十家机构投资者联名上

---

① 资料来源：董华春.浅析机构投资者在改进公司治理结构中的作用[EB/OL].(2003-03-26).http://www.studa.com/newpaper.

书证监会要求审慎看待中兴通讯发行 H 股,保护中小投资者的利益。众多基金公司之所以反对中兴通讯的增发 H 股方案,是认为该公司增发 H 股将导致现有股东的权利被全面稀释,侵害了他们的权利。

机构投资者的这次发难并不是完全没有效力。事实上,中兴通讯新闻发言人曾表示,"中兴这一次感受到的基金经理们的压力之大是前所未有的,中兴不能不考虑他们的态度,希望用股本转增方案补偿此前中兴通讯股价暴跌给中小股东带来的损失"。

"中兴事件"大大改变了资本市场对机构投资者的态度。2002 年 8 月 28 日上港集箱(600018)召开了"上港集箱 2002 年上半年度业绩推介会",就是主要针对证券公司、投资公司、基金公司等机构投资者所关心的问题进行面对面的交流。上港集箱高层领导在会上向超过 40 家机构投资者详细介绍了公司上半年的经营状况,就公司目前是否需要募集资金、公司周边港的竞争能力强弱等热点问题进行了进一步沟通和交流。

"中兴事件"是大股东与流通股股东之间的博弈,传递了一个积极的信号:机构投资者开始在公司治理中发挥作用。

基于西方的文献认为,在机构投资者持股的上市公司中,共同基金等机构投资者致力于股东积极主义,有动机和能力监督其持有股票的公司。但是,在中国,机构投资者不太可能监督公司。Chen(2007)指出,只有持有大量股票且拥有长期视角的股东,才有动机去监督公司。在中国,机构投资者既不是公司的大股东,也没有长期视角。

一方面,考虑机构投资者的持股规模。在之前的讨论中我们提到,中国目前有很多机构投资者,它们 2012 年的持股比例达到 17.4%。但在公司层面,每个机构投资者都只是一个小股东,比如共同基金在一家公司的持股比例中位数为 0.067%,甚至 3/4 分位数和第九十九分位数也分别只有 0.286%、4.852%。在发达的西方资本市场上,公司股权相对比较分散,而机构投资者持有较多公司股份,它们实际上是上市公司大股东,因此可以参与公司治理,发挥相应的公司治理作用。而在中国第一大股东持有超过 1/3 的公司股份的情况下,机构投资者所持有的股份数量并不足以支撑其参与公司治理,机构投资者并没有能够影响公司的实力。

另一方面,考察中国机构投资者的投资视野。中国是一个发展中国家,其股票市场具有动荡、不稳定的特征,因此机构投资者不太可能有长期的投资视野。投资者的换手率数据支持了这个说法。例如,2009 年至 2011 年中国共同基金的换手率分别为 319%、260% 和 207%[①],也就是说,共同基金 2011 年持有一只股票的平均时间少于 6 个月。事实上,一些共同基金的换手率超过了 1 000%。成交行为说明了中国的机构投资者是买入卖出的投机者,而非买入持有的投资者,也即机构投资者没有动机去监督其短期持有股票的公司。

所以,部分学者认为中国的机构投资者没有能力和意愿去监督或从事股东积极主义。Wei 和 Varela(2003)研究发现,中国股票市场上的机构投资者对公司业绩并不存在显著的影响,其原因在于机构投资者没有能力影响国有企业的经营管理。然而,一些研究发现,中国的机构投资者可以对公司产生正向影响。我们认为这些研究可能存在反向因果偏见,即机构投资者可能只是更倾向于治理良好、盈利水平高于平均水平的公司。

但我们认为,在某些特定的情况下,机构投资者有机会发挥一定的公司治理效应。例如 2005 年股权分置改革,在通常情况下,作为国家的非流通股股东,需要与流通股股东就补偿计

---

① 参见 http://finance.sina.com.cn/money/fund/2012406/180111764203.shtml。

划进行协商,这就给作为非流通股股东的机构投资者提供了监督和影响公司的机会。Huang和Zhu(2015)研究了QFII在股权分置改革协商中的作用,发现对于国有控股公司而言,QFII是重要的流通股股东,股权分置改革更快,流通股股东获得的补偿更多,QFII进行了有效、有益的监督。与此相反,FirthLin(2010)发现,当国有共同基金是流通股股东时,国有控股公司给流通股股东支付的补偿较少,这就说明国有共同基金迫于政治压力,帮助国家以低成本推进股权分置改革。因此,即使国有共同基金被赋予提供有利的股东积极主义的机会,他们也不会执行。此外,除了监督能力,机构投资者能够发挥其他股东所没有的作用。例如,机构投资者能够以较低成本拥有职业分析师团队,其分析和信息挖掘能力远胜于一般参与者,对于持股比例较高的公司,机构投资者有较大的动力去挖掘其内部信息,从而减轻信息不对称状况,而且公司也愿意与较大规模的机构投资者交流、沟通信息以弥补其公开披露的不足。不但如此,机构投资者的参与也有助于信息传播,进而减轻信息不对称。张纯和吕伟(2007)为机构投资者有助于减少信息不对称的观点提供了现实证据,研究了机构投资者持股对国有企业与民营企业融资约束和融资能力的影响,发现机构投资者的参与能显著降低民营企业的信息不对称程度,降低其所面临的融资约束和对内部资金的依赖,进而增强其负债融资能力;但机构投资者的参与并未能降低国有企业面临的融资约束或增强其负债融资能力。

【知识扩充:思政探索】

机构投资者的法律责任与义务

学习和了解中国机构投资者的发展历程,特别是中国机构投资者在短短30年间所取得的由萌芽阶段至改革、发展阶段的卓越进展,以及涌现的一系列机构投资者积极参与公司治理的典型案例,以增强对我国机构投资者队伍建设、相关配套法律建设和投资理念革新的自豪感,激发爱国情怀。

学习和了解各国法律法规曾经或现在对机构投资者的限制,思考各国政府采用法律形式约束机构投资者行为背后的深层原因,厘清法律约束对规范机构投资者行为、提高金融市场稳定性的重要意义,提升法律意识。

围绕机构投资者负有的受托责任展开讨论:假设自己成为证券投资基金、养老基金等机构的基金经理,为公众投资者、职工等受益人管理和运营资金,应如何履行自己的工作职责?如果没有勤勉、忠实地履行职责,会对受益人产生怎样的影响?通过讨论,增强职业道德和责任感,培养爱岗敬业的职业品格。

针对影响机构投资者治理作用发挥的关键因素——短期业绩压力,结合中华民族优秀传统文化展开讨论:假设自己是机构投资者,该如何做以发扬高瞻远瞩精神,不被短期利益蒙蔽双眼,注重长期价值的塑造,最大限度地发挥机构投资者的公司治理作用?

本章小结

1. 解释股东权益、股权结构的概念。

2. 理解中小股东维护机制、大股东的作用。
3. 区分大股东与小股东的权益内容。
4. 掌握股东利益至上理论及其局限。
5. 掌握机构投资者的含义、种类和特点。
6. 了解机构投资者参与公司治理的发展历程及其机理。
7. 明确国内机构投资者状况及促使我国机构投资者参与公司治理的途径。

练习题

1. 如何理解股权结构的概念及其构成？
2. 怎样区分大股东权益与小股东权益？
3. 如何评价股东利益至上理论及其局限？
4. 公司治理的主体是谁？
5. 机构投资者有哪些特点？
6. 为什么机构投资者要参与公司治理？
7. 机构投资者参与公司治理的途径有哪些？
8. 中国机构投资者的发展现状如何？
9. 如何学习和借鉴美国经验，以发挥我国机构投资者在公司治理中的重要作用？

关键术语

股权结构　股东权益　大股东　国有股东　小股东　利益相关者　机构投资者　保险公司　基金公司　董事会　投资公司　治理效率

结篇案例1

美国机构投资者"炮打司令部"

"一只500磅重的大猩猩会坐在哪儿？"这并不是一个"脑筋急转弯"的问题，而是美国的一句谚语，答案是，"它想坐在哪儿就会坐在哪儿！"

近来，在很多美国大型上市公司如可口可乐、花旗集团、苹果公司等公司管理层的眼里，重量级的机构投资者——掌管约1 670亿美元资产的CalPERS，就是一只很难缠的500磅重的大猩猩，它的屁股往股东席上一坐，往往就是公司麻烦的开始。

作为全美最大的养老基金，CalPERS近年来频频扮演"改革先锋"的角色。在购买了大量公司股份并成为大股东后，CalPERS就开始旗帜鲜明地向所投资公司的公司治理"开炮"，他们最辉煌的战果之一是与迪士尼公司创始人之一罗伊·迪士尼(Roy E. Disney)联手，在2004年3月3日召开的迪士尼年度股东大会上，令时任董事长兼CEO迈克尔·埃斯纳(Michael Eisner)颜面丢尽，被迫辞去了董事长职务。

一、撞翻可口可乐

2004年4月中旬，CalPERS通过全美最大的共同基金经理人代理投票顾问机构——机构股东服务公司(Institutional Shareholder Services, ISS)发表声明称：在4月21日召开的年度股东大会上，他们将提出不应由同一人同时担任可口可乐的董事长与CEO职务的提案；同时，他们将不支持可口可乐公司时任的6名审计委员会董事连任，这其中包括著名的"世界富豪"沃伦·巴菲特(Warren E. Baffett)。CalPERS表示，反对他们连任的原因是该6人委员会批准可口可乐的会计师事务所从事与审计无关的业务，如税务建议、规划、并购咨询等。CalPERS认为，这将影响会计师事务所的公正性。

二、欲拔"花旗"

在2004年4月20日召开股东年会的花旗集团也受到了CalPERS的搅局困扰。握有接近2 670万股花旗集团股票的该基金公开表示：将反对花旗集团时任董事长威尔(Sanford Weill)、CEO查尔斯·普林斯(Charles Prince)以及其他6位董事留任。该基金认为，威尔应该为花旗集团在财务方面的一些不当行为遭调查招致巨额的费用损失、投资研究部和投资银行部门之间存在利益冲突等问题承担全部责任，威尔不仅应该"下课"，而且最好找一位真正的独立董事来担任花旗集团董事长。CalPERS的提议得到了美国第二大养老金——纽约州退休基金(New York State Common Retirement Fund)的支持。该基金资产约1 200亿美元，共持有近2 200万股花旗集团股票。纽约州退休基金发表声明：威尔、普林斯等人的表现令花旗集团董事会的独立和公正性大打折扣。2003年，受各种违规丑闻困扰的华尔街十大金融机构与美国证交会最终达成了和解协议，并"委曲求全"地支付了14亿美元的"天价"和解金，仅花旗集团一家就掏出了4亿美元。威尔作为花旗集团董事长，却在2003年得到了4 470万美元的报酬，其中3 000万美元是以现金形式支付，这也使得他成为2003年全美领取现金报酬最多的企业高管。2003年普林斯也拿到了2 900万美元；另外有传言说，普林斯的妻子任职的会计师事务所与花旗集团存在业务往来关系。

三、刀捅"苹果"

与此同时，"唯恐天下不乱"的CalPERS又狠狠捅了苹果公司一刀。2003年，在CalPERS的支持下，一项要求在苹果公司年度财报中把股票期权作为开支处理的提案正式出台。苹果公司却一直在极力反对该提案。他们争辩说，给雇员的报酬中很大一部分是股票期权，把股票期权作为开支会降低公司的利润。他们还声称，准确地评估股票期权的价值是很困难的，为了保证工程师和其他中级雇员不被竞争对手挖走，股票期权是必须给的。眼见苹果公司对自己的要求无动于衷，CalPERS在2004年4月15日威胁说，他们将拒绝支持任何一位苹果公司董事会成员。

四、"找茬儿"并乐此不疲

安然等重磅企业丑闻横扫欧美金融市场，给投资者带来巨大损失，公司治理问题特别是其董事会是否公正、独立日益成为投资者普遍关注的焦点，维护股东权益之风也随之甚嚣尘上。越来越多的美国机构投资者对其投资的公司的治理加强了监管，但对公司来说，这意味着庞大的改革压力，很多公司高层也被迫纷纷下马。投资者普遍相信，好的公司治理能够带来公司好的业绩，从而提高股东的投资回报率。

以CalPERS为代表的政府养老基金由于连年亏损，也不得不调整投资策略，开始更直接地介入被投资公司的管理。对CalPERS的做法，业界存在不同的看法，很多人拍手称快，认为机构投资者对被投资公司施加压力是期盼已久的事情；但也有人对此表示担忧，觉得公司一般不喜欢外来投资者过分就公司治理指手画脚，担心CalPERS的举动会引发公司的强烈抵触。CalPERS则表示，要带头维护投资者的权益，并要用自己的举动，使改善公司治理成为美国各行各业上市公司的浪潮。

资料来源：陈晓刚.美国机构投资者"炮打司令部"[N].中国证券报(国际版),2004-04-19.

案例思考题：

1. 美国机构投资者为什么要"炮打司令部"？你对他们的行为有何评价？
2. 美国机构投资者在参与公司治理的过程中是否存在问题？如果存在,则你对此有何建议？

结篇案例2

只有董事长一人参加的股东大会

从小到大,不知参加了多少会议,却从未参加过一人会议,不要说参加,连听都没有听说过,然而,一个人开会的咄咄怪事,却在我国股市发生了。2000年9月11日,在一家名为"伊煤B"的上市公司所举行的股东会议上,出席的股东只有1人,创下中国股市(恐怕也是世界股市)股东会议人数的最低纪录。

别看股东只有一个,代表的股权却不少,原来出席者就是公司国有股股东伊煤B,代表股权20 000万股,占总股本的54.64%,因此会议"总表决票数"超过了出席会议股权总数的1/2,"符合公司法及公司章程的有关规定"。当然,参加股东会的自然人远不止1人,包括9名董事、7名监事,还有鉴证律师,因此,会议还是开得像模像样。在唯一的一名股东,也就是时任董事长代表国有股投票时,照样有"一致推举"的一名股东代表(董事长,因为除他之外谁都没有资格)、两名监事担任投票表决的监票和清理工作,自己投票,自己监票,相信又是世界会议史的"吉尼斯纪录"。当然,所有议程都是"一言堂""一致通过",这一切就像是一部讽刺小说。

伊煤B的这次"股东会议"共有两项议程：一项是给予董事每人每月1 000元津贴,给予监事每人每月600元津贴,自己开会给自己津贴,当然无异议；第二项是审议董事会及高管人员年薪报酬的议案,包括基础报酬和效益报酬,也有具体的计算公式和发放方式,毫无疑问,也是一致同意。相信这两项议程在一个月前董事会开会时已经过认真的讨论,递交股东会议审议只是走走形式而已。

伊煤B自1997年8月上市以来,出席股东会议的股东及股东代理人从来没有超过10人,尽管据1999年年报披露股东人数有4 000人以上。如1998年股东年会,出席股东5人；1999年股东年会,出席股东3人。显然,公众股东知道一切都由大股东说了算,自己只是摆设。事实上,公司1997年上市时,净利润有1.13亿元；上市后的第二年,利润便迅速滑落至2 112万元,下降81%；第三年,再降69%,滑落至650万元；第四年,即2000年中期,又同比下降58%。每股收益从上市那年的0.31元,如自由落体般地跌至0.01元。所有这一切,在股东会议公告中从未见股东们说过什么。说到底,公众股东除了出资外,根本没有任何权利。这样的股东会议,还要自己掏钱到内蒙古,"一切自理",谁会有兴趣参加？

资料来源：李维安,武立东.公司治理教程[M].上海：上海人民出版社,2002：84.

案例思考题：

1. 伊煤B的股东权益能否得到维护？应该如何改进？
2. 伊煤B出现这种股东大会的根源何在？

参考文献

[1] 白重恩,等.中国上市公司治理结构的实证研究[J].经济研究,2005(2):81-91.

[2] 曹廷求,等.股权结构和公司绩效:度量方法和内生性[J].经济研究,2007(10):126-137.

[3] 陈全伟.机构投资者:一般理论和中国实践[D].北京:中国人民大学,2008.

[4] 陈晓刚.美国机构投资者"炮打司令部"[N].中国证券报(国际版),2004-04-19.

[5] 戴维·拉克尔,布莱恩·泰安.公司治理:组织视角[M].严若森,钱晶晶,陈静,译.北京:中国人民大学出版社,2018.

[6] 姜付秀,肯尼斯·A.金,王运通.西方理论与中国实践[M].北京:北京大学出版社,2016.

[7] 姜付秀,于上尧,等.公司治理:基本原理及中国特色[M].北京:中国人民大学出版社,2022.

[8] 剧锦文.企业与公司治理理论研究[M].北京:中国经济出版社,2018.

[9] 李骥,等.关于国有企业股份制改革的实证研究[J].管理世界,2005(1):120-130.

[10] 李琳,等.基于公司业绩波动性的股权制衡治理效应研究[J].管理世界,2009(5):145-151.

[11] 李维安,武立东.公司治理教程[M].上海:上海人民出版社,2002.

[12] 李新春,等.内部人所有权与企业价值——对中国民营上市公司的研究[J].经济研究,2008(11):27-39.

[13] 罗伯特·A.G.蒙克斯,尼尔·米诺.公司治理[M].5版.北京:中国人民大学出版社,2017.

[14] 毛世平.金字塔控制结构与股权制衡效应——基于中国上市公司的实证研究[J].管理世界,2009(1):140-152.

[15] 简森,等.公司治理经典文献选编[M].宋增基,李春红,译.北京:北京大学出版社,2013.

[16] 彭维刚.全球企业战略[M].3版.闫海峰,吴冰,译.北京:北京大学出版社,2019.

[17] 平新乔,等.中国国有企业代理成本的实证分析[J].经济研究,2003(11):42-53.

[18] 蒲自立,刘芍佳.公司控制中的董事会领导结构和公司绩效[J].管理世界,2004(9):117-122.

[19] 唐宗明,蒋位.中国上市公司大股东侵害度实证分析[J].经济研究,2002(4):44-50.

[20] 汪昌云,孙艳梅.代理冲突、公司治理和上市公司财务欺诈的研究[J].管理世界,2010(7):130-143.

[21] 肖作平.公司治理影响审计质量吗?——来自中国资本市场的经验证据[J].管理世界,2006(7):22-33.

[22] 徐莉萍,等.股权集中度和股权制衡及其对公司经营绩效的影响[J].经济研究,2006(1):90-100.

[23] 马林.公司治理国际案例精选[M].宋增基,李春红,译.北京:北京大学出版社,2011.

[24] 张纯,吕伟.机构投资者、终极产权与融资约束[J].管理世界,2007(11):119-126.

[25] 张祥建,徐晋.股权再融资与大股东控制的"隧道效应"——对上市公司股权再融资偏好的再解释[J].管理世界,2005(11):127-136.

[26] 张银杰.公司治理——现代企业制度新论[M].上海:上海财经大学出版社,2022.

[27] 郑志刚.中国公司治理的理论与证据[M].北京:北京大学出版社,2016.

[28] 中山大学管理学院课题组.控股股东性质与公司治理结构安排——来自珠江三角洲地区非上市公司的经验证据[J].管理世界,2008(6):118-126.

[29] 朱红军,汪辉.股权制衡可以改善公司治理吗?宏智科技股份有限公司控制权之争的案例研究[J].管理世界,2004(10):114-123.

[30] Adams R B and D Ferreira. A theory of friendly boards[J]. Journal of Finance,2007,62(1).

[31] Admati A R. The 'wall street walk' and shareholder activism:Exit as a form of voice[J]. Review of Financial Studies,2009,22(7):2645-2685.

[32] Allen, et al. Law, finance, and economic growth in China[J].Journal of Financial Economics 2005,77(1):57-116.

[33] Amihud Y. Risk reduction as a managerial motive for conglomerate mergers[J]. The Bell Journal of Economics,1981,12(2):605-617.

[34] Attig N, et al. Multiple large shareholders, control contests, and implied cost of equity[J]. Journal of Corporate Finance,2008(14):721-737.

[35] Bae K H, et al. Tunneling or value added? Evidence from mergers by Korean Business Groups[J]. The Journal of Finance,2002,57(6):2695-2740.

[36] Becht M. Returns to shareholder activism:Evidence from a clinical study of the Hermes UK Focus Fund[J].Review of Financial Studies,2009,23(3):3093-3129.

[37] Bennedsen M. The balance of power in closely held corporations[J]. Journal of Financial Economics,2002(58):113-139.

[38] Berle A A, Means G C. The Modern Corporation and Private Property[M]. Harcourt, Brace and Company,1932.

[39] Black Fischer. The dividend puzzle[J]. Portfolio Management, 1980, 10(5):345-376.

[40] Brav A. Hedge fund activism, corporate governance, and firm performance[J].The Journal of Finance,2008,63(4):1729-1775.

[41] Brickley J A, J L Coles and G Jarrell. Leadership structure:separating the CEO and chairman of the board[J]. Journal of Corporate Finance,1997(2):37-57.

[42] Brockman P. Block ownership and firm-specific information[J]. Journal of Banking & Finance,2009,33(2):308-316.

[43] Bushee B J. The influence of institutional investors in myopic R&D investment behavior[J].Accounting Review,1998,73(3):305-333.

[44] Bushee B J. Which institutional investors trade based on private information about earnings and returns[J]. Journal of Accounting Research,2007,45(2):289-321.

[45] Carter D A, B J Simkins, W G Simpson. Corporate governance, board diversity, and firm value[J]. Financial Review, 2003, 38(1).

[46] Chen X. Monitoring: Which institutions matter?[J]. Journal of Financial Economics,2007,86(2):279-305.

[47] Claessens S, et al. Disentangling the incentive and entrenchment effects of large shareholdings[J]. The Journal of Finance,2002,57(6):2741-2771.

[48] Claessens S. The separation of ownership and control in east Asian corporations[J]. Journal of Financial Economics,2000(58):81-112.

[49] De-chow P M. Causes and consequences of earnings manipulation: An analysis of firms subject to enforcement actions by the SEC[J]. Contemporary Accounting Research,1996,13(1):1-36.

[50] DeFond M L. Incidence and circumstances of accounting errors[J]. Accounting Review,1991,66(3):643-655.

[51] DelGuercio D. Do boards pay attention when institutional investor activists 'just vote no'?[J].Journal of Financial Economics,2008,90(1):84-103.

[52] Demsetz H, Lehn K. The structure of corporate ownership: Causes and consequences[J]. Journal of Political Economy, 1985, 93(6).

[53] Demsetz H. The structure of ownership and the theory of the firm[J]. Journal of Law and Economics,1983(26):375-390.

[54] Dood Peter, Warner Jerold B. On corporate governance: A study of praxy contests[J]. Financial Econll,1983(4):401-438.

[55] Dyck A. Private benefits of control: An international comparison[J]. The Journal of Finance,2004,59(2):537-600.

[56] Edmans A. Blockholders and corporate governance[J]. The Annual Review of Financial Economics, 2014(6):23-50.

[57] Edmans A. Governance through trading and intervention: A theory of multiple blockholders[J]. Review of Financial Studies,2011,24(7):2395-2428.

[58] Edmans, et al. The effect of liquidity on governance[J]. Review of Financial Studies,2013,26(6):1443-1482.

[59] Faccio M and L H Lang. The Ultimate ownership of western European corporations[J]. Journal of Financial Economics,2002,65(3):365-395.

[60] Fan J P and T J Wong. Corporate ownership structure and the informativeness of accounting earnings in East Asia[J]. Journal of Accounting and Economics,2002,33(3):401-425.

[61] Ferreira M A. The colors of investors' money: The role of institutional investors around the world[J].Journal of Financial Economics,2008,88(3):499-533.

[62] FirthLin. Friend or foe? The role of state and mutual fund ownership in the split share structure 'reform in China'[J].Journal of Financial and Quantitative Analysis,2010(45):685-706.

[63] Gallagher. Governance through trading: Institutional swing trades and subsequent firm performance[J].Journal of Financial and Quantitative Analysis,2013,48(2):427-458.

[64] Gomes A. Sharing of Control versus Monitoring as Corporate Governance Mechanisms

［D］．Working Paper，2006．

［65］Gopalan R. Large Shareholder Trading and Takeovers: The Disciplinary Role of Voting with Your Feet［D］．Available at SSRN 891515，2005．

［66］Grossman Sanford J，Hart Oliver D. Takeover bids, the free-rider problem, and the theory of the corporation［J］．Bell JEcon，1980(11)：42－64．

［67］Harris Milton，Raviv Artur. Corporate control contests and capital structure［J］．Mimeographed Evanston，1985．

［68］Hermalin B E，M S Weisbach. Endogenously chosen boards of directors and their monitoring of the CEO［J］．American Economic Review，1998(88)．

［69］Holderness C G. Raiders or saviors? The evidence on six controversial investors［J］．Journal of Financial Economics，1985，14(4)：555－579．

［70］Holderness C G. The role of majority shareholders in publicly held corporations: An exploratory analysis［J］．Journal of Financial Economics，1988(20)：317－346．

［71］Holderness C G. Were the good old days that good? changes in managerial stock ownership since the great depression［J］．The Journal of Finance，1999，54(2)：435－469．

［72］Holmstrom. Market liquidity and performance monitoring［J］．Journal of Political Economy，1993，101(4)：678－709．

［73］Huang W and T Zhu. Foreign institutional investors and corporate governance in emerging markets: Evidence of a split-share structure reform in China［J］．Journal of Corporate Finance，2015(32)：312－326．

［74］Jensen M C. Agency cost of free cash flow, corporate finance, and takeovers［J］．American Economic Review，1986，76(2)：323－329．

［75］Jiang G and H Yue. Tunneling through non-operational fund occupancy: An investigation based on officially identified activities［J］．Journal of Corporate Finance，2015(32)：295－311．

［76］Johnson R A，D W Greening. The effects of corporate governance and institutional ownership types on corporate social performance［J］．Academy of Management Journal，1999，42(5)．

［77］Khorana A. Explaining the size of the mutual fund industry around the world［J］．Journal of Financial Economics，2005，78(1)：145－185．

［78］Klein A. Entrepreneurial shareholder activism: Hedge funds and other private investors［J］．The Journal of Finance，2009，64(1)：187－229．

［79］Laeven L. Complex ownership structures and corporate valuations［J］．Review of Financial Studies，2008，21(2)：579－604．

［80］La Porta R，F Lopez-de-Silanes and A Sheifler. Corporate ownership around the world［J］．The Journal of Finance，1999(54)：471－517．

［81］La Porta R. The quality of government［J］．Journal of Law，Economies，and Organization，1999，15(1)：222－279．

［82］Maury B and A Pajuste. Multiple large shareholders and firm value［J］．Journal of Banking and Finance，2005(29)：1813－1834．

［83］McCahery J A. Behind the scenes: The corporate governance preferences of institutional investors[J]. The Journal of Finance,2015:forthcoming.

[84] Mitra S. Institutional stock ownership, accrual management, and information environment[J].Journal of Accounting, Auditing & Finance,2005,20(3):257-286.

[85] Nenova T. The value of corporate voting rights and control:A cross-country analysis[J]. Journal of Financial Economics,2003,68(3):325-351.

[86] Palmiter A R. Mutual fund voting of portfolio shares:Why not disclose? [J]. Cardozn Law Review,2002(23):1419-1491.

[87] Parrino Sias. Voting with their feet:Institutional ownership changes around forced CEO turnover[J]. Journal of Financial Economics,2003,68(1):3-46.

[88] Shleifer A. A Survey of corporate governance[J]. The Journal of Finance,1997,52(2):737-783.

[89] Shleifer A. Corporate ownership around the world[J]. The Journal of Finance,1999(54):471-517.

[90] Smith D A. Third world cities in global perspective:The political economy of uneven urbanization[J].Contemporary Sociology,1996,25(2):284-285.

[91] Steil. Institutional Investors[M].MIT Press,2004.

[92] Stiglitz J E. Credit markets and the control of capital[J]. Journal of Money, Credit and Banking,1985,17(2):133-152.

[93] Wang W. Independent directors and corporate performance in China:A meta-empirical study[J]. SSRN Electronic Journal, 2014(8):56-72.

[94] Wei Z and O Varela. State equity ownership and firm market performance:Evidence from China's newly privatized firms[J].Global Finance Journal 2003,14(1):65-82.

[95] Yan X S. Institutional investors and equity returns:Are short-term institutions better informed? [J].Review of Financial Studies,2009,22(2):893-924.

[96] Yermack D. Remuneration, retention, and reputation incentives for outside directors[J]. The Journal of Finance, 2004, 9(2):274-298.

[97] Zhang, et al. Controlling shareholder-manager collusion and tunneling:Evidence from China[J]. Corporate Governance:An International Review,2014,22(6):440-459.

[98] Zingales L. The value of the voting right:A study of the Milan stock exchange experience[J]. Review of Financial Studies,1994,7(1):125-148.

第五章
董事会与监事会

全章提要

概要
案例导读
- 第一节　董事会及其职能
- 第二节　董事会中的独立董事
- 第三节　董事会的性别结构
- 第四节　董事长与CEO
- 第五节　监事会

本章小结
练习题
关键术语
结篇案例
参考文献

概要

1. 董事会是什么样的机构?

董事会是公司治理机制的重要组成部分,是股东控制管理者并确保公司根据股东利益行事的机构,其职能主要包括帮助股东监督经营团队和制定公司发展的战略决策。

2. 独立董事机制有什么作用?

独立董事是外部董事,又称非执行董事,监督内部董事(高管)以及给予内部董事战略建议。

3. 董事会性别结构对公司治理有何影响?

"一个仅是象征,两个为存在,三个才具有发言权",即当公司有着三个及更多的女性董事时,女性不再被视为外部人,能够实质性地影响公司董事会的决策内容和程序。

4. 董事长与CEO两职合一好还是两职分离好?

两职合一的支持者认为,董事长兼任CEO有助于提高决策效率,有利于企业适应瞬息万变的市场环境,如果分离,则可能导致企业领导权力的模糊,造成双头领导。支持两职分离的观点是,如果董事长兼CEO,那么董事会的监督功能必然减弱,CEO的机会主义行为就会增加,损害企业的利益。

5. 监事会是什么样的机构?

公司治理有所谓的二元制和一元制。二元制既有董事会也有监事会,如德国和日本。一元制没有监事会只有董事会,如美国。二元制还可以接着分,在中国,董事会和监事会由股东大会选举产生,法律地位是平等的,这种称为平行二元制。而德国的做法是由股东大会选举产生监事会,监事会再选任董事,由此可见,监事会的法律地位是在董事会之上,这样的做法称垂直二元制,即董事会要对监事会负责,向监事会报告工作。

案例导读

华为董事会制度创新

在华为,根据公司治理章程,董事长对外负责公司公共关系及形象维护。当年任正非选择做CEO兼副董事长,而把董事长位子让给孙亚芳,是因为任正非想专心做好内部运营管理,而孙亚芳更擅长外部关系。2018年3月,代表公司形象的董事长职务由梁华接任。这一次,任正非连副董事长的位置都没有保留,只是董事会成员之一,但仍然是CEO。华为不仅有董事长,而且有轮值董事长。这种领导人的轮值制度是华为独创的,最早的雏形始于2004年,到了2011年正式确立了轮值CEO制度,2018年3月又升级成为轮值董事长制度。目前华为一共有三个轮值董事长,每个人任期半年,公司治理章程规定在当值期间轮值董事长是公司最高领袖,处理日常工作拥有最高权力。任正非特别看重集体决策,绝不允许出现"一言堂"的独裁行为,他通过这样的制度设计来逐步弱化自己在公司的影响力,为的是减少个人决策的风险,也是为了让华为未来有顺利的权力交接。华为这家公司遵循的是公司利益至上的理念,任正非主动把自己的权力关在笼子里,是真正考虑到公司持续健康发展。

资料来源:https://www.sohu.com/a/242583644_283333。

第一节 董事会及其职能

一、董事会的界定

现代公司的一个重要特征是股东把公司交给职业经理人去管理。因为股东人数众多,股东大会一年只有一两次,那么股东大会不开会的时候,谁作为股东在公司内部的代言人,保障股东的合法权益呢?答案是董事会。作为联结股东与经理层的纽带,董事会通常被认为是公司最重要的内部治理机制,其治理效率直接关系到公司的业绩以及股东的利益。

董事会是公司治理机制的重要组成部分,是股东控制管理者并确保公司根据股东利益行事的机构,是股东大会闭会期间的最高权力机构。董事会类似于内阁,为最高行政中枢和决策机构,尤其是大股东突然出现一些问题的时候,董事会体现其重大价值。比如明朝嘉靖皇帝20年不上朝,国家照样运转,内阁起到了"压舱石"的作用。同样的,国美创始人黄光裕被关进监狱十多年,公司照样运转,董事会就是国美的"压舱石",保证了公司的稳定运行。

董事会的成员即董事,由公司股东大会选举产生的董事会职能履行者,根据是否属于公司管理层,可以分为执行董事与非执行董事。执行董事来自管理层,如总经理董事、首席财务官董事等,负责公司日常经营管理,战略制定以及实施。非执行董事是指不参与公司日常经营管理,负责监督管理层和咨询服务,根据是否属于公司员工,可以分为独立董事和内部董事。独立董事负责监督,而内部董事还承担重要的内部管理职务。内部董事与执行董事高度重叠,独立董事也称非执行董事。

二、董事会的主要职能

董事会主要包括监督及咨询(战略)两大类职能。一是监督职能,即代表并帮助股东监督经营团队的行为,包括雇佣、选拔、评估以及在必要时解聘高管等,确保其行为合法合规,符合股东利益,是董事会最为核心的职能。二是咨询职能,即为经营团队提供咨询服务,是基于董事会成员的从业经验、专业特长或自身优势,为管理层提供确定公司发展方向和战略的建议。为了确保董事会履行职责,董事会一般会设立诸如审计委员会、薪酬委员会和提名委员会等机构。其中,审计委员会审查财务报告和内部控制系统,薪酬委员会管理并审查所有的高管薪酬方案,提名委员会则对候选董事进行评估、评论独立董事的表现并评定公司的治理结构。

三、董事会职能的理论基础

围绕着董事会的监督和咨询职能,目前主要有两种理论进行了解释,即委托代理理论和资源依赖理论。委托代理理论认为,董事会是一种重要的内部控制机制,它通过行使其合法权利来对高管进行监督、雇佣、辞退和激励高管团队,保护权益资本,从而确保股东利益最大化。董事会对高管的监督会使其在业绩不佳时更容易离职。当然,除了 CEO 个人能力、努力程度之外,企业绩效还受宏观经济环境等因素的影响,因此,董事会可以更好地识别 CEO 是否胜任,避免因运气不佳而被解雇。

从资源依赖理论的角度来看,董事会作为一种机制,可以降低公司对外部环境的依赖程度,从而降低公司获取资源的成本。董事会的规模与组成是企业在面对外部环境时所做出的一种理性反应,而非随意决定(Pfeffer and Salancik, 1978)。董事个人所特有的人力资本与社会资本,可为企业提供不同的意见、建议、公共关系及沟通渠道。通过选择董事会成员,公司对特定资源和外部红利的需求反映到董事会构成中,从而实现对公司重要资源的供给最大化,即每个董事都能给公司带来独特的财富和资源(Lynal et al., 2003)。

引入董事会给公司带来四个好处:提供咨询意见、为公司和环境发生紧急情况提供信息渠道、优先获得资源,以及参与立法(Pfeffer and Salancik, 1978)。例如,在受规制的产业中,有必要增加外部董事的数量,特别是那些有相关工作经验的企业。在高规制产业中,董事会中有更多的利益相关者参与,这些利益相关者更有可能提高企业的社会绩效(Johnson and Greening, 1999)。此外,企业对资本的需要还与金融机构在企业中所占的董事席位有很大关系。金融机构委派董事的类型对企业融资的可得性有影响(Mizruchi and Stearns, 1993)。同时,企业也投入了更多的精力和资源在一系列立法活动中,以缓解外部竞争,规避监管,规避资本利得税的提高(Lord, 2000)。

关于董事会的咨询功能,无论是美国的单一董事会还是某些欧洲国家的双层董事会,其咨询功能都是非常重要的。董事会成员运用其专业特长,可以为管理部门提供建议,以确定策略发展的方向。董事会通常就公司资源配置问题向 CEO 提出相应的意见,高管与董事会整体经验具有互补性,即企业可以通过选择董事会成员来弥补高管经验的不足,并为缺乏行业信息的高管提供建议与咨询(Adams and Ferreira, 2007)。

虽然董事具有独特的人力资本、社会资本等,可以为公司提供独特的资源,但是董事会的咨询功能的发挥有赖于其所掌握的公司的私有信息。但是,很多董事是全职或者同时任职于多家公司,他们的时间非常有限,这使得他们的决策功能只能依靠管理层提供的公司内部信息来发挥。当管理层能够提供更多的公司私有信息时,董事会的咨询功能就会发挥得更好。在董事会监督和提供咨询之间的权衡关系模型中,一方面,在 CEO 与企业共享私有信息时,董事会能够更好地发挥顾问作用,提供咨询意见;同时,CEO 披露的信息也能帮助董事会更好地监督 CEO。此外,首席执行官提供的信息越准确,董事会越有可能干预 CEO 的决策。因此,CEO 在向董事会披露信息时,既要考虑接受董事会的监督,又要考虑向董事会提供建议,管理者友好型董事会是最佳选择(Adams and Ferreira, 2007)。

第二节　董事会中的独立董事

一、独立董事的界定

董事会成员一般分为内部董事和外部董事。外部董事又称非执行董事,如果非执行董事在利益上独立于公司则称为独立董事。也就是说,独立董事是指那些与公司没有利益关联的董事,理论上讲,独立董事制度可以提高董事会运作的透明度和公开性,对管理层进行监督和约束,起到维护股东权益的作用。董事的种类不同,其职能也有所不同。一般情况下,董事会行使下列职能:非执行董事(外部董事)对管理人员进行监督,并就经营策略向 CEO 提出建议;执行董事(内部董事)制定策略并将公司信息传递给外部董事(Jensen,1993)。

二、独立董事的监督职能

(一) 独立董事的独立性

独立董事与内部董事相比,他们更关注外部的评价,而不是依赖 CEO,也不会依赖其他管理者。这样可以加大独立董事对管理者的监督力度。有研究发现,独立董事在董事会的占比越大,对管理层的监督就越有效(Fama and Jensen,1983)。尤其是对于大公司而言,其代理问题更为严重,因此需要引入越多的独立董事以加强对管理层的监督。还有学者研究发现,公司的业务多元化程度越高,则应该引入越多的独立董事以便有效地监督管理层在公司复杂运作进程中的表现(Coles et al.,2007)。

正因如此,许多国家对独立董事制度进行了规定。例如,美国国会于 2002 年颁布的《萨班斯法案》,规定在自己国家的上市公司,应由独立董事担任其审计委员会的大多数成员。在 2003 年,纽约股票交易所与纳斯达克股票交易所修改了它们的规则,要求上市公司董事会的独立董事必须占绝大多数。类似地,金融危机也使得立法机关致力于提高报酬以表现委员会的独立性(Bebchuk and Weisbach,2010)。此外,很多国家还规定,在公开市场上,许多国家也对上市公司中独立董事占董事会的比例设置了最低要求。①

一系列的实证研究从理论上证明了独立董事对管理层的监督功能是有效的。如果董事会中有大量的独立董事,那么 CEO 的离职与公司表现的关系就会变得更加敏感。也就是说,当一家公司绩效不好时,CEO 离职的概率就会变得更高。董事会中有更多的独立董事会对 CEO 进行监督,并获得关于 CEO 能力的真实信息,从而激励 CEO 更加努力地工作(Laux,2008)。另外,如果独立董事同时担任三大监督委员会中的两大成员,则董事会将更加重视对管理层的监督,CEO 更替对公司绩效更加敏感,高管薪酬相对较低,盈余管理相对较少(Faleye et al.,2011)。

此外,独立董事同样有助于抑制控股股东侵占公司资源的行为。Dahya 等(2008)研究了 22 个国家中有控股股东的 799 家公司,结果表明独立董事比例与公司价值呈显著正相关关系,且这一关系在法律对股东保护越差的国家越显著。控股股东聘请独立董事是为了向外部股东表明他们不会侵占公司的资源,这将提高公司的价值。实证检验结果也表明,独立董事越多,大股东进行的关联交易越少。

(二) 独立董事的专业性

独立董事在职业上的专长,可以使他们更好地履行自己的监督职责。比如,Agrawal 和 Chadha(2005)认为,拥有 CPA、CFA 证书或者类似证书的独立董事在审计委员会工作,可以减少公司的盈余重述。如果委任具有会计专业背景的独立董事,则将会产生积极的市场反应。

(三) 独立董事规模考量

在独立董事能够发挥更大监管作用的前提下,公司中独立董事的数量是否越多越好呢?

---

① Dahya 和 McConnell(2007)列出了对独立董事在董事会中占比设置最低要求的国家:澳大利亚、比利时、巴西、中国、塞浦路斯、捷克、丹麦、法国、希腊、冰岛、印度尼西亚、印度、日本、肯尼亚、马来西亚、墨西哥、新西兰、波兰、葡萄牙、俄罗斯、新加坡、南非、韩国、瑞典、瑞士和泰国。

随着独立董事数量的增加和董事会规模的扩大,董事会的"搭便车"行为将导致其对董事会的监督失效。所以,当管理者为了获得私有利益而采取机会主义行动时,监管的边际效益就会提高,而当监管的成本越高时,监管的边际效益就越低。最佳的董事会规模与独立董事比率,就是增加一位董事会成员所产生的利益与代价的权衡(Harris and Raviv,2008)。但是,由于独立董事的监督成本与公司的运营、信息等因素有关,因此,企业在面对自身竞争的时候,需要选择相应的董事会结构。此外,一系列理论分析还表明,公司外部董事能否承担起监管与顾问的角色,取决于公司内部所处的信息环境(Adams and Ferreira,2007)。特别是,如果外部董事需要付出很大的代价才能获得公司信息,那么,外部董事的监管职能和咨询职能就会失去应有的作用。在具有较强信息不对称的公司中,外部董事很难获得公司特定的信息,因而不能在董事会中占有太大的比重。如高增长企业和高研发投入企业更倾向于使用高比例的内部董事的董事会(Linck et al.,2008)。

(四) 独立董事的局限性

在内部董事与外部董事的博弈中,内部董事掌握更多的公司私有信息,而外部独立董事则是通过 CEO 或其他管理层人员来获取信息(Armstrong et al.,2010)。因此,独立董事制度也有其局限性。

内部董事对公司的情况较为了解,能够为董事会的决策提供公司特有的信息。但是,由于自身的利益,以及与 CEO 之间缺少独立性,内部董事在履职时很难做到独立、客观。外部董事在监管方面可能更独立一些,但是他们并不了解公司的状况。所以,随着监管的收益(成本)提高,董事会所作的监管就会越来越多(越来越少),其结果就是,董事会中的外部董事越来越多(越来越少)。基于内部董事在信息获取上的优势以及内外董事之间的信息交流,普遍认为当内部董事拥有比独立董事更重要的公司特定信息时,他们可以更好地控制董事会。而在代理问题较为突出的情况下,外部董事对董事会的控制更优(Haris and Ravir,2008)。

在信息处于劣势的情况下,独立董事仍然可以通过出席董事会、阅读管理层准备的董事会材料、听取董事会中的报告和讨论、出席没有管理层出席的行政会议、与 CEO 或其他管理层单独接触等方式获得公司的信息,从而对管理层实施有效的监督(Lorsch and MacIver,1989)。这就意味着,与内部人员相比,独立董事能得到更少的私人信息。但是,随着公司治理水平的提高,独立董事与公司治理水平的差异变得越来越小。另外,研究还发现,在审计委员会任职、出席董事会次数越多,董事会规模越大的情况下,独立董事能够得到更多的公司私有信息,并且能够得到更高的超额收益。

三、独立董事的分类

独立董事的确能给 CEO 带来一些有价值的建议;同时,公司对其"顾问角色"的重视也促使公司选择更有经验、更专业的独立董事。根据独立董事为公司提供的资源,将其划分为三种类型,并以此来探讨在环境发生变化时,哪一种类型的独立董事对公司更有价值。具体而言,独立董事可分为商业专家、支持型专家和共同体意见领袖三类。

(一) 商业专家独立董事

商业专家是指其他企业中在职或已退休的高管和董事。这类董事拥有丰富的专业知识和丰富的经验,他们的主要职责是为管理者提供咨询与建议,以及对管理者的表现进行评估。其他公司的 CEO 被认为是公司聘任独立董事的最佳候选人。由于在运营公司过程中所积累的丰富经验和权威使得公司对聘用其他公司较为成功的 CEO 作为外部董事有着较高的需求。聘任来自其他经营较好的公司的 CEO 作为董事，主要目的是利用他们的能力提供专业建议，以帮助挖掘公司的增长潜力(Fich，2005)。

(二) 支持型专家独立董事

支持型专家则具有公司在未来各个领域可能需要的专业知识和资源关系。例如，在法律、会计、公共关系和投资银行等领域担任独立董事。尽管这些董事并无管理经验，但他们能够利用自己的专业特长来帮助公司解决相关的问题，或者为公司提供所需的特殊资源(Hillman et al.，2000)。公司还会以自身的特定需求为依据，选择特定类型的支持型专家作为独立董事，比如聘用具有银行背景、政治背景的人士以及不同专业的学者及教授等担任独立董事，发挥其特有的咨询功能。以美国公司为例，银行背景的董事人数越多，越会降低公司现金流量和投资的相关程度，也会提高公司的负债水平。当一个有商业银行背景的董事进入董事会时，公司的外部融资规模会有所增加，投资对现金流量的敏感度也会下降。另外，董事会中还有一些独立董事，他们有投行背景，公司发行债券的规模也会更大。此外，银行背景的董事所在银行拥有大量同业贷款，参与公司董事会能够获取更多同业信息，进而挖掘同业客户。通过对 1994—2005 年德国企业任命有银行背景的董事的研究，发现银行家能够通过担任公司董事获得收益，包括向这些企业和其他行业中的企业增加贷款。当一家企业发生兼并时，这位有银行背景的董事所在的银行更有可能成为这一业务的顾问；同时，银行家作为公司财务方面的专家，能够帮助企业，尤其是在企业面临困境的时候，帮助企业获得更多的资金(Dittmann et al.，2010)。

对于研发(R&D)密集、信息不对称的企业，产业与企业特有的知识是非常重要的。而学者型独立董事通过引入更广泛的知识与理念，能够提升咨询角色。事实上，许多企业为了充分发挥独立董事的作用，还会聘请具有不同专业背景的学者担任独立董事。例如科技型公司为了弥补自身专业知识的不足，往往会聘请学者担任董事会成员。对于信息成本高(纳斯达克上市、研发投入高、行业集中度高)的高成长性、低风险、市值大、规模大的企业，董事会对顾问的要求较高，而且倾向于聘请制药、化学、物理学、生物学、工程学等领域的著名专家(在美国 25 所大学任教)，来增强董事会的咨询作用。实证结果显示，这类董事的任用倾向于得到资本市场的积极响应(White et al.，2014)。

与政治相关的董事也起到了特殊的咨询作用。任命前政府官员等为独立董事，符合公司的政治诉求。政府是影响公司决策的重要因素，因此，聘请前政府官员担任董事会独立董事不仅可以降低公司获取政治决策信息的成本，而且可以为公司提供与现任政府官员沟通的渠道。外部政治背景董事在董事会中的比例越高，公司需要政治建议的可能性就越大。具体而言，在企业利润受到政策影响的情况下，企业将聘请法律顾问和具有政界经验的独立董事，以帮助企业更好地理解和预测政府决策。他们发现，在与政府打交道较多的制造业中，企业雇用具有政治经历的独立董事是很普遍的现象；而在受规制产业中，拥有法律背景的独立董事也很常见(Agrawal and Knoeber，2001)。此外，以 2003—2012 年上海股市为样本，Wang 等(2014)发现，民营企业聘请具有政治关联特征的独立董事，有利于民营企业获得更多的债务融资、政府补贴，从而提高企业绩效。

(三) 共同体意见领袖

共同体意见领袖可向商界提供其直接竞争领域之外的信息，并可向该领域内的相关机构提供信息。这些董事大多是从军队中退下来的政界、学术界的精英，还有一些非营利组织的负责人。这些董事的社会地位使其具有合法性和公信力,从而使其在各自的领域具有更大的影响力,并能更好地融入更大的共同体。

四、独立董事的监督和咨询角色:替代还是互补

人们普遍认为,内部董事是独立董事发挥咨询作用的主要私有信息来源,而外部董事则独立于管理部门,因此可以更好地发挥监督作用(Linck et al.,2008)。独立董事能否有效发挥咨询职能,取决于他能从管理层或CEO那里得到多少公司内部的私有信息。然而,随着得到的私有信息越多,独立董事监督职能越强,管理层与CEO获取私人利益的约束也就越强。因此,独立董事的监督功能破坏了一种信任关系,这种信任关系直接影响CEO是否愿意分享企业战略信息。所以,独立董事的监督功能与咨询功能是相互消长的,一些调查数据也表明,监督程度越高的董事会,其顾问功能越弱(Faleye et al.,2011)。

五、独立董事与企业绩效

在独立董事可以更好地履行监督与咨询职能的情况下,独立董事对于公司绩效有何影响?更强的监督和咨询职能并非单纯地提高公司绩效,相反,独立董事和公司绩效的关系一直是公司治理领域一个具有争议的话题。已有的研究都把董事会看作一个具有监督和咨询双重职能的机构。然而,目前的研究大多是从独立董事的监督视角出发,将董事会的治理效果与监管效果等同起来(Faleye et al.,2013)。所以,将独立董事对公司绩效影响的因素归结为监督时,其实也包括了独立董事的咨询作用。众多的研究经验表明,独立董事的独立性对公司的经营业绩和价值具有积极的促进作用。有学者提出,不管在什么样的法律制度下,董事会的独立性都会对公司绩效产生正向的影响(Bruno and Claesens,2010)。

对独立董事在公司中发挥的咨询角色进行了实证研究。结果表明,独立董事的专业特长和经验对于CEO的战略决策具有很高的参考价值,其中,具有企业家背景、有过CEO工作经验、高学历、任期较长等特点的独立董事具有更强的咨询作用。而拥有更多咨询型董事的公司,其合并所得的收益更高,完成交易的时间更短、数量更多,创新的质量更高,公司的价值也更高。进一步的研究还发现,独立董事较强的咨询功能并未损害董事会对管理层的监督作用(Faleye et al.,2013)。

六、独立董事的激励

独立董事既是监督者又是咨询者,但是独立董事为何要监督并提供资源呢?现有研究指出,影响独立董事行为的原因主要有两个:声誉机制和直接的薪酬激励(Adams et al.,2010)。

独立董事进行有效监督的动力来源于人力资本市场,优秀的独立董事在监督中的表现可以通过声誉传导获得更多的任职机会,而人力资本市场则可以通过减少留任名额对表现不佳的独立董事进行惩罚。一系列的实证分析为声誉机制提供了实证依据。比如,相对于表现良好的CEO,表现不好的CEO在其他公司中获得董事席位的可能性更小。当公司因为财务欺诈而被控告时,独立董事并不会因此而离开被控告的公司。但是,在其他公司中,这类独立董事的比例明显下降,而且随着财务欺诈的严重程度和独立董事在被告公司中承担更多责任(担任审计委员会成员),其比例下降的幅度也更大。而在公司治理良好的情况下,独立董事失去其职位的可能性更大(Fich and Shivdlasani,2007)。

薪酬激励对独立董事的监督作用也有很大的影响。公司经常利用会议费用、股票、授予选

择权、业绩奖励等不同的补偿方式来鼓励独立董事保护其股东的利益。根据1994—1996年财富500强公司中超过700名独立董事的数据,从资本市场的角度考察了企业资本市场的增长如何影响独立董事的财富回报。他发现,如果500强公司的市值上升1 000美元,那么独立董事的财富就会上升11美分;如果市值变化1个标准差(26亿美元),那么独立董事的财富就会增加285 000美元(Yermack,2004)。

七、独立董事：中国实践

(一) 独立董事的立法

在资本市场的起步阶段,相关法律和规章中并没有关于独立董事的明确规定。"青岛啤酒"于1993年在香港发行H股,这也是中国首家建立独立董事制度的中国公司。自那以后,虽然有几家公司也成立了独立董事,但是数量很少。中国证券监督管理委员会于1997年12月16日颁布的《上市公司章程指引》第112条规定,公司根据需要,可以设立独立董事,但同时指出此条为选择性条款。公司可以根据实际需要,在章程中规定独立董事的职责。中国证监会于2001年8月21日颁布了《关于在上市公司建立独立董事制度的指导意见》,这是中国第一个制定独立董事的规范性文件,标志着该制度在中国的上市公司中正式全面执行。截至2003年6月30日,我国上市公司已建立起了独立董事制度,独立董事在董事会成员中超过1/3,达到了上市公司的最低标准。

请用手机微信扫二维码,学习"知识扩充"。
中国上市公司独立董事人数情况
中国上市公司独立董事占比情况

(二) 独立董事人选

长期以来,中国A股市场的独立董事人选主要有四类:大学学者、会计或律师、在职或退休的政府官员,以及其所属行业协会的负责人。根据《理财周报》的统计,我国独立董事中大学学者占40%左右,其中管理系、法律系的教授是独立董事的主力,会计师事务所、律师事务所占17%,将近10%的人是公务员,12%以上为行业协会背景。2013年,中共中央办公厅发布《关于进一步规范党政领导干部在企业兼职(任职)问题的意见》(中组发〔2013〕18号),明确规定了对在职干部、退休干部和退休3年以上的干部担任独立董事的条件,政府或有政府背景的行业协会人士不再担任上市公司的独立董事职务,因此,独立董事主要集中在另外两个领域。

(三) 独立董事与治理效率

独立董事制度在中国发挥了监督效应吗?首先,中国缺乏声誉机制。从独立董事发表负面意见并辞职的情况来看,说"不"的独立董事辞职的概率更高。但独立董事发表独立意见后到其他公司任职的可能性并未因意见类型不同而有差异,即独立董事不存在因传递声誉机制而进行监督的动机。因此,市场上存在着大量的非常"董事",但不独立的独立董事,他们难以发挥真正的作用(唐雪松等,2010)。其次,监管动力不足。刘浩等(2012)认为,独立董事具有监督功能,其监督功能依赖于独立获取必要信息的假设,但现实中这一假设很可能并不成立。一方面,能够接触到这些信息的独立董事往往和管理层关系密切,但是他们不太愿意对公司进行有效的监督;而独立董事又常常不能接触到相关的信息,因而也就无从监督。另一方面,在任命独立董事时,可能会受到现任管理层的影响,他们缺乏向现任管理层提出挑战的动力。因此,他们也缺乏从非管理渠道收集信息的动力(刘浩等,2012)。现实中,公司实际控制者都担心独立董事对自己约束太多,会选择自己的"独立董事"。数据显示,中国企业的独立董事数量只有1/3左右,独立董事的话语权自然减弱。如果独立董事的独立性不强,监督作用就自然微乎其微。

中国独立董事对上市公司的监督作用并不明显,更多的是起到咨询的作用。独立董事在董事会中的数量和比例,以及任命的独立董事对公司业绩的影响并不显著。虽然有一些争论,但总体来看,独立董事的背景特征与公司业绩呈正向关系,而政治背景特征则更显著(Wang,2014)。

中国"关系"这一社会文化进一步体现了监督作用的弱化。在中国社会中,很多事情是通过关系来解决的,而中国社会转型的大环境又要求利用人际网络,这些因素使资源依赖理论在中国社会中的解释能力更强。国内学者主要从独立董事的背景特征来论证这一观点,如赵昌文等(2008)发现,我国上市公司独立董事对公司治理的积极影响显著,且不同背景下独立董事的作用差异较大。具体而言,独立董事的专业知识、学术背景、政府关系网、管理经验和国际化背景对公司价值有显著影响;但是,独立董事的文化程度、银行工作经验、会计师资格、律师资格、社会声誉、年龄和性别等因素对公司价值的影响并不显著。魏刚等(2007)发现,受过高等教育的独立董事对企业绩效的影响不显著,而有过政府部门以及银行背景的独立董事却与企业绩效呈显著正相关关系,换句话说,社会关系是至关重要的。银行背景下的独立董事可以更好地发挥其咨询功能,使公司的信贷融资状况有所改善。然而,他们的监督功能并未得到很好的体现,甚至比其他独立董事还要弱。在信贷寻租较为严重的环境中,如在金融市场欠发达且货币紧缩时期,有银行背景的独立董事更能发挥其顾问作用,其所任职的上市公司会获得更多信贷(刘浩等,2012)。

(四)独立董事制度的反思

关于中国上市公司独立董事的治理作用,有以下几个观点:

第一,中国独立董事的义务。在成熟的资本市场中,如果公司独立董事的职责主要是监督和咨询,那么就必须承认他们监督的对象是以 CEO 为首的职业经理人,他们是为 CEO 提供咨询的;但是中国不同,中国的独立董事可以给大股东出谋划策,甚至可以监督大股东。例如,中国证监会在 2001 年颁布的《关于在上市公司建立独立董事制度的指导意见》中明确指出:"独立董事应当按照相关法律法规和指导意见及公司章程的规定,认真履行职责,维护公司整体利益,尤其是中小股东的合法权益。"在中国,即使独立董事由大股东提名,也要对大股东实施监督,可见其监督作用有多大。

第二,董事会独立地位的确立源于法律规定,而非公司特征。中国证监会于 2001 年颁布了《关于在上市公司建立独立董事制度的指导意见》,使独立董事制度在中国得以正式确立。另外,我们发现上市公司中独立董事所占比例的中位数是 1/3,与法定比例相一致。对于公众企业而言,它们也将独立董事视为监督企业的职权人。因此,控股股东通常只允许企业拥有符合条件的最小数目的独立董事。根据资源依赖性理论,如果独立董事可以为企业获取资源,则可以预期,一些上市公司将聘请更多具有多种资源的独立董事,而不是仅满足于证监会设定的最低要求,保持较低的比例。

第三,无论在中国还是在其他国家,独立董事制度都有其固有的缺陷,使其在实践中很难发挥应有的作用。因此,有必要对独立董事监督职能提出质疑。例如,在安然事件中,社会各阶层人士组成的独立董事们并未采取行动。类似地,在康美药业事件中,独立董事并没有发声。但同时,独立董事可以充当顾问,通过其人脉网络为企业获取宝贵资源,助力企业发展。

(五)独立董事制度的展望

在中国,造成董事会缺乏独立性的最重要原因其实是股权过于集中。如果大股东持有的票数很多,他们就可以轻而易举得到董事会的多数席位。根据一人一票的投票机制,大股东可以控制并通过自己的提案。加上中国人"家天下"的传统思维,让大股东接受民主决策的董事会变得难上加难。在中国股权集中的大环境下,董事会独立性问题现阶段想要得到解决似乎机会十分渺茫。但是,近年来,中国的企业也在发生着变化,董事会制度在中国的发展前景还是很乐观的。越来越多像万科、海润光伏这样的公司的独立董事敢于发出自己的声音,这也宣告着中国上市公司股权分散时代正在开启,上市公司的第一大股东持股比例已经从十年前的40%,下降到了33%左右。股权分散为中国企业解决董事会独立性问题带来了契机,大股东的弱化让公司更需要董事会,从而倒逼监管机构去完善相关的法律法规。

第三节　董事会的性别结构

在消费、投资和劳动市场等领域,性别差异在不同领域都存在(Blau and Kahn,2000)。同时,心理学、社会学等研究也发现,女性与男性在信仰、行为准则、风险偏好上存在着明显的差异。与此同时,在企业中包括女性董事在内的女性高管数量明显增加的背景下,学者们对女性高管在企业融资、投资、并购和上市等方面所发挥的作用进行了研究。大部分研究发现,女性高管在公司决策方面与男性有很大的不同(Huang and Kisgen,2013)。围绕这一主题,国内外学者从多个角度对女性董事如何影响公司治理与业绩进行了研究,并提出了多种理论予以解释。

一、女性董事的法规

董事会性别结构也是董事会研究领域的一个热点,但很多国家采取了强制性的女性董事配额制。最具有代表性的是挪威,它率先对女性董事实行了配额制度。挪威议会于2003年12月通过了一项法案,要求在2005年6月之前,所有公共公司至少有40%的董事会成员由女性担任。从2006年1月1日起,该法变成了强制性的,并且规定了两年的过渡期。也就是说,在2008年1月前,不符合条件的公司都会被强制解散。[①] 其后,法国、西班牙、德国、冰岛、意大利、芬兰、荷兰、瑞典,都采用了类似的女性配额制。举例来说,2011年法国通过了一项法案,该法案规定,在2017年之前,公众公司必须有至少40%的董事会成员由女性担任;西班牙规定,截至2015年,公司董事会中女性成员占比至少40%;2014年,德国新联邦政府通过了一项法律,规定在德国100家大公司的监督机构中,少数族裔(通常是女性)占比必须达到30%,否则,相应的职位将继续空缺。2013年12月20日,欧盟投票通过了一项女性董事限额制度,该制度要求到2020年,欧盟范围内5 000家公开上市公司董事会中女性董事占比至少达到40%。随着各国相继推出的女性董事配额制,女性董事在企业中所占比例不断提高。例如,在挪威,女性董事所占董事会成员比例达到了最高值,由2003年仅为7%增加至44.2%;2011年,瑞典上市公司中女性董事占23%。

二、董事会性别结构：委托代理理论观

根据委托代理理论,董事会的主要职能是对管理者进行控制和监督,其中一个重要观点是

[①] 2005年挪威修订《挪威公共有限公司法案》(Norwegian Public Limited Company Act),成为第一个引入董事会性别配额制度的国家。该法案规定,"如董事会由2~3名董事组成,则两种性别均须有代表""如董事会人数超过9名,则每个性别的代表比例均应达到40%以上"。

董事会具有相对独立性(Fama and Jensen,1983)。根据这一理论,女性董事比男性董事具有更强的监督能力,因为女性董事更勤勉,出席率也高于男性董事;同时,女性董事人数较多的公司,其男性董事出席率较高。董事会中女性所占比例越大,其首席执行官更替越频繁。因此,女性董事在公司治理中表现出较强的管理能力,从而缓解了公司的委托代理问题(Adams and Ferreira,2009)。

然而,女性董事的监督角色并不一定都会产生积极的影响,只有在公司治理水平低下的情况下,性别多元化的董事会才会对公司更加有利。例如,在公司治理水平较高的公司内,女性董事数量越多,公司业绩越差,其主要原因是女性董事对公司的过度监督(Adams and Ferreira,2009)。此外,董事会性别多元化对公司治理水平不高的情况有一定的影响。因此,只有在公司治理水平较低,股东保护程度较低的情况下,女性董事的增多才会对公司业绩产生正面影响。反之,在股东保护程度较高的情况下,女性董事的增多会对公司业绩产生负面影响(Gul et al.,2011)。

三、董事会性别结构:资源依赖理论观

资源依赖理论认为公司的生存与其所处的外部环境及自身所拥有的资源密切相关,对外部环境的依赖性将使企业面临经营风险。公司董事会就是一个与外部实体联系并控制资源的桥梁,从而减少外部环境的不确定性。正如前面提到的,董事会给公司带来收益的方式有三种:建议与咨询、组织正当性和沟通渠道(Pfeffer and Salaneik,1978)。

首先,女性董事将会影响董事会的建议与咨询功能。一系列研究显示,与单一的团队相比,多样化的团队拥有更多的知识和信息,更强的获取信息的能力,更广阔的视角,更强的解决问题的能力,以及更强的解决问题的创造性,促使他们对环境差异的知觉能力更强。同样地,因为不同的性别有着不同的规范范围、态度、信仰和观点,所以性别多元化对团队创新更有利。

其次,董事会性别多元化有助于提高公司的社会认可。社会成员通过对社会准则与价值观的认同,为组织的行为提供了正当性。资源依赖理论认为,一个组织能够通过满足其主要支持者的需求来提高其社会认可。社会对组织多元化的价值观,使公司面临来自利益相关者的压力。而且,随着女性权利平等的观念在社会上逐渐成为主流,任命女性董事可以提高公司的社会认可度。因此,董事会任命女性为董事或管理人员是为了满足利益相关者的要求,其中包括股东、大型机构投资者、政府官员,以及消费者等(Finegold et al.,2007)。

最后,女性董事的参与对提升董事会成员间的沟通渠道有重要作用。随着女性消费者越来越多,企业和社会中女性领导的数量也越来越多,女性董事在董事会中所扮演的角色也越来越重要。由于经验、信仰与观点的差异,女性董事在沟通企业与女客户、女员工以及社会中的女性时,表现出较强的沟通能力。性别多样化的董事会对其所处的市场有着更好的理解,进而具有更强的决策能力。另外,麦肯锡的问卷调查显示,性别差异有助于企业与女性顾客保持良好的关系,从而更好地理解女性顾客的购买行为。在与女性雇员的联系中,女性董事在企业内部扮演着个人模范、激励女性雇员的角色,并向组织和劳动力市场中的其他女性传递出她们的担忧和问题会被企业倾听的信号。一位女性董事被认为是一家公司为目前和未来的女员工提供职业发展机会的标志(Miliken and Martins,1996)。在女性员工占主导地位的行业,公司董事会倾向于雇用女性董事。此外,这些女性董事还与其他公司的女性董事有关联。因此,董事会中的性别差异可以传递出企业对机会均等、对利益相关者负责和领导风格的信息,从而提升企业的公共形象,提高其对潜在员工的吸引力。

四、董事会性别结构：行为经济学理论观

心理学、行为经济学等研究表明，女性比男性具有更高的风险规避水平。首先，当面对不确定的情况时，男性和女性的情绪反应存在差异，女性更加紧张、恐惧，并高估了出现负面情况的可能性，从而更容易避免风险。其次，男性往往比女性更有自信，相反，女性倾向于采取相对保守和稳重的策略。最后，男性对危险的看法和女性不一样。男性把危险情况看作一种挑战，而女性把它看作一种威胁，因此更容易采取规避行为(Arch，1993)。

对女性 CEO、女性财务总监(CFO)的研究也表明，男性在风险规避上与女性存在显著差异。由女性 CEO 掌管的企业在融资与投资决策上具有更低的风险，企业风险也更小。然而，女性 CEO 具有较强的风险规避倾向，这使得她们在资本配置上存在较大不足。与男性相比，女性 CEO 更倾向于规避风险，采取更加保守、谨慎的财务报告策略。由于女性具有强烈的风险厌恶倾向，因此，董事会的性别多元化可以有效降低公司面临的风险。

五、董事会性别结构：象征主义理论观

象征主义理论认为，高管团队中较少的女性或少数民族仅仅是一种"象征"[①]，在极端情况下，她们甚至是特定人群(如性别和种族)的唯一代表。在象征主义理论看来，企业聘用女性董事等少数代表只是为了满足法律对(性别和种族)消除歧视的规定，而女性董事并没有充分参与企业决策。因此，女性董事在董事会中更容易成为内外部利益相关者的象征，其在公司决策中的影响力极其有限(Kanter，1977)。

此外，外界对女性管理者的误解往往是因为她们的柔弱，而不是她们的领导能力。这就造成了对女性董事的性别刻板印象，这与人们心目中的领导形象不符。人们对女性领导者的刻板印象导致了男性和女性执行董事之间的薪酬差距。另外，已有实证研究表明，上市公司聘请女性董事的可能性较小(Kulich et al.，2007)。"一个仅是象征，两个为存在，三个才具有发言权"，也就是当公司拥有三个及更多的女性董事时，女性将不再被视为外部人，她们可以对公司董事会的决策内容和程序产生实质性的影响(Kristie，2011)。

六、董事会中的性别结构：中国实践

董事会性别结构一直是国外学者关注的热点问题，但国内学者对其研究较少。Liu 等(2014)利用中国 1999—2011 年的数据，对董事会性别多元化与企业绩效之间的关系进行了实证研究，结果表明，董事会性别多元化与企业绩效之间存在着显著的正相关关系，且三个或三个以上女性董事对企业绩效的影响更为显著。祝继高等(2012)通过 2007—2009 年中国上市公司实证研究发现，当面临不确定环境时，女性的风险规避行为有利于降低企业的过度投资动机。当女性董事比例较高时，企业的投资水平下降得较快，同时会减少企业的长期负债，增强企业的债务融资能力，从而为企业的投资提供更多的机会。

基于资源依赖理论，性别多元化董事会在"建议与咨询、组织正当性和沟通渠道"三个方面具有重要价值，女性参与董事会具有经济合理性。但是，在分析这一问题时，还应注意以下几点：

首先，女性董事发挥正向影响的机制是什么？在中国文化中，儒家文化一直被认为是"主桌"，但它崇尚"君君臣臣"，强调领袖的绝对权威，而不重视民主决策。在中国，几乎任何组织

[①] 象征是指人们满足某个特定工作职位的形式要件，却不拥有工作职位所需要的附属特征。

中,"一把手"都拥有绝对的权力,这就是企业中出现"一言堂"现象的根源。在这样的情况下,女性董事是如何参与到决策中来的,又是如何起到作用的,这些都需要在分析和研究中加以重视。

其次,女性通常具备的某些特质,如回避风险等,并不意味着女性高管就一定会具备这些特质。由于女性的晋升环境较男性更为艰难,因此女性管理人员的成长需要比男性更多的投入。与男性相比,长期在工作场所工作的女性在行为上更具进取心。比如,在女性为董事长的国有上市公司中,公司过度投资的情况更为严重。因此,在研究过程中,不能简单地套用女性特征来分析女性董事的行为(姜付秀等,2009)。

最后,企业应根据自己的业务特点来决定是否聘请女性董事。不同行业的公司在业务特征上存在着一定的差异,同样地,男性与女性在思考、分析问题时也存在着一定的差异,所以,董事会性别比例应该根据公司的业务特征决定,而不应该作任何硬性的要求。

尽管中国上市公司中女性董事的比例呈现上升的趋势,但是对比西方国家,如前面讨论到的欧盟国家,这一比例似乎并不高。然而,由致同会计师事务所的《国际商业问卷调查报告(2014)》的调查结果显示,85%以上的企业不支持上市公司董事会中女性成员名额的规定,这几乎是世界平均水平(45%)的两倍以上。这一数据也显示对女性进入决策层的强烈呼声。[1] 因此,我们预期未来中国上市公司中女性董事的比例仍将呈现上升的趋势,会有越来越多的女性进入公司董事会。

请用手机微信扫二维码,学习"知识扩充"。
中国上市公司女性董事占比
不同所有制性质上市公司女性董事占比

第四节 董事长与 CEO

一、董事长与 CEO:合二为一还是分设

(一) 董事长与 CEO 的职位设置

两职合一的例子很多[2],两职分离的企业也不少[3]。从两种领导权设置的公司实践情况看,最初,各国的公司大多采用两职合一的领导权设置。然而,在过去 20 年,以英国为代表的国家开始以法律形式对公司的两职设置做出规定,要求符合一定条件的公司(如上市公司、某些行业公司)必须实现两职分离。例如,1992 年,英国伦敦证券交易所最先要求其上市公司采取两职分离的领导权设置。此后,1992—2004 年,除英国外,还至少有 15 个国家[4]的相关机构和股票交易所出具了报告,要求上市公司的 CEO 和董事长分离(Dahya et al.,2009)。近年来,美国公司同样受到来自监管部门和投资者的压力,明确被要求将 CEO 和董事长两职分离。例如,2008 年,接受问题资产资助计划救助的公司被要求两职分离;2009 年,美国国会又通过了一系列议案要求两职分离;2010 年,《多德弗兰克法案》(Dodd-Frank Act)要求证券交易委

---

[1] http://news.xinhuanet.com/2014-03/07/c_119657364.htm.
[2] 比如京东的刘强东,百度的李彦宏,360 的周鸿祎,新东方的俞敏洪,小米的雷军。
[3] 比如阿里巴巴、微软、特斯拉、星巴克等。
[4] 这 15 个国家包括:澳大利亚、比利时、巴西、加拿大、塞浦路斯、捷克、法国、希腊、印度、日本、肯尼亚、吉尔吉斯、马来西亚、新加坡和南非。

员会颁布规定强制要求上市公司披露其领导权设置的理由。

同时,来自投资者的压力也使得更多的公司开始考虑或已经采取两职分离的领导权设置。以著名的 CalPERS 为例,2010 年 5 月 18 日,CalPERS 以 1 270 万的投票权提议摩根大通将 CEO 和董事长的任命分离开来;同样,CalPERS 投票要求高盛集团进行两职分离。在各国的法律法规和投资者压力下,两职合一的公司大幅减少。1988 年,63.6% 的英国《金融时报》500 强公司和 57.6% 的伦敦证券交易所上市公司均采取两职合一的设置;而到了 2000 年,只有 9.8% 的英国《金融时报》500 强的公司和 22.8% 的伦敦证券交易所上市公司采取两职合一的设置。20 世纪 90 年代早期,30% 以上的美国大公司均采取两职合一的设置,而在 2010 年这一比例降到了 54%。[①]

请用手机微信扫二维码,学习"知识扩充"。

董事长和 CEO 的权力比较

(二) 董事长与 CEO 职位设置对治理效率的影响

如果有一个人是公司的董事长兼 CEO,基本上他就是这家公司绝对的一号人物,除非是极特殊的情况。因为董事长是董事会里面的核心人物,董事会对于 CEO 有任用、监督、解聘的权力,而 CEO 是日常经营管理活动的总负责人,两个职位由一个人担任自然就形成权力的增加。问题是,董事长和 CEO 两职合一好,还是两职分离好?

两职合一的支持者认为,董事长兼任 CEO 有助于提高决策效率,有利于企业适应瞬息万变的市场环境,如果分离则可能导致企业领导权力的模糊,造成双头领导。支持两职分离的观点是,如果董事长兼 CEO,那么董事会的监督功能必然减弱,CEO 的机会主义行为就会增加,从而损害企业的利益。双方都能在现实中找到支持自己观点的数据和证据,所以结论模糊。普遍接受的观点是,情境化的因素在这方面发挥着重要作用。在动荡的环境中,或者企业处在急速成长和需要变革的阶段,企业很需要强有力的领导者,这时候两职合一是合理的;但是在平稳的环境中,尤其是公司规模比较大的时候,两职分离虽然会损失些决策效率,但是可以对管理团队有更好的监控,对于企业的平稳发展更有利。从 2001 年到 2018 年,在标准普尔 500 强公司里面,两职分离的公司比重已经从 26% 上升到 50%,所以董事长和 CEO 由两个人分别担任,目前来看是个趋势。在中国,政府也希望引导两职分离,因此证监会出台相关规定,虽然不具有强制性,但也起到了效果,中国上市公司的董事长和 CEO 两职分离的比例达到 75% 以上。

解释两职设置是"两职合一"还是"两职分离"主要有两种理论,即委托代理理论与管家理论。根据委托代理理论,人具有自利、有限理性,因此企业有偷懒、机会主义倾向。而管家理论认为,总经理等高层管理者具有利他性和自律性,采取"两职合一"能够为他们提供一种激励机制,有利于提高公司的业绩。

二、两职设置的委托代理观

委托代理理论认为,由于人的有限理性与自利,人们会自然而然地产生懈怠与机会主义的动机,因而,为防止公司中出现"败德行为"与"逆向选择",需要董事会独立才能对公司进行有效的监督与治理(Fama and Jensen, 1983)。

董事会主席同时承担着聘用、监督、解聘、考核和制订薪酬激励方案等职责,这将导致

[①] 越来越多的公司采用两职分离的趋势并未让学术界对两职设置的讨论有所减弱。相反,各个国家关于两职设置方面的法律法规的颁布为重新检验两职设置的有效性提供了良好的研究视角,丰富了两职设置领域的研究。

CEO权力膨胀,更易发生机会主义行为。同时,两职合一要求CEO摒弃私利,自我监督,自我评价,制订薪酬激励计划,这违背了CEO的自我利益,从而削弱了董事会的职能(Jensen,1993)。从1994—2000年178家上市公司的董事会记录中,发现两个职位合并后,董事会的监督行为明显减少。进一步分析发现,身兼董事长职务的CEO可以通过操纵董事会决议事项,绕开与其相关的监督活动,只关注与其自身利益相关的事项。另一方面,可以通过召开非现场的会议来分散董事会的精力,创造一种互惠互利的气氛,减少对董事会的监督(Tuggle et al.,2010)。

此外,CEO兼董事长也会利用董事会权力,选择那些对CEO决策有潜在影响的董事会成员,从而使其从事有利于自身利益的活动。通过对1986—1991年福布斯及财富500强中的413家企业的数据分析发现,在兼任董事长的情况下,新委任的董事会成员在年龄、受教育程度等人口统计学特征方面更接近于CEO;并且,更大程度上的相似度有助于提升董事间的信任度,降低董事会约束管理层机会主义行为的必要性,使CEO享受更高的固定报酬,减少与业绩相关的报酬(West-phal and Zajac,1995)。

因此,委托代理理论认为,由CEO担任董事长,会使董事会更加缺乏独立性、警惕性,增加代理成本,最终导致公司业绩下降(Jensen,1993)。在此基础上,国内外学者从委托代理理论出发,实证检验了双职设置与企业绩效的关系,为双职设置与企业绩效的关系提供了实证依据。例如,Rechner和Dallon(1991)在1978—1983年财富500强中,将两职制设置保持不变的企业作为样本,对两职合一对企业绩效的影响进行了实证分析,结果表明两职分离的公司业绩更好。与此类似,Pi和Timme(1993)在1987—1990年,对美国112家银行进行了研究,并将利润作为公司绩效的一个重要指标,结果显示,两职分离的公司,其资产回报率更高。Daily和Dalton(1994)在1972—1982年,对美国114家制造、零售和运输部门的上市公司进行了实证研究,结果表明:两职合一增加公司破产的可能性。

总体而言,从委托代理理论的视角来看,两职合一将导致董事会的监督功能被弱化,CEO与股东之间的代理问题被加剧,CEO在薪酬激励、反收购条款、投资策略等方面更有优势,从而导致公司价值受损。

三、两职设置的管家理论观

相对于委托代理理论,管家理论是建立在社会心理学、组织行为学基础上的,它认为两职合一的设置对公司绩效的提高是有利的(Davis et al.,1997)。

管家理论认为,委托代理理论并不适用于行为主体的"机会主义""懒惰"等假设,因为"自利"行为主体会理性地追求自身经济利益的最大化。然而,社会心理学与组织行为学的研究表明,行为人也会因完成艰巨任务而获得或增强内心满足感,行使职责与权威,得到同事与上司的认可等(McClelland,1961)。管理者追求利润最大化的动机往往被内在的人性动机所抵消,即使某种行为对管理者本身并无益处,他也会出于责任而采取行动。基于此,高管集体行为比个体行为更能带来更高的效用,尽管其与股东之间存在着利益上的分歧,但高管仍然会按照委托人即股东的利益行事,在满足企业目标的前提下满足自身的需求(Davis et al.,1997)。

根据这一理论,当CEO兼任公司董事长时,他在公司中拥有绝对领导权,可以更有效地调动资源、做出决策等,这给总经理带来了更大的创新空间,让他能够更好地为公司的目标而努力工作,从而实现股东利益和管理者个人目标。相反地,在两个职位分离的情况下,对于CEO

来说,约束反而会降低他实现企业目标的动机(Argyris,1964)。

四、两职设置的其他理论观点

(一) 信息成本的影响作用

除了管家理论所揭示的优点之外,两职合一还具有其他优点。Brickley等(1997)率先对两职合一与两职分离所带来的成本与收益进行了较为全面的分析并得出总结。

首先,人们认为,两职分离所造成的信息费用是最大的。与聘请非首席执行官的外部董事担任公司董事长相比,CEO更了解公司信息。因为CEO掌握着有价值的公司私有信息,而且这种信息对于董事长更好地履行其职责起着关键作用,所以一旦公司实行双职分离,就必然导致公司私有信息在CEO和董事长之间的传递成本高昂且不完整。

其次,当公司采取双职分离的领导权设置时,也会带来如下代价:第一,聘请非CEO的董事担任董事长,虽然可以降低CEO和股东间的代理成本,但是会带来对董事长的约束,即"谁来监督"的问题。第二,两职分离将导致领导权力分散,并可能引发CEO与董事长的竞争,从而导致双方利益冲突。第三,在一家公司中有两位发言人可能使外界感到迷惑。同样地,如果一家公司表现不佳,两职分离的公司就很难对其进行追责。第四,大量的公司采用两职合一作为CEO继任计划的一部分,当新任CEO在试用期表现良好时,就把董事长的职位授予CEO,以激励其努力工作(Vancil,1987)。① 如果公司采取两职分离,那么就会大大削弱CEO努力工作的动力,甚至可能导致其离职(Yang and Zhao,2014)。②

当CEO和董事长两职分离时,虽然抑制了CEO的机会主义行为,降低了CEO与股东间的代理成本,但同时也产生了监管成本、信息成本和CEO继任过程的变化等成本。因此,在理论上,很难直接确定是两职合一更好,还是两职分离更好。所以,每一家公司都会权衡利弊,在不同的经济环境下,董事会领导结构的最优配置可能有较大的差异。最终,公司对董事会领导结构的选择是一种最适合公司所面临的经济和商业环境的机制设置,以满足公司对领导的需求(Brickley et al.,1997)。

(二) 董事长兼任与否的权变观:环境重要性

一些学者对影响两职设置和公司绩效的因素进行了分析,主要是认为两职设置是企业基于自身的经济和商业环境、运营需求和企业自身特点而做出的一种理性选择(Faleye,2007)。例如,以管家理论和委托代理理论为基础,认为两职合一对公司的正向影响依赖于其所处的外部环境。其具体认为,在现实生活中,管理者既可能具有委托代理理论假设的"自私自利的机会主义者"特征,又可能具有管家理论假设的"利他者"等特征。基于委托代理理论与管家理论的结合,认为管理者既可作为"代理人",又可作为"管家"。在不同的组织情境下,不同的心理因素会做出不同的选择(Davis et al.,1997)。

---

① Vancil(1987)的案例研究指出,公司在进行CEO交接时,通常采用一种"传递接力棒"(Passing-the-Baton)的方式,即在新的CEO上任时,离任的CEO会任职董事长,一方面将宝贵的信息传递给新任的CEO,另一方面可在新CEO的试用期内对其进行监督。在试用期内,CEO还会兼任首席运营官等。假如新任CEO成功通过了董事会的检验,新任CEO还会另外获得董事长头衔,而前任董事长则从董事会离职。作者认为,CEO的继任过程缓解了待离任CEO由现役到退休的转变,并降低了其长期担任董事长的可能性。

② Yang和Zhao(2014)引用了以下事例:摩根大通公司的CEO杰米·戴蒙(Jamie Dimon)在2013年公司的年度会议上表示,如果股东投票支持CEO和董事长两职分离,他就选择离开(Rculers,2013)。

公司领导结构的设置是企业基于经营需要和企业特点做出的一种理性选择,比如在具有高成长性、大型公司等复杂公司中,CEO决策的灵活性对于企业来说是非常有价值的,而在面对市场压力与制度变迁时,CEO同时兼任董事长的情况下,在制定与执行公司策略方面具有更大的灵活性。同时,由于两职分离将增加CEO与董事长间的信息传递成本,使得两职合一的收益远高于两职合一的成本,因此使得两职合一更加容易。同时,当CEO的声誉越高,其与股东的利益越一致(CEO持股比例越高)时,其机会主义行为的动机就越弱,企业也越容易两职合一(Faleye,2007)。

五、董事长与CEO两职合一:中国实践

在中国,公司高管的称呼通常是"总经理",但近年来,部分公司开始采用"CEO"这一称呼。不过,"总经理"一词仍然比较普遍。为了简化,部分学者将中国企业的总经理视为CEO,并将其与美国等发达国家的CEO相比,认为总经理或CEO是公司日常经营的主要负责人。但对于许多中国公司来说,真正掌管日常运营的并非总经理或首席执行官,而是董事长,他控制和管理着公司。这一点,在中国应当成为一种公认的事实。然而,从目前的学术文献来看,对这一问题的研究却似乎有所忽视。[①]

对于中国国有企业来说,公司的决策权力掌握在董事长而非CEO手中。在非国有公司,董事长常常是公司的实际控制人。按照中国《公司法》的规定,董事长作为公司的法人代表,在公司中享有多项法律权利,在公司治理中具有特殊的地位。在中国,董事长是企业的实际控制人,权力比总经理大得多,甚至可以决定企业的日常决策。所以,在运用管家理论和委托代理理论解释中国上市公司的董事长/CEO两职设置问题时需要慎重,因为这两种理论都有一个前提假设:CEO掌握着公司资源配置权,是公司的实际决策者,两职合一赋予了CEO更大的权力。而不同于西方国家,在中国,尤其是在民营企业或家族企业中,董事长牢牢地掌握着公司的资源配置权。从这一意义上讲,即使研究发现两职合一导致了同样的经济后果,在分析和讨论时也应该慎重考虑其中的作用在机理上的差异。

此外,需要说明的是,在衡量中国企业CEO的权力时,可能不能简单采用西方文献的做法,将董事长和CEO两职合一作为替代变量。在我们看来,如果说两职合一指标衡量了权力的话,可能更多的是衡量了大股东的权力,大股东通过董事长兼任CEO既控制着董事会,也控制着经营团队。

对于中国企业董事长/CEO两职该如何设置的问题,恰如已有研究所指出的那样,企业应该根据所处的商业和经济环境,综合考虑这两种职位设置方式的成本收益做出合理选择。除此之外,我们一直认为,两职是否合一还因企业发展阶段、企业家(董事长)的年龄而异。在企业发展早期,在董事长还年富力壮时,两职合一可能更合理;而在企业发展到一定规模,企业家(董事长)年龄偏大时,两职分离更具合理性。因此,从这一意义上说,中国企业董事长和CEO两职合一似乎更为合理。英国企业更倾向于两职分离,而前些年美国企业更倾向于两职合一。

请用手机微信扫二维码,学习"知识扩充"。

中国上市公司两职合一情况

---

① Kato 和 Long(2006a)是一个值得一提的例外。在他们的研究中,当总经理或CEO也是董事长时,他们将其定义为CEO。但当总经理或CEO不是董事长时,如果董事长在职员名单中,则董事长将被定义为CEO;如果董事长不在职员名单中,则总经理或CEO将被定义为CEO。

第五节 监事会

监事会是公司治理结构中的一个重要部分,国际上主流国家的公司治理模式分为以英国、美国为代表的外部监控管理模式(也称"一元制"模式),和以德国、日本为代表的内部监控管理模式(也称"二元制"模式)。"一元制"模式没有监事会,只有董事会,主要依赖外部市场体系对公司进行监控,一般不设独立的监督机构。"二元制"模式,即董事会和监事会同时存在。"二元制"模式还可以细分,在中国,董事会和监事会由股东大会选举产生,法律地位是平等的,这种称为平行二元制。而德国的做法是由股东大会选举产生监事会,监事会再选任董事,由此可见,监事会的法律地位是在董事会之上,这样的做法称为垂直二元制,董事会要对监事会负责,向监事会报告工作。

一、大陆法系的监事会

在德国和日本等大陆法系国家,公司内部设立的专职监督机关是监事会(在德国被称为监督董事会)。监事会的基本职责是监督经理层的业务和财务,即监督公司的业务活动和会计活动,包含事后监督、事前监督和事中监督。然而,在同为大陆法系国家的德国和日本,监事会的设置有所不同。在德国,监督董事会由股东大会选举产生,监督董事会选举董事会,从而形成了股东—监督董事—管理董事会—经理的层级结构(垂直二元制模式)。但是,在日本,董事会和监事会同为股东大会选举产生,因此监事会与董事会处于平级的关系(平行二元制模式)。

(一)德国的监督董事会

职工参与公司治理是德国公司治理的最大特点,而员工是通过进入监督董事会来参与公司治理的。根据德国法律的规定,监事会成员由职工代表和股东代表共同组成,人数各占一半。在德国《股份法》和《雇员代表管理法》的双重约束下,监事会的大小取决于企业规模以及企业的共同决定权等法规。[①] 银行在公司监事会中也占有重要地位,在监督董事会治理结构中发挥主导作用,譬如,许多德国公司的监督董事会中有大银行的代表。

在德国,公司的监督董事会不仅是一个监督机构,而且是一个决策机构,具体表现如下:(1)管理委员会成员的任免权;(2)重大决策否决权;(3)公司经验知情权,管理委员会有义务向监事会定期汇报公司未来业务盈利预期、经营策略等事项;(4)业务与财务检查权。

德国公司治理模式侧重于内部权力制衡,采取"垂直二元制"模式,因此监事会具有地位较高、权力较大,而且职工和银行等公司利益相关者代表参与其中的特色。

(二)日本的监事会

日本作为传统的大陆法系国家,在制定公司法时借鉴了德国商法以及美国三权分立的政

[①] 德国《股份法》第 101 条规定,监事由股东大会选任和劳方委派;向监督董事会派遣成员的权利只能由章程并且只能为特定股东或为特定股票持有人设定。在特定情况下,也可以由法院委任。该法第 104 条规定,监督董事会不拥有为进行决议所必要的成员人数时,经董事会、1 名监事或 1 名股东申请,法院应向监督董事会对该人数进行补充。根据该法第 95 条规定,监督董事会一般由 3 名成员组成。章程可以规定某个较多的人数。人数必须能够被 3 整除。监督董事会成员的最多人数限定如下:公司股本在 150 万欧元以下的为 9 人;150 万欧元以上的为 15 人;1 000 万欧元以上的为 21 人。此外,德国《股份法》还对监事会的组成方式、权利和义务做了明确的规定。《德国参与决定法》对监督董事会中职工代表的比例做了强制性的规定。

治思想,形成了具有自己特色的监理会制度。日本股份公司在股东大会下设立平行的董事会和监事会,即平行二元制模式,两者均由股东大会产生,前者负责决策,后者负责监督。现行《日本公司法典》规定:股东大会与董事会为股份公司的必设机关,公司可以根据自身经营需要,自行选择监事会的设置。此外,在实践中,大部分日本公司仍设有监事会(监事),日本监事会制度也对组织架构方面做出了相关规定。[①]

日本的监事可以独立行使职权。《日本公司法典》规定,虽然监事在监事会有要求时必须报告其执行职务状况,但监事会不能妨碍监事行使职权。由于日本相关法律维护"监事个体主义"的运作方式,因此监事会与监事的职权也有所区别:一是监事会的职权包括解任和选任会计监察人、决定公司的监督事项、听取董事报告以及受领董事提交的报告书;二是监事的职权根据公司规模而有所不同。资本在5亿日元以上或负债200亿日元以上大股份公司的监事的职权包括对公司以及子公司的营业报告请求权、业务财产状况调查权、股东大会议案的调查权等,而且监事必须出席董事会,享用意见陈诉权。在监督过程中,监事可以请求董事停止因违法法令或章程并对公司产生显著损害的行为。由于监事疏于职守导致公司财产受到损失时,监事还要承担对公司的损害的连带赔偿责任。日本《商法特例法》强调了监事的财务监督权,如规定监事应调查董事会向股东会提交的会计文件,可随时查阅或抄录会计账簿及文件,或请求董事或其他使用人提供会计报告,必要时可以调查公司财务和业务状况。

二、中国监事会制度的构建

(一)监事会制度的产生与发展

在建设社会主义市场经济实践中,我国一直致力于建立和完善现代企业制度。监事会制度正式提出可追溯到1992年发布的《股份有限公司规范意见》,文件首次提出"公司可设监事会,对董事会及成员和经理等管理人员行使监督职能",初步确定了监事会的组成、职权和议事规则。1993年的《公司法》规定了监事会为公司专职监督机构,代表出资人行使监督权力,向股东大会负责。1994年出台的《到境外上市公司章程必备条款》,1997年证监会颁布的《上市公司章程指引》等规章,进一步巩固并完善了股份制公司监事会制度。2001年,中国人民银行发布了《股份制商业银行独立董事和外部监事制度指引》,进一步规定了外部监事的比例和作用。2002年《上市公司治理准则》阐明了上市公司治理的基本原则、投资者权益保护的实现方式,以及上市公司董事、监事、经理等高级管理人员应当遵循的基本行为准则和职业道德内容,也进一步明确了监事会的职责、构成和议事规则。2005年修订的《公司法》强化了监事会在公司治理当中的作用、地位、职责、权利和义务:一是为监事会增设了诸多实质性权力,二是规范了监事会会议以及表决机制,三是明确了监事会行使职权的费用保障机制。基于"二元制"模式并借鉴"一元制"模式的有效经验,我国逐步形成了具有中国特色的上市公司治理模式,其基本架构为"三会一层",即股东大会、董事会、监事会和高管层。

(二)监事会组织架构

上市公司监事会成员不得少于3人,应当包括股东代表和适当比例的职工代表,其中员工

---

① 资本在5亿日元以上或负债200亿日元以上的大公司必须设置监事会,监事人数3人以上,监事会必须选定常勤监事,同时外部监事必须占监事会人数的一半以上。此外,资本在5亿日元以上或负债200亿日元以上的股份公司必须设置会计监察人,负责监督财务报表、制作会计报告,发现董事存在不正当行为时,应及时向监事报告。

代表比例不得低于1/3,具体比例由公司章程规定。监事会中非职工代表由股东大会选举和更换,可以实行累积投票制;职工代表由公司职工民主选举产生。监事会设主席一人,负责召集和主持监事会会议,可以设副主席。监事会主席以及副主席由全体监事投票过半数选举产生。监事任期每届3年,任期届满,可连选连任。

(三) 监事会职权

监事会职权主要涵盖几个方面：一是检查公司财务;二是列席董事会会议,并对董事会决议事项提出质询或建议;三是对董事、高管层的行为进行监督。当上述人员损害公司利益时,要求其纠正行为,并向董事会、股东大会反映或直接向证监会或其他部门报告,必要时可以提出罢免建议或提起诉讼;四是对董事、高管层进行考核评价,考核结果作为对其绩效评价的重要依据;五是可要求公司董事、高管人员、内部及外部审计人员出席监事会会议,回答所关注的问题;六是可提议召开临时股东大会,并在董事会不履行法定召集和主持职责时代其履行;七是向股东大会提出提案;八是发现公司经营异常时,具有调查权,所产生的费用由公司承担。

(四) 监事会职责

上市公司监事会可以利用法定职权并结合公司实际情况开展针对性的监督工作;另外,监事会应当履行一些法定的例行监督职责,主要包括三项：一是至少每6个月召开一次监事会会议,如因故不能按期召开,则要公告说明原因;二是出席股东大会向全体股东汇报过去一年的工作情况,并就股东的质询做出解释说明;三是审核董事会编制的定期报告,并提出书面审核意见。

(五) 监事任职条件以及考核

在监事选聘方面,上市公司监事应具有法律、会计等方面的专业知识或工作经验,从而确保监事会的人员和结构能独立有效地行使对董事、高管以及公司财务的监督和检查。此外,还规定了一些限制条件,如有以下情形之一的,不得担任监事：无民事行为能力或者限制民事行为能力;因犯罪被判处刑罚或者被剥夺政治权利,执行期满未逾5年;担任破产清算或被吊销营业执照的公司负责人,并负有个人责任的,自破产清算完结之日起或被吊销营业执照之日起未逾3年;个人所负数额较大的债务到期未清偿。上市公司董事、高管人员不得兼任监事。在监事的考核方面,上市公司应当建立公正透明的监事绩效评价标准和程序;监事的评价应采取自我评价以及相互评价相结合的方式进行。

本章小结

1. 董事会是公司治理机制的重要组成部分,是股东控制管理者并确保公司根据股东利益行事的机构,是股东大会闭会期间的最高权力机构。

2. 董事会主要倾向于选择商业型独立董事和专业型独立董事,有利于获取咨询服务以及外部资源。在中国,独立董事的监督职能弱化程度严重。

3. 女性董事会成员数量呈上升趋势,公司应该根据自身业务特征决定是否任命女性董事以及任命多少女性董事。不同行业公司的业务特征具有一定的差异。

4. 董事长与CEO两职合一还是两职分离取决于公司所处的市场环境、发展阶段、公司规模大小等因素,是对外界情况变化的一种理性权衡。

5. 监事会分为平行二元制、垂直二元制。在公司治理方面,平行二元制看起来各司其职,但界限很难划分清晰,容易产生互相推诿的现象。

练习题

1. 简述董事会的成员分类。
2. 在中国,为什么独立董事不能起到监督管理层的作用?
3. 当独立董事离职的时候,它给市场发出怎样的信号?
4. 简述女性董事在董事会发挥的作用。
5. 讨论选择两职(董事长和CEO)分离或两职合一的影响因素。
6. 讨论中国公司如何将独立董事、监事会、职工代表大会、党委会和纪检系统的监督责任划分清晰,从而提高监督的效率以及效果。

关键术语

董事会　内部治理　独立董事　监事会　两职分离　两职合一

结篇案例

惠普前女性首席执行官控制董事会

卡莉·菲奥莉娜(Carly S. Fiorina)在1999年成为惠普的首席执行官。经过6年动荡的岁月,她于2005年年初被免去首席执行官和董事会主席职务。

为了保持董事会内部人的影响力,创始人戴维·帕卡德(David Packard)的女儿苏珊·奥尔(Susan P. Orr)当时也在董事会。作为大股东,帕卡德和奥尔等更关心公司的总体表现,而不那么在意作为董事会成员获得的私人回报。这对投资者来说是好事,然而对菲奥莉娜来说却是潜在的坏事。

首先,菲奥莉娜采取措施精简董事会。选择菲奥莉娜出任首席执行官的董事会有14名成员,其中包括了3名公司创始人的亲属;此外还有3名惠普现任和退休的雇员。在菲奥莉娜上任一年后,2000年惠普给股东的委托声明书里只列出了11名董事,比先前人数少了20%。包括帕卡德在内的3人消失了。随着菲奥莉娜的地位日益稳固,董事会持续萎缩,2001年的委托书里只列出了10名董事,与当初的董事会相比缩水了30%。菲奥莉娜对自己的控制力越来越有信心,她发起了对康柏公司的并购,这一举动一方面有利可图,另一方面却为她的持续统治带来了严重的风险。2002年菲奥莉娜获得了胜利,完成了对康柏的并购,现在她面前的董事会有11位成员,其中5人来自原康柏公司,惠普的董事会得到了实质性改组,只有6名原董事会成员留下来。由于菲奥莉娜是并购案的主导者和推手,因此毫无疑问新成员会和她密切合作,她的控制力大大增强。

其次,为了获得留下来的几位原董事会成员的支持,董事会成员们的报酬发生了显著变化。在菲奥莉娜成为惠普的首席执行官之前,董事会成员获得的报酬(也就是私人好处)在105 700美元至110 700美元。随着菲奥莉娜上台和董事会规模变小,这一数字略微缩减为100 000美元至105 000美元,并在2000年至2003年保持不变。但到了2004年,根据惠普公司委托声明书里公布的数据,董事会成员获得的报酬在200 000美元至220 000美元。同一时期,惠普的年化股息稳定在每股0.32美元,低于主要股指。惠普的股价表现低劣、股息不变,而董事们的报酬却翻倍。

最后,问题出在惠普股价的不断下跌。宣布菲奥莉娜出任惠普公司首席执行官的前一天,惠普的股价是每股53.43美元。恰当地说,市场对她被任命这一消息的反应可以说是不确定的。随着消息公布,惠普的股价应声下跌,然后一路走低,到了大约3个月之后的1999年10月,股价跌至每股39美元。当然,市场会往前看,投资者也在观望和了解当中,并修正对于菲奥莉娜执掌惠普的预期。消息面和修正后的预期一度非常正面,因为到了2000年4月初惠普的股价引人注目地蹿升到每股78美元。然而4月7日之后,惠普股价开始狂泻,到2002年9月跌至最低点——每股约12美元。2005年2月,菲奥莉娜辞职时,惠普的股价也仅回升至每股20美元左右。

持续下跌的股价对董事会的新老成员来说毕竟不是什么好事,因为他们都是原康柏和惠普的重要投资者,他们的经济利益现在与新惠普的股价表现息息相关。菲奥莉娜也无法通过更高的私人报酬来安抚董事会的惠普大股东,因为他们的利益在于公司为股东带来更大回报,她给予的高薪无法弥补股价下跌带给他们的损失。在巨大的压力之下,2005年菲奥莉娜被迫辞职,但她仍然拿到了高达4 200万美元遣散费。

资料来源:梅斯奎塔,史密斯.独裁者手册[M].南京:江苏文艺出版社,2014:57-63.

案例思考题:
1. 案例中涵盖董事会人数规模、女性董事,以及两职合一的问题,逐一讨论你们的看法。
2. 公司治理关系到权、责、利的问题,能否从政治学的角度讨论董事会控制权争夺?

参考文献

[1] 上海上市公司协会,上海证监局.独立董事 监事会 董事秘书制度研究与实践探索[M].南京:江苏人民出版社,2013.

[2] 姜付秀,肯尼斯·A.金,王运通.公司治理:西方理论与中国实践[M].北京:北京大学出版社,2016.

[3] 姜付秀,伊志宏,苏飞,黄磊.管理者背景特征与企业过度投资行为[J].管理世界,2009(1):130-139.

[4] 刘浩,唐松,楼俊.独立董事:监督还是咨询——银行背景独立董事对企业信贷融资影响研究[J].管理世界,2012(1):141-156.

[5] 唐雪松,杜军,申慧.独立董事监督中的动机——基于独立意见的经验证据[J].管理世界,2010(9):148-159.

[6] 魏刚,肖泽忠,Nick Travlos,邹宏.独立董事背景与公司经营绩效[J].经济研究,2007(3):92-105.

[7] 祝继高,叶康涛,严冬.女性董事的风险规避与企业投资行为研究——基于金融危机的视角[J].财贸经济,2012(4):50-58.

[8] Adams R B., D. Ferreira. A theory of friendly boards[J]. Journal of Finance, 2007, 62(1):217-250.

[9] Adams R B., D. Ferreira. Do directors perform for pay? [J]. Journal of Accounting and Economics, 2008, 46(1):154-171.

[10] Adams R B., D. Ferreira. Women in the boardroom and their impact on governance and performance[J]. Journal of Financial Economics, 2009, 94(2): 291-309.

[11] Adams R, B E. Hermalin and M. S. Weisbach. The role of boards of directors in corporate governance: a conceptual framework and Survey[J]. Journal of Economic Literature, 2010, 48(1): 58-107.

[12] Alchian A A., H. Demsetz. Production, information costs, and economic organization [J]. American Economic Review, 1972, 62(5): 777-795.

[13] Agrawal A, S. Chadha. Corporate Governance and Accounting Scandals[J]. Journal of Law and Economics, 2005, 48(2): 371-406.

[14] Arch E C. Risk-taking: a motivational basis for sex differences[J]. Psychological Reports, 1993, 73(1): 3-11.

[15] Arrow K J. The role of securities in the optimal allocation of risk-bearing[J]. Review of Economic Studies, 1964, 31(2): 91-96.

[16] Bacon J. Corporate directorship practices: membership and committees of the board[M]. The Conference Board and American Society of Corporate Secretaries New York USA.

[17] Bourgeois L J, K M. Eisenhardt. Strategic decision processes in silicon valley: the anatomy of a "Living Dead"[J]. California Management Review, 1987, 30(1): 143-159.

[18] Boyd B K. CEO duality and firm performance: a contingency model[J]. Strategic Management Journal, 1995, 16(4): 301-312.

[19] Brickley J A, J L. Coles and G. Jarrell. Leadership structure: separating the CEO and chairman of the board[J]. Journal of Corporate Finance, 1997, 3(3): 189-220.

[20] Peng M W. Institutional transitions and strategic choices[J]. Academy of Management Review, 2003, 28(2): 275-296.

[21] Pfeffer J and G R. Salancik. The external control of organizations: a resource Dependence Approach[M]. NY: Harper and Row Publishers, 1978.

[22] Pfeffer J, G R. Salancik. The external control of organizations: a resource dependence perspective[M]. Stanford University Press, 2003.

[23] Rajan R, A. Winton. Covenants and collateral as incentives to monitor[J]. Journal of Finance, 1995, 50(4): 1113-1146.

[24] Rajan R G., J. Wulf. Are perks purely managerial excess? [J]. Journal of Financial Economics, 2006, 79(1): 1-33.

[25] Luoma P, J. Goodstein. Research notes stakeholders and corporate boards: institutional influences on board composition and structure[J]. Academy of Management Journal, 1999, 42(5): 553-563.

[26] Lord M D. Corporate political strategy and legislative decision making: the impact of corporate legislative influence activities[J]. Business and Society, 2000, 39(1): 76-93.

[27] Lynall M D, B R. Golden and A. J. Hillman. Board composition from adolescence to maturity: a multitheoretic view[J]. Academy of Management Review, 2003, 28(3): 416-431.

[28] Mizruchi M S, J. Galaskiewicz. Networks of interorganizational relations[J]. Sociological Methods & Research, 1993, 22(1): 46-70.

[29] Johnson R A, D W. Greening. The effects of corporate governance and institutional ownership types on corporate social performance[J]. Academy of Management Journal, 1999, 42(5): 564-576.

[30] Lorsch J W, E. MacIver. Pawns or potentates: the reality of america's corporate boards[M]. Harvard Business School Press, Boston, MA, 1989.

[31] Jensen M C. The modern industrial revolution, exit, and the failure of internal control systems[J]. Journal of Finance, 1993, 48(3): 831-880.

[32] Fama E F, M C. Jensen. Separation of ownership and control[J]. Journal of Law & Economics, 1983, 26(2): 301-325.

[33] Faleye O, R. Hoitash and U. Hoitash. The costs of intense board monitoring[J]. Journal of Financial Economics, 2011, 101(1): 160-181.

[34] Coles J, N. Daniel and L. Naveen. Co-opted boards: costs, benefits, causes and con-sequences[J]. Working Paper, Arizona State University, Drexel University, and Temple University.

[35] Bebchuk L A, M S. Weisbach. The state of corporate governance research[J]. Review of Financial Studies, 2010, 23(3): 939-961.

[36] Harris M, A. Raviv. A theory of board control and size[J]. Review of Financial Studies, 2008, 21(4): 1797-1832.

[37] Lorsch J W, E. MacIver. Pawns or potentates: the reality of america's corporate boards[M]. Harvard Business School Press, Boston, MA, 1989.

[38] Linck J S, J M. Netter and T. Yang. The determinants of board structure[J]. Journal of Financial Economics, 2008, 87(2): 308-328.

[39] Maug E. Boards of directors and capital structure: alternative forms of corporate restructuring[J]. Journal of Corporate Finance, 1997, 3(2): 113-139.

[40] Booth J R, D N. Deli. Factors affecting the number of outside directorships held by CEOs[J]. Journal of Financial Economics, 1996, 40(1): 81-104.

[41] Baysinger B D, H N. Butler. Corporate governance and the board of directors: performance effects of changes in board composition[J]. Journal of Law, Economics & Organization, 1985, 1(1): 101-124.

[42] Dittmann I, Maug E, Schneider C. Bankers on the boards of german firms: what they do, what they are worth, and why they are(still)there[J]. Review of Finance, 2010(14): 35-71.

[43] Fich E M, A. Shivdasani. Financial fraud, director reputation, and shareholder wealth[J]. Journal of Financial Economics, 2007, 86(2): 306-336.

[44] Fich E M. Are some outside directors better than others? evidence from director appointments by fortune 1000 firms[J]. Journal of Business, 2005, 78(5): 1943-1972.

[45] Hillman A J, A A. Cannella and R. L. Paetzold. The resource dependence role of corporate directors: strategic adaptation of board composition in response to environmental

change[J]. Journal of Management Studies, 2000, 37(2): 235-256.

[46] Bruno V, S. Claessens. Corporate governance and regulation: can there be too much of a good thing? [J]. Journal of Financial Intermediation, 2010, 19(4): 461-482.

[47] Black B, W. Kim. The effect of board structureon firm value: a multiple identification strategies approach using Korean data[J]. Journal of Financial Economics, 2012, 104(1): 203-226.

[48] Fich E M, A. Shivdasani. Financial fraud, director reputation, and shareholder wealth[J]. Journal of Financial Economics, 2007, 86(2): 306-336.

[49] Peng M W. Institutional transitions and strategic choices[J]. Academy of Management Review, 2003, 28(2): 275-296.

[50] Li H, L. Meng, Q. Wang and L-A Zhou. Political connections, financing and firm performance: evidence from Chinese private firms[J]. Journal of Development Economics, 2008, 87: 282-299.

[51] Huang J, D J. Kisgen. Gender and corporate finance: are male executives over-confident relative to female executives? [J]. Journal of Financial Economics, 2013, 108(3): 822-839.

[52] Gul F A, B. Srinidhi and A. C. Ng (2011), "Does Board Gender Diversity Improve the Informa-tiveness of Stock Prices?"[J]. Journal of Accounting and Economics, 51(3), 314-338.

[53] Finegold D, G S. Benson and D. Hecht. Corporate boards and company performance: review of research in light of recent reforms[J]. Corporate Governance: An International Review, 2007, 15(5): 865-878.

[54] Kanter R M. Some effects of proportions on group life: skewed sex ratios and responses to token women[J]. American Journal of Sociology, 1977a, 82(5): 965-990.

[55] Kanter R M. Men and women of the corporation[M]. New York: Basic Books, 1977b.

[56] Kristie J. The power of three[J]. Director Boards, 2011, 35(5): 22-32.

[57] Kulich C, M K. Ryan and S. A. Haslam. Where is the romance for women leaders? The effects of gender on leadership attributions and performance-based pay[J]. Applied Psychology, 2007, 56(4): 582-601.

[58] Milliken F J, L L. Martins. Searching for common threads: understanding the multiple effects of diversity in organizational groups[J]. Academy of Management Review, 1996, 21(2): 402-433.

[59] Laux V. Board independence and CEO turnover[J]. Journal of Accounting Research, 2008, 46(1): 137-171.

[60] Liu Y, Z. Wei, F. Xie. Do women directors improve firm performance in China? [J]. Journal of Corporate Finance, 2014, 28: 169-184.

[61] Dahya J, L G. Garcia, J. Van Bommel. One man two hats: what's all the commotion! [J]. Financial Review, 2009, 44(2): 179-212.

[62] Davis J H, F D. Schoorman, L. Donaldson. Toward a stewardship theory of

management[J]. Academy of Management Review, 1997, 22(1): 20-47.

[63] Brickley J A, J L. Coles, G. Jarrell. Leadership structure: separating the CEO and chairman of the board[J]. Journal of Corporate Finance, 1997, 3(3): 189-220.

[64] Bourgeois L J, K M. Eisenhardt. Strategic decision processes in silicon valley: the anatomy of a "living dead"[J]. California Management Review, 1987, 30(1): 143-159.

[65] Boyd B K. CEO duality and firm performance: a contingency model[J]. Strategic Management Journal, 1995, 16(4): 301-312.

[66] McClelland D C. The achievement society, princeton[M]. NJ: Von Nostrand, 1961.

[67] Raheja C G. Determinants of board size and composition: a theory of corporate boards[J]. Journal of Financial and Quantitative Analysis, 2005, 40(2): 283-306.

[68] Rechner P L, D R. Dalton. CEO duality and organizational performance: a longitudinal analysis[J]. Strategic Management Journal, 1991, 12(2): 155-160.

[69] Tuggle C S, D G. Sirmon, C R. Reutzel, L. Bierman. Commanding board of director attention: investigating how organizational performance and CEO duality affect board members' attention to monitoring[J]. Strategic Management Journal, 2010, 31(9): 946-968.

[70] Vancil R F. Passing the baton: managing the process of CEO succession[J]. Harvard Busi-ness School Press, 1987.

[71] Wang W. Independent directors and corporate performance in China: a meta-empirical study[J]. SSRN Electronic Journal, 2014.

[72] Westphal J D, E J. Zajac. Who shall govern? CEO/board power, demographic similarity, and new director selection[J]. Administrative Science Quarterly, 1995, 40(1): 60-83.

[73] White J T, T. Woidtke, H A. Black, R L. Schweitzer. Appointments of academic directors[J]. Journal of Corporate Finance, 2014, 28: 135-151.

[74] Yermack D. Remuneration, retention, and reputation incentives for outside directors[J]. Journal of Finance, 2004, 59(5): 2281-2308.

[75] Yang T, S. Zhao. CEO duality and firm performance: evidence from an exogenous shock to the competitive environment[J]. Journal of Banking & Finance, 2014(49): 534-552.

第六章
激励机制设计

全章提要

概要
案例导读
- 第一节 经理的激励性报酬
- 第二节 内部人持股计划

本章小结
练习题
关键术语
结篇案例
参考文献

概要

1. 经理人激励性报酬。

通过将经理人员的报酬与公司的业绩和股东价值挂钩,以激励他们为公司的长期利益和股东价值努力工作,实现良好的公司治理。

2. 长期激励性报酬设计的核心思想。

希望通过让高管人员以一定形式的股票持有或是将收入与股票价值变化挂钩,使高管人员在经营过程中可以把自己的利益尽可能地与股东的利益相一致。

3. 长期激励性报酬的典型模式。

股票认购期权、限制性股票、股票升值权、影子股票、账面价值股票、业绩股份、股票无条件授予。

4. 股票认购期权。

股票认购期权,是最常见的高管人员长期激励性报酬形式;是在高管人员的报酬合同中,给予高管人员在某一期限以一个事先约定的固定价格来购买公司股票的权利。

5. 经理人持股的公司治理效应。

利益协同效应,离心离德效应。

6. 公司治理激励机制。

公司治理激励机制是指为了激励高级管理层和董事会成员以促进公司绩效和股东利益而采取的一系列制度和措施。这些激励机制旨在确保管理层与股东的利益一致,并提供一种有效的激励方式,以推动管理层追求公司的长期增长和可持续发展。

案例导读

"限薪令"能抑制国企过度投资吗

如何以最小的代理成本获得管理者最积极的努力,一直是委托代理理论试图解决的根本问题。根据 Ross(1973)的最优契约理论,薪酬是股东激励高管实现企业价值、股东利益最大化的契约。相较于民企,国企承担着更多的社会责任,在高管薪酬安排上既要考虑其激励效应,也要兼顾社会公平。公开数据显示,2002 年我国国企内部平均薪酬差距高达 12 倍;同年,为维护社会公平、缩小贫富差距、更好地激发管理者与员工的积极性,国资委对央企实行高管年薪制,规定高管与普通职工之间的薪酬差距不得超过 12 倍。2003 年,国务院审核通过《中央企业负责人经营业绩考核暂行办法》,加强对央企负责人的业绩考核。然而,2003 年国企内部薪酬差距却增至 13.9 倍。2009 年,人力资源和社会保障部等六部门联合出台《关于进一步规范中央企业负责人薪酬管理的指导意见》,正式对央企发出"限薪令"。然而,一些学者的实证研究表明,此次"限薪令"的实施效果并不理想,不仅央企高管的薪酬水平未见降低,而且引发了更为严重的在职消费现象(陈信元等,2009)。2014年,中共中央政治局审议通过了《中央管理企业负责人薪酬制度改革方案》,对央企高管薪酬和在职消费进行了更加严格的限制。此后,各地方政府也纷纷出台有关办法,对地方国企高管也实施"限薪令"。此次"限薪令"取得了较好的效果,如常风林等(2017)发现,政策实施后国企高管薪酬水平下降了约3%,同时高管"业绩-薪酬"的敏感度有所提升,部分国企高管通过提升企业绩效、调高员工薪酬的途径维持自身薪酬水平。总的来看,"限薪令"的实施在推进人民共同富裕、促进社会公平方面发挥了积极作用。

公平和效率是一个矛盾统一体,"限薪令"在促进社会公平的同时,是否会影响高管的投资决策行为,进而影响投资效率及企业价值?国企内部平均薪酬差距高达12倍,为什么要有这样大的报酬差距?其中内在机制如何?又应该怎样结合企业的实际对高管进行报酬设计呢?

资料来源:姚晖,孙碧媛."限薪令"能抑制国企过度投资吗[J].南方金融,2022,No.551(7):75-86.

党的二十大报告提出,要完善分配制度,坚持按劳分配为主体、多种分配方式并存,坚持多劳多得,鼓励勤劳致富,促进机会公平,增加低收入者收入,扩大中等收入群体,规范收入分配秩序,规范财富积累机制。环境、政策的变化对公司治理的激励机制的设计产生了较大影响,新的激励机制和手段层出不穷。公司内部治理的激励机制作为缓解股东与经理人代理冲突的有效手段在面临行业背景、治理要求和公司的特定情况等因素的变化的时候,也在不断地改进和完善。经理人的激励性报酬是公司治理机制中重要的环节和内容。本章中提及的经理人主要以企业高管为代表。企业的高管薪酬从来都不是一个单一的问题,它涉及股权结构、公司治理乃至社会文化等诸多因素,而且薪酬本身可进一步设计为货币性与非货币性、短期与中长期等多种方式的有机组合。本章围绕为什么要激励经理人,怎样激励经理人及如何结合企业实际对经理人薪酬激励机制进行设计而展开。

第一节 经理的激励性报酬

一、经理激励性报酬的发展

20世纪初,美国一些大型工业企业最早出现了以奖金制度为主要的激励性报酬的经理激励性报酬制度。奖金制度,作为高管人员报酬制度创新的最初尝试,成功地抓住了管理人员的心(宁向东,2006)。美国著名管理大师阿尔弗雷德·斯隆(Alfred P. Sloan)曾评价:奖金制度的作用之大,一点都不比我们在分散化的市场之间进行卓有成效的协调工作的效果差。在企业经营形势和客观环境较好的时候,高管人员报酬的数目相当可观。[1] 直至第二次世界大战后,激励性奖金制度在西方发达国家的企业中迅速普及。

20世纪80年代,形势出现转变。研究显示:CEO的平均工资和普通工人的平均工资相比,1965年为24倍、1979年为35倍、1989年为71倍、1999年为299倍。从这个时期开始,高管人员的报酬结构有了极大的变化,以长期激励性报酬为主体的报酬制度取代了以基本工资

---

[1] 20世纪30年代美国工业及金融行业巨头高管年薪均超过100万美元,包括伯利恒钢铁公司、通用汽车、美国烟草公司以及美国国民城市银行等。

和年度奖金为主体的传统报酬制度。以美国为例,美国公司高管薪酬的主体是"基本工资＋年度奖金＋长期激励",2006年的大致比例如下:基本工资12.9%,年度奖金24.3%,长期激励62.8%。美国经济公平研究所调查数据显示,美国大公司高管2006年平均年收入为1080万美元,是普通劳动者年收入的364倍。

20世纪90年代后,股票期权的普及使得高管获得了更加客观的收入。根据《华尔街日报》的报道,1992—2005年,有16位大型公司的高管获得了超过5亿美元的股票期权薪酬激励。[①] 除此之外,总薪酬还增加了附加激励(除了基本工资和奖金之外),这部分奖励对于投资者来说并不总是透明的。

高管薪酬的变化,一定程度上也反映了现代高管人员报酬制度建立过程的速度。从20世纪50年代中后期开始,长期报酬和股票期权的份额逐步增加;80年代后高管薪酬与证券市场广泛关联;从90年代初期股票期权、长期报酬开始取代工资和奖金成为薪酬中的最大部分;2000年左右股票期权占比达到顶峰;2005年长期报酬占35%。到2022年,根据薪酬调查公司依奎拉的报告显示,美国2022年薪酬最高的100位首席执行官中,中位数薪酬达到了破纪录的2230万美元,薪酬包含年收入、股票分红和奖金。

(一)高额经理报酬发放的原因

高管人员的报酬制度是公司总体竞争策略中不可分割的一个部分,采用巨额报酬的关键原因,是要"吸引、保留并激励"有才能的高管人员为公司服务,为股东利益的最大增加服务(宁向东,2006)。

首先,为了吸引合适的人才。薪酬是员工最关心的问题之一,合理的薪酬可以使员工感到自己是被尊重和认可的,并且可以激励他们更加努力地工作。经验研究表明,大多数经理人员跳槽的主要原因是报酬上的差异:或是因为报酬水平有较大的提高,或是在奖金、股权计划以及福利安排上有更好的待遇。正是看到了这一点,现在国外的公司无不对他们希望挖到的人才许以重金,力求把这些管理人员吸引到自己的旗下,为公司的发展服务。

其次,为了留住优秀的人才。高管和核心员工就好比是企业的血液,可以为企业提供运转的动力和养分。他们的离开轻则影响企业的正常运转,重则会使一家企业从此一蹶不振。[②] 因此,留住优秀的人才,也成为高管薪酬制度设计的重要原因之一。当罗伯特·戈伊苏埃塔(Robert Goizueta)做了可口可乐公司的首席执行官之后,他最担心的就是那些有潜质、有才能的经理人员跳槽或被别的公司挖走。于是,他重新设计了高管人员的报酬方案,在其管理团队的重要成员的报酬中发放一定数量的限制性股票。适当的报酬制度具有留住优秀人才的功能。那些只有到年末才可以支付的奖金,必须工作到一定期限才能落实的股权激励,都对在职的高管人员的行为起到了约束作用。

最后,为了激励经理人努力工作。基于委托代理理论,高管人员的利益与企业股东的利益天然不一致,并不是所有高管人员都会真心为企业利益服务。因此,高管人员的薪酬制度设计必须能发挥激励功能。通过多种手段和方法把高管人员的利益和企业利益最大限度、最小成本地联系在一起。

经济学家通过大量实证研究已经发现:高管人员报酬在水平和结构上的适当安排,与企

---

① 16位高管包括南方保健公司的威廉·麦奎尔(Willam McGuire)(21亿美元)、甲骨文公司的拉里·埃利森(Larry Ellison)(15亿美元)、花旗集团的桑迪·韦尔(Sanford Weir)(9.8亿美元)等。

② 2011年,本土品牌李宁,同年内5位高管离职,库存积压、盈利预警、股价下跌一度使李宁的经营陷入困境。

业经营业绩之间确实存在着非常强的以及非常明显的关联。这个发现刺激了企业通过适当的高管人员报酬安排来激励高管人员为企业目标而奋斗的积极性(宁向东,2006)。尽管这种制度安排会导致公司高管人员与普通员工之间的薪酬差距越来越大,但是,从我们的实证研究结果来看,这一现象在高管人员薪酬较高的公司中表现得更加明显。高管人员报酬制度在公司治理机制中发挥着重要作用,高管人员报酬制度不仅影响公司内部治理结构的设计,而且影响外部治理机制作用的发挥。目前,我国上市公司的高管人员报酬制度呈现多元化趋势。

(二) 经理报酬变化的特征

党的二十大报告把分配制度作为促进共同富裕的基础性制度,提出努力提高劳动报酬在初次分配中的比重。劳动报酬在初次分配中的比重,是国民经济核算中判断劳动者收入分配状况和分析政府、企业、居民三者收入分配关系变化的重要指标。在过去20年,高管人员报酬形式日益多样化,整体呈现3个显著特点:一是报酬形式更倾向于长期激励性报酬;二是结合企业自身特点和战略目标的实现情况,对长期激励性报酬形式选择更具针对性,更为精细,种类也日益丰富;三是为兼顾股东与高管人员的利益而派生出来的多种创新形式,如递延报酬。

首先,在报酬形式上更偏向长期激励性报酬。在传统的报酬体系中,高管人员的报酬构成主要有工资和年度奖金两部分。工资是预先设定的,年度奖金则是员工对企业未来绩效的一种期望或评价,它与员工所获得的超额回报密切相关。一般而言,工资的调整会根据员工的在职时间、竞争环境、消费水平以及业绩表现等多种因素进行定期的调整。年度奖金则是在年度内发放的全部现金奖励,不固定,但与企业经营绩效挂钩。公司的董事会通常会决定年度奖金的数额,并采用一次性支付的方式。公司的年度奖金是对高管人员在本会计年度或上一会计年度对公司所做出的贡献所产生的回报,其评定标准是基于公司在相关会计年度的业绩表现。对于年度奖金的计算,可以采用明确的公式,也可以仅基于当年的业绩进行估算,以确保其准确性和可靠性。

无论何种情形,其依据都来自三个方面的考虑:一是公司经营业绩,如在此会计年度中某一财务指标的增长性、财务指标与公司预定目标的差距、市场占有份额、本公司业绩与同行业竞争性公司业绩的差异等;二是高管人员的贡献,包括他对公司在此会计年度中所取得的业绩的贡献和对公司在长期战略发展过程中取得业绩的贡献;三是经理市场报酬的一般水平,以及高管人员以前的工作经验及报酬状况等(宁向东,2006)。面对工资和年度奖金这种短期的激励性报酬,无法实现高管行为与利益的长期化。因此出现了股票报酬的形式。最早进行股权激励制度探索的是美国辉瑞制药公司。辉瑞制药公司于20世纪50年代率先采用了股权激励这一制度,通过让企业经理人员和员工以持股的方式分享剩余索取权,从而减少了逆向选择和道德风险,降低了公司委托代理成本。

确立高管人员的长期激励报酬制度,并不是为了提供长期的回报,而是为了让他们在享受回报的同时,实现高管行为和利益的长期可持续化,从而更好地为公司服务。2022年《华尔街日报》对全美超过400家上市公司的数据进行分析,大多数高管的总薪酬较去年至少上涨了12%,多数公司的年度股东回报率接近30%。其中大部分薪酬由股权激励构成,最终薪资可能较最初公布的价值上下浮动。表6-1是2022年美国公司收入最高的CEO的排名情况。

表 6-1　2022 年美国排名前 10 位 CEO 及其报酬

年薪排名	行　业	公　司	执 行 长	年　薪
1	投资信托	黑石集团	史蒂夫·施瓦茨曼	2.53 亿美元
2	通讯	谷歌母公司	桑达尔·皮查伊	2.26 亿美元
3	金融	赫兹公司	斯蒂芬·谢尔	1.82 亿美元
4	其他消费服务	派乐腾互动公司	巴里·麦卡锡	1.68 亿美元
5	电影和娱乐	莱恩娱乐	迈克尔·帕西诺	1.39 亿美元
6	金融	赫兹公司	萨夫拉·卡茨	1.38 亿美元
7	医疗	萨雷普塔治疗	英格拉姆	1.25 亿美元
8	互动媒体与服务	绽趣	比尔·布雷迪	1.23 亿美元
9	软件	克索达斯	基维·卡玛拉	1.10 亿美元
10	通讯	苹果公司	蒂姆·库克	0.99 亿美元

资料来源：C-Suite Comp 调查报告。

其次，激励性报酬形式的选择越来越有针对性、形式更加多元。仔细剖析不同行业、不同发展阶段公司高管人员的报酬设定，会发现高管人员的长期激励报酬制度已经开始占据重要地位并且形式各有不同。比如，有些公司是授予高管人员股票认购期权，即高管人员根据合同可以在一定时期内按事先指定的行权价格购买公司一定数量的股票。有些公司授予高管人员的却是限制性的股票，即奖励高管人员一定数量本公司的股票或让他们以特别优惠的价格购买公司的股票。不过，高管人员只有在一些条件（比如说退休或者是利润目标已经达到）被满足后，才能随意出售他所拥有的股票。还有的公司使用一种影子股票，所谓"影子股票"，是一种类似普通股票的东西，但没有所有权。经理人员凭借这种虚拟的股票可以获得与实际股票相等的红利和升值。

此外，高管人员报酬中现在还较多地采用了福利计划、给高管人员某种形式的津贴。在先进的市场经济国家，由于其完善的社会保障体系，高管人员不仅会获得一般收入，而且会关注公司为他们提供的福利和津贴的水平和种类，例如，养老金、伤残保险和医疗保险等。在我国，高管人员薪酬中也会包含一定比例的社会福利或者其他方面的津贴。

最后，为了兼顾股东和高管人员双方的利益，衍生出现了许多诸如递延报酬等多样化的创新报酬形式。报酬形式的不断变化，主要是根据税收、会计准则，以及法律上的一些规定，高管人员有时会减少实际的净收入。于是，根据政府对高管人员收入水平的上限控制和上面提到的税收等方面的要求，公司会聘请有关的咨询专家或专业人士进行巧妙设计，以通过新的报酬形式或递延报酬的方式把一部分收入转移到未来实施，从而达到替公司和高管人员减少支出和增加收入的目的。例如，平安银行要求高管报酬的支付期间为 3 年以上，民生银行要求延期支付的部分报酬比例不低于 50%，华夏与兴业银行也将延期支付的高管报酬称作年度风险基金与风险抵押金。

(三) 经理报酬的现状与激励作用

1. 经理报酬的现状

在高管人员报酬制度演变过程中,CEO的报酬变化在大型公司最为显著。在这里,从数据中可以窥见一斑。

首先,从CEO报酬和普通员工报酬的比率看,两者之间存在巨大差距。根据研究估计,CEO与普通员工的报酬之比已经稳定在200~500倍。Crawford等(2014)选取1995—2012年商业银行的10 581组观察值作为研究样本,计算CEO与普通员工之间的报酬比率。他们发现,平均值(中位值)之比为16.6(8.4),在报酬水平的第九十百分位上,两者的报酬比率仍然只有32.8。只有在报酬水平最高的观测样本中,这一比率才会上升至821(David Larcker et al.,2018)。

其次,我们再看CEO报酬自身变化的速度。美国经济政策研究所(Economic Policy Institute)2015年发布的报告显示,1978年至2014年的近40年间,美国企业CEO的薪资增长速度比普通员工高出90倍。经通货膨胀因素调整后,企业CEO的报酬福利在1978年约为150万美元/年。到了2014年,CEO的报酬福利却达到1 630万美元/年,增长997%。这一涨幅甚至是同期美国股市涨幅的两倍。

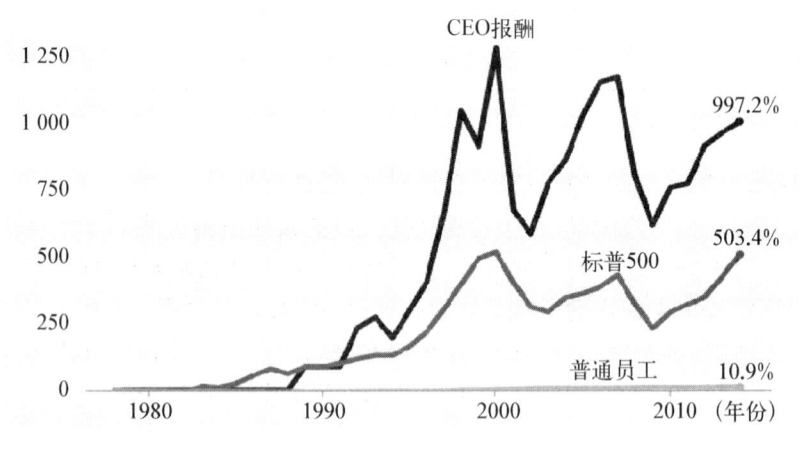

图6-1 1978—2014年CEO报酬福利普通员工薪资与标准普尔500指数涨幅对比

资料来源:经济政策研究所。

现代公司高管人员的报酬金额可以达到雇员平均收入的几十、几百到几千倍。一般固定薪金比重比较小,奖金等报酬形式同公司效益挂钩部分比重大,其年收入可达上千万美元(李维安,2020)。根据通用汽车提交给美国证券交易委员会的一份文件,通用汽车CEO玛丽·博拉(Mary Barra)在2022年的报酬总额略少于2 900万美元(折合人民币2亿元),已经连续第八年成为底特律三大汽车制造商(福特汽车、通用汽车、Stellantis)中报酬最高的CEO。据外媒报道,在担任通用汽车CEO的9年里,博拉的累计报酬超过了2亿美元(折合人民币近14亿元),这无疑是天价。

2. 经理报酬的激励作用

自进入21世纪以来,随着融入全球化进程的加快,中国高管报酬契约与西方国家呈现趋同倾向(李维安等,2020)。然而近年来西方经济增速疲软不禁引起人们的反思与问询,以西方为参照的中国高管报酬体系与规则能否起到激励作用?特别是高管收入节节攀升的今日,报酬"刚性"增长现象是否真正激励了高管并为企业带来更多收益？

Wind 数据显示，2022 年，共有 28 家 A 股上市公司董事长报酬超过 1 000 万元，其中三一重能、药明康德董事长报酬分别高达 4 235 万元和 4 196 万元。2022 年 6 月 22 日，三一重能在科创板上市。当年实现净利润 16.47 亿元，同比增长 2.78%；与此同时，董事长周福贵报酬由 2021 年度的 1 381 万元，增至 2022 年度的 4 235 万元，增幅超 206%，成为 A 股"最贵董事长"。董事长报酬增速为公司净利润增速的 74 倍，其一人报酬占公司净利润总额的 2.57%。

请用手机微信扫二维码，学习"知识扩充"。

经理报酬的历史状况

（四）国际差异

当前，世界范围内几乎所有报道都关注到美国大型企业 CEO 的收入水平。但一个显著的现象仍需要引起我们的关注，即美国大型企业普通高管人员报酬与其 CEO 收入之间存在着较大落差，而美国以外大型企业以及美国本土中小型企业却与之截然不同。

在美国以外的大型企业中，CEO 的报酬水平与上述美国大型企业高管的报酬水平之间存在显著的差异。在我国，高管人员报酬水平相对于大型企业而言还比较低。事实上，在美国以外的大型企业中，CEO 们的报酬水平与同类型公司的 CEO 们相比，存在着显著的差异。这是不同国家之间的经济发展程度有较大差异所致。以 20 世纪 90 年代末期的数据为例，在日本，那些具有可比性的大型企业的首席执行官的平均薪资是其员工平均薪资的 17 倍；在法国和德国的同类企业中，该标准的适用范围为 24 倍；然而，在美国，仅在 20 世纪 90 年代初期，这种差距已经扩大了 109 倍之多。20 世纪 80 年代以来，以股票价格为纽带的长期激励性报酬一直流行于美国大公司，而中小型公司以及美国以外的大公司，其同类发展远不及美国大公司。无论是欧洲大陆还是日本企业，都比较少有像美国大型企业那样对高层管理人员提供长期激励性报酬的措施，而且向管理人员发放奖金的计算方式与向企业其他员工发放奖金的方式也基本如出一辙。法国由于很多大型公司属于国有，因此高层管理人员在制定收入时比较慎重且数量也比较有限。

即便是在美国国内规模较小的企业，其高管的报酬水平和构成也与大型企业存在差异。中小型美国企业的管理者主要依靠工资来获得收入，有些公司会支付高管人员奖金，但是这些奖金的计算方式主要基于当年的会计指标，如利润或收益率等。另外，由于中小型企业规模小，管理人员的平均受教育程度较低，因此报酬中包含了一定比例的在职培训费用。对比同期和规模相同的数据，美国中小型企业高管的报酬仍然高于他们在日本和欧洲的同行。

另外，由于中小型企业的经营环境相对稳定，其员工流动性较小，因此报酬制度也更加灵活。然而，鉴于中小型企业高管人员的薪资水平相对有限，两者之间的差距并不十分明显。这是因为中小型公司的管理能力强，经营灵活，所以报酬结构也相对合理。此外，在美国的高管报酬体系中，尽管高管人员的短期和长期激励形式与 CEO 相同，但其数量存在显著差异。

【知识扩充：思政探索】

2021 年上市公司高管报酬

2021 年上市公司高管报酬出炉，5 家公司管理层年度报酬总额过亿。

2021 年年报披露收官，上市公司的高管报酬引发投资者关注。同花顺数据显示，截至2022年5月1日，A股共4791家上市公司完成了2021年年报的披露工作，相关公司高管的报酬也浮出水面。

《经济参考报》记者注意到，高管报酬与公司业绩紧密相关，有色金属等周期性行业公司业绩大幅上涨，其高管报酬也水涨船高，而处于退市边缘的"披星戴帽"公司报酬垫底。整体上看，2021年A股上市公司营收、净利润均涨超19%，上市公司管理层年度薪酬总额同比增加7.92%。

根据中国上市公司协会最新统计数据显示，2021年，上市公司共实现营业总收入64.97万亿元，占全年GDP总额的56.81%；营业总收入同比增长19.81%；共实现净利润5.30万亿元，同比增长19.56%；扣非后净利润4.43万亿元，同比增长24.39%，上市公司盈利能力进一步提升。

在A股上市公司净利润增长的同时，其对应的高管报酬整体上也出现了上涨。据同花顺数据统计，2021年A股上市公司管理层年度报酬总额为427.22亿元，相较于上年同期的395.86亿元增加了7.92%。

从管理层报酬来看，2021年度管理层报酬总额过亿的共有5家公司，分别是中信证券(1.66亿元)、三一重工(1.47亿元)、迈瑞医疗(1.26亿元)、复星医药(1.26亿元)及中国平安(1.11亿元)。这5家公司对应的高管人数分别为18人、13人、9人、19人及12人。

从高管职位来看，2021年A股共有1804家公司的董事长年薪达到百万元及以上，其中，迈瑞医疗董事长报酬为2533.49万元，位居A股上市公司董事长报酬第一。共有2182家公司的总经理年薪达到百万元及以上，其中，君实生物总经理报酬为2603.63万元，为A股上市公司总经理报酬之最。共有1047家公司的财务总监年薪达到百万元及以上，其中，中国平安财务总监年度报酬为1430.01万元，位居A股财务总监报酬第一。共有1088家公司的董秘年薪达到百万元及以上，其中，荣盛发展董事会秘书年度报酬为707.56万元，位居A股董秘报酬第一。

资料来源：吴黎华，张娟.2021年上市公司高管薪酬出炉[N].经济参考报，2022-05-09(003).

思考：高管报酬由何决定？如何评价高管报酬的合理程度及高管高薪是否会带来道德风险？

二、长期激励性报酬的设计

高管人员长期激励性报酬的核心理念在于通过将高管人员的利益与股东利益紧密联系，进而通过股票持有或与股票价值变化挂钩的方式，在经营过程中实现双方的利益一致。因各行业、发展阶段和企业性质的差异，股票价值可能存在较大差异，并且股票价值和市场价格所反映的内容也会有所不同。因此，不存在一种普适的高管人员报酬模式，长期激励性报酬形式也不可能统一。

(一) 基本模型[①]

解决代理问题的主要途径是公司治理，而科学的公司治理又依赖于有效的激励机制和约

[①] 此处模型主要引自：宁向东.公司治理理论[M].2版.北京：中国发展出版社，2006：129-132.

束机制(张银杰,2022),激励性报酬设计主要是为了解决代理问题。所谓"激励性报酬",是指和绩效有关的报酬。激励性报酬一定要与委托人所期望的业绩目标相联系。这里,我们通过数学描述,对激励性报酬基本原理进行解析。

假定有一个股东和一个经理,两个人之间满足如下三个条件:(1)利益不一致。股东期望经理精益求精,全力以赴完成自己委派的任务,然而经理可能会偷懒,追求个人效用最大化。(2)信息不对称。股东作为委托人在与经理人博弈过程中,常常只能观测到经营的结果,而非经理人行为本身。(3)监督困难。由于股东和经理的工作地点可能不同,因此,股东无法实时地观察到经理的工作过程并进行监督。

高管的激励性报酬的设计是解决委托代理关系中的动力问题,即委托人如何通过一套有效的激励机制促使代理人采取有效的行为,最大限度地增加委托人的利益。假定经理的努力程度为 e,它与工作任务的产出 Q 之间存在如下关系:

$$Q = ae + \mu$$

其中,a 为经理工作的边际生产率,即多投入一单位的努力可以多生产出来产品的数量;μ 为随机因素的影响(期望为 0,方差为 σ^2),代表着超出经理个人控制范围之外的种种影响产出的因素。σ^2 越大,意味着产出受随机因素的影响越大。

股东对经理多种不同的付酬方式,可以是固定报酬,也可以是分成报酬。固定报酬不受工作业绩的影响,是非激励性报酬,不是我们的重点关注对象。分成报酬是将经理的报酬与所实现的产出水平相联系的办法,属于激励性报酬。这里,按照分成报酬的原则把激励性报酬写成如下形式:

$$W_0 + \beta Q = W_0 + \beta ae + \beta \mu \quad (0 \leqslant \beta \leqslant 1)$$

其中,经理的固定工资为 W_0,浮动工资为产出 Q 的 β 倍,μ 虽然影响总收益,但对经理因付出努力而带来的收益没有影响,所以可以忽略不计。在激励性报酬方式下,经理会更加努力地工作,因为他的收入多少实际上是与工作的产出高度相关的。不过,经理努力工作是有成本的,我们将之写作 $C(e)$。经理在考虑自己如何工作、如何投入精力的时候,实际上是根据下式进行决策的。下面的表达式也就是经理的收入函数,经理要追求的目标:

$$\text{Max}(W_0 + \beta ae + \beta \mu) - C(e)$$

我们进一步假定,经理如果不接受这项工作任务,则他在其他岗位上工作的最高收入能够给他带来大小为 $\bar{u}$ 的效用。总之,只有满足下面这个式子,经理才会认真工作:

$$\text{Max}(W_0 + \beta ae + \beta \mu) - C(e) \geqslant \bar{u}$$

这个方程,称为"参与约束"。参与约束是股东给经理制订报酬水平与结构时必须慎重考虑的问题。只有当经理从其工作中获得的净收益超过了不工作能实现的效用水平时,他才会愿意尽最大努力。在进行激励性报酬设计时,除了要考虑满足参与约束,股东还需要考虑满足另外一个标准,即激励相容约束,让经理与股东的利益最大化相一致。

股东的目标函数用公式表示如下:

$$P = (ae + \mu) - W$$

其中,$W = W_0 + \beta ae + \beta \mu$,$P$ 就是经理的工作产出减去付给经理的报酬。股东追求的目标表达式如下:

$$\max[(ae+\mu)-W]$$

于是,所谓的"激励相容",就是要找到这个方程和反映经理效用函数的方程之间的联立解。只有找到这个解 e^*,双方才会同时达到满意的结果。这是好的激励性报酬设计的另外一个标准。由此,可以说激励性报酬设计的本质,就是要找到一个好的报酬形式,使这个解能够存在。依据上述模型,可以推演出如下与激励性报酬设计相关的结论:

(1) 产出对经理努力水平的敏感程度 a 越大,经理越容易增加努力程度,力求为公司创造更多的产出,激励性的合约也就因此更有效。

(2) 经理可控制范围之外的影响因素越少,也就是 σ^2 的水平越低,公司的产出越取决于经理的努力程度,激励性合约就越容易产生效力。如果随机项对公司产出的影响非常大,则激励合约往往容易失效。

(3) 经理增加努力程度时的成本函数形式会影响经理对激励性合约的敏感程度。如果经理增加努力会带来成本更大程度的增长,那么,同等程度的激励变化(比如同等程度的 β 变化)会导致更低程度的努力增加。在这种情况下,报酬的激励性强度加大,在增加经理承担的风险的同时并不会促使经理按照期望的比例增加其努力程度。

此外,前述中我们从未涉及风险,但是风险因素是任何激励性报酬设计过程都无法避免的。(1) 必须考虑被激励对象的风险承受能力。通常情况下,经理因其报酬在其全部收入中占据了大部分乃至全部,所以他们的抗风险能力较弱。我们有必要将这一点反映到经理报酬结构中。即在固定工资与基于绩效的可变报酬之间选择适当的比率。(2) 因不同个体对风险所持的不同态度,所以在设计激励性报酬时,如果经理对风险比较厌恶,则在上述模型中,我们把经理报酬描述为 $W_0+\beta(ae+\mu)$,其中,$\beta(ae+\mu)$ 是激励性的部分。这就是说,经理报酬不仅有总量的问题,而且有结构的问题。事实上,设计经理报酬,除了总量要给够,报酬结构设计也要合理。

请用手机微信扫二维码,学习"知识扩充"。
2018 年沃尔玛公司经理人报酬情况

(二) 总量与结构

有关激励性报酬的某些设计过程应考虑的重要因素,可从图 6-2 中体现。

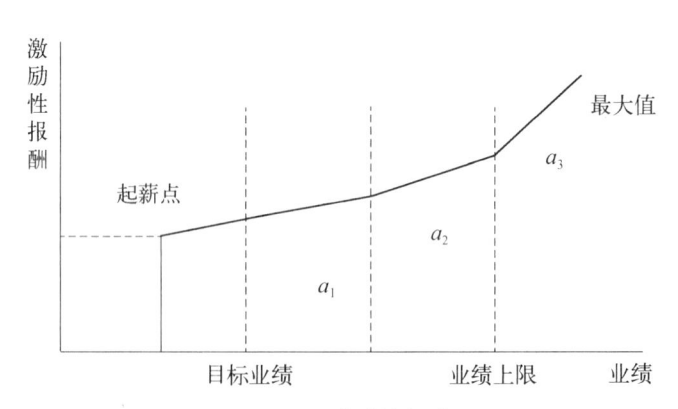

图 6-2 激励性报酬

1. 明确目标业绩

有效激励的前提,是要明确企业发展的目标并对这一目标进行分解,由此确定所激励对象的目标业绩。激励经理的主要目的是让经理更有效地完成管理者所交代的工作目标或任务。

在图6-2中,业绩只是横轴描述的一个指标,在实际操作中,它应该体现为一个指标组合。通常最好包含4~5个可测度的业绩指标。董事会在确定经理报酬前应结合公司的战略,找到最有效考核经理的指标。

2. 明确激励性报酬的下限

激励性报酬的下限,是经理获得激励性报酬的起点,即经理在任务完成到什么程度的时候可以获得相应的报酬。例如,可以用目标业绩的80%或90%作为报酬计划的下限。一旦经理完成任务超过目标业绩的80%或90%,他就可以获得基本的奖励。

3. 明确激励性报酬的强度

当超过激励性报酬下限对应的业绩水平时,经理开始得到激励性报酬。但是,该如何设定激励性报酬的强度,是另一个需要考虑的问题。最简便的做法是通过设定固定报酬系数并乘以绩效提高程度来决定报酬增加的幅度。也可利用变动系数,进一步把业绩变化划分为若干区间,不同区间内使用不同激励系数,根据需要进行调整。

4. 明确是否应该对激励性报酬进行封顶

激励性报酬封顶可以在企业经营业绩面临突变的时候,依然保证激励机制的有效性。正如我们之前所提到的,经理只能掌控一部分影响其工作业绩的因素,但还有另一部分因素超出了他个人的掌控范围。我们的激励性报酬设计聚焦于那些能够被他所掌控的影响因素,这些因素是至关重要的。因为在大多数情况下,经理完全可以做到这一点。然而,经理无法掌控的因素,包括但不限于个人努力以外的多种因素的变化,可能导致实际工作业绩的惊人变化。显然,在这种情况下,只有通过对激励性报酬进行封顶设计的办法,才能最大限度地防止其他各种负面因素发生作用。比如,可以防止报酬总额超过预算,或是使报酬在不同年度之间保持一定的连续性和平衡性。

(三) 递延性与长期激励

长期激励性报酬,其实质在于其递延性。具体来说,经理在刚刚进入企业时报酬水平低于其创造的生产率,但随着时间的推移,当经理的努力体现为业绩后,报酬水平超过了他的生产率,这时,经理的报酬就呈现一种"递延性"(宁向东,2006)。

经济学家认为在通常的情况下,企业不可能对经理实施有效的激励和惩罚。但使用递延报酬的形式,企业的解雇威胁就变得非常可信。将长期激励加入高管的薪酬组合中可以激励高管为公司进行长期投资,增加股东价值。长期激励中被递延支付的报酬就是一种履行业绩目标的保证金,有助于延长高管的任期,减轻风险厌恶型高管的风险投资规避行为。高管们为了获得被递延支付的报酬,不仅尽力避免被解雇,而且会努力工作,防止偷懒行为的发生。

采用递延报酬方式最极端的例子,是日本的"年功序列制"。该制度指政府机关和企业按照年龄、工龄、学历等进行序列的人才管理。这是一种简单而传统的工资、职位自动上调的人事制度。其主要内涵是,员工的基本工资随员工本人的年龄和企业工龄的增长而逐年增加,而且工资增长有一定的序列,是按照各企业自行规定的年功工资表次序来增加的。这种晋升和报酬制度有助于激励经理长期地留存于企业内部。

日本成立这种制度,是因为以团队作业为中心的工作很难用业绩来考核,且儒家思想教导是年轻人应该顺从年长者,在集体中互相帮助地工作,很难明确每个个体的业绩。为了顺利地推动团队工作,成员之间需要有一个容易理解的上下级关系。

年功序列制曾经作为日本式的人事制度而被广泛应用。因为只要没有重大错误,就可以升职,所以他们不会积极、主动地采取有风险的行动,这是他们的缺点。对工龄短的年轻人来说,不管实力有多强,业绩有多好,都难以涨薪。相反,业绩不突出的年长者则可以获得高薪。

在日本的年功序列制中,企业没有支付给员工的部分,就是递延报酬。这些报酬长期留存于企业内部,随着员工年资增长而逐渐支付。这种报酬制度,有助于激励员工即使不是终身也是长期与企业结合在一起。

三、长期激励性报酬的典型模式:股票认购期权

从历史来看,高管人员长期激励性报酬有着至少10种主要形式。每一种形式都是在特定条件下产生和使用的。如果脱离了这些条件,这些报酬形式就往往会适得其反,无法发挥应有的作用。因此,了解高管人员长期激励性报酬的形式,同样重要的是要了解这些报酬形式发挥作用所需的条件。在这里,我们将重点讨论股票认购期权。只有有效地理解股票认购期权的设计原则,才能理解其他长期激励性报酬形式。

(一)股票认购期权的定义

股票认购期权(Stock Option)经理激励机制的重要实现形式。股票认购期权,是指买卖双方按照约定的价格在特定的时间买进或卖出一定数量的某种股票的权利,也是公司股东(或董事会)给予高级管理人员的一种权利。这种股票期权是公司内部制定的面向高管等特定人员的不可转让的期权,如果高管人员在约定期限内达到了事先规定的某些条件,比如在若干个连续交易日中使股票价格达到了既定的水平,则其就可以按事先规定的条件行使购买股票的权利。这时,购买股票的价格与市场价格之间的差额,就是高管人员的收入。

股票认购期权实质上属于选择权(Option),即持有该公司股票的高管人员可在规定时间内买入或放弃该公司对其报酬合同所安排股份的买入权。这很大程度上取决于公司股票市场的价格。具体而言,高管人员进入企业后,其报酬中有相当大的比例,很可能是股票认购期权等长期激励性报酬。行使该合同约定认购期权前,除工资、奖金外无现金收入。符合合同约定条件时,可在规定时间内确定认购权利的行使。从理论上讲,其行权后获得行权日的行权价和行权日市场价之差就是其收益。此后可按合同确定是否卖出其所持股份。其卖出所持公司股票与其行权价之差即现金收入。这种收益,已经不是理论收益了,而变成了实际收益。

很明显,高管工作越出色,公司股票在市场上的价格可能越高,高管在股票认购期权行使过程中所得到的收益就会越多;反之,高管人员没有做好本职工作,或总是没有达到预先确定的股票认购期权行使要求,或公司股票市场价格总是低于预先确定认购期限内的价格时,无论出现何种情况,高管人员认购期权行使均没有盈利,只能放弃行使认购权。由此,一方面在高管人员和股东利益之间达成一定共识;另一方面高管人员要承担一定程度上的经营风险。

我们还可以使用简单算术对以上进行更形象的描述。

假如甲先生受聘为某上市公司的高管人员。那么,在他就职的2003年6月1日,公司授予他从2006年后的3年中,以2003年6月1日公司股票价格6.5元购买该公司10万股普通股的权利。这样,在2006年后,甲先生就要根据当时的市场价格情况决定是否行使这个权利。如果到了2006年后的连续3年,该公司的市场价格都低于6.5元,则甲先生不会行使他的股票认购期权,他为该公司服务这几年在期权方面的收益就是零。他个人的声誉也会受到非常大的影响。相反,如果在2006年7月8日,该公司股票的市场价达到了16.5元,则甲先生决定行使他的认购期权权利。我们最简单地假定他可以全部行使,再假定他没有任何的交易费

用,他在每一股股票上收获10元,在10万股股票上他得到了100万元的收入。不过,这100万元的收入只是账面上的收益,并不是现金上的收益。我们再假如时间又过了一年,他所持有公司的股票全部可以出售了。如果在2007年9月18日,公司股票的市场价达到了21.5元,则甲先生出售了他所持有的该公司全部股票,每一股他赚了15元,总共赚得150万元。如果甲先生与他所在的公司没有签订其他长期激励性报酬方面的合约,那么,这150万元就是他为该上市公司服务这些年来在长期激励性报酬方面所得到的全部收入。

简单地说,股票认购期权是一种预先约定好的,原则上不管股票市场如何变化,高管人员均能以固定价格在一定期限内买到一定数量的股票。预先确定由高管人员买入的股价称为行权价。在行权价格小于市场价格时,高管人员存在收益。高管人员任职时间越长,工作得越好,股票市场价格越高,其通过股票认购期权的行使所得到的收益也越高。反之,如果在预先确定的认购期限内行权价格总是高于股票市场的定价,那么高管人员所行使的认购期权将没有任何收益,最终只能放弃认购期权的使用。这即达成了高管人员与股东利益的某种共识,又使高管人员承担了一定程度上的经营风险。股票认购期权主要可理顺三种关系:高层管理者与股东之间的委托代理关系、对称的收益与风险关系、个人收益与资本市场的关系(李维安,2002)。

在高管人员的长期激励性报酬的合同中,必须写明有关股票认购期权方方面面的细节。这些合同文件,应该与公司整个期权授予计划相一致,服从于激励和保护公司及高管人员的目标。首先,是期权的授予安排;其次,是对行权要做什么样的限制;最后,是在特殊情况发生后如何处理期权计划。

公司的期权授予计划属于一份重要文件,因涉及公司股权的变化,制订和实施该计划必须经过公司股东大会批准。通常情况下,授予计划的结束是自动进行的,但新的授予计划必须经过股东大会讨论通过后方可实施。在讨论高管人员认购期权的股东大会上,与该计划相关的人员一般不能投票。公司的期权授予计划一般包括以下内容:股票认购期权的授予和行使;股票认购期权的授予条件、时间和数量;股票认购期权的权利变更和丧失;股票认购期权的价格确定和执行方式;股票认购期权的股票来源渠道;认购期权变更和丧失的条件;期权计划的管理程序和人员;等等。在公司期权授予计划的制订中,公司董事会拥有较大的权力。实际上,许多细节由董事会决定并向股东大会提议。

关于股票认购期权计划的细节,有以下关键概念:

1. 行权时机与数量上的安排

行权时机与数量的安排决定了公司期权授予计划的执行方式,旨在确保公司管理层和关键人员能够在适当的时间和条件下行使其权益,从而激励他们为公司的长期发展做出贡献。公司期权授予计划规定了行权的时间和行权权益的数量。关于行权时机,计划规定了在何时可以行使认购期权。通常情况下,行权时间取决于特定的条件和限制,如授予期限、特定日期或特定事件的发生等。公司董事会根据这些规定来确定行权时机,以确保认购期权的合理行使。行权数量指的是每名参与期权计划的个人可以行使的认购期权数量。这通常与其职位、贡献、绩效等因素相关。公司董事会根据相关策略和指导方针来确定每个人的行权数量,以保持公平和合理性。

2. 期权的行权价格

期权的行权价格是指行使认购期权时购买股票的价格。可以分为三种:(1)现值有利法,即行使价低于当前股价;(2)等现值法,即行使价等于当前市价;(3)现值不利法,即行使价高于当前股价。通常情况下,行权价格会被设定在某个特定价格水平上,称为行权价格或执行价格。该价格可能基于公司的市场价值、股票表现、行业趋势等因素确定。行权价格的设定旨在确保期权的行使具有实际意义,使持有期权的个人能够在行使期权时以有利的价格购买公司股票。这样就可以激励持有期权的人员在公司的发展中有所投入,并鼓励他们对公司的成功做出贡献。

3. 行使股票认购期权的方法

一般有三种方法：现金行权、无现金行权和无现金行权并出售。现金行权是个人支付行权费用以及相应的税金、费用,以行权价格执行期权、购入股票。无现金行权是个人没有那么多资金用于行使期权,于是个人不需以现金来支付行权费用,而是采用以出售部分股票获得的收益来支付行权费用,并获得部分股票的方法。无现金行权并出售,即个人决定对部分或全部可行权的股票期权行权并立刻出售,以获取行权价与市场价的差价带来的利润。最后一种方法常常是公司所不允许的。

(二) 股票认购期权的价值

经理股票认购期权是一种看涨期权(Call Option),作为看涨期权,经理股票认购期权赋予持有人以特定价格购买公司股票的权利而非义务。在大多数情况下,这些期权是有价值的,也就是说,行权价格与股票价格相匹配。然而,在一些情形下,这些期权可能是无价值的,即行权价格高于股票价格,这种情况下被称为贴水期权。而在极少数情况下,期权的行权价格低于股票价格,这种期权被称为折价期权。公司通过以这种方式授予经理人期权,旨在激励他们为公司的长期发展做出贡献。这种看涨期权使得经理人有机会在未来以较低的行权价格购买公司股票,从而享受股票价格上涨的收益。这种激励机制激发了经理人的积极性和责任感,使他们努力工作以提高公司的绩效和股东回报。

股票认购期权作为金融资产确实有其内在价值。为了确保对高级管理人员的激励适度且合理,对认购期权进行估值非常必要。期权的估值可以使用期权定价模型(如 Black-Scholes 模型)来更精确地反映认购期权的价值。

举例来说,在美国克莱斯勒公司的股票认购期权授予计划中,每位经理人员的认购期权数量是根据以下方法确定的：专家根据期权定价模型预测认购期权的价值,然后将这个价值与经理被授予的业绩股权的价值相加,最终根据得出的总价值确定公司长期激励性报酬的数量。这种做法旨在确保给予经理人适度的期权奖励,使其能够分享未来股票价格上涨带来的收益,并与公司的业绩增长相一致。通过将期权的价值与其他激励机制相结合,公司能够为经理人员提供有针对性的长期激励,促使他们为公司的成功做出更多贡献。

Black-Scholes 模型非常复杂,我们在这里不做过多讲解。这个模型考虑了很多影响期权价值的因素,包括股票价格、行权价格、到期日、市场利率、公司股票的波动性和公司红利比率等。波动性和红利比率是两个重要的影响因素,相同的期权计划,在不同的股票价格波动幅度和红利比率下,价值会很不相同。

一般来说,公司股票价格的波动性越大,其股票期权的价值就越大。原因是,期权持有人能够得到价格上涨带来的价值,而同时股票价格下跌的损失受到了限制,股票价格跌至行权价格时,期权价格为零,但是如果股票继续下跌,股票期权价格仍然为零。当然,价格波动性越高,经理人所承受的风险也越高。

另外,公司的红利比率越高,股票期权的价值就越低。公司对于股东的回报有两种：提升股票价格和支付红利。然而,大多数期权持有人并无分红权,他们只能通过价格上升分享利益,在其他情况相同时,如果一家公司支付较高的红利,则用于回购股份或用于盈利项目再投资的现金就会减少,这就不利于股票价格上涨。因此,分红降低了期权持有人的回报。

Black-Scholes 模型是最常用的股票认购期权的估价模型。如果经理人出售期权,则 Black-Scholes 模型可以提供比较好的期权定价估计。由于经理人的期权不能够出售,因此它对于经理人的价值也就低于用 Black-Scholes 模型估计的价格。了解股票认购期权的价值并恰当授予,对于激励经理人来说至关重要。一个好的薪酬方案能够防止经理人员的短视行为,激励他们将眼光放在企业的长远利益上。这是因为只有核算恰当,才能真正将经理人报酬与公司未来的业绩挂钩,防止短期行为。

(三) 期权计划的主要形式

按照哈佛商学院布莱恩·霍尔(Brian Hall)教授的研究,经理股票认购期权计划从本质上说可以被分为三种类型,依次是固定价值期权计划、固定数量期权计划和巨额奖励期权计划。这三种计划提供不同类型的激励,并隐含了不同程度的风险。

1. 固定价值期权计划

固定价值期权计划是在公司期权授予计划中激励作用较小的一种方案。在固定价值期权计划下,经理人在计划实施期间每年获得预先确定价值的股票期权。例如,董事会可以事先设定经理在未来 3 年中每年获得 100 美元的期权奖励,或者将期权价值与经理人的现金报酬按一定比例联系起来,使得期权的赠与随着经理人的工资增长而增加。通常,期权的价值会通过 Black-Scholes 模型或类似的估值模型进行估算。固定价值计划使公司有能力精确控制经理人薪酬的数量以及期权计划在整体薪酬中的比例。许多公司会参考薪酬顾问对经理人薪酬水平和结构的比较,制订经理人的薪酬计划。通过每年调整经理人薪酬结构的一部分,以使其与其他报酬相协调。这样可以确保经理人薪酬与公司的整体策略和绩效目标保持一致。

固定价值期权计划也有一些潜在的缺点,可以考虑以下几点:(1) 期权价值限制。固定价值期权计划给予员工以特定价格购买股票的权利,但这个价格是固定的,不受市场变化的影响。如果公司的股票市场价值大幅上涨,员工就可能感到失望,因为他们无法以更低的价格购买股票,错失了额外的收益。(2) 风险与回报。固定价值期权计划使员工承担与购买股票相关的风险。如果公司的股票市场价值下跌,员工就可能亏损,无法实现期望的回报。这可能使员工感到挫败或失望。(3) 限制性条款。固定价值期权计划通常会设定行权条件,要求员工在特定时间或达到特定目标后才能行使期权。这限制了员工对期权的使用,并可能导致他们在某些情况下无法实现购买股票的权利。(4) 评估和估值复杂性。确定期权的固定价值是一个挑战,企业通常需要使用复杂的金融模型和方法来进行估值。这可能需要考虑各种因素,如公司的估值、市场条件和行业趋势等。这样的复杂性可能增加计划的管理成本和不确定性。需要注意的是,这些缺点并不意味着固定价值期权计划是不好的选择,而是要在实施之前充分理解并权衡它们。公司在设计和实施期权计划时应考虑这些因素,并确保向员工提供透明和清晰的信息,以减少潜在的不满和误解。

2. 固定数量期权计划

固定数量期权计划在计划执行期间给予员工购买公司股票的权利,但并不固定股票数量的价值。例如,假设某科技公司决定实施固定数量计划作为员工激励方案。他们选择了一组员工,并给予每位员工 1 000 股的期权,以购买公司的股票。在计划实施时,公司确定了行权条件。他们规定员工只有在未来 3 年内完成特定的业绩目标,才能行使他们的期权。在第三年结束时,员工可以根据市场股票价格决定是否行使期权。假设当时该科技公司的股票市场价值为每股 100 美元。如果员工选择行使期权,他们就可以每股 100 美元的价格购买股票。由于每位员工拥有1 000股期权,因此他们将需要支付10万美元(100×1 000)来购买股票。假设未来该科技公司的股票市场价值上涨到每股150美元。在这种情况下,员工可以选择出售他们购买的股票,每股获利50美元(150-100)。如果员工决定出售所有的股票,则他们将获得5万美元(50×1 000)的利润。然而,如果股票市场价值下跌到每股80美元,则员工在行使期权后将亏损20美元(100-80)。如果员工决定出售所有股票,则他们将亏损2万美元(20×1 000)。

这个例子说明了在固定数量计划中的潜在利润和风险。员工可以从股票市场上涨中获利,但如果市场下跌,他们就可能亏损部分或全部投资。因此,员工需要权衡行使期权的时机和市场趋势,以最大限度地利用固定数量计划的益处。

3. 巨额奖励期权计划

巨额奖励期权计划通常是指公司或组织为了激励员工、合作伙伴或其他相关方在特定目标实现或业务成功方面做出杰出贡献而设立的奖励制度。这些计划的主要目的是鼓励人们付出更多努力、创新和投入,以实现组织设定的重要目标。这些奖励计划的特点之一是提供相对较高的奖励,以吸引人们超越正常的工作职责和期望,这是一次性授予的、产出最高的模式。比如,某经理在第一年得到一次性巨额奖励,约为80 000股股票期权,它用Black-Scholes模型估值为280万美元。如果股票价格翻番,则他的期权价值将跃升为810万美元;如果价格下跌70%,则期权价值将仅为21.1万美元,低于初始价值大约8%左右,可见其激励强度。巨额奖励计划在私人公司和IPO后的高技术公司中广泛采用,特别是美国硅谷的公司。

表6-2是按照Black-Scholes模型进行计算的期权计划及其价值。其中,假定公司股票价格的标准差为32%,无风险回报率为6%,红利率为3%,股票认购期权的期限为10年。表6-3对不同类型期权计划的特点进行了比较,有助于读者在选择时充分注意这三种计划形式的特点。此处内容均引自宁向东教授的公司治理理论的描述。

表6-2 不同期权计划的激励差异

			股票价格上升		股票价格下降	
		第一年	第二年	第三年	第二年	第三年
	股票价格	100美元	150美元	200美元	65美元	30美元
固定价值期权计划	奖励期权	28 128股	18 752股	14 064股	43 273股	93 759股
	期权价值	100万美元	100万美元	100万美元	100万美元	100万美元
	累计价值		540万美元			130万美元
固定数量期权计划	奖励期权	28 128股	28 128股	28 128股	28 128股	28 128股
	期权价值	100万美元	150万美元	200万美元	65万美元	30万美元
	累计价值		720万美元			51万美元
巨额奖励期权计划	奖励期权	79 697股	0	0	0	0
	期权价值	280万美元	0	0	0	0
	累计价值		810万美元			21.1万美元

表 6-3 不同期权计划的特点比较

期权计划	定 义	举例(4年期)	优 点	缺 点	适用性说明
固定价值期权计划	一系列金额固定或按工资或全部现金报酬一定比例授予的奖励期权	一个经理在4年内每年获得价值100万美元的股票期权,或在4年内每年给予相当于每年工资1.2倍的股票期权	保持人才的风险最小即使股票价格显著下降经理人在来年也可以获得新的期权,保证了经理人一直持有相当数量的权益	对于价值创造的激励作用最低	不适用于大型、增长停滞的缺乏企业家精神的公司
固定数量期权计划	一系列固定数的期权奖励	4年内每年25 000股"含值"股票认购期权	比固定价值期权计划的激励作用大,每年新的"含"期权降低了人才保持的风险	较巨额期权奖励计划的激励作用低	与巨额期权计划一起可能是希望促使经理人关注股东价值创造的公司的理想选择
巨额奖励期权计划	每年奖励一大笔股票期权,在期权授予时设定行权价格和行权固定数量	一个经理当年获得100 000股"含值"期权,以后3年没有	对于价值创造具有最强的激励作用	人员保持的风险最大,如果股票价格显著下降激励作用大幅降低,除非对期权重新定价,人员可能离开	比较适合于大型、稳定的公司,需要奖励企业家精神的公司,尤其是那些在股票价格下跌也不太可能面临人员流失风险的公司。不适用于上市后的高科技创业公司,他们的公司股票价格波动较大又需要留住关键经理人员

四、其他长期报酬形式

(一) 限制性股票

限制性股票(Restricted Stock)是一种公司股票授予方式,常用于奖励员工、管理层和其他关键人员。在限制性股票计划中,公司向受益人(通常是员工)授予公司股票,但受益人在一定的特定条件下才能完全获得这些股票的所有权。这些条件通常包括特定的时间段或业绩目标的达成。

限制性股票有多种典型形式,这些形式可能在不同的公司和计划之间略有不同:(1) 时间限制性股票(Time-based Restricted Stock)。这是最常见的限制性股票形式之一。在这种情况下,受益人获得一定数量的股票,并且必须在规定的时间期限内保持这些股票,通常是几年。一旦限制期满,股票就会解锁,受益人可以获得股票的完全所有权,并可以自由出售、转让或持有。(2) 绩效限制性股票(Performance-based Restricted Stock)。在这种形式中,受益人获得的股票数量与公司的特定业绩目标相关。例如,公司可能规定在一段时间内实现一定的收入增长、利润增长或市场份额目标。只有在这些目标达成后,受益人才能获得股票的所有权。(3) 阶梯限制性股票(Vesting Ladder Restricted Stock)。这是一种将限制性股票授予分散到一段时间内的方法。例如,公司可能在3年内每年授予受益人一定数量的股票。每次授予的股票都有自己的限制期,一旦限制期满,该部分股票就会解锁。(4)市场条件限制性股票(Market Condition Restricted Stock)。在这种情况下,股票的解锁可能取决于公司的股票价格表现或市场指标,而不仅仅是公司内部的绩效。例如,股票可能只有在与公司股价保持一定水平一段时间后,才能解锁。(5)退休限制性股票(Retirement-based Restricted Stock)。有些限制性股票计划可能与受益人的退休相关,如果受益人在退休时仍在公司工作,就可能获得股票的完全所有权;否则,股票就可能按照特定条件解锁或被取消。

无论是哪种形式,限制性股票的关键特点都是受益人必须在特定的条件下保持股票一段时间,以便获得完全的股票所有权。这有助于激励受益人与公司保持紧密联系,并在公司的长期成功中发挥积极作用。

(二)股票升值权

股票升值权(Stock Appreciation Right,SAR)是一种与股票相关的奖励机制,它允许受益人在一段时间内分享公司股票价格上涨所带来的增值部分。SAR是一种与实际持有公司股票无关的权益,它允许受益人获得公司股票升值所带来的利润,而无须实际购买股票。

股票升值权的实施方式多种多样,可以采用现金实施、折合成股票实施,或者结合现金和股票的形式。在美国,根据1934年通过的《证券交易法》第16条规定,股票升值权必须具备至少6个月的持有期,因此只能授予公司内部的高管人员。由于股票升值权通常以现金形式实施,因此有时也称现金升值权(Cash Appreciation Rights)。在这种情况下,实施并不以增加股票发行为前提,从而不会对公司的所有权产生稀释效应,也不会引入新的无投票权股东。

股票升值权可能与公司的认购期权同时授予,或者在认购期权前后发放。股票升值权的授予通常附带一个5年或10年的授予期限,一旦高管人员离职,未行使的升值权就可能被取消。这是利益转移的条件,如果就业关系提前终止,部分或全部未实施的升值权就可能被剥夺。根据合同条款的不同,高管人员可能有权决定实施的时间,或者可能没有选择实施时间的权利。

(三)影子股票

影子股票(Phantom Stock)是一种与实际公司股票价格表现相关的奖励计划,但与实际股票所有权无关。影子股票计划允许受益人获得与公司股票价格上涨相关的奖励,而不需要购买或持有实际股票。

影子股票是西方国家很多公司向高管人员提供长期激励性报酬的一种形式。其主要特点:在确定给予高管人员股票报酬时,合同规定了一定时间内公司股票升值时,高管人员将获得与股票市场价格相关的收入。这笔收入的金额是根据合同中预先规定的股票数量计算的,通常与高管人员的工资收入成比例。通过影子股票形式发放报酬,涉及股票,但并不实际交付股票。因此,用作参照的股票被称为影子股票。

影子股票计划与股票升值权有共通之处,即仅当公司股票在一定期限内上涨时,高管人员才能获得与股票市场价格相关的收入。影子股票和股票升值权的共同之处在于:两者都涉及股票,但不实际发放股票,因而不会对股东权益产生稀释效应。和股票升值权一样,影子股票也是一种没有保障的长期激励性报酬。影子股票的价值取决于未来某一天的公平市场价格,或者基于公司资本的估值,例如账面价值,或者利用基于收益资本化的价值计算公式,或者将各种方法综合考虑。影子股票可以被授予高管人员,也可以由高管人员"购买"。例如,以降低工资的形式,发放一定数量的影子股票;还可以将升值收益推迟到未来某一天,然后高管人员将其兑换为现金或转换为实际股票。在持有影子股票期间,影响普通股的拆股、分红和其他公司股票变化的因素也会在影子股票计划中相应调整。

(四) 账面价值股票

账面价值股票(Book-value Shares)是一种根据公司的账面价值来确定股票价格或估值的概念。账面价值是指公司在财务报表上所记录的资产减去负债后的净值,通常代表了公司在特定时间点上的净资产价值。

在某些情况下,股票的交易价格可能受到公司的账面价值的影响。当股票的交易价格低于公司的账面价值时,投资者可能认为该股票被低估,可能有投资机会。然而,需要注意的是,账面价值并不一定反映公司的真实价值,因为它未考虑公司的未来收入、利润增长和市场前景等因素。

在一些投资和估值模型中,账面价值可能作为一种参考因素用于评估公司的价值。然而,许多投资者更倾向于使用其他指标,如市盈率、市净率等,来更全面地衡量公司的价值和投资潜力。

总之,账面价值股票是根据公司的账面价值来估计股票的价值或定价,但投资者在评估股票投资机会时应该综合考虑多个因素,而不仅仅依赖于账面价值。

(五) 业绩股份

业绩股份(Performance Shares)是一种用于激励员工的奖励机制,它与公司的绩效和业绩表现相关。与传统的股票奖励不同,业绩股份的授予数量和价值取决于公司在一定时间内实现的特定业绩目标。

例如,许多公司将每股盈余(EPS)的增长作为确定高管人员股票报酬数量的标准。在这种情况下,合同中会事先规定,基于 EPS 增长率的公司支付高管人员股票的数量。只有当 EPS 增长率达到特定水平,例如 3% 时,公司才会履行先前承诺的股权转移,高管人员才能获得股份。此外,在 3% 的基础上,每实现 1% 的增长,公司就可能按照一定的比例或递增的方式增加支付给高管人员的股票数量。

(六) 股票无条件授予

股票无条件授予(Stock Grants Purchases)曾经是一些公司常用的激励高管人员的报酬方式,但如今已在通常情况下较少采用。这种股票授予计划通常不附带特殊限制或其他先决条件,主要作为公司关键高管人员的奖励形式。然而,目前只有在公司面临重大事件、关键转折时期,或者刚成立、处于艰难的创业阶段时,才可能采用股票无条件授予作为长期激励报酬的形式,用以吸引关键高管。

通常在这些情况下,公司的股票价值相对较低,公司地位相对较弱,相对于同行业来说,股票的价值并不高。因此,股票无条件授予成为一种可行的报酬方式。对于公司而言,这种方式不需要大额现金支出,同时能够有效吸引和留住关键高管。而对于高管人员来说,股票无条件授予也具备吸引力。一方面,这些股票使高管在公司未来发展中能够直接分享更大的收益;另一方面,股票还可以为高管在适当时机增强在公司内部的影响力提供平台,甚至为他们提供杠杆式收购公司的机会。

然而,随着公司治理的进一步规范和投资者对激励机制的更高要求,股票无条件授予逐渐减少。现代公司普遍趋向于更为复杂的股权奖励计划,以更好地与公司绩效和长期目标相匹配。

五、业绩目标的设定与评估

前面一直在讨论激励性报酬设计的问题,其实,业绩目标的设定与评估在激励性报酬设计中同样具有至关重要的地位。这两者紧密相连,共同构成了一个有效的激励体系。激励性报酬设计可能很优秀,但如果业绩目标不合理或者评估不准确,整个激励体系的效果就可能大打折扣。

在设定业绩目标方面,有一些重要的原则需要被遵循:(1)业绩目标明确可衡量。设定的业绩目标需要清晰明确,具体到容易测量的层面。这样一来,就能够消除模糊不清的情况,确保员工对目标的理解一目了然。(2)与公司战略契合。目标的设定应与公司的战略和长期目标相一致。这样做可以确保员工的努力与公司整体方向紧密相连,形成协同效应。(3)具备激励性。业绩目标要能够激励员工超越日常表现,积极追求卓越。过于简单的目标可能无法激发员工的热情和动力。(4)合理且有挑战性。目标要在一定程度上具有挑战性,也需要保持合理可行。过于难以实现的目标可能让员工感到沮丧。(5)时间范围的平衡。目标达成的时间范围应合理,可以根据需要设置短期、中期或长期目标,以实现短期成果和长期可持续增长的平衡。

明确业绩目标后,要使激励的效果最大化,还必须让经理认识到他们的努力能够导致良好的业绩评估成绩。这时候评估业绩目标的设计就变得尤为重要。在评估业绩目标时,应使用客观、可量化的标准,避免主观性评价引发的偏见。评估目标需要依赖可靠的数据和信息,确保评估结果的准确性和公平性。业绩评估应及时进行,在特殊情况下,例如外部环境变化或公司内部调整,可能需要适度调整目标,以保持公平性和合理性。公司应保持透明,与员工分享有关业绩目标设定和评估的信息,帮助员工了解奖励的依据。总之,设定和评估业绩目标是激励计划成功的核心步骤。清晰设定的目标能够激发员工追求卓越,而科学评估过程则能确保奖励体系的公平性和合理性。在设计激励计划时,我们应全面考虑这两个方面,以构建一个强大而有效的激励体系。

在许多企业中,董事会常常会以过去的业绩指标作为新年度业绩目标的主要参考值,并在此基础上应用一个系数来进行调整。然而,这种方法可能引发"棘轮效应"[①]的破坏性作用,因此需要充分认识其影响。

一个成功的激励体系不仅要有合适的报酬设计,而且要有明晰的业绩目标。两者相互补充,共同推动员工朝着公司的整体目标努力。因此,在设计激励计划时,业绩目标的设定与评估绝对是不可忽视的关键因素。当选择不恰当的业绩考核指标时,可能导致激励计划的失败或产生不良后果。一个典型的例子是"短期利润最大化"的情况。

六、同行比较与相对业绩

评价经营者的业绩是公司治理中的核心问题,关系到是否需要替换不称职的 CEO 以及 CEO 的报酬水平。近年来,现代公司董事会通常会根据企业的战略和经营规划,制定一定时期内的经营目标作为评价经营者业绩的基本依据。虽然从理论上来说这一程序是可行的,但在实际操作中,涉及哪些具体指标的选择,是采用会计指标、市场指标,还是综合两者,以及如何分配各指标的权重和为每个指标设定具体数值等问题,都变得极具挑战性。

正因如此,相对业绩评价方法越来越受到关注,并得到广泛应用。相对业绩评价方法基于相对表现,通过将公司的绩效与其他类似企业或整个行业的平均水平进行比较来进行评价。这种方法能够克服单一指标的限制,为评估提供更全面的视角和更准确的判断。

[①] 棘轮效应是指基于过去业绩的简单增长来设定目标,随着时间推移,目标逐渐变得容易实现,从而可能导致员工失去挑战和追求卓越的动力。这可能削弱激励体系,导致绩效下降。

在采用相对业绩评价方法时,有几个关键的步骤需要被认真考虑。首先,选择一组合适的比较对象,例如同行竞争对手或行业平均水平,并将公司的关键指标与之进行比较。这种方法有助于更准确地呈现公司在特定环境下的表现,也能够避免由单一指标引发的偏见和误解。其次,在实施过程中,合理的权重分配和指标赋值同样至关重要。这需要深入的研究和探讨,以确保评价结果能够客观地反映公司的绩效。权重分配需要考虑不同指标的重要性和影响程度,从而确保绩效评价的公正性和准确性。指标的赋值应该基于明确的标准和数据支持,避免主观判断的干扰,以保持评价的客观性。

所谓"相对业绩"的评价方法,是与绝对业绩评价方法比照而言的。我们可以通过一个例子来说明这两种方法的差异。假设公司A是一家制造业公司,其CEO的绩效通过公司年度利润增长率来衡量。公司A的年度利润从去年的1 000万美元增长到今年的1 200万美元,增长率为20%。根据绝对业绩评价方法,CEO的绩效被认为是优秀的,因为公司的利润增长了。现在,我们采用相对业绩评价方法来看待这个情况。我们选择了公司A的两个竞争对手公司B和公司C作为比较对象,同样考虑它们的利润增长率。公司B的利润增长了15%,公司C的利润增长了25%。在这种情况下,尽管公司A的利润增长率是正的,但与竞争对手公司C相比,增长率较低。因此,在相对业绩评价方法中,CEO的绩效可能被认为不如预期。

绝对业绩评价方法具备其自身的优点:它的使用相对简便、直观。以利润指标为例,事先设定一个明确的数值,然后进行考核。由于存在明确的标准,因此无论是否达到目标,情况都一目了然,从而减少了争议。然而,要充分发挥绝对业绩评价方法的效能,对信息的需求尤为严格。

我们了解到,影响经营业绩的因素众多。除了经营者的能力和努力外,还存在众多随机因素,即经济学上所称的随机冲击。这些随机冲击的存在可能导致,尽管经营者充满能力和努力,但仍未能达到预期结果。或者相反地,即使经营者表现不佳,但行业整体形势有利,以至于最不称职的经营者也能够达到预先设定的绝对指标。这意味着,制定指标的人未必掌握所有影响企业业绩的信息,从而可能导致指标设定过于保守。

若选择绝对业绩评价方法,并想保证其高效实施,则必须确保有充分信息足以区分经营者的能力、努力和其他随机冲击对经营结果的影响。然而,这一要求在现实中常难以实现。因此,在许多情境下,绝对业绩评价方法并非唯一理想的选择,通常需与相对业绩评价方法相结合,甚至在某些情况下,相对业绩评价方法可能更受重视。

相对业绩评价方法的原则与企业竞争的规律相吻合。在同一行业内,经营者在共同的市场环境下竞争,受相同原材料价格和市场变动影响。在这种情况下,从绩效差异中推断经营者能力和努力的综合效果是合理的。企业经营本质上其实是选拔优胜者的过程,因此,采用相对业绩评价方法或许更能有效激励经营者引领企业参与竞争。这也是许多企业倾向于采纳相对业绩评价方法的原因所在。

请用手机微信扫二维码,学习"知识扩充"。

国美股权激励——从家族制到职业经理人时代

第二节 内部人持股计划

股东由于追求股权回报的压力,实施对公司经营过程的监督,并积极参与其中,这构成了所有公司治理机制的基础。没有股东的积极参与,任何治理机制的有效性都将受到影响。因此,内部人持股成为在产权层面上建立激励机制的一种方法。内部人持股涵盖了管理层的持股以及员工的共同持股。

一、经理持股

在公司内部,当所有权与管理权分离时,管理者通常会有强烈的动机从事有利于个人私利的机会主义行为,这可能损害公司价值的提升。特别是当管理层没有持有公司股票时,他们从事机会主义行为所面临的成本更低。因此,无论是在学术界还是在实际业务中,人们普遍认为管理层持股有助于实现"激励相容",减轻管理层与股东之间的代理冲突。

在过去几十年间,管理层持股呈现逐渐增长的趋势。管理层持有公司股份可能导致两种不同的结果:对外部股东有益,或者对股东利益产生不利影响。一方面,管理层持股可以产生利益协同效应,有助于解决内部管理者与外部股东之间的代理冲突问题(Jensen and Meckling,1976)。这意味着当经理人也是股东时,他们的利益会与股东的利益保持一致。另一方面,在管理层持股较多时,可能出现管理者权力过大,导致离心离德效应。由于管理者持股比例较高,因此他们拥有足够的影响力,可以通过广泛的影响和投票权确保在偏离公司最大化价值目标的投资决策中,他们的薪酬和聘任不受影响(Fama and Jensen,1983)。很明显,前一种情况有助于提升公司价值,而后一种情况则可能降低公司价值。

(一)经理持股的公司治理效应

1. 利益协同效应

委托代理理论认为,管理层持股有利于将股东和管理层的利益联系在一起(Jensen and Meckling,1976)。这一利益协同理论认为,持有公司较多股份的管理层有较大的激励按照股东利益最大化的方式行事;相反,当管理层持股较少时,将导致较高的代理成本,此时管理层采取有利于私利获取但不利于股东价值的机会主义行为将承担较低的成本。因此,利益协同理论意味着,当管理层持股增加时,管理层机会主义行为降低,公司绩效则有所提升。

2. 离心离德效应

管理层持股在产生利益协同效应的同时还会引发另一种代理成本,即管理层离心离德效应。Demsetz(1983)及 Fama 和 Jensen(1983)指出,当管理层持有公司较少的股份时,来自市场的约束,如经理人市场(Fama,1980)、产品市场(Hart,1983)和公司控制权市场(Jensen and Ruback,1983),将会迫使高管采取公司价值最大化的行为。然而,随着管理层持股数量的增加,管理层对公司的控制能力增强,能够在更大范围内按其私利行事(Morek et al.,1988)。而一旦管理层持有公司大量的股份,有足够的投票权影响公司的日常运行,管理层从事机会主义的行为也就不可能受到约束,且来自外部的监督约束也近乎失效。Weston(1979)发现在内部人持有公司股份超过30%的公司,恶意并购往往不能成功。

3. 利益协同效应还是离心离德效应

关于基于高管持股的利益协同效应和离心离德效应,学术界现有的研究开始从非线性的角度提供经验证据。学者们探讨了 CEO 持股与公司投资之间的关系,发现 CEO 持股与研发投资之间呈现显著的 U 形关系,而与资本支出之间呈现显著的倒 U 形关系。具体来说,随着 CEO 持股增加,CEO 与股东的利益越趋一致,可以缓解研发投资不足和资本支出过度的问题。相反地,当 CEO 持股增加时,为了降低风险,CEO 可能减少高风险投资,即降低研发投资并增加资本支出。因此,利益协同效应和离心离德效应同时存在。

同时,越来越多的研究者发现,利益协同效应和离心离德效应的存在可能使得管理层持股与企业行为及绩效之间呈现更加复杂的关系。因为管理层离心离德效应的大小不仅取决于其持股水平,而且取决于管理层是否为创始股东、在公司中的地位等因素,这可能导致管理层持股与离心离德效应之间存在非单调递增的关系,所以,管理层持股对公司行为及绩效影响的关系并不直观,需要进一步的实证检验。

基于上述观点,Morck 等(1988)对管理层持股与公司价值之间的关系进行了检验,发现当管理层持股较低(5%以下)和较高(25%以上)时,管理层持股与公司价值之间呈现正相关关系,这意味着利益协同效应占主导地位;然而当管理层持股处于中间水平(5%~25%)时,管理层持股水平与公司价值之间呈现负相关关系,此时离心离德效应占主导地位。之后,Chen 等(1993)和 Griffth(1999)的研究同样支持了这一结论。尽管在持股水平方面存在差异,但是与审计质量、盈余管理和会计稳健性相关的文献同样支持了这两种效应的存在性。例如,Lennox(2005)的研究发现,当管理层持股较低或较高时,管理层持股与审计质量呈显著负相关关系,这表明高管持股有助于减轻代理问题,从而支持利益协同效应。然而,在管理层持股处于中间水平时,管理层持股与审计质量呈正相关关系,意味着离心离德效应占主导,需要更高的审计质量来约束管理层。

那么,为何在实证研究中,我们常常在管理层持股最低和最高水平时观察到利益协同效应,而在中间水平时发现离心离德效应呢?理论上,随着管理层持股水平的变化,利益协同效应和离心离德效应的强度也会不同,从而在实证研究中产生不同的观察结果。当管理层持股增加时,其从实施私利行为中获得的利益逐渐减少,因此,管理层与股东的利益更加趋于一致,有可能更倾向于采取有助于公司价值提升的行动,这意味着在任何管理层持股水平下,其持股增加都会增强利益协同效应。然而,管理层离心离德效应只在一定的持股水平范围内显现。当管理层持股非常高(如达到 50%)时,离心离德效应不再起作用,因为这时管理层很难被解雇,失去了通过增加持股来增强对公司控制权的激励。同时,当管理层持股较少时,即使稍微增加一些股份,也不能显著增强其对公司的控制。这导致离心离德效应通常只在管理层持股位于中间水平时出现。

因此,从理论上来看,不同的管理层持股水平导致利益协同效应和离心离德效应的程度有所不同,这可能解释了在实证研究中为什么在管理层持股最低和最高水平时观察到利益协同效应,而在中间水平时发现离心离德效应。

(二) 管理层持股:中国实践

高管持股的利益协同效应和离心离德效应不仅在国外的实证研究中得到了证实,中国的学者通过研究也得到了类似的结论。例如,王华和黄之君(2006)在考虑了董事会组成、经营者股权激励和企业价值的内生互动关系后,发现经营者股权激励与企业价值间存在显著的倒 U 形曲线关系,并且这种关系是稳定的。申明浩(2008)也发现总经理持股比例与隧道行为[①]强度呈现 U 形关系,存在"监管激励效应"及"合谋掏空效应"。同时,李新春等(2008)综合考虑了大股东的监督效应和侵占效应、管理者的利益协同效应和离心离德效应,从广义和独立内部人的概念出发,发现离心离德效应与利益协同效应在中国民营上市公司中同样发挥作用,即随着股权的逐渐增加,利益协同效应转向离心离德效应。

不过值得注意的是,在国有控股公司中,管理层一般受到政府的任命且持股过少,他们在公司的地位和对公司的控制权并不依赖于他们在公司的持股情况,因而现有研究中发现的管

---

① 隧道行为是指能够控制公司的股东为了自身利益将公司的财产和利润转移出去的行为。

理层持股离心离德效应是否适用于国有控股公司仍待检验。而在民营企业中,企业受家族大股东控制,管理层也往往是家族成员,民营企业的管理层不可能违背家族股东的意愿采取获取私利的机会主义行为。更为重要的是,不同于西方国家较为分散的股权结构,在中国上市公司股权高度集中,第一大股东对公司具有很强的控制权的情况下,高管持有的小部分股权是很难形成所谓的离心离德效应的。因此,在中国,管理层持股如果能产生一定效应的话,更有可能表现为利益协同效应,而非离心离德效应(姜付秀,2016)。

请用手机微信扫二维码,学习"知识扩充"。
中国上市公司管理层持股情况

二、员工持股

在很多西方国家存在着员工持股的情况。美国是员工持股计划开展得比较好的国家之一,一些公司利用员工持股来留住和激励公司员工。我国也有很多公司通过让员工持股来改变公司所有权。

(一)员工持股的理论

"让员工持股,有助于调动职工的积极性,有助于改善企业的效率"这种看法,是关于员工持股的早期理论,也是比较简单的认识。20世纪90年代后,随着经济学家关于员工持股问题研究的加深,今天的经济理论在员工持股问题上已不再是简单地给出"好"或者"不好"的结论,而是要探究在不同情况下员工持股与企业业绩之间的复杂关系。

员工持股作为一个引起经济学家关注的现象,最早出现在20世纪70年代之后。相应地,在那个时期,有关员工持股的经济理论逐渐开始形成。最初,经济学家普遍认为,通过使职工在公司的业绩中分享一部分权益,实施利润分享机制,在某些情况下可能产生积极效果,并最终提升劳动生产率。这种观点最初是通过单一生产者模型得出的,该模型的基本理念是在利润分享安排下,高劳动生产率将获得更多奖励,从而产生促使经济个体选择增加产出的行为模式。然而,当模型从单一生产者扩展为包含不同效用函数的多个生产者时,这样的结论就不再成立,推动了进一步研究的展开。

首先,经济学家们开始意识到员工持股实际上面临着巨大的集体行动挑战。在大型企业中,持股职工的数量通常较多,个体贡献难以监督,这可能导致"搭便车"问题的出现。基于静态纳什均衡[①]的逻辑,利润分享对大型组织的影响可能有限。然而,经济学家也发现,采用重复博弈的理论来分析员工持股,利润分享可能提升劳动生产率。关键在于企业是否能够建立起让职工相信"团结合作"比"各自为政"更有利的机制。

其次,员工持股与主要投资人的产权协调问题也向经济学家提出了挑战。在西方国家,员工持股的情况通常分为两种类型:一种是职工完全拥有企业的所有权,另一种是职工部分拥有企业的所有权。完全员工持股情况多见于服务业中,尤其是像会计师事务所等具有一定知识含量的领域,在生产型企业中较为罕见。然而,部分员工持股在各个行业都曾出现。例如,许多美国企业开始采用不同形式的员工持股计划,将股票分发给全体或部分职工作为报酬的一部分。这些职工还将持有的企业股票委托给专门的信托基金进行管理,作为退休金的储备金。最初的理论并未明确区分上述两种情形。这可能是因为当时关注的焦点在于持股对职工

---

① 静态纳什均衡是博弈论中的一个概念,用于描述在一个非合作博弈中,每个参与者都根据其他人的策略来选择自己的最优策略,形成一种稳定的平衡状态。具体来说,静态纳什均衡是指在一个瞬间的时间点,每个参与者都无法通过单方面改变自己的策略来提高自己的收益。

激励的作用,模型主要以单个职工行为为基础,忽略了企业的所有权结构。然而,员工持股的实际情况表明,完全员工持股和部分员工持股在企业决策和激励机制方面存在显著差异,需要区分对待。职工是否完全持股的问题实际上涉及企业股权的激励结构问题。随着员工持股所分享的利润增加,主要投资人(资本家)的回报可能相应减少,这引发了一个关键问题:稀释资本家的激励是否会削弱他们的动机、权力和权威?有些经济学家对古典企业剩余索取权和剩余控制权之间的关系进行比较,认为员工持股实际上将"中心签约人"的权利分散到多人手中,但由于集体行动问题,持股职工的决策效率可能下降。因此,尽管员工持股在一定程度上可能改善个人激励,但同时可能降低决策效率和监督效率。出于这个原因,在美国大多数有员工持股的企业中,职工只能分享利润,而无权参与企业的控制与管理。此外,员工持股的数量通常受到限制,在上市公司中,通常不超过公司总发行股份的20%。

最后,经济学家发现员工持股的目的直接影响企业的经营结果。例如,美国学者莫尔丁(Mauldin)的研究表明,发行职工股份的原因各不相同,可以是为企业筹措资金,抵御公司被接管,或是作为职工福利项目和退休基金的一部分,或是为了激励职工、增强责任感。但并非所有的员工持股都能产生促进企业生产率提高的效果,不同目的的员工持股在激励作用上存在差异。在大多数情况下,员工持股具有强烈的福利含义。

这些研究结论对于考虑中国大型国有企业是否推行员工持股制度具有重要参考价值。新的理论框架帮助我们判断在特定行业结构、经营状况和公司文化下,通过员工持股是否能有效促进生产率提升,而不是仅仅出于良好意愿而推行员工持股制度。这种深入思考对于实施改革是至关重要的。

(二)员工持股的国际经验

在企业进行员工持股安排的时候,一个非常具体的问题就是怎样恰当地设计员工持股的实施计划,以及怎样对出售的股份定价。1997年,法国电信在其私有化的过程中,建立了员工持股制度。由于法国电信的规模和国有性质,因此其做法对我国很多大型国有企业可能更有借鉴意义。

法国电信于1997年进行了私有化,引入私人投资并改革了公司的治理结构。在这个过程中,为了平衡私有化带来的变革,同时激励员工积极参与公司的运营,该公司决定引入了员工持股制度。然而,在操作过程中,公司面临一系列问题,需要谨慎解决:(1)股份比例问题。公司需要确定职工应该持有多大比例的企业股份。这涉及如何平衡职工的激励和公司整体的股权结构,以确保股份比例既能激励职工,又不会削弱私人投资者的权益。(2)参与职工选择。公司需要决定哪些职工应该参与持股计划,以及如何激励那些可能不愿意参与的职工。这可能涉及设计激励机制,如股票奖励或特殊福利,以促使更多职工积极参与。(3)持股期限问题。确定员工持股的期限是一个关键问题。公司需要考虑持股期限的合理性,以及如何确保职工能够在一定时间内实现预期的激励效果。(4)定价平衡问题。在向职工出售股份时,公司需要平衡职工和企业股东的利益。合理的股价既要让职工能够参与,又要保护企业股东的权益,这可能需要考虑市场条件和公司的价值。解决这些问题,需要对职工是如何看待持股这件事的心态进行分析。

在1997年,法国电信面临一个具有挑战性的情境:仅有8%的法国人直接持有股票,这意味着个人投资者在股市方面的经验相对有限。这一点使得出售股份时遇到了一些困难。同时,许多在法国电信工作的员工已拥有多年的公务员身份,这使得他们对风险持有强烈的规避态度。这种风险规避意识导致员工对于购买公司股票并不怎么积极,除非能够获得相当大的折扣。

然而,法国的私有化法律规定股票价格折扣上限为20%。因此,仅仅通过大幅降低价格来吸引员工购买股票并不可行。员工所持股票的价格最低只能是对外发售价格减去20%的折扣。在这种情况下,管理者们必须寻找创新的方法来设计一个合理的持股计划,既不违反法律,又能为员工带来实质性的利益。

经过反复研究和深思熟虑,法国电信确定了员工持股的总比例为10%。这一决定旨在私有化过程中引入私人投资的同时,确保员工积极参与公司的治理和运营。然而,在设计和实施员工持股计划时,公司面临了一系列挑战,这些挑战需要精心的策划和考量。

为了在维持法国电信的私有化改革的同时激励员工参与公司运营方面取得平衡,公司制定了五项原则作为指导方针:(1)利益集中原则。法国电信设定使员工最初投入的几千法郎投资能够产生实质回报,确保员工在初期投入时获得合理的利益。(2)资金筹集支持原则。为了帮助员工筹集购买股票所需的资金,公司制定了优惠的支付条款以及提供贷款计划的方式,降低了员工参与的经济门槛。(3)多样选择原则。为满足不同员工的需求,公司提供了多种购买股票的方案,同时允许员工在多个计划之间进行选择,以便更好地适应不同的个人情况。(4)长期持股激励原则。通过提供长期持有股票的激励,公司鼓励员工形成稳定的股东基础,从而实现长期的经济回报和治理参与。(5)自由和保密原则。尊重每个员工的选择自由,同时确保所有交易保持机密,保障员工在参与过程中的隐私权。

基于这些原则,法国电信为员工制定了四个购买股票的方案。这些方案的设计旨在平衡法律规定的折扣上限和员工获得更大利益的目标:(1)初始购股计划。这个方案的重点是为了吸引那些初次参与的员工。员工可以通过较低的价格购买公司股票,从而使他们的初始投资能够获得实质的回报。这种设计有助于激励新参与者,帮助他们从股权持有中获益,同时降低了他们进入股权市场的门槛。(2)递增持股计划。为鼓励员工长期持有股票,递增持股计划的设计是根据持有时间的延长而提供更大的折扣。随着员工持有时间的增加,他们可以更低的价格购买股票,从而激励员工稳定持有股权,分享随时间增值的回报。(3)长期购股计划。长期购股计划旨在奖励那些持续投资并决定长期持有股权的员工。公司为这些员工提供了更低价格的股票购买机会,以便他们能够享受更大的经济回报,同时鼓励他们在公司治理中发挥积极作用。(4)股票期权计划。类似于股票期权,这个方案允许员工以一定费用购买股票期权,这些期权包含了保底的收益以及潜在的股票升值利益。这个方案的设计使员工能够在一定程度上减少风险,同时有机会从股价的上涨中获益。

这四个方案的制定旨在通过不同的折扣和奖励机制,满足不同类型的员工需求。通过逐步延长持有期限和提供更低的购股价格,公司鼓励员工实现长期持有,从而稳定地参与公司治理和发展。此外,股票期权计划还为员工提供了一种更具灵活性的选择,同时确保了保底收益与潜在升值回报的平衡。这些方案的综合设计有助于平衡员工和公司的利益,促进股权持有的参与和长期发展。

(三)我国的员工持股经验

我国员工持股制度的实践始于20世纪80年代中期。起初,这一制度主要在一些集体企业和中小型国有企业中得以实施,通过员工持股会来代表职工持有公司股份。然而,在80年代末到90年代末的约10年时间里,随着证券市场的迅速发展,出现了以上市为目标的员工持股热潮。

这股热潮紧密跟随着证券市场的蓬勃发展。深圳市在国有企业中最早进行了这方面的探索,于20世纪80年代末明确规定"允许企业将一部分国有股权出售给个人",从而建立了员工持股制度。随后,上海等城市的企业也开始类似的实践。为了规范全国范围内的改革实践,国家体制改革委员会和国务院证券委员会分别在数个文件中做出了规定:对于采取定向募集方式设立的公司,经批准可以向内部员工发行不超过总股本20%的股份。之后,这个比例被下调至2.5%,并规定这部分股份在配售后满3年方能上市转让;对于采取社会募集方式设立的公司,职工认购的股份不得超过向社会公开募集股份总数的10%,并明确这部分股份在公司股票上市后的6个月内可以上市转让。

鉴于上市转让带来的巨大收益机会,以定向募集方式设立的股份公司数量在1992年之后急剧增加,其中大多数设有内部职工股。据不完全统计,当时发行内部职工股的各类公司达到上万家。员工持股的主要动机是有望在未来实现上市,而上市则预示着股票可能获得数倍甚至数十倍的收益。因此,在这个时期,内部员工持股的发行实际上是集资和市场套利冲动的结合。公司领导向职工发行内部职工股来集资,同时也向职工承诺一旦成功上市,将获得巨大的回报。

然而,由于内部职工股发售过程中存在套利倾向,并且发行过程中存在各种不规范的做法,国家体制改革委员会于1994年底发布了《关于立即停止审批定向募集股份有限公司并重申停止审批发行内部职工股的通知》,从而基本上叫停了内部职工股的发行。尽管如此,在已获准上市的企业中,仍有一部分股份是定向发售给公司职工的。

1996年12月26日,中国证监会就这部分股份做出规定,要求"从新股发行之日起,期满三年方可上市流通"。而在1998年11月25日,中国证监会发布了《关于停止发行公司职工股的通知》,此举标志着自此之后,不再有任何形式的内部职工股新发行。除了先前经批准已经发行的员工持股外,职工通过持有公司股票获得利益的渠道已被彻底关闭。

中国上市公司中的员工持股行为在很大程度上是为了通过交易获取溢价收益。尽管如此,中国证监会对员工持股期限的硬性要求使我们仍然可以考察在持股期间内持股是否对公司的业绩产生激励效果。过去的一项研究采用了数量方法,分析了上市公司自成立以来第二年、第三年和第五年的内部员工持股数量与公司财务业绩、市场表现之间的关系。这项研究发现,拥有内部职工股的公司在财务业绩方面明显优于没有内部职工股的公司。此外,内部职工股的比例与公司的财务业绩之间呈显著正相关关系。这个发现在一定程度上说明了"员工持股对公司业绩存在一定的激励作用"。

然而,该研究也揭示了一个重要现象,即在内部职工股上市流通后,曾经发行过职工股的公司在财务业绩和市场表现上都显著优于从未发行过内部职工股的公司。这从另一个角度印证了莫尔丁在1999年提出的"员工持股的目的决定激励效果"的理论。我国上市公司发行内部职工股,很大程度上是为了让职工通过上市交易实现获利。因此,员工持股对企业长期业绩的持续改善的激励效果并不显著。

针对上市公司之外的国有企业,典型调查显示,实行员工持股制度仍然面临一些困难。首先,职工出资能力与企业实际资产规模之间常常存在巨大差距。职工出资能力往往不足以购买公司资产净值的一个百分点。即便是希望达到员工持股10%的目标,出资额也可能高达天文数字,这使得职工难以承担。同时,现有的国有资产管理体系不允许过多折价出售资产,这导致许多企业虽有意建立员工持股制度,但难以实行。有些企业曾提出"用股份买断工龄,减少企业冗员"的方法,但因涉及国有资产违规处理的可能性而未能付诸实践。其次,风险问题仍然是许多企业推行员工持股制度的主要障碍。由于中国目前正处于社会经济剧烈变革时期,企业经营状况波动剧烈。在这种情况下,如果职工将多年积蓄用于购买企业股份,在企业经营不佳时就可能导致职工巨大的财富损失。

此外,已建立员工持股制度的企业中,职工与管理者在决策过程中存在矛盾,这直接威胁到员工持股制度的长期有效性。例如,某国有企业通过改制建立了员工持股制度,员工持股总比例超过50%。然而,管理者如今所要做的是努力将员工持股比例降至50%以下。为什么?因为在该企业内,所有管理者想实现的目标都无法实现,职工希望企业能够减少投资、增加分红,所有带有风险的事情在股东大会上几乎无法通过。

总之,关于员工持股制度的理论、国际经验以及我国的实际情况都明确告诉我们,员工持股是一把"双刃剑",只有结合企业的实际情况,才能达到预期的效果。这一点,无论是企业还是负责国有资产管理的部门,都必须特别注意。自2014年首次发布《关于上市公司实施员工持股计划试点的指导意见》以来,推行员工持股计划的上市公司数量在2015年激增。然而,截至2019年,A股市场上员工持股计划的推行速度已逐渐趋于平稳。

请用手机微信扫二维码,学习"知识扩充"。

员工持股计划——科技型企业的激励新选择

三、内部人持股与公司绩效的关系

1932年,伯利和米恩斯在他们的著作《现代公司和私有财产》中,阐述了著名的"两权分离"命题,揭示了这一分离现象必然导致公司管理者与外部股东之间潜在的利益冲突。为了有效地约束和监督管理者的行为,在一定程度上解决代理问题,公司治理机制的研究近年来备受关注。在这一背景下,内部人持股作为一种重要的机制,受到国内外学者广泛关注。尤其引人瞩目的是,学者们广泛讨论了内部人持股与公司绩效之间的关系。

(一) 内部人持股"无关论"

首次引入内部人持股与公司绩效关系问题的是美国经济学家德姆赛茨和雷恩。他们在1985年合作发表于《政治经济学杂志》上的文章《所有权结构:原因与结果》中,明确界定了这一问题,开创了一个全新的研究领域。这篇文章直指著名的伯利和米恩斯命题,并通过实证研究揭示了不能支持该命题的证据。

伯利和米恩斯1932年列举了关于美国大型上市公司"股权分散化"的观察结果,以及关于"所有权与控制权分离"的论断。他们主张,由于股权分散在众多股东手中,股东难以有效监督经理人,而经理人的利益与股东的利益并不一致,因此在缺乏监督的情况下,掌握公司控制权的经理人可能将公司资源用于满足个人利益,而不是用于最大化股东价值,从而导致公司价值下降。伯利和米恩斯的观点隐含了股权结构与公司价值之间的负向关系:股权分散越严重,股东监督经理人的能力越弱,公司价值越低。他们认为,股权分散将严重威胁私有财产的社会功能,破坏资源配置的最大化效率原则。

在伯利和米恩斯的命题被提出后,它在很长一段时间里令几乎所有在现代公司内部委托代理关系和经理激励问题上进行研究的人都自发接受了这一逻辑起点,没有人曾经对此质疑。而后,德姆赛茨(1983)提出企业的所有权结构可能是企业最大化其收益的内在结果,他主张所有权结构是竞争选择的内生结果,涵盖了各种成本和优势的平衡,从而形成了均衡的企业组织。随后,在德姆赛茨和雷恩于1985年发表的论文中,他们以实证分析的方式进一步探讨了所有权结构的多种因素。德姆赛茨和雷恩的研究为这一观点带来了新的视角。他们的研究揭示了一些与伯利和米恩斯观点不同的现实情况。

在他们看来,也许现代公司的股权真的被分散化了,但为什么会出现所有权的分散化,其原因并不是非常清楚的。不能说清楚股权分散化的原因,也就不能简单地说,分散股权结构一定和职业经理的低效率行为相联系。德姆赛茨和雷恩所隐含的一个问题是,难道股东都是傻瓜,会甘愿保持一个分散的股权结构,而忍受职业经理人的剥夺?

德姆赛茨和雷恩的研究讨论了可能影响公司所有权结构的四个主要因素:(1)公司的资产规模;(2)对公司实施控制的潜在收益(Control Potential);(3)行业的竞争程度(是否处于管制行业和金融行业);(4)控制公司是否会为控制者带来其他好处(如媒体和体育产业中的公司,控制者在个人声誉等方面的非货币收益)。结果发现股权分散程度背后存在决定性因素,股东不会随意"股权分散化",也不会放弃对公司的控制,即公司的会计业绩与股权集中程度之间没有直接关联,难以找到支持伯利和米恩斯命题的显著证据。具体而言,如果伯利和米恩斯命题成立,则意味着股权分散程度越高的公司,职业经理人对公司的控制程度越大,越容易出现"离心离德效应",从而导致公司业绩下滑。然而,德姆赛茨和雷恩的研究发现股权集中程度与公司会计业绩之间并没有统计上的关联。结合他们之前关于所有权决定因素的研究结果,这表明不能简单地从美国大型公司的"股权分散"证据中直接推断"所有权与控制权分离导致职业经理人低效行为增加"的结论。他们在这项研究中所发现的业绩与股权之间的缺乏直接关系,也被视为"无关论"的代表证据。

德姆赛茨和雷恩的研究工作具有开创性,此研究突出了内部人持股作为一种公司治理机制,可能对解决代理问题和提升绩效产生积极影响。这为我们提供了深入理解内部人持股与公司绩效之间关系的机会。

(二) 不同形式的"有关论"

相较于德姆赛茨和雷恩的发现,20世纪80年代后期涌现的另一个重要观点是"有关论"。这一观点有两个主要代表:首先是莫尔克(Morck)等在1988年的研究,他们发现公司的所有权结构(主要以内部人持股比例为指标)与绩效之间存在显著的统计关系,呈现一种分段线性函数的模式;另一个是麦康奈尔(McConnell)和瑟韦斯(Servaes)在1990年的研究,他们同样发现公司股权结构与绩效之间存在统计关系,但这种关系呈现二次函数的模式。

莫尔克等人在1988年的研究使用了1980年《财富》500强中的371家公司样本。他们以董事会成员总持股比例来衡量内部人的所有权(反映股权结构特征),以托宾Q来描述企业绩效,以此探究股权与绩效之间的关系。基于数据特点,莫尔克等人将董事会持股比例划分为0~5%、5%~25%和大于25%三个区间,并运用分段估计方法进行计量研究。回归结果表明,在董事会持股比例在0~5%时,公司绩效与内部人持股呈正相关关系;然而当持股比例在5%~25%时,公司绩效随着董事会成员持股比例增加而下降;而当董事会成员持股比例超过25%时,公司绩效再次呈现正相关关系。

莫尔克等学者发现,公司内部人(董事会成员)持股与公司绩效存在关联,且这种关联受到两种效应的共同影响,从而对公司绩效产生影响。首先,一致效应(Alignment Effect)。这一效应意味着内部人持股会激励董事们,使其利益与股东保持一致,从而降低代理成本,对公司绩效产生积极影响。其中,董事们持股比例越高,激励作用越大,公司业绩也会相应提升。其次,分离效应,或称为离心离德效应。具体而言,当董事会成员持股处于特定范围时,他们可能有更多的控制权,进而可能将公司资源用于个人利益,即便这可能损害股东的利益。这个分离效应的描述实际上延续了詹森和梅克森(Jensen and Meckling)于1976年的论点。所以在莫尔克等人看来,内部人持股对公司绩效的影响是这两种效应共同作用的结果。当一致效应占主导地位时,董事会成员的持股增加将带动公司绩效提升。相反,当离心离德效应成为主导因素时,董事会成员持股增加会导致公司绩效下降。根据计量检验的结果,莫尔克等学者得出结论:在0~5%的持股范围内,董事会成员持股产生一致效应,促使内部人努力最大化公司价值;一旦持股超过5%,离心离德效应就开始占主导地位,董事们的持股可能导致他们巩固在公司内部的地位,进而更容易操纵公司资源以符合个人意愿;而当董事会成员持股超过25%后,一致效应重新占据主导地位,使得公司绩效又随持股比例增加而提升。莫尔克等人的这一发现为绩效与股权结构之间的关系带来新的视角。

上述这些研究确立了莫尔克等人的研究工作在学术发展中的重要地位,被认为是"有关论"的代表性工作。[①] 麦康奈尔和瑟韦斯在1990年的研究也得出了类似的结论,他们提出,在研究公司的股权结构与业绩之间的关系时,不能将所有股东视为同质的,而应区分不同类型的股东群体。他们主张将股东分为四类:内部人持股、分散的小股东、大股东和机构投资者。他们的研究重点是探讨内部人、大股东和机构投资者这三类股东的持股比例与公司绩效之间的关系。结果发现了显著的非线性关系:在0~5%的内部人持股比例区间内,与公司绩效存在显著的正相关关系,与莫尔克的结论一致;在5%~25%的区间内,关系依然为正,但与莫尔克的结论相反;而当内部人持股比例超过25%后,相关系数接近于零。随后,麦康奈尔等学者只使用大公司样本再次进行回归分析,但仍未能得出莫尔克等人的结论。这与只考虑内部人持股时的结果相似。因此,麦康奈尔等提出了一个进一步的推测:大股东可能与内部人一起联合控制公司。显然,尽管在所有权结构与公司绩效的具体关系上存在一些差异,但麦康奈尔等的研究结果明显支持了公司的所有权结构与绩效之间是"有关"的,而不是像德姆赛茨所言的"无关"。这也证实了伯利和米恩斯的命题正确,以及为公司内部人设计激励机制的必要性。同时,这些研究也进一步揭示了股权结构与公司绩效之间的复杂互动关系。[②]

请用手机微信扫二维码,学习"知识扩充"。

"内生论"与研究的新阶段

(三)我国管理者持股与公司绩效

在我国的企业环境中,经理们拥有的股权往往是有限的,而且有些公司的经理甚至拥有的股权数量微乎其微。就连在上市公司中,股票经理期权的激励机制也存在严重不足。在这种情形下,资本结构对股权激励机制的调节作用变得不明显。当经理们几乎没有股权激励时,资本结构的变化无法有效调控股权激励机制。这导致了经理们主要从资源控制收益和在职消费中获取回报,尤其是在工资和奖金等激励措施不足的情况下。这种情况将增加代理成本发生的概率。

---

① 莫尔克等人在1988年的论文中还使用相同的研究数据按照德姆塞茨和雷恩在1985年论文中使用的方法进行了线性回归,结果发现了与后者相同的结论。因此,Morck等人怀疑德姆赛茨和雷恩的"无关论"可能是由于他们使用了错误的估计方法所致。

② 莫尔克等人和麦康奈尔等人的研究也在学术研究的领域留下了一个历史难题。接下来的几乎十年中,许多学者尝试使用不同的样本进行类似的统计检验,试图为这个问题提供更有力的证据和结论。例如,霍尔德内斯(Holderness)等在1999年发表的论文就是一个典型案例。在这项研究中,他们采用了两个样本,一个涵盖了1935年1 236家上市公司,另一个包括了1995年3 759家上市公司。采用相似的分析方法,对1935年样本进行的回归得出了较接近莫尔克等人结果的结论。然而,对1995年样本的回归结果与1935年样本存在较大差异,尽管各个区间的回归系数在方向上与莫尔克的结果一致,但只有一个系数通过了显著性检验。

缺乏有效的经理股权激励机制以及其他激励手段的不足，使得经理们倾向于以资源控制收益和在职消费为主要收益来源。这可能导致经理们不受限地进行借债，以扩大企业规模，从而增加资源控制收益和在职消费。此外，在国有企业或国有控股企业中，经理的任职时间往往受政府干预和年龄影响，因此，他们倾向于在任职期间内不考虑后果地扩大企业的债务规模。这两个因素不仅是我国公司代理成本上升的因素，而且是我国公司高资产负债率的主要原因之一。

本章小结

1. 公司治理激励制度应该设计合理的薪酬体系，包括基本薪资、奖金、股权激励等，以激发员工的积极性和创造力，并与公司绩效和长期股东利益相挂钩。

2. 为了促使管理层和员工与公司的长期利益保持一致，公司治理激励制度应该包括长期激励计划和股权激励计划，使其与公司的长期战略和股东价值创造相契合。

3. 股票认购期权，是最常见的高管人员长期激励性报酬形式。

4. 能否准确地设定业绩目标，是建立激励机制并使之发挥作用的前提。要保证企业的激励和约束机制有针对性，就必须首先明确经理的工作目标。

5. 公司治理激励制度应该考虑多元化和包容性，确保激励机制公平、公正，并充分考虑性别、种族、年龄等因素，避免歧视和不平等待遇。

6. 股东来自股权收益的压力，所形成的监督公司经营过程的冲动和努力，是一切公司治理机制的基础。没有股东的关键性努力，任何治理机制的有效作用都是不可想象的。所以，内部人持股，是为了构建产权层面的动力。内部人持股，包括让经营者持股和让员工来共同持股。

7. 公司治理激励制度需要遵守相关的法律法规和监管要求，确保激励机制的合规性和合法性，避免激励机制产生不当行为和违规操作。

练习题

1. 在设计股权激励方案时，公司应如何确保激励措施与公司的长期目标和利益相一致？
2. 长期激励机制对于吸引和留住优秀人才非常重要。在设计长期激励机制时，公司应如何平衡风险和回报，以确保员工的激励与公司的长期成功相一致？
3. 如何提高公司治理中激励方面的透明度，以建立员工对于激励方案的信任和理解？
4. 在股权激励方案中，如何平衡员工个人利益与公司整体利益之间的关系？
5. 激励方案是否应该考虑员工的多样性和包容性，以确保公平和平等的激励机制？
6. 在公司治理中，如何确保激励方案能够激励员工更加积极地投入工作，为公司的长期增长和创新做出更大的贡献？

关键术语

经理人激励　激励性报酬　股票期权　内部人持股　经理人持股　员工持股　限制性股票　股票升值权　递延与长期激励

结篇案例

1.5亿美元"铐"两高管：谷歌反"挖角"Twitter

据美国 Fortune 统计，目前在美国排名千位的公司中，有 90% 的公司对管理人员实行了股权激励。而将这一激励方式的运用演绎到极致的非谷歌（Google）莫属。据外媒报道，为防止两名核心产品高管被推特（Twitter）"挖角"，谷歌向他们提供了高达 1.5 亿美元的股权奖金，并限制他们分别在 2 年和 3~4 年后方可兑现。

为防止高管或核心技术人员的跳槽，公司往往会不惜血本挽留他们，否则这些要员被竞争对手"挖角"后，公司可能面临更为高额的成本。目前，对公司要员们实施股权激励的方式备受资本市场的推崇。公司坚信，只要为要员们戴上"金手铐"，就能行之有效地将他们与企业捆绑在一起，但"金手铐"未必万无一失。

"金手铐"有风险。作为处理人力资本与物质资本对立矛盾的方式，股权激励可以形成员工与股东之间共担风险的机制，是一种有效的激励手段。目前谷歌这两位重要的产品开发人员也欣然接受了公司提出的条件。股权激励的主要好处就是吸引并留住人才，尤其是企业核心与关键性人员，通过股权激励将员工与企业捆绑在一起，形成双赢的效果；另外还能提高效率与企业业绩，解决委托代理问题。但对于员工个人来说，股权激励既是动力，又是压力。它可以促使员工对企业更加尽心尽责，自觉地提高工作水平和效率，并减少短视行为，以提高企业的业绩，但通常只有类似企业创始人级别的人才能获得如此高额的奖励。年初谷歌宣布给 4 月卸任 CEO 并继续担任执行董事的埃里克·施密特（Eric E. Schmidt）授予 1 亿美元的股权奖励。而《华尔街日报》的调查显示，给在位 CEO 规模最大的奖励，是 2008 年 8 月摩托罗拉给时任联席 CEO 桑杰·杰哈（Sanjay Jha）价值 1.03 亿美元的奖励。

资料来源：郑爽.1.5亿美元"铐"两高管：谷歌反"挖角"Twitter[N].第一财经日报,2011-04-12(C02).

案例思考题：

1. 为防止两名核心产品高管被 Twitter "挖角"，谷歌向他们提供了高达 1.5 亿美元的股权奖金。谷歌的"金手铐"是否存在一些潜在的风险？

2. 如今对公司要员的"挖角"往往防不胜防，也是必然存在的一种现象，如谷歌、推特、脸书等高科技巨头公司，人才争夺战异常激烈，那么公司如何能更好地留住重要级别的员工，如何尽可能地减少"挖角"带来的影响？

参考文献

[1] 曹郑玉,叶金福."全新型国有企业"高管激励与公司绩效关系的实证研究[J].经济与管理研究,2007(12):36-39.

[2] 贾鲜凤,田高良.高管薪酬激励、代理成本与企业社会责任[J].财会通讯,2019(33):15-19.

[3] 姜付秀,肯尼斯·A.金,王运通.公司治理：西方理论与中国实践[M].北京：北京大学出版社,2016.

[4] 李维安等.公司治理教程[M].上海：上海人民出版社,2002.

第六章　激励机制设计

[5] 李维安等.公司治理学[M].北京：高等教育出版社,2020.

[6] 李维安,刘绪光,陈靖涵.经理才能、公司治理与契约参照点——中国上市公司高管薪酬决定因素的理论与实证分析[J].南开管理评论,2010,13(2)：4-15.

[7] 李新春,杨学儒,姜岳新,等.内部人所有权与企业价值——对中国民营上市公司的研究[J].经济研究,2008(11)：27-39.

[8] 梁上坤,李炟博,陈玥.公司董事联结与薪酬契约参照——中国情境下的分析框架和经验证据[J].中国工业经济,2019(6)：154-172.

[9] 鲁海帆.内生性视角下高管层薪酬差距与公司业绩研究[J].软科学,2009,23(12)：22-29.

[10] 宁向东.公司治理理论[M].2版.北京：中国发展出版社,2006.

[11] 申明浩.治理结构对家族股东隧道行为的影响分析[J].经济研究,2008(6)：135-144.

[12] 苏奕婷,王彦勇.高管薪酬激励决定因素与效果研究[J].东岳论丛,2020,41(12)：156-167.

[13] 王华,黄之君,经营者股权激励、董事会组成与企业价值——基于内生性视角的经验分析[J].管理世界,2006(9)：101-116.

[14] 徐宁,王帅.高管激励与技术创新关系研究前沿探析与未来展望[J].外国经济与管理,2013,35(6)：23-32.

[15] 张烨,姜海月.股权集中度与公司绩效关系研究[J].中小企业管理与科技(上旬刊),2015(8)：26-28.

[16] 张银杰.公司治理——现代企业制度新论[M].上海：上海财经大学出版社,2022.

[17] Demsetz H, Lehn, K. The structure of corporate ownership: Causes and consequences[J]. Journal of Political Economy, 1985, 93(6)：1155-1177.

[18] Fama E F. Agency problems and the theory of the firm[J]. Journal of Political Economy, 1980, 88(2)：288-307.

[19] Fama E F, Jensen M C. Separation of ownership and control[J]. Journalof Law and Economics, 1983, 26(2)：301-325.

[20] Hart O D. The market mechanism as an incentive scheme[J]. Bell Journal of Economics,1983,14(2)：366-382.

[21] Holderness C G, Kroszner, R S, Sheehan D P. Were the good old days that good? Changes in managerial stock ownership since the great depression[J]. Journal of Finance, 1999, 54(2)：435-469.

[22] Jensen M C, Meckling W H. Theory of the firm: managerial behavior, agency costs and ownership structure[J]. Journal of Financial Economics, 1976, 3(4)：305-360.

[23] Larcker D F, Tayan B.. Culture, incentives, and information: comparing traditional and modern performance measures[J]. Stanford Closer Look Series, 2018.

[24] Morck R, Shleifer A, Vishny R. Management ownership and market valuation: an empirical analysis[J]. Journal of Financial Economics, 1988, 20(2)：293-315.

[25] Ross S A. The economic theory of agency: The principal's problem[J]. American Economic Review, 1973, 63(2)：134-139.

第七章
负债经营与股利政策

全章提要

概要
案例导读
● 第一节 负债经营
● 第二节 股利政策
本章小结
练习题
关键术语
结篇案例
参考文献

概要

1. 负债经营对公司治理的影响是什么？

公司和外部投资者往往存在着信息不对称，公司管理层掌握公司更多私有信息。当债务违约的成本较高时，公司进行偿付的能力越强，公司价值越高，负债可作为一项向市场传递公司价值的可靠信号，债务违约允许债权人对公司进行强制清算，这对管理者起到了约束作用。

2. 股利政策对公司治理的影响是什么？

公司发放现金股利将减少管理层可支配的公司资金，给管理层带来压力，迫使管理者在投资时进行外部融资，这将有利于股东获悉公司获取资金的用途，抑制管理者的非效率投资，进而降低公司的代理成本。

3. 负债经营与股利政策在中国的实践效果如何？

由于中国的制度环境、法治环境不健全，控制权市场和经理人市场发展薄弱，因此无论是负债还是股利政策，在解决公司内部代理问题方面的作用均非常有限。

案例导读

中远海控："周期之王"的分红风波

2022年6月8日，中远海控发布2021年年度报告。报告显示：公司2021年度实现归属于上市公司股东的净利润892.96亿元，在弥补以前年度亏损，并计提法定公积金后，合计派发现金红利139.32亿元。虽然部分中小股东不满此次的分红方案，但是15.60%的分红率已经成为定局。在中远海控的管理层看来，自从2020年"新冠"肺炎疫情暴发后，国际及专项市场运价暴涨给公司带来异乎寻常的利润背后，是一个难以复刻的经济现象。公司为了保障未来的长远发展，需要攥紧自己的资金口袋。

在中远海控的中小股东看来，"中远海控已经是很优秀的企业了，能抓住大机会，赚了这么多钱，我们挺佩服的，它是我在A股里重仓的三大股票之一。但我认为他可以做得更优秀。"公司投资者说："我们知道，议案全部通过是大概率事件。但我们中小股东还是要联合起来，准备投出反对票，发出自己的声音，若能促使公司管理层重视我们的诉求，未来变得更加优秀，我们这番辛苦也是值得的。"在分红风波的旁观者看来，中远海控的中小股东主张提高分红率的目的并不在于得到公司更为丰厚的现金红利，而是希望通过公司的高派现来达到推动股市，从而助力股价上涨的目的。中远海控的部分中小股东可以借机逢高派发，从而完成一次短线炒作，但是这种短线炒作与公司的长远发展相比显得微不足道。

资料来源：https://www.ChinaCases.Org，中国工商管理国际案例库。

公司治理是为了确保投资者获得其投资收益而进行的机制设计。恰当的投资与融资政策还可以缓解委托代理问题,提高公司治理水平,实现企业价值的最大化。在西方,债务和股利政策被视为减少内部人可以支配的现金和企业资源以及减轻内部代理问题的两种主要手段。

第一节　负债经营

一、MM融资理论

公司获得外部融资主要有两种途径:股权融资和债务融资。MM融资理论主要是Modigliani和Miller(1958)提出的理论假说,他们认为,在完美的资本市场(完全信息、无税收、无破产成本、无交易成本或契约成本)中,公司资本结构与公司价值之间没有任何关系,这是因为公司融资决策不会影响其投资决策。从那时起,许多研究试图放宽严苛的假定,为债务融资提供一个合乎逻辑的解释。早期的研究侧重于放宽"无破产成本、无税收"的假定,认为负债一方起到税盾作用,有利于企业价值的提高;另外,巨额的债务也会引发企业的破产风险,使企业陷入财务困境、破产成本不断上升。因此,企业应当选择负债水平,使其自身的价值最大化。

后续的学者们更多地关注放宽企业融资不影响公司投资决策这一假设,认为债务融资不仅会引发资产替代、投资不足等代理成本,而且会扭曲公司投资决策,不利于企业价值最大化。同时,债务融资具有一定的治理功能,可以有效约束管理层的机会主义行为,传递公司信息,甚至可以约束控股股东对公司利益的侵占。因此,债务契约既是一种重要的融资方式,又是一种非常重要的公司治理方式(Williamson,1988)。

二、负债的公司治理效应

（一）负债的治理机制

负债的治理功能取决于负债的支付结构。与股权融资不同的是,债务融资需要企业定期还本付息,一旦公司无力偿付,形成违约,债权人就可以强制对公司进行清算,以弥补债权人的损失。公司管理者也会因失去工作而失去与工作相关的其他利益,如在职消费、声誉等。这就使得公司的经营管理人员承担了较高的负债成本。它还是一种"定期还款"的支付方式,可以传递企业信息,缓解企业内部的代理问题。

首先,负债融资能够传递公司信息。公司与外部投资者之间存在着信息不对称,公司的管理层拥有更多的公司内部信息。当债务违约的成本较高时,公司偿付的能力越强,公司的价值也就越高,负债可以作为向市场传递公司价值的可靠信号,纠正证券的错误定价。债务违约允许债权人强制清算公司,从而约束管理者。同时,债务还可以起到信息传递的作用。其一,由于债务需要每一期偿还,因此,这种偿还行为是对投资者的一种信号。其二,当企业出现违约时,企业管理层为了避免清盘,或者通过私下沟通,或者通过正式的破产程序,向债权人提供了大量的公司内部信息。而投资人则利用债务提供的有关公司未来前景的信息,以决定是否清算该公司。因此,当投资人感觉到管理层行为与经营策略存在不确定性时,可以借由举债来获取足够的信息,进而获得经营策略话语权。公司的最优债务水平是为了限制管理者的机会主义行为,也是为了降低企业的信息价值和负债所导致的调查成本(Harris and Raviv,1990)。

其次,负债能够起到约束管理层机会主义行为的作用。Grossman 和 Hart(1982)首先提出债务融资比股权融资更能激励管理者。这一现象源于债务融资的"绑定效应",即在企业破产时,管理层也会面临失业,因此,管理层往往通过举债的方式"绑定"自己的利益和公司(股东)的利益。当公司开始举债时,这也意味着其管理人员会更努力工作,以提高公司价值。Jensen(1986)的"自由现金流假设"也强调负债约束管理者的机会主义行为,即拥有大量自由现金流的企业,往往存在着较为严重的代理问题,经理人为了一己之私,有极强的动机与能力去过度投资和建立帝国。由于负债要求公司支付一定的利息,因此减少了公司的自由现金流,抑制了公司的机会主义行为。

但并非所有的债务都会对管理层产生同样的影响,由于负债对管理层的压力来自每一期的还款和支付,因此,在不同的时期,负债对管理层的约束作用也不同。Rajan 和 Winton(1995)从长期和短期两个角度出发,认为短期债务需要经常更新,这使得放款人可以对内部人实施最低限度的监督。短期债务会迫使经理们"吐出"现金,这也会使他们失去建立帝国的动机。因此,短期债务已成为一种有效的工具,用来规制内部人的机会主义行为(Stulz,2000)。此外,债务来源不同,对管理者的约束程度也不尽相同。举例来说,在私人债券市场上,由于债权人的高度集中,债权人可以更好地监督公司(Diamond,1989)。同时,由于企业向银行借款的规模一般较大,期限也较长,并且银行具有信息优势、专业知识和专业人才,因此银行能够有效地监督管理者,提高监督的效率(Stiglitz,1996)。

(二) 债务的治理环境条件

当投资者法律保护不健全或者市场机制不健全时,债务不但无法对管理层形成有效的约束,而且可能成为控股股东侵占小股东和债权人利益的工具,从而加剧公司内部代理冲突。在法律制度不完善的国家,控股股东可以通过债务来控制公司,避免公司控制权被稀释(Ellul,2008)。此外,大股东还可能拖延或拒不偿还公司债务,将公司经营风险转嫁到债权人身上(Faccio et al.,2010)。由于国家和地区对大股东的法律保护不够充分,大股东往往采取公司间借贷和关联交易等方式对其实施"掏空",因此,在不具有强制义务的情况下,控股股东利用债务对公司资源进行控制,甚至成为"掏空"公司股东的工具。反之,企业外部环境愈好,企业负债的治理作用愈显著。

债务究竟是起到约束作用,还是起到损害股东利益的作用,这取决于企业的制度环境,如资本市场和银行系统的成熟度,破产法的有效性,控制权市场的活跃度,审计、会计和信息披露的透明度(Day and Taylor,2004)。例如,在投资者保护较为严格的国家或地区,一旦公司出现债务违约,债权人就有能力强制公司进行破产清算,从而对管理层产生破产的威胁;相反地,如果债权人没有能力维护自身利益,企业就不会面临破产风险。同样,活跃的控制市场也会迫使管理当局发行债券以抵御恶意收购(Garvey and Hanka,1999),并减少了它的可支配现金流,这将有利于解决代理问题,并可增强债务的约束效应。此外,信息披露的严肃性有助于发挥负债约束经理的功能。由于会计制度的不透明,小股东对公司的信息知之甚少,从而使小股东更容易被内部股东利用公司的杠杆效应侵害他们的利益(Faccio et al.,2001)。

三、负债的公司治理效应:中国实践

(一) 负债的治理作用

对于债务契约的治理功能,国内学者已有相关研究,部分研究对债务的治理作用有一定的

认同。例如,汪辉(2003)以1998—2000年沪深两市A股为样本,从理论与实证两个方面对上市公司负债与公司治理、市值之间的关系进行了研究。研究结果表明,虽然债务融资所占比例较小,但是其对公司治理的改善和公司市值的提高都有显著的效果。在此基础上,治理水平越高的企业越倾向于采用高负债,而治理水平越低的企业越倾向于避免采用高负债(肖作平,2005)。此后,一些学者开始从债务期限的角度对债务的治理功能进行细化。如肖作平和廖理(2007)从内部治理视角研究大股东、债权人保护与债务期限之间的关系,发现大股东持股比例越大,其短期债务水平越高,对债权人保护越薄弱的法治环境也越有利,从而缓解了股东与债权人的代理冲突。肖作平和廖理(2008)基于2000—2004年中国上市公司数据发现,公司治理水平越高,对内部人(经理/控股股东)的监督越严格,经理离心离德效应越小,对股东机会主义行为的约束越多,对短期债务的使用越少。

表7-1显示了中国上市公司资产负债比率的中位数约为50%,1/4分位数约为1/3。与美国、英国等其他发达国家相比,中国公司负债比率相当高。① 大多数上市公司的债务为短期债务,绝大多数的债务从银行获得。基于公司的高负债比率,我们可能会推测:中国上市公司使用债务作为惩戒经理的机制,公司面临着高破产风险。然而,我们将在后文中进行详细讨论,解释这些推测为什么并不成立。

表7-1 中国上市公司的资产负债率情况

年 份	观测值	1/4分位数	均 值	中位数	3/4分位数
1998	821	0.2927	0.4205	0.4142	0.5351
1999	918	0.2984	0.4380	0.4162	0.5456
2000	1054	0.3043	0.4452	0.4191	0.5484
2001	1129	0.3056	0.4621	0.4351	0.5667
2002	1191	0.3315	0.4790	0.4519	0.5899
2003	1252	0.3456	0.5012	0.4842	0.6216
2004	1342	0.3635	0.5211	0.5050	0.6300
2005	1341	0.3900	0.5508	0.5321	0.6560
2006	1399	0.3954	0.5626	0.5413	0.6581
2007	1503	0.3707	0.5401	0.5162	0.6522
2008	1580	0.3573	0.5326	0.5121	0.6516
2009	1631	0.3433	0.5307	0.5131	0.6672
2010	1856	0.3069	0.4964	0.4800	0.6465
2011	2003	0.2941	0.4835	0.4796	0.6409
2012	2081	0.2993	0.4783	0.4745	0.6393
2013	3869	0.2962	0.4654	0.4556	0.6200

---

① 例如,世界负债比率对比可参见Fan等(2012)。

续 表

年 份	观测值	1/4 分位数	均 值	中位数	3/4 分位数
2014	4 117	0.296 6	0.465 9	0.455 2	0.616 5
2015	4 189	0.273 2	0.441 1	0.426 6	0.587 8
2016	4 465	0.263 3	0.461 2	0.409 9	0.572 3
2017	4 795	0.258 1	0.424 6	0.407 0	0.563 2
2018	5 055	0.270 2	0.440 4	0.417 1	0.570 2
2019	5 090	0.265 2	0.434 8	0.409 5	0.565 2
2020	5 090	0.252 5	0.425 7	0.403 1	0.558 6
2021	5 090	0.252 1	0.420 3	0.404 4	0.561 8
2022	4 263	0.237 3	0.409 3	0.390 8	0.551 7

资料来源：姜付秀，肯尼斯·A.金，王运通.公司治理：西方理论与中国实践[M].北京：北京大学出版社，2016：172.

（二）负债的治理失效

在中国，债务未必能成为一种惩罚机制，因而很难发挥出有效的治理效果。众所周知，债务的公司治理功能是基于这样一种假设，即债务合同的存在以及可靠的破产威胁给予债权人合法的权利，其中包括当企业无法履行债务合同条款时可以获得企业的部分资产或者强制企业破产（Hart and Moore，1998）。因此，债务的治理效果在很大程度上取决于债务契约执行的成本与质量，而债务契约执行又有赖于合适的法治环境、可靠的契约制定以及可信的司法程序（Day and Taylor，2004）。债务的治理失效的原因主要有两个，即破产法实施情况较差以及债权人（如银行）缺乏对公司（负债方）的监督。

首先，虽然中国存在破产法，但是从理论上讲，只要企业不履行债务，债权人就可以通过破产程序强迫企业偿还本金和利息。然而，在中国，由于债权人的权益相对薄弱以及破产程序的执行不力，因此不太可能出现对企业业绩不良的处罚（Allen et al.，2005）。与此同时，为了保证经济发展、就业和维持社会安定（Bai et al.，2000），地方和国家政府为了防止公司破产——特别是大公司和国有企业——会对其进行救助。事实上，中国银行之所以愿意向大型企业、国企放贷，是因为政府"隐性"的"担保"（Jiang et al.，2013）。也正因如此，中国企业破产的案例极少出现。

其次，作为中国公司重要债权人的银行同样缺乏对公司的监督。大量的文献讨论了银行在监督公司管理层方面的重要作用[1]，主要认为，银行本身能够发挥有效的监督作用，特别是在他们是公司主要债权人的情况下。众所周知，中国企业的融资规模远大于证券市场，他们的负债主要来源于商业银行。但一个明显的现象是，这些商业银行多为国有企业，其放贷主体也是国有企业居多，因此造成它们之间缺乏明显的监管。另外，虽然中国银行业近年来发展迅速，但粗放经营的管理问题依然突出，再加上银行进入壁垒降低后，银行业竞争加剧，银行对放款对象的监管动力有所减弱。更重要的是，正如上文所述，政府出于经济发展、保障就业和维护社会稳定的

---

[1] 关于银行监督的经典文献参见 Fama(1985)、Sharpe(1990)和 Diamond(1984,1991)。

考虑,对银行行为进行干预,也弱化了商业银行对公司的监督。这种情境下中国银行不再主动监管企业,即使企业被控制股东"掏空"了,银行也愿意放贷给企业(Qian and Yeung,2015)。

因此,在中国这一新兴市场中,虽然企业以债权融资为主,但由于缺乏对债权人及股东的保护、控制权市场的活跃程度以及银行监管力度的限制,债务对企业管理层的约束作用十分有限,甚至有可能成为控股股东侵蚀债权人及中小股东的工具。在中国上市公司中,控股股东通过增加企业间借款实现了"掏空",企业"掏空"动机越强,即两权分离程度越高的企业,其负债率也就越高。值得庆幸的是,股权分置改革结束后,控股股东"掏空"企业的动力减弱,上市公司的负债比率明显下降(Liu and Tian,2012)。

综上所述,虽然负债可以增强对管理层机会主义行为的约束,减少管理层与股东之间的代理冲突,但是这种约束效应的发挥有赖于对投资者的法律保护和市场机制的完善。对于我国来说,不仅对投资者的法律保护程度不高,而且因为股权结构较为集中,控制权市场不太活跃,银行对公司的监督也十分有限。这些因素的存在使得负债能否起到治理效应值得怀疑,甚至负债本身就是控股股东侵占中小股东利益的一种重要手段。因此,中国只有加强投资者权益保护,完善控制权市场等市场机制,才能充分发挥负债的治理作用。

第二节 股利政策

一、股利政策的重要性

除了债务之外,股利政策也被作为一种机制安排来缓解公司的代理问题,是企业最重要的财务政策之一。所谓"股利政策",不仅是指公司应该将多少现金返还给股东,而且包括了以何种方式返还给股东,如现金股利、股票股利或回购等。与此同时,企业对股利发放的选择也不是任意随机的,而是具有一定的规律性和一致性(Allen and Michaely,2003)。

股利政策的重要性在于它与企业的投资、融资决策密切相关。Miller 和 Modigliani(1961)指出,在完全资本市场中,公司的投资决策是固定的,公司股利的发放与公司的价值没有任何关系。也就是说,只要公司的投资政策不发生变化,无论是发放股利还是把利润留存在公司内,就都不会对公司的价值产生影响。但在现实生活中,由于资本市场是并不完全的,不同股利政策所对应的税负也不一样,同时由于交易费用、管理层与外部股东及债权人信息不对称等原因,股利政策会直接影响企业的投资与融资决策。通过放松"完全契约"假设,将股利政策和公司管理者与投资者(股东和债权人)间的委托代理问题联系在一起,发现股利发放可以抑制管理者的机会主义行为,缓解企业内部的代理问题。因此,股利政策不仅是一种财务政策,而且是一种能起到一定效果的公司治理机制。

二、股利政策的公司治理效应

(一)股利政策的治理机制

从代理成本的角度来对公司股利政策进行解释,公司发放现金股利会减少管理层可支配的公司资金,给管理层施加压力,迫使其在投资时进行外部融资,这有利于股东了解公司获取资金的目的,从而抑制管理者的无效率投资,进而降低公司的代理成本(Rozeff,1982)。

作为股东的非完美代理人,管理层与股东之间存在利益冲突,并以两种类型的代理成本体现出来。一种代理成本就是对经理人员的监督成本。由于"搭便车"的机会主义行为存在,因此股东在监督管理层时必须承担监督成本,但所得到的监督收益只能与所持股权成正比,这就导致了在股东持股不足的情况下,很少有股东能承担得起高昂的监督成本。相反地,当外部管理者可以监督管理者时,股东的财富就会相应地增加。另一种类型的代理成本来自经理人的风险规避。相对于股东而言,经理人的工作与财富都集中在企业内部,因此风险偏好型的经理人往往会选择风险更小、回报更低的投资方式。同时,管理者可以通过对内部融资的持续依赖来降低企业的负债与股本比率,从而降低企业的风险。在一定的负债水平下,债权人预期企业选择最具风险的投资项目,从而提前获得较高的融资成本;而管理者依靠内源融资进行投资,则会损害股东价值,使股东财富向债权人转移(Easterbrook,1984)。

在 Jensen(1986)提出的"自由现金流假说"中,股东和管理者目标的不一致会导致管理者采取有利于自身利益获取,但不利于股东价值的机会主义行为,如过度投资、帝国建设等。特别是,当企业中有大量的自由现金流时,管理者可以控制更多的公司资源,并将更多资源投资在低效项目上。但是,通过发放股利,可以减少管理者可支配的自由现金流,抑制管理者的过度投资行为,减轻公司内部的代理问题。

(二)股利政策与"掏空"行为

控股股东或内部人为获取控制权的私人利益,常常以转让资产、支付超额薪酬等方式"掏空"中小投资者,从而侵犯中小投资者的利益。控股股东为了获得控制权,往往会通过资产转让等手段"掏空"企业,从而减少分红,增加对企业的控制。然而,当投资者能够理性预期到企业被"掏空"时,为了限制企业内部人所能支配的资源,他们往往会要求提高分红率。这或将导致企业股价下跌,从而增加企业融资成本,甚至导致融资困难。因此,企业在进行股利分配时,会对其利弊进行权衡,从而做出股利分配决策(Faccio et al.,2001)。

(三)股利政策与企业生命周期

企业在不同的生命周期阶段,其股利政策表现也不尽相同。DeAngelo 和 Stulz(2006)从企业生命周期视角研究了股利支付对内部代理问题的约束效应。在创业初期,由于内部资金常常不足以满足投资需求,因此公司分红会减少,代理问题也不会很严重;而当企业进入成熟期后,内部资金的数量已经超过了企业的正常投资需求,从而需要更多的股利支付来抑制管理层的无效率投资等私利获取行为。

(四)股利政策与投资者保护

从投资者保护角度看待股利政策与公司治理之间的关系,外部股东在公司治理中所起到的作用有很大的不同。在投资者法律保护较好的地区,小股东可以凭借法律所赋予的权利,迫使公司采取高股利支付政策,以减少公司内部人可支配的现金,比如选举可提供更好股利政策的董事,将股票出售给恶意并购者并以此获取该公司的控制权或对公司进行诉讼等。同时,对投资者的法律保护也提高了公司股权转让的风险性和成本,从而提高了公司股利政策的相对吸引力。所以,当对股东的法律保护更好时,公司就会有更高的股利支付率,从而约束控股股东对中小股东的利益侵占。具体地说,处于普通法国家的企业与处于成文法国家的企业相比,其分红比例较高;此外,在普通法国家中,成长性越好的公司分红越少,这也就意味着,受法律保护的投资者更愿意等待那些投资前景好的公司在将来分红。与此形成鲜明对比的是,在成文法国家,股东得不到充分的法律保护,他们会竭尽所能地获得公司的红利,而不顾公司的投资机会,这也导致了股利政策被视为较弱投资者法律保护的一种替代机制。在投资者法律保护水平较低的国家,股利分配经常被作为一种强制性要求,并以此来保护中小股东不受控股股东或管理者的利益侵占(LaPorta et al.,1998)。

三、股利政策的治理效应:中国实践

股利被认为能够降低公司自由现金流所产生的代理成本(LaPorta et al.,2000)。如果小股东担心公司利润被内部人用于个人消费或者过度投资,则会强制内部人分配利润。但是,从我国上市公司股利分配的实际情况来看,股利分配并没有起到抑制代理问题的作用。主要原因是中国上市公司的股息派发率较低,股息派发金额较低。例如,在2000年,派发股利的企业数量翻了一番以上(1999年有299家,2000年有670家),但派发股利的企业数量的大幅增长只是制度的原因。实际上,中国大部分企业的派发股利政策在很长一段时间乃至现在仍然受制度的影响。首先,中国上市公司股利分配比例偏低,这对降低控股股东和经理人对企业资源的控制力十分有限。其次,相对于西方发达国家相对稳定的股利政策,中国上市公司现金股利政策具有很强的不稳定性,这意味着股利发放也并非一项具有强制性的事前承诺(Huang et al.,2011)。

请用手机微信扫二维码,学习"知识扩充"。

中国上市公司现金分红情况

中国上市公司股息率偏低的原因主要有两个:其一,中国上市公司的股权结构非常集中,小股东的权力非常弱,很难迫使公司发放股息;其二,小股东对股利分配的关注程度较低,对股利分配的重视程度较低。因此,大股东与高管更不可能以股利分配的方式来维护其声誉,这将影响小股东的利益。在资本市场中,投资者以较高的周转率为特征,表现为对资本收益的投机行为。但是,无论出于何种原因,发放股利都不能降低中国的代理成本。

既然中国资本市场上投资者并不关心公司是否发放股利,那么上市公司为什么还进行现金分红呢?其中一个主要原因是中国证监会的要求。根据证监会发布的相关文件,如果一家上市公司希望发售新股,那么其必须在发行前连续3年发放股利(中国证监会关于上市公司现金分红的相关政策见表7-2)。该规定在2001年3月28日发布,2001年5月生效[1],因此,我们看到,2000年发放股利公司[2]的数量翻了一番[3]。然而,由于证监会在该文件中并没有对公司分红的形式和数量做出明确规定,因此,一些新发放股利公司的现金分红数量并不多。为此,证监会随后要求这些希望满足3年股利发放规定的公司的股利支付率至少为20%(2006年5月)。2008年10月,证监会又将上市公司最低股利支付率提高至30%。股利中位数在保持了很多年的每股0.1元后,在2010年小幅增加到每股0.12元。由此可以看出,中国股利政策更多的是由证监会规定而非投资者压力导致的。[4]

---

[1] 关于股利规定的更详细的内容可参见中国证监会网站 http://www.csrc.gov.cn。
[2] 2000年的股利在2001年支付,因此,我们看到该项规定直接影响了上市公司2000年的股利支付。
[3] 当2001年5月规定公布时,允许公司3年股利发放规定的例外情况。但在2004年10月,规定重新修改并致力于消除任何例外情况。
[4] 在2000年前也有股利发放,对此有两个合理解释:第一,在中国,股利首次支付和支付率不是隐含的固定承诺,与美国不同(Huang et al.,2012)。因此,发放或不发放股利在中国并不像美国那么重要,中国上市公司在任何它们可以或希望发股利的时候发股利,降低股利支付率甚至停止发放也并不会像发达资本市场那样引起市场投资者的剧烈反应。第二,由于大股东的股票不能上市流通,他们实现投资收益的唯一途径就是现金分红,因此,一些公司的大股东出于投资收益实现的目的,在公司盈利状况好的时候进行现金分红。甚至我们可以在中国资本市场上看到同股不同利的现象:上市公司对非流通股东进行现金分红,而对流通股东采取股票股利的方式分红。

表 7-2　中国证监会关于上市公司现金分红的相关政策

时　间	文件名称	具　体　规　定
2023 年 2 月 17 日	《监管规则适用指引——发行类第 7 号——按章程规定分红具体要求》	一、对于未按公司章程规定进行现金分红的,发行人应说明原因以及是否存在补充或整改措施,保荐机构、会计师及律师应就分红的合规性审慎发表意见 二、对于发行人母公司报表未分配利润为负,不具备现金分红能力,但合并报表未分配利润为大额正数的,发行人应说明公司及子公司章程中与分红相关的条款内容、子公司未向母公司分红的原因及合理性,以及子公司未来有无向母公司分红的具体计划 三、发行人分红情况明显超过公司章程规定的比例,或报告期内高比例分红的同时又申请再融资补充资本支出缺口的,发行人需说明其高比例分红行为是否具有一贯性,是否符合公司章程规定的条件,决策程序是否合规,分红行为是否与公司的盈利水平、现金流状况及未来资本支出需求相匹配 四、保荐机构、会计师和律师应结合公司的分红能力、章程条款、实际分红情况及未分红的原因,对上市公司现金分红的合规性、合理性发表意见
2023 年 2 月 17 日	《监管规则适用指引——发行类第 5 号——在审期间分红及转增股本》	发行人在审期间现金分红、分派股票股利或资本公积转增股本的,应依据公司章程和相关监管要求,充分论证必要性和恰当性,并履行相应决策程序,相关分红方案应在发行上市前实施完毕。发行人应重点披露以下内容:(1) 发行人大额分红的,应充分披露分红的必要性和恰当性,以及对财务状况和新老股东利益可能产生的影响。(2) 发行人分派股票股利或资本公积转增股本的,应披露股本变化后最近一期经审计的财务报告
2013 年 11 月 30 日	《上市公司监管指引第 3 号——上市公司现金分红》	董事会应当区分下列情形,并按照公司章程规定的程序,提出差异化的现金分红政策:(1) 公司发展阶段属成熟期且无重大资金支出安排的,进行利润分配时现金分红在本次利润分配中所占比例最低应达到 80%;(2) 公司发展阶段属成熟期且有重大资金支出安排的,进行利润分配时,现金分红在本次利润分配中所占比例最低应达到 40%;(3) 公司发展阶段属成长期且有重大资金支出安排的,进行利润分配时,现金分红在本次利润分配中所占比例最低应达到 20%
2008 年 10 月 9 日	《关于修改上市公司现金分红若干规定的决定》	上市公司公开发行证券需符合"最近三年以现金方式累计分配的利润不少于最近三年实现的年均可分配利润的 30%"
2006 年 5 月 6 日	《上市公司证券发行管理办法》	上市公司公开发行证券需符合"最近三年以现金或股票方式累计分配的利润不少于最近三年实现的年均可分配利润的 20%"
2004 年 12 月 7 日	《关于加强社会公众股东权益保护的若干规定》	上市公司应当将其利润分配办法载明于公司章程;上市公司董事会未做出现金利润分配预案的,应当在定期报告中披露原因,独立董事应当对此发表独立意见;上市公司最近三年未进行现金利润分配的,不得向社会公众增发新股、发行可转换公司债券或向原有股东配售股份
2001 年 3 月 28 日	《上市公司新股发行管理办法》	担任主承销商的证券公司应当重点关注下列事项,并在尽职调查报告中予以说明:公司最近三年未有分红派息,董事会对于不分配的理由未做出合理解释

鉴于目前中国上市公司股利支付的现状,把股利政策看作一种缓解中国上市公司代理问题的治理机制是不恰当的。投资者的法律保护不够充分,投资者对股利的重视程度不高,使得上市公司不具备支付高股利的动机。相反,派息还可能成为控制股东获取控制权私利的隐蔽手段。

本章小结

1. 债务和股利政策被视为减少内部人可以支配的现金和企业资源以及减轻内部代理问题的两种主要手段。

2. 负债的治理机制通过信息传递以及约束管理层机会主义动机来激励管理层努力工作,减少代理问题。在中国,负债的治理作用相当有限,主要是因为破产法实施不完整以及作为主要债权人的银行监督不足。

3. 股利政策通过减少管理层的可支配公司现金,抑制管理层在职消费以及无效投资的行为,从而降低代理成本。在中国,股利政策的治理作用也微乎其微,主要原因是股利发放并非一项有约束力的事前承诺,而且中国上市公司股权集中,股利政策不稳定,中小股东的关注度不高。

4. 中国只有加强投资者权益保护,完善控制权市场等市场机制,才能充分发挥负债以及股利政策的治理作用。

练习题

1. 现在有两家企业,一家是创立两三年的手游企业,另一家是自来水公司,根据MM定理,哪家企业应该有更高的负债率,为什么?

2. 信息不对称使得融资的方式(债权融资、股票融资以及内部融资)可以传递公司治理好坏,你认为按照从好到坏应该怎样排序?为什么?

3. 负债融资对于公司治理的作用机制是什么?

4. 股利政策对于公司治理的作用机制是什么?

5. 负债融资以及股利政策在中国公司治理中发挥的作用有限,为什么?

关键术语

负债融资　股利政策　MM融资理论

结篇案例

恒大债务危机

已停牌一年多的中国恒大集团(03333),周一(2023年7月17日)深夜连发多份公告,包括迟来的2021年和2022年业绩,披露集团两年净亏损超过8000亿元;只计算股东应占亏损,也亏损超过5000多亿元。恒大目前负债2.4万亿元,相当于我国2022年GDP(121万亿元)的2%,数额比世界GDP排名第四十五位的罗马尼亚(3012亿美元)还高,现在的现金流只有

43亿元。

2008年为应对金融危机，中国政府推出"四万亿"计划，大量投资涌入基础设施领域，再加上宽松的信贷政策，房地产行业迎来大爆发。2010—2014年，中国房价不断攀升，直至2014年5月开始连跌近一年。当时的房地产行业普遍认为已经发展到顶部，开始减缓脚步。但是恒大开始了扩张之路，以预售制的模式积累了大量资产。恒大先向银行贷款来买地，之后几个月楼盘开始销售，收回资金后再去买地，并且可以地皮为抵押借更多的钱，开更多的盘，如此循环往复。这种模式优势显而易见——以极低的成本圈地圈钱不断扩张商业版图。

2016年我国开启"棚改货币化"，简单来说就是将城市中的"老破小"拆除，再给拆迁户现金补偿，拆迁户就可以拿着这些钱去购房，这就造成了国内楼市的再一次飞升。恒大通过激进的高杠杆运作，一跃成为中国的第一大房地产企业。但恒大每年需要支付的利息超过1 000亿元，而恒大最辉煌的2017年纯利润也不过370亿元。在过去几年，恒大经过楼市调控，2019年回归失败，2020年遭遇做空已然声势不再，2021年和2022年出现巨额亏损。其他产业如恒大冰泉、汽车、金融、足球等同样朝不保夕，2016—2021年非地产业务累计亏损高达约301亿元，不可能为主业输血。

现在摆在恒大面前的只有两条路：一是直接破产清算，二是国家下场救助。第二种的可能性更大一些，毕竟恒大有十多万名员工，负债涉及超过128家银行和逾121家非银行机构，还有上千供应商承包商和数十万个家庭，一旦破产将打乱社会秩序。从历史上看，政府出手救场是有先例的，曾经为海航集团和安邦进行过资产处置。而且这次工作组入驻恒大调查了一年半，现已将财报发出，这是个积极的信号，接下来就是该怎么具体执行。

曾经央行和原银保监会约谈过恒大高管，要求恒大"积极化解债务风险，维护房地产市场和金融稳定"，在政府看来，整体的稳定更加重要，但是也会清算到底，从恒大冰泉和汽车的亏损来看，恒大只是将牌子挂出为了撬动更多资金，并不是发展其产业。

另外，关于持续大量对股东分红，2006—2020年，恒大累计分红684.3亿元。有报道称，许家印累计获得了超过500亿元的分红。在企业净利润如此低的情况下依据什么分红的？恒大债务为什么发展到如此庞大，风险差点无法控制？

资料来源：https://www.163.com/dy/article/IA9PG9CR05564FDI.html.

案例思考题：
1. 债务金额远高于同行业水平时，企业反而更倾向于增加负债，为什么？
2. 在企业业绩以及盈利水平低的情况下，为什么出现持续发放股利的现象？

参考文献

[1] 汪辉.上市公司债务融资、公司治理与市场价值[J].经济研究，2003(8)：28-35.

[2] 肖作平.公司治理结构对资本结构类型的影响——一个Logit模型[J].管理世界，2005(9)：137-147.

[3] 肖作平，廖理.大股东、债权人保护和公司债务期限结构选择——来自中国上市公司的经验证据[J].管理世界，2007(10)：99-113.

[4] 肖作平，廖理.公司治理影响债务期限水平吗？——来自中国上市公司的经验证据[J].管理世界，2008(11)：143-156.

[5] Allen F, R. Michaely. "Payout policy"[J]. Handbook of the Economics of Finance,

2003(1): 337 - 429.

[6] Allen F J. Qian, M. Qian. "Law, finance, and economic growth in China"[J]. Journal of Financial Economics, 2005, 77(1): 57 - 116.

[7] Baer H, C. Gray. "Debt as a control device in transition economies: evidence from hungary and poland"[D]. Policy Research Working Paper, 1996.

[8] Bai C E, D D. Li, Z. Tao and Y. Wang. "A multitask theory of state enterprise Reform"[J]. Journal of Comparative Economics, 2000, 28(4): 716 - 738.

[9] Day J, P. Taylor. "Institutional change and debt-based corporate governance: a comparative analysis of four transition economies"[J]. Journal of Management and Governance, 2004, 8(1): 73 - 115.

[10] DeAngelo H, L. DeAngelo and R. M. Stulz. Dividend policy and the earned/contributed capital mix: a test of the life-cycle theory[J]. Journal of Financial Economics, 2006, 81(2): 227 - 254.

[11] Diamond D W. Reputation acquisition in debt markets[J]. Journal of Political Economy, 1989(97): 828 - 862.

[12] Easterbrook F H. "Two agency-cost explanations of dividends"[J]. American Economic Review,1984, 74(4): 650 - 659.

[13] Ellul A. "Control motivations and capital structure decision"[R]. Available at SSRN 1094997, 2008.

[14] Faccio M, L H. Lang, L. Young. "Debt and corporate governance"[J]. Meetings of Association of Financial Economics in New Orleans, 2001.

[15] Faccio M, L H. Lang and L. Young. "Dividends and expropriation"[J]. American Economic Review, 2001(91): 54 - 78.

[16] Faccio M, L H. Lang and L. Young. "Pyramiding vs leverage in corporate groups: international evidence"[J]. Journal of International Business Studies, 2010, 41(1): 88 - 104.

[17] Garvey G T., G. Hanka. "Capital structure and corporate control: the effect of anti-takeover statutes on firm leverage"[J]. Journal of Finance, 1999, 54(2): 519 - 546.

[18] Grossman S J, O D. Hart. "Corporate Financial Structure and Managerial Incentives"[M]. The Economics of Information and Uncertainty, University of Chicago Press, 1982: 107 - 140.

[19] Grossman S J, O D. Hart. "Takeover bids, the free-rider problem, and the theory of the corporation"[J]. The Bell Journal of Economics, 1980, 11(1): 42 - 64.

[20] Grossman S J, O D. Hart. "The costs and benefits of ownership: a theory of vertical and lateral integration"[J]. Journal of Political Economy, 1986, 94(4): 691 - 719.

[21] Harris M, A. Raviv. "Capital structure and the informational Role of Debt"[J]. Journal of Finance, 1990, 45(2): 321 - 349.

[22] Huang J J, Y. Shen and Q. Sun. Nonnegotiable shares, controlling shareholders, and dividend payments[J]. Journal of Corporate Finance, 2011(17): 122 - 133.

[23] Jensen M C. "Agency cost of free cash flow, corporate finance, and takeovers"[J]. American Economic Review, 1986, 76(2): 323 - 329.

[24] Jensen M C. "Takeovers: Folklore and science"[J]. Harvard Business Review, November/December, 1984: 109-121.

[25] Jensen M C. Takeovers: their causes and consequences[J]. Journal of Economic Perspectives, 1988, 2(1): 21-48.

[26] Jiang F, J. Huang, K A. Kim,. "Appointments of outsiders as CEOs, state-owned enterprises, and firm performance: evidence from China"[J]. Pacific-Basin Finance Journal, 2013(23): 49-64.

[27] La Porta R F. Lopez-de-Silanes and A. Sheilfer. "Corporate ownership around the world"[J]. Journal of Finance, 1999(54): 471-517.

[28] La Porta R F. Lopez-de-Silanes, A. Shleifer and R. Vishny. "Agency problems and dividend policy around the world"[J]. Journal of Finance, 2000(55): 1-34.

[29] La Porta R F. Lopez-de-Silanes, A. Shleifer and R. Vishny. "Investor protection and corporate governance"[J]. Journal of Financial Economics, 2000, 58(1): 3-27.

[30] La Porta R F. Lopez-de-Silanes, A. Shleifer and R. Vishny. "Law and finance"[J]. Journal of Political Economy, 1998(106): 1113-1155.

[31] La Porta R F. Lopez-de-Silanes, A. Shleifer and R. Vishny. "Legal determinants of external finance"[J]. Journal of Finance, 1997(52): 1131-1150.

[32] Liu Q, G. Tian. "Controlling shareholder, expropriations and firm's leverage decision: evidence from Chinese nontradable share reform"[J]. Journal of Corporate Finance, 2012(18): 782-803.

[33] Modigliani F, M H, Miller. "The cost of capital, corporation finance and the theory of investment"[J]. American Economic Review, 1958(48): 261-297.

[34] Qian M, B. Yeung. "Bank financing and corporate governance"[J]. Journal of Corporate Finance, 2015(32): 258-270.

[35] Rajan R, A. Winton. "Covenants and collateral as incentives to monitor"[J]. Journal of Finance, 1995, 50(4): 1113-1146.

[36] Rozeff M S. "Growth, beta and agency costs as determinants of dividend payout ratios"[J]. Journal of Financial Research, 1982, 5(3): 249-259.

[37] Stiglitz J E. Whither socialism[M].MIT Press, 1996.

[38] Stulz R M. "Financial structure, corporate finance and economic growth"[J]. International Review of Finance, 2000, 1(1): 11-38.

[39] Wang W. "Independent directors and corporate performance in China: A Meta-Empirical Study"[J]. SSRN Electronic Journal, 2014.

[40] Williamson O E. "Corporate finance and corporate governance"[J]. Journal of Finance, 1988(43): 567-591.

第八章 市场竞争与控制权市场

全章提要

概要
案例导读
- 第一节 产品市场竞争
- 第二节 控制权市场

本章小结
练习题
关键术语
结篇案例
参考文献

概要

1. 扮演公司治理角色的市场包括哪几类?
产品市场、公司控制权市场以及经理人声誉市场。
2. 产品或要素市场竞争为何能成为一种重要的外部治理机制?
市场能对公司职业经理人产生约束作用。
3. 市场竞争为何无法完全取代其他公司治理机制?
存在三大缺陷。
4. 什么是公司控制权市场中最重要的运作机制?
并购和代理权争夺。
5. 公司合并与收购的区别。
主要体现在三方面:会计处理方式、付款方式、目标公司董事会和双方股东的作用。
6. 接管防御及应变措施方式。
接管防御是指目标公司管理层和董事对敌意收购采取的防御措施,最为常见的有公司投票权结构配置、反接管条款、资本结构调整;应变措施有诉诸法律、定向股份回购、资产重组与债务重组、毒丸计划。
7. 存在代理权争夺的根本原因。
现代公司内部存在委托-代理问题。
8. 代理权争夺的公司治理效应。
缓解代理问题、提升管理者素质及股东个人财富。
9. 成功实现代理权争夺的前提。
其他股东的信任、低实施成本,以及高信息透明度。

案例导读

股权变更,管理变更,人员变更

2018年4月3日晚,媒体最先曝出美团将以37亿元"债务+现金+股票"的方式全资收购摩拜单车的消息。4月4日,美团创始人王兴发表内部信,确认了美团对摩拜的全资收购。按照收购方案,美团全资收购摩拜,创始团队不再持有摩拜股份。在此封内部信中,王兴保证,摩拜会继续保持独立品牌、独立运营,除自己接替蔚来汽车CEO李斌,成为摩拜单车董事长外,摩拜创始团队和管理团队将继续担任现有职务,继续负责摩拜的经营管理,其中,王晓峰将继续担任CEO,胡玮炜将继续担任总裁,夏一平将继续担任CTO。

然而,在2018年4月28日,摩拜董事长王兴和创始人胡玮炜通过内部信宣布新的组织调整。架构调整后,创始人胡玮炜将出任摩拜CEO,并任命刘禹为摩拜总裁,向CEO汇报,摩拜联合创始人、摩拜原 CTO 夏一平担任智慧交通实验室负责人,向美团高级副总裁王慧文汇报。原 CEO 王晓峰卸任,成为顾问。这一系列密集人事调整决策,也是由王兴做出,距离他收购摩拜不到一个月的时间,距离他承诺的"公司管理架构不变"也仅仅过了半个多月。

7 个月后,工商信息更新显示,北京摩拜科技有限公司于 11 月 27 日正式完成了股东工商变更,创始人胡玮炜、投资人李斌、原 CEO 王晓峰、CTO 夏一平等人退出,美团创始人王兴成大股东,持有北京摩拜科技 95% 的股份,另外 5% 的股份由美团点评高级副总裁穆荣均持有,并新增摩拜总裁刘禹为监事。

当年 12 月 23 日,摩拜单车创始人胡玮炜宣布,因个人原因辞去摩拜单车 CEO 职务,由公司总裁刘禹接任 CEO 一职。而刚接任一个月 CEO 的刘禹,此番也离职。至此,摩拜单车管理团队完成美团化。

在管理团队完成变更后的 2018 年底,摩拜开始裁员,由美团进行操作,涉及业务部门,技术、地方站、市场部。此外,摩拜的财务、人事等部门将直接由美团对应部门接管。2019 年 1 月 23 日,美团联合创始人、高级副总裁王慧文发布内部信,宣布摩拜单车品牌将更名为美团单车,美团 App 将成为其国内唯一入口,摩拜单车将成为美团 LBS 平台单车事业部,由他本人兼任事业部总经理。摩拜单车 CEO 刘禹因投身创业离开摩拜,此外,摩拜北京各办公区将在二月底搬迁至美团集团总部。至此,接近完成"美团化"的美团单车正登上曾经热闹,如今有几分冷清的共享单车舞台。

[资料来源] 整理自微信公众号:陈维城等.被收购 9 个月后摩拜将更名为美团单车,创始团队基因完全褪去.独角鲸科技,2019-01-24.

外部环境在约束公司及经理人行为上起到重要作用,外部机构的监管、消费者的反应和关注可以迫使公司改善其商业实践、道德标准和社会责任。外部市场环境促使公司经理人更加关注消费者利益、社会责任和可持续发展,以保持竞争优势和公司声誉。在公司运营过程中起到外部治理约束作用的外部环境因素众多,如法治环境、法律制度,甚至文化和社会规范,当然其中最重要、最具基础性地位的是市场竞争。我们把涉及公司治理角色扮演的市场简单区分为以下几种类型:产品市场、公司控制权市场以及经理人声誉市场。

相较于公司内部治理机制中治理职能的履行需要耗费资源这一突出特性,外部治理机制运作过程中所需要凭借的外部治理环境已现实存在,并不会耗费公司资源。但由于从客观上看这类外部治理环境起到约束经理人道德风险行为、降低代理成本的作用,因此学界将其称为外部治理机制。本章主要讨论产品市场和公司控制权市场扮演的公司治理角色。

改革开放以来,我国进行市场导向下的经济转型的主要目的是发挥市场在资源配置中的基础性作用,意图通过市场价格机制这只"看不见的手"引导包括公司在内的微观主体遵循市场(竞争)的运行规律进行科学决策。经营管理不善的公司将难以存活于竞争激烈的市场,它们将面临破产倒闭的威胁,这些公司的经理人也将面临被辞退的命运。为避免公司经营不善而破产倒闭,从而殃及自身的职业发展,经理人有强大的努力工作动机。正是在上述意义上,市场竞争成为长期发挥作用的公司治理机制。

请用手机微信扫二维码,学习"知识扩充"。

市场多维主体下的公司行为

第一节　产品市场竞争

伯利和米恩斯在其合著的《现代公司与私有产权》一书中表达了对现代公司运行制度的担忧。他们认为，现代公司中普遍存在的所有权和控制权分离是对过去两个世纪赖以生存的经济秩序的威胁。在他们看来，现代公司股东丧失对所投资公司的控制导致了原来稳定经济秩序被打破，这更是导致20世纪二三十年代经济大萧条发生的深刻原因。

然而，现代公司的实际运行状况并非伯利与米恩斯想象中那样糟糕。一方面，专业化分工是现代股份有限公司的灵魂和精髓。为实现专业化分工所衍生出的代价是职业经理人与股东之间的代理冲突。虽然亚当·斯密（Adam Smith，1776）曾提出，"作为其他人所有的资金的经营者，不要期望他会像自己所有的资金一样获得精心照顾"，但并不意味着我们由此凡事都要亲力亲为，甚至抛弃专业化分工所带来的巨大效率改善。作为筹集大量资金的一种有效方式，现代股份有限公司突破了家庭层面的财富限制，实现了全社会层面的资金融通和风险分担，进而使经营者专注于经营管理与技术创新本身，由此出现了资本提供者与经营管理者之间的分工。这事实上是马克思（Karl Heinrich Marx）和恩格斯（Friedrich Engels）在《共产党宣言》中感慨的"资产阶级在它的不到一百年的阶级统治中所创造的生产力，比过去一切时代创造的全部生产力还要多、还要大"的根本原因。基于此，经济学家巴特勒（Butler，1911）将股份有限责任公司理解为"近代人类历史中一项最重要的发明"，强调"如果没有它，连蒸汽机、电力技术发明的重要性也得大打折扣"。另一方面，在现代股份公司实际运行中，虽然一些公司的内部治理机制尚未完善，但外部治理机制在公司治理中发挥了重要作用，尤其是来自市场竞争的力量，例如，产品市场竞争迫使经理人以股东价值最大化为原则进行决策（Andrei Shleifer and Robert Vishny，2011）。

一、产品市场竞争概述

（一）概念界定

公司是以营利为目的，运用各种生产要素，向市场提供商品或服务，实行自主经营、自负盈亏、独立核算的法人组织。公司为了实现盈利，必须参与市场竞争，并在竞争中维持和扩大竞争优势。在产品市场竞争中失败的经理人很难找到免责的理由，竞争失败后的问责机制也会将公司治理中的大部分问题暴露出来。同时，产品市场竞争的压力将迫使经理人尽职工作，以尽可能维持和巩固公司市场地位，这和公司治理的要求是一致的。因此，产品市场竞争既是检验公司治理水平的"公正"裁判，也是提升公司治理水平的重要机制。

（二）市场竞争度测量

市场竞争度的测量，通常基于行业集中度，使用赫芬达尔-赫希曼指数（Herfindahl-Hirschman Index，HHI，简称赫芬达尔指数）。赫芬达尔指数是一种测量产业集中度的综合指数，指一个行业中各市场竞争主体所占行业总收入或总资产百分比的平方和，用来计量市场份额的变化，即市场中厂商规模的离散度。具体公式如下：

$$HHI = \sum_{i=1}^{N}(X_i/X)^2$$

其中，N 为市场中的企业总量，X_i 为第 i 位企业市场份额，X 为市场总份额。赫芬达尔指数数值越大，则意味着产品市场上竞争越激烈。

(三) 产品市场竞争的治理功能

产品市场竞争对公司职业经理人的约束体现在以下两个方面：

1. 公司经营失败将给经理人带来职业风险

在充分竞争的市场上，效率是公司生存的关键。经典著作《资本论》(Karl Heinrich Marx, 1867)中也曾提到商品是否成功销售对资本家而言是"惊险的一跳"，"摔坏的不仅是商品本身，而且还有资本主义生产关系"。与股东存在严重代理冲突的职业经理人希望通过"帝国扩张"来谋求私人利益。公司的盲目扩张必然导致管理费用的增加，即增加了公司的经营成本，经营成本的增加压缩了公司产品的利润空间，过高的经营成本将让公司难以以市场竞争性价格进行产品销售，最终使其陷入财务困境，甚至破产倒闭。而公司倒闭后的被辞退风险对经理人而言是真实可预测的。所以，从理论上看，在竞争越激烈的产品市场中，职业经理人道德风险行为的空间将越小，他们不得不严格履行经理人的职责。

2. 市场竞争以标尺方式传递对经理人业绩衡量的信息

标尺竞争(Yardstick Competition)是指在相同的经营背景下，两家在资产规模、主营业务等方面十分相似的公司，如果一家公司比另一家的绩效差，则意味着前者的经理人与其他公司经理人相比，执业能力存在差距或并未付出应有的努力。通过标尺公司的树立及业绩对比，竞争市场向外部传递了经理人的执业能力及努力程度等信息。譬如，某种生活必需品(如民用汽油)，若全球仅有为数不多的公司进行垄断生产和经营，则当这些公司宣称为生产经营这一产品使其发生巨大亏损，故而需向当地政府申请补贴时，相信政府和民众几乎没有理由拒绝。但若除这几家公司外，市场中还存在其他备选公司，特别是，假设消费者走出国门发现，满足相同功能需求的产品在一些国家存在数十家甚至上百家生产公司，其产品不仅价格低廉而且品质优良，那么，此时国内该行业的垄断公司若仍希望政府和民众用税收补贴其亏损，则必须寻找其他理由或寻求其他路径。

在现实中，我们难以客观评价完全垄断或寡头垄断公司为经理人制订的薪酬是否合理，原因是缺乏标尺竞争。为此，实践中经理人薪酬制订的一个通行操作方案是，以同行业相同规模公司的经理人的薪酬水平为公司自身经理人薪酬制订的重要依据。如果一家公司提供的薪酬水平低于同行业的标尺公司，则很可能因为无法达成对经理人的参与约束和无法满足经理人对机会成本的考量(新的选择带来的收益不应低于其保留效用)，从而可能无法聘请到合格的经理人。这一做法背后的机理同样来源于标尺竞争可以在一定程度上传递出经理人的执业能力或努力程度的信息。

以上对市场竞争以标尺竞争的方式传递私人信息相关内容的讨论，实际上是奥地利经济学派所坚守的一个十分重要的观点，即市场是解决信息不对称的途径，而不是由于存在信息不对称而需要政府对市场进行干预。

(四) 产品市场竞争的治理特点

同其他内外部公司治理机制相比，产品市场竞争最大的特点是不受内部人操纵，这一点在公司股权相对集中的情境下显得尤为重要。当公司存在一股独大的大股东时，股东(大)会、董事会、监事会等内部治理机制可能因大股东的控制而无法发挥作用，控制权争夺可能因大股东的绝对控股而无法实现，不称职的经理人也可能是大股东派出的"自己人"或由大股东亲自担任而无法顺利更换。但产品市场中的竞争行为,尤其是竞争对手的行为是大股东无法操纵的。此外,同利用控制权争夺来接管公司的股权和资产相比,通过产品市场竞争来接管对市场份额的结果更加直接,竞争对手也更难以干预和抵抗。

上述原因使得产品市场竞争成为检验公司治理效率的一个客观场景,与可能被公司内部人操纵的信息披露相比,产品市场竞争提供了更加准确和客观的公开信息。短期内,大股东和经理人也许可以通过虚假的信息披露来操纵公司股价,但产品市场竞争的失败是他们无力改变也无法隐瞒的,这使外部人能够对公司的运营状况以及经理人进行更客观、公正的评估,从而深入了解公司治理的真实水平。

此外,同控制权市场、经理人市场相比,产品市场竞争失败带来的不仅仅是控制权转移和经理人更换,而且直接危及公司生存。这使得产品市场竞争对股东和经理人施加的外部压力远超其他市场机制,也能促使经理人尽职工作,提升公司价值。

请用手机微信扫二维码,学习"知识扩充"。

市场竞争下的公司管理者行为

【知识扩充:思政探索】

中共中央、国务院关于加快建设全国统一大市场的意见

基于对市场的重要地位的深刻认识,我国近年进一步推进对中国特色社会主义市场经济的建设,持续优化营商环境,不断简政放权,不断消除地方保护主义,力求最大限度发挥市场自身的监督调节作用。2022年4月10日,基于建设全国统一大市场是构建新发展格局的基础支撑和内在要求,我国发布了《中共中央、国务院关于加快建设全国统一大市场的意见》(以下简称《意见》)。《意见》明确,加快建立全国统一的市场制度规则,打破地方保护和市场分割,打通制约经济循环的关键堵点,促进商品要素资源在更大范围内畅通流动,加快建设高效规范、公平竞争、充分开放的全国统一大市场,全面推动我国市场由大到强转变,为建设高标准市场体系、构建高水平社会主义市场经济体制提供坚强支撑。

根据《意见》,加快建设全国统一大市场的工作原则如下:立足内需,畅通循环;立破并举,完善制度;有效市场,有为政府;系统协同,稳妥推进。主要目标如下:持续推动国内市场高效畅通和规模拓展,加快营造稳定、公平、透明、可预期的营商环境,进一步降低市场交易成本,促进科技创新和产业升级,培育参与国际竞争合作新优势。

《意见》坚持问题导向、立破并举,从六个方面明确了加快建设全国统一大市场的重点任务。从立的角度,《意见》明确要抓好"五个统一":一是强化市场基础制度规则统一,二是推进市场设施高标准联通,三是打造统一的要素和资源市场,四是推进商品和服务市场高水平统一,五是推进市场监管公平统一。从破的角度,《意见》明确要进一步规范不当市场竞争和市场干预行为。同时,《意见》强调,要加强党的领导,完善激励约束机制,优先推进区域协作,形成工作合力。

资料来源:https://baike.baidu.com/item/中共中央、国务院关于加快建设全国统一大市场的意见/60731120?fromtitle=关于加快建设全国统一大市场的意见&fromid=59518721&fr=aladdin。

二、市场竞争发挥治理作用的途径

产品市场竞争对公司治理的影响一方面体现在市场数据更加客观、公正且难以操纵，有助于科学评价公司治理水平，另一方面体现为残酷的淘汰机制使经理人不得不努力提高效率，以应对市场的竞争压力。具体而言，产品市场竞争的治理机制包含以下两个方面：

（一）提供客观信息

评价经理人表现优劣的前提是掌握足够的信息。公司在产品市场的表现能够为股东提供更客观的信息来源，可以帮助股东全面掌握经理人的能力和努力程度以减少股东与经理人之间的信息不对称，从而提升公司治理水平。

亚当·斯密认为，竞争的过程和结果能够以最经济的方式揭示信息。市场中竞争的企业越多，竞争的程度越激烈，企业之间以及企业内部信息不对称的程度就越低。同时，由于同一行业内的全部企业都面临相同或相似的市场环境，因此企业间业绩的横向差异较少受到市场波动的影响，而更多地由经理人的能力和努力决定。产品市场竞争的存在有助于所有者更有效地识别经理人的能力与努力，在此基础上设计的经理人激励措施也将更加有效。

（二）清算威胁

在产品市场竞争机制作用下，经营不善的企业将被清算或兼并，经理人也将因此失去工作，他们的声誉也会因这段不光彩的履历而受损，因而在经理人市场上很难找到同等的工作机会。经理人为了避免在公司破产时失去收入、丧失机会，往往会做出更大的努力以提升企业经营效率，公司治理也将因此而得到改善。

充分的产品市场竞争带来的清算威胁对经理人的职位稳定和薪酬契约有重要影响，同时，公司价值和股东财富也将随公司在产品市场的表现而发生变化，这将迫使股东更加关注经理人的行为，提升经理人监督和激励的效率。在股东的充分关注下，努力程度低、业绩差的经理人更容易被识别和替代，表现出较高的离职-业绩敏感性；同时，产品市场竞争提供了公司经营业绩的横向比较基准，这使得经理人的薪酬不仅与公司自身业绩相关，而且受到主要竞争对手业绩的影响。这将使更多的因素被纳入经理人激励体系设计的过程中，经理人激励效率和公司治理水平都将因此而提升。

三、市场竞争失效

市场竞争作为"惊险的一跳"，对公司及其经理人产生的约束力至关重要，但由于存在以下缺陷，在一些条件下市场竞争机制将失效，使其无法完全取代其他公司治理机制。

第一，作为约束经理人行为的力量，市场竞争的作用力总在事后（代理问题发生后）展现（郑志刚，2016）。一些存在严重代理问题的公司，管理费用等高额代理成本会因存在代理问题而在一段时间后显著上升，其后经营成本将在管理费用增加的助推下提高。随后，公司利润将呈现下降趋势，但这并不影响公司正常经营，从而难以引起股东的重视。长此以往，高额的代理成本将最终导致公司出现大面积亏损，甚至导致公司破产倒闭以及员工失业下岗，此时代理问题引发的严重后果才可能得到股东的重视，但显然为时已晚。因而，市场竞争这一公司治理机制的作用滞后、迟缓，短期内难以显现成效，无法及时挽救由于公司治理存在问题而濒临倒闭的企业，从而造成社会资源的浪费。

由于市场竞争的作用总是滞后，因此在每次经济危机中，总有一些经营不善、代理问题严重的公司倒闭。一方面,从社会层面看,市场竞争治理机制的滞后性确实在一定程度上带来了社会资源的浪费;但另一方面,从维持市场运行效率和运行规则来看,这些问题公司的倒闭恰恰是市场的一种自我调节以及对经济运行效率的保证。一批批符合市场运行规律的公司诞生,一批批抱残守缺、问题多的公司被淘汰出局,市场竞争便是以此形式推动社会的发展和人类的进步,市场经济也被包括我国在内的越来越多的国家作为基础性的资源配置手段和经济运行环境的制度安排。

需要说明的是,通过政府干预避免公司破产从而解除爆发经济危机的威胁,从表面上看这似乎避免了"社会资源的浪费",但这实则为下一次更为严重的危机爆发埋下了隐患。简单回顾人类社会经济发展史,我们可以看到,在很多波及面大的经济危机爆发前,总存有明显的政府干预痕迹。以 2008 年发生的全球金融危机为例,这场危机从"次贷"危机逐步升级,最终演变为全球金融危机。我们看到,此次危机的爆发与艾伦·格林斯潘(Alan Greenspan)长期低利率政策导致实际价值和市场价格严重背离的"政府干预经济"行为具有难以割裂的内在联系。

第二,市场竞争无法从根本上阻止经理人对股东利益的侵占(郑志刚,2016)。这意味着,除市场经济这一外部治理机制外,我们仍需建立和完善其他内外部治理机制。为深入理解市场竞争这一缺陷的形成原因,我们有必要了解经济租及准租的概念。经济租是指一项活动中所创造的超过资源的机会成本的收益,准租则是一个相对于经济租而言的概念,是指超过资源的短期机会成本的收益部分。显然,经济租和准租不是对努力劳动的付酬,而是因对资源、信息的拥有而获得的一种非生产性收益。例如,地租并非地主通过劳动而获取的,而是由于其对土地的拥有而获得。

请用手机微信扫二维码,学习"知识扩充"。

金融危机中高盛集团的角色

由于经济租和准租的存在,通过市场竞争所获得的作为资源要素付出补偿(如作为人力资本努力付出补偿的经理人薪酬)的收益,与凭借对信息、资源等要素的控制而获得的收益并不相同。产品要素市场的监督力量对存在经济租和准租的活动而言十分微弱(Michael C. Jensen, 1986),这意味着经理人总能凭借其对公司的实际控制权获得某种租金,而不完全是靠努力付出劳动力的补偿。事实上,我们在关于经理人薪酬合约设计的讨论中已提及,由于经理人对私人信息的控制,他可以获得信息租金。在经理人薪酬设计中除应包括使经理人愿意接受聘任的人力资本补偿的内容(经理人机会成本的体现)外,还需额外向其支付信息租金,以鼓励他们"说真话",减少道德风险行为。由于信息租金的存在,按照信息经济学委托代理理论设计的经理人薪酬合约通常要高于新古典经济学下由经理人人力资本的供给和需求决定的人力资本补偿的薪酬合约。现代公司由于内部人(包括控股股东及受其主导影响的经理人)对公司的控制,公司内部人总能获得控制权的私人收益,因此控制权私人收益这一代理成本的升级版本所体现的核心思想仍然是经济租思想。

需要说明的是,在我国制度背景下,由于政府在经济运行中的特殊角色和影响力,公司除了面对内部人控制权的私人收益这一通常意义上的经济租外,往往还需要面对一些贪腐的政府官员的寻租设租,这都造成公司实际承担的"经济租"高居不下。南美"权贵资本主义"之所以饱受学界的批评,同样是由于贪腐官员的权力寻租增加了公司的制度成本,这不仅损害了股东的利益,而且损害了自由市场机制本身。除了减少控制权私人收益等公司层面的租金,减少制度租金,从而为公司营造一个充分公平竞争的经营环境,同样是我国下一步改革面临的一大重要任务。

第三,市场竞争的有效性依赖于包括产权制度在内的一系列基础性制度的建立与完善。对这一缺陷的阐述,或许我们可以从我国 20 世纪 90 年代中期关于产权与竞争重要性的争论谈起。当时在对改革向何处去这一问题的讨论中,一些学者提出,中国改革的关键是引入竞争,完善市场机制;另一些学者则强调产权改革的重要性。当时国内频繁出现的以打垮对手为目标的一些公司,其产品定价甚至低于成本,并且恶性竞争在那些可以转嫁成本的国有公司中表现得更为严重,而在已通过产权界定实现了外部性内在化的非国有公司中表现得并不突出(张维迎和马捷,2001)。在恶性竞争下,由于无处进行成本转嫁,非国有公司只能走向死亡,因此,如果仅仅强调竞争,而忽视明确产权归属,则以"所有者缺位、长代理链条"为特征的国有公司开展的往往不是正当竞争,而是恶性竞争。恶性竞争的出现,恰恰是由于忽视了产权的重要性。

这场争论引发了学术界对产权与竞争谁更重要的持续深入讨论,并且也有学者通过调查数据,综合考察并比较分析产权、公司治理和竞争三个因素对公司绩效的影响,对这一问题的理论争论做了经验性回答:产权结构和公司治理的作用相对重要,但市场竞争这一要素对国有公司绩效的影响大于对非国有公司绩效的影响;同时强调,无论强调产权重要还是竞争重要的观点"都有其片面性,对公司绩效的全面研究需要将三个理论体系结合起来进行综合考察"(胡一帆等,2005)。

【知识扩充:思政探索】

习近平总书记关于制度自信的论述

没有坚定的制度自信就不可能有全面深化改革的勇气,同样,离开不断改革,制度自信也不可能彻底、不可能久远。我们全面深化改革,是要使中国特色社会主义制度更好;我们说坚定制度自信,不是要固步自封,而是要不断革除体制机制弊端,让我们的制度成熟而持久。

——2014年2月17日,习近平总书记在省部级主要领导干部学习贯彻党的十八届三中全会精神全面深化改革专题研讨班开班式上的讲话。

第四,市场本身的局限。市场本身的局限性也可能限制其公司治理作用的发挥。首先,只有在充分竞争的市场中,产品市场竞争的结果才能够较好地反映公司治理水平。但现实中的市场难以满足这一条件,若公司所在的细分市场缺乏甚至根本不存在竞争对手,那么产品市场竞争的公司治理作用便无从谈起。其次,产品市场还可能存在过度竞争、不正当竞争等现象,这是市场机制不可避免的缺陷。盲目相信产品市场竞争的公司治理作用,可能影响公司正常经营,损害公司价值,也有悖于公司治理原则。

通过上述讨论,我们认为,市场竞争作为一种公司外部治理机制,若想真正发挥公司治理作用,就需要以对产权的明确界定和有效合理保护等为前提。只有从同一起跑线出发,国有企业才能和自负盈亏的公司进行真正意义上的公平公正竞争。如果这些基础性制度安排没有得到建立及完善,片面强调市场竞争,则带来的将不仅仅是恶性竞争的"优汰劣胜",而且可能造成对非国有经济的激励扭曲和对有序竞争的破坏,从而不利于真正的市场经济的构建。

总之,健康有效的公司治理的实现,既离不开对产权的界定和对股东利益保护所形成的内在激励,也需要营造公平竞争的外部环境,两者缺一不可。同时,我们要看到,市场竞争作为外部治理机制,要想有效发挥其对经理人的约束作用,需要依赖包括产权制度、法律对投资者权利保护等一系列基础性制度的建立。因此,除了讨论市场竞争,本书还将在后续章节中进一步讨论法治环境、法治外制度以及非制度环境的重要作用。

【知识扩充:思政探索】

法治在市场经济发展中的重要作用

基于市场机制自身的局限性,若对市场经济发展完全放任自流,则不利于市场的健康发展和市场主体的长期稳定成长,为此,需要加强法治建设和对经济保持一定力度的宏观调控。2014年10月20日,中国共产党第十八届四中全会在北京召开,全会听取和讨论了习近平受中央政治局委托作的工作报告,审议通过了《中共中央关于全面推进依法治国若干重大问题的决定》。此次会议研究全面推进依法治国重大问题,这是自改革开放以来,党在历次中央委员会全体会议中,首次将法治作为主题,依法治国方略进入新阶段。关于法治在市场经济发展中的重要作用,可以从以下几点理解:

第一,市场经济是法治经济。李克强总理曾在达沃斯论坛上指出,要理出"责任清单",明确政府该怎么管市场,做到"法定责任必须为",以建立诚信经营、公平竞争的市场环境,激发企业动力,鼓励创新创造。这表明,市场经济是一个多元化的机制,它需要法治来保障运行。

第二,市场经济的发展与法治密不可分,两者相伴而行。"市场经济与法治有着十分密切的联系,'市场经济是法治经济'这一论断也早已成为学界的广泛共识。"中国社会科学院法学研究所经济法研究室助理研究员肖京表示。我国市场经济建立和发展的全过程表明,法治始终与其紧密相随。1993年八届全国人大一次会议对宪法进行了修改,在宪法中对市场经济体制予以确认。随后,又通过一系列相关立法,逐步建立了较为完善的市场经济法治体系,有力地推动我国市场经济的发展。所以说,法治在确认市场经济体制、明确市场与政府的关系、确认市场经济主体资格、规范市场经济主体行为等方面都起到了十分重要的作用。

第三,法治是政府与市场的平衡器。要说前30年的法律发展和当下的全面深化改革的法治建设需求有什么不同,最大的不同在于,今天法治应成为政府与市场的平衡器。在政府与市场两者作用不可偏废的情况下,更需用法治之脑去控制政府与市场之手,弥补它们的失灵现象。在中国当前的经济发展阶段,政府扮演重要角色。比如,国防、公路等公共物品的提供、环境污染等外部性的存在、内幕消息等信息不对称的存在,使得市场配置资源的方式需要政府出面进行调控。然而,政府行为也存在着短视、随意、缺乏约束的现象,诱发官员贪腐、政绩观扭曲等问题,使政府无法"更好地"弥补市场配置的不足。因此,当下面临的改革重点与难点,在于如何利用精细化、集约化的法治来约束政府行为,弥补"政府失灵"。

解决"失灵"问题,政府除了要合理实施经济宏观调控,保证重大改革措施、政策措施的出台于法有据之外,关键要提供公平的市场竞争环境,通过一系列的法律制度改善市场竞争生态。需要看到,"政府失灵"乱象很大一部分是与民争利,有些地方政府及部门利用自身强势,成为市场利益的独享者。打破"利益独享",首先要重点解决市场主体身份限制的问题,严格市场准入。应当在市场机制下尽可能降低、取消不合理的行业准入门槛,一视同仁地对待国有企业、民营企业和外资;大力发展混合所有制,让混合所有制企业成为重要的市场经济主体。

第四,依法治国推动全面深化改革。1997年,"依法治国"写入党的十五大报告,并被确定为党领导人民治理国家的基本方略,两年后,"依法治国"写入宪法;如今"依法治国"已作为党的中央全会议题。

第五,法治兴则国家兴,法治强则国家强。罗马不是一天建成的,从"人治"到"法制",从"法制"到"法治",这条道路并不平坦,法治的进步需要点滴积累。当前,改革发展稳定任务之重前所未有,矛盾风险挑战之多前所未有,依法治国在党和国家工作全局中的地位更加突出、作用更加重大。

第六,依法治国对市场经济的重要意义表现在执行效用上。依法治国对于市场经济的重要意义归根结底表现在执行的效用上,要让法治发挥更大的效用应认清我国当前市场经济的现实情况。法律在制度层面对市场经济各项工作运行以及市场主体的权利、义务加以确定,但法律并不能规定到方方面面。如此一来,在法律没有触及的范围,问题也随之产生,最直接的体现就是诚实信用缺失、制假售假事件频发。

第七,中国政法大学民商经济法学院副教授郑俊果认为,法治经济包括很多环节,是一个系统的工程。国人过于关注立法和司法,而没有关注守法,以及司法的成本和社会效用。如果人的道德和素质跟不上,那么立法和执法也将被扭曲。不仅要关注物质条件的发展,而且要关注价值观念的构造。不要机械地照搬西方的法律,而是要看在中国什么样的规则最管用,这是非常重要的。只有结合具体的实际情况灵活变通,才能让法治发挥更大的效用。

资料来源:finance.people.com.cn/GB/8215/373565/387209/389887/index.html。

【知识扩充:思政探索】

我国的市场机制与产品市场竞争态势演变

在我国,产品市场竞争作用于公司的经营决策,进而影响其公司治理,这是在改革开放后随着社会主义市场经济体制的确立而逐步显现的。在计划经济时期,政府对企业施行统购统销政策,企业生产什么、怎么生产以及为谁生产都由政府决定。企业只需根据政府指令安排生产任务,并将产品交由政府统一分配,根本无须考虑产品市场竞争问题。在这一时期,我国对于计划之外自发的市场行为,执行的是打压的策略。1979年第一部《中华人民共和国刑法》[①](以下简称《刑法》)专门规定了投机倒把罪,任何脱离计划秩序的自发性工商活动都可能因该罪名而被判处3年以下有期徒刑。在意识形态上,饲养、编织、采集、渔猎、运输等家庭副业一度被定性为"资本主义尾巴",属于需要被"割除"的对象。1978年12月,党的十一届三中全会提出了"对内改革,对外开放"的政策,我国进入了改革开放时期。伴随着改革开放,中国特色社会主义市场经济体制逐步建立和完善。

---

① 我国第一部《刑法》虽然成文于1979年改革开放之后,但其立法历时25年,其间数度中断,且其中包含了大量计划经济时期的观点和理念。

改革开放的一项重要内容是对内改革,是对经济体制、政治体制、教育体制和科技体制等方面进行的全面改革。就经济体制改革而言,改革的目标是建立社会主义市场经济体制。在农村,我国实行家庭联产承包责任制,因地制宜地发展乡镇企业和集体经济;在城市,允许个体经济和私营经济发展;对于国有企业,进行了多轮行之有效的改革,国有企业自主经营、自负盈亏的市场主体地位得以明确;对于非公有制经济和私营企业的认识也在不断深化:从"私营经济是社会主义公有制经济的补充"[1],到"坚持以公有制为主体,多种经济成分共同发展"[2],最终明确"公有制为主体、多种所有制经济共同发展,是我国社会主义初级阶段的一项基本经济制度"[3],2002年11月,党的十五届七中全会通过的《中国共产党章程(修正案)》开始接受私营企业主入党,打消了私营企业发展的最后一个顾虑。

在对内改革的同时,我国还积极推行对外开放,在扩大对外经济的同时,逐步放开和取消各种限制,吸引发达国家的先进企业到我国投资设厂,使国内企业得以近距离接触先进的生产技术和管理理念。对外开放政策实施之后,特别是2001年12月正式加入世界贸易组织(WTO)之后,我国广阔的市场空间和发展潜力吸引了越来越多的大型跨国企业加入。截至2020年,《财富》世界500强企业中已有约490家在我国拥有投资项目。

通过对内改革和对外开放,我国形成了日益完善的产品市场竞争机制和日趋激烈的产品市场竞争格局,促进了国内企业经营效率和治理水平的提升。

优秀的企业不能仅满足于立足国内,还需要放眼全球,接受更高水平的市场竞争检验。为此,我国在"十五"规划中提出了"走出去"战略,重申改革开放"引进来"和"走出去"缺一不可,积极引导和组织国内有实力的企业"走出去",充分利用国外和国内两种资源、两个市场,勇于和善于参与经济全球化的竞争。

在改革开放四十余年进程中,我国社会主义市场经济体制得以确立并不断完善。统一的全国、全球产品市场逐步形成,我国与世界的联系日益密切,各类经济主体公平竞争的同时又相互学习借鉴、融合,企业的发展理念、管理制度和公司治理机制得以不断完善,一大批具有全球影响力的国内企业脱颖而出。在2020年的《财富》世界500强榜单中,我国企业数量首次超过美国企业,跃居世界首位。如果不参与全球市场竞争,如果没有竞争产生的治理效应,这就是难以实现的成就。

进入新时期以来,我国继续在完善国内市场、鼓励企业参与全球市场竞争上发力,持续优化营商环境,不断打破贸易壁垒,消除地方保护主义。"一带一路"倡议的提出,更是为我国企业参与全球竞争,在复杂的外部环境和激烈的市场竞争中进一步发展壮大创造了良好条件。2021年12月17日,习近平总书记在中央全面深化改革委员会第二十三次会议上强调:"构建新发展格局,迫切需要加快建设高效规范、公平竞争、充分开放的全国统一大市场,建立全国统一的市场制度规则,促进商品要素资源在更大范围内畅通流动。"[4]会议审议通过的《关于加快建设全国统一大市场的意见》是我国在应对百年未有之大变局,构建国内国际双循环相互促进的新发展格局中的一项重大战略举措,在促进市

---

[1] 1988年修订的《中华人民共和国宪法》。
[2] 1993年党的十四届三中全会,《关于建立社会主义市场经济体制若干问题的决定》。
[3] 1997年党的十五大,《高举邓小平理论伟大旗帜,把建设有中国特色社会主义事业全面推向二十一世纪》。
[4] 加快建设全国统一大市场提高政府监管效能 深入推进世界一流大学和一流学科建设[N].人民日报,2021-12-18.

竞争、市场主体壮大、保持和增强对全球企业和资源的强大吸引力等方面具有重要指导意义，也将为产品市场竞争发挥公司治理作用提供重要的制度保障。结合我国产品市场的发展历程，我们也有理由相信，未来，随着我国改革开放的持续深入和中国特色社会主义市场经济体制的进一步完善，产品市场竞争将在我国公司治理体系中发挥越来越重要的作用。

资料来源：姜付秀,于上尧,等.公司治理：基本原理及中国特色[M].北京：中国人民大学出版社，2022：228-230.

第二节　控制权市场

一、控制权市场的界定

控制权，是指公司实际控制人因拥有较高比例的公司股份或表决权，故而依法享有对公司经营决策、日常管理及财务政策等方面施加影响和控制的权利，即控制权表现为对公司发展与利益分配的实际影响能力及决定权。控制权市场，是指不同利益主体为获得对公司的控制权，采取各种手段争取足够数量的股权或委托表决权而相互竞争的市场（姜付秀等，2022）。这里的不同利益主体既可以是公司股东，也可以是公司外部力量，如敌意并购者等，还可以是两者组成的联盟。控制权市场在公司治理中发挥着举足轻重的作用，控制权市场对公司治理的影响主要通过控制权争夺实现，并购与接管、代理权争夺是公司控制权市场中最常见也是最重要的两种运作机制。这两种外部控制机制如何影响公司治理，其效果到底如何等问题，不仅为实际操作者所心系，也是学术界科研工作者的聚焦所在。本节内容将对这两种方式做具体介绍。

二、证券市场在控制权配置中的作用

证券市场是控制权配置的重要方式之一。它对于公司技术进步、产品结构调整、竞争能力提高以及生产要素的优化组合都具有重要意义。控制权配置包括兼并收购和资产剥离两种形式。本节将结合现代企业理论，研究控制权配置的两种形式，并结合公司内外部控制机制说明并购、并购防御、代理权争夺等问题。

证券市场是证券发行和买卖的场所，它是金融市场的重要组成部分，在金融市场体系中居重要地位。证券市场是资金调节和分配的枢纽之一，它集社会层面的闲散资金于市场，使得资金所有者能根据有关信息和规则进行证券投资。在一个有效的证券市场，经营业绩优良的企业能够吸引较多的资金以发展企业，提高企业价值。而经营业绩较差的企业难于吸收更多的资金以助力企业发展，企业价值随经营业绩的下降而下跌，甚至陷入被并购或破产的境地。利用证券市场进行控制权配置是公司外部治理的重要方式之一（姜付秀等，2022）。

控制权配置是以市场为依托而进行的产权交易，其本身也是一种资本运动，它的完成必须借助于证券市场。发达完善的证券市场是企业控制权有效配置的必要条件。国外企业并购潮之所以一浪高过一浪，并对经济发展产生重大影响，正是得益于发达的证券市场的推动。主要表现在（姜付秀等，2022）：

第一，证券市场的价格定位职能为公司控制权配置主体的价值评估奠定了基础。公司控

制权配置成功的先决条件是双方形成合理价位。资本市场上同类上市公司的价格则是并购价位的极好参照。在非上市公司的价值评估中,也往往参照同行业、等规模的上市公司的市场价值。准确定价为控制权配置的顺利进行奠定了基础,使得控制方通过资本市场价格看到控制权配置的必要性和可能性,也看到应该控制何种企业。

第二,发达的资本市场造就了控制权配置主体。一家公司为取得对另一家公司的控制权,往往需要大量的资本投入。发达的资本市场则为公司获得资本提供了充分的条件。例如,公司可以通过发行股票、债券等扩大资本规模,以便具备控制另一家公司的资本实力;同时,资本市场的发展使一些夕阳产业的、陷入经营困境的、面临挑战的公司,能够从资本市场的价格变化情况看出自身的不足,使它们产生联营或变革的愿望。发达的资本市场也使得公司产权流动极其方便。

第三,资本市场上投资银行等中介机构的职能多样化为公司控制权配置提供了重要推动力。近年来,投资银行等中介机构在公司控制权配置中扮演着重要的角色,成为公司控制权配置业务的重要操作者。在发达的资本市场,中介机构的经营范围朝多元化方向发展,从单一的融资,到审计、评估、咨询等,业务范围在不断扩大,但基本上是围绕着公司控制权配置这一主线。从控制权配置计划的确定、寻找买方与卖方、评估企业价值、谈判、投标以至于最后交割,基本上都是在投资银行等中介机构的主持下完成。这种中介机构既为公司控制权配置提供了方便,省却烦琐的工作,也保证了控制权配置的科学性和合理性。

> **【知识扩充:思政探索】**
>
> **股权分置改革与我国控制权市场发展**
>
> 通过控制权争夺发挥市场机制的治理作用,必须以成熟的股权交易制度为前提。而我国股票市场直至1990年底上海证券交易所和深圳证券交易所成立后,才正式建立起来。由于起步晚、发展时间短,和发达国家相比,我国的控制权市场仍处在不断发展和完善过程中。
>
> 事实上,在股票市场建立后相当长一段时间内,我国的控制权市场并没有起到相应的公司治理作用。一方面,当时我国上市公司股权高度集中,大股东一股独大甚至绝对控股的情形大量存在。在这种情况下,当公司股价因低效率的治理处于低位时,有能力的投资者即使通过公开市场交易取得了剩余的全部股份,也无法获得公司的控制权,更谈不上改变公司治理现状。另一方面,我国控制权市场对公司治理的作用与我国当时特有的股权分置有关。
>
> 股权分置指的是我国A股市场上的上市公司股份按能否在证券交易所上市交易,被区分为流通股和非流通股。流通股可以在公开市场交易,非流通股不能在公开市场交易,只能通过场外市场进行大宗转让。非流通股主要包括国有股和法人股,来源于公司上市前的股份,主要由大股东持有。尽管非流通股的比例随时间有下降的趋势,但是在实施股权分置改革的2005年,我国上市公司非流通股占比仍旧很高,均值和中位数分别为58.43%和60.34%。非流通股和流通股享有同样的投票权和收益分配权,但无法在公开市场转让,流动性有限,即使通过大宗市场交易,成交价也低于公开市场股价。
>
> 股权分置严重制约了我国资本市场的发展和公司治理水平的提升。由于股份不能自由流通,因此大股东除IPO、SEO等少数情形外,几乎没有必要关心公司股价。对他们而

言,与提高公司治理水平以获得财富增值相比,利用控制权获取私有收益可能更具吸引力,由此导致了严重的第二类代理问题。为了解决这一问题,我国于2005年起启动了股权分置改革。

截至2006年底,我国沪深两市已完成或者进入股改程序的上市公司占应改革上市公司数量的97%,股权分置改革任务基本完成。股权分置改革结束了我国上市公司两类股份、两种价格并存的历史,强化了上市公司各类股东的共同利益基础,为完善市场定价功能和资源配置功能,提高上市公司治理水平和推进市场创新发展创造了基础条件。

股权分置改革后,我国股市进入了全流通时代,通过公开市场减持成为大股东财富变现的一种可行方式,这使得大股东开始时刻关注公司的市值和股价,公司治理的重要性也得以体现。另外,我国上市公司的股权结构逐渐从集中向相对分散转变,为控制权转移提供了更多可能。近年来,包括万科、国美、南玻A、山水水泥、雷氏照明等在内的一系列控制权转移和代理投票权争夺事件也为我国公司治理体系的完善注入了新的活力。

未来,随着我国以主板、创业板、科创板、全国中小企业股份转让系统(新三板)、区域性股权交易市场为主体的多层次资本市场进一步完善,以注册制为核心的股票上市制度改革持续进行,法律、监管层面的进一步优化,以及上市公司股权结构的进一步分散,我们有理由相信,控制权市场将在我国公司治理体系中发挥越来越重要的作用。

资料来源:姜付秀,于上尧,等.公司治理:基本原理及中国特色[M].北京:中国人民大学出版社,2022:219-220.

三、并购与相关理论

(一) 并购概述

并购(Merger and Acquisition)是指公司间的合并与收购这两类公司行为。其中,合并也称兼并(Merger),是指两家公司合并为独立的一家新公司,前两家公司的法人资格消失,新公司的法人资格成立并利用共同资源以实现共同目标。合并后的公司股东仍然持有合并后公司的股份,公司所有者的身份没有改变。收购(Acquisition)则是一家公司购买其他公司所有者的资产或股份,而被收购公司的股东则不再成为公司的所有者。合并往往成立一家新公司,而被收购的公司则成为兼并公司的子公司,或者其法人资格被取消。

一般来说,公司并购分为横向并购、纵向并购和混合并购。横向并购是指发生在涉及从事同类业务活动的公司之间的并购活动;纵向并购是指生产过程或经营环节相互衔接、密切联系的企业之间,或者具有纵向协作关系的专业化企业之间的并购;在混合并购中,公司一般是从事不相关类型的经营活动。

公司并购也可分为善意(Friendly Offers)和敌意(Hostile Offers)两大类。敌意并购是指收购一家公司的股票以获得对该公司的控制权,而收购该公司的意图通常会受到被并购公司(目标公司)的管理层和董事会的抵制,而善意并购则往往会事先征得目标公司管理层和董事会的同意(剧锦文,2018)。因此,公司并购的实质是通过对其他公司控制权的争夺来提高自身公司资产的经营效率,其结果会使被并购方的控制权发生转移,使其管理层失去控制权(剧锦文,2018)。为保住自己在公司中的控制地位,公司管理层会努力经营,提高公司的股票价值,抬高并购的门槛。所以,有时人们也将公司的并购简单地称为公司治理中的控制权市场。

(二) 公司并购相关理论

公司治理理论助推了学界对公司并购等控制权市场机制等领域的研究,发展出了多种理论,主要包括降低代理成本、降低交易成本与管理主义、效率理论和税负理论。然而,针对不同理论,又形成了许多不同的观点。下述将在迈克尔·S.威斯巴赫(Michael S. Weisbach,1990)等人研究的基础上,对几种比较典型的公司并购理论进行对比分析。其后,我们将分享讨论关于并购等控制权市场的实证性文献。

1. 代理成本理论

亨利·G.曼恩(Henry G. Manne)对企业并购中的代理问题进行了深入研究。他在论文中提出了一种新的视角,即将企业并购视为一种市场机制,通过市场竞争来解决代理问题。他认为,当公司的管理层行为不符合股东利益时,其他潜在的收购者可以通过收购股权来实施市场纠正,从而促使公司更好地为股东创造价值。曼恩充分肯定了接管对于驱逐追求私利或经营能力欠佳的经理,或在约束经理行为、缓解代理成本,以及维护股东利益等方面的积极作用。该观点对后期的并购研究和公司治理理论产生了广泛影响,为理解企业并购和代理问题提供了重要的理论基础,也为后续学者在这一领域的研究奠定了基础。美国经济学家詹森和麦克林对代理成本理论和公司治理领域产生了深远影响,后期的法学家弗兰克·H.伊斯特布鲁克(Frank H. Easterbrook)和丹尼尔·R.费希尔(Daniel R. Fischel)也认为一些组织和市场方面的机制可在一定程度上解决代理问题,其中,股票市场提供了一种外部监督手段或机制,因为股价可以充分反映管理者决策的优劣,长期的低股价会对管理者施加压力,迫使其为股东的利益而努力。但当这些机制无法控制代理问题时,接管市场就为问题解决的最后利器。如果公司的管理层因为无效率或代理问题而导致经营管理滞后,公司就可能被接管。经理因而就会"小心行事"(Manne,1965),公司治理质量也会因此而提高。

2. 交易成本理论

经济学家威廉姆森在科斯的基础上对交易成本理论做了进一步的丰富,用于解释为什么在市场经济中,一些交易会在企业内部进行,而另一些交易则在市场上进行。根据交易成本理论,交易成本是指进行市场交易所需的各种成本,包括搜索信息、协商和达成协议的成本、合同监督和执行的成本,以及处理不确定性和风险的成本等。这些成本可以包括时间、资源、精力和金钱。交易成本理论的核心观点是,当交易成本较低时,市场是一个有效的机制,可以实现资源的有效配置。但是,当交易成本较高时,企业内部组织会更加有效,因为企业内部可以通过内部协调和控制来减少交易成本。交易成本理论还强调了两个重要的概念:交易特殊性和资产专用性。交易特殊性指的是交易的特定性质,使得它们难以在市场上进行,例如特定的投资、定制化需求或依赖关系。资产专用性指的是特定资产的价值在不同交易环境中的变化,例如专门的设备、专利技术或专门培训的员工。这些特殊性使得在企业内部进行交易更加有利,因为企业内部可以更好地管理和控制这些特殊性。"资产专用性"解释了企业纵向一体化的原因。该理论指出,当资产专用性增大时,资产所有者被交易伙伴"敲竹杠"的可能性也增大,此时可以通过企业之间的合并,把市场交易转化为企业内部交易,从而降低交易成本。

3. 管理主义理论

穆勒(Mueller)用管理主义来解释混合兼并问题,认为管理者有扩大企业规模的动机,其原因在于管理者的报酬是公司规模的函数,因此投资要求收益率并非管理者的工作重心,他们会将主要的时间和精力放在扩大公司规模这一行动上,而扩大企业规模最快的方法就是实施并购。不过,也有一些学者并不完全赞同上述观点。青木昌彦(Aoki Masahiko)曾指出,机构股东通常更注重公司的长期利益,在并购决策中扮演着重要角色,机构股东的存在可以提高公司并购的效率和质量,因为他们通常会对并购交易进行更全面的考虑,以确保对公司长期利益的最大化。当机构股东大量持有公司股票时,管理层面临被驱赶的威胁较小,这是因为机构股东通常更倾向于与公司管理层合作,共同实现公司的长期目标,而不是追求短期利润。如此并购就成了有收购意向的大公司兼并管理良好的小公司的一种方式。美国经济学家詹森在1986年的一篇研究中提出了"短视行为"[①](Short-termism)的概念,并认为并购活动可能导致经理人员在判断和决策上过于关注短期利益,从而减少股东的长期收益,詹森这一观点也在之后得到了一些学者的支持。学者Burkart和Panunzi(2006)的研究表明,接管更容易发生在规模较小的企业、处于不景气行业中业绩表现不佳的企业、发生过不成功收购行为的企业方面。这些接管往往是出价公司经理为了扩大企业规模,构建自己的经济帝国。与此同时,出价公司与其他公司一样,同样存在经理的代理成本问题,故而一旦接管完成,出价方的代理成本就可能比接管前更高。此外,由于目标公司经理预期到被接管后要丢掉职位,因此理性经理人会采取逆向选择,例如,减少自身在该企业中的专用型人力资本投资,以防止接管发生后给自己带来更大的损失;或在项目选择上也更注重具有良好短期绩效的项目,而不惜牺牲股东的长远利益;或压缩公司的研发投资等。

4. 效率理论

效率理论最早由经济学家亚瑟·C.庇古(Arthur C. Pigou)于20世纪初提出,而后得到了诸多学者的关注及拓展。该理论认为企业并购和其他形式的资产重组活动有着潜在的社会效益,由于并购降低了缔约成本,特别是降低了监督和解聘管理层的代理成本,从而使缔约各方都可能将资源及精力集中于其他事项上(Easterbrook and Fischel,1986),最终会促进管理层提高其业绩,或获得某种形式的协同效应。效率理论又包括差别效率理论、无效率的管理者理论、经营协同效应理论、纯粹的多样化经营理论以及战略重组以适应变化的环境的理论等。由于本章关注的重点在于控制权变更问题,因此对差别效率、经营协同等具体理论就不再多作分析。

并购的相关实证研究

四、公司接管防御与公司应变

控制权转移对目标公司现有实际控制人和经理人而言都是难以接受的,通常来说,他们往往会采用各种手段破坏收购方的控制权争夺,在并购成功前公司会采取一些防御措施即接管防御;在并购成为既定事实后公司会采取相应的对策。为此,按措施实行时间来分,可将其分为并购成功前的公司接管防御措施,及并购成功后的公司应变措施。

(一) 接管防御

接管是指收购者通过在股票市场上购买目标公司股票来获得足够多的表决权,在达到控股后改组董事会,改选管理层,进而获得目标公司控制权的行为。当公司被确定为并购的接管对象时,并不是所有目标公司都能接受自身在这一活动中的身份角色。接管防御(Takeover Defenses)

---

① 所谓"管理层短视",是指相对于未来,管理层过分看重当前,而对影响增进企业未来获利能力的投资不足。

是指目标公司的经理人和实际控制人为了防止公司控制权转移而采取的一系列旨在预防或挫败收购事件的行为,以将控制权掌握在自己手中。防御措施更多是一种经理人或实际控制人代理成本的表现,而不是代理问题的解决方案。

常见的接管防御措施有以下几种:

1. 公司投票权结构配置

在公司上市前,公司初始所有者有必要设计一种证券投票结构,以使未来经营者时刻感受到来自公司控制权市场的适度压力,并确保经营者的更替在适当的时候进行。格罗斯曼和哈特(Grossman and Hart,1988),哈里斯和拉维夫(Harris and Raviv,1989)的研究结论:(1)当在职经营者或竞争者(或者双方)的个人利益不重要时,最优证券投票结构是单一种类附带投票权的股票,即一股一票(One-share-one-vote)的投票原则是最佳的。根据哈特等人的研究,一股一票保护了股东的产权,一股一票之所以最优,并不完全是因为它给予股东适当的决策激励,而是因为它迫使想要获取公司控制权的人去取得与此控制权相称的公司股息流量份额(Harris and Raviv,1989)。如果背离一股一票规则,则会产生两种错误,即有些不应发生的控制权转移却发生了,有些应当发生的控制权转移却没有发生。这两种错误的风险都可以通过一股一票来降低(如果允许有限报价,则竞价者不必购买某一特定种类的全部股票)或消除(如果不允许有限报价,则竞价者必须购买某一特定种类的全部股票)。(2)如果在职经营者和竞争者都具有相当的个人利益,放弃一股一票规则就能提高公司控制权市场中的竞争强度,并能够提高公司的总价值。(3)在有些公司中(如家族经营的企业),把控制权配置给经营者,以允许他们享受其个人收益,或鼓励他们实施关系专用性投资,也许是有效的。或者,初始所有者可以把个人收益连同投票控制权一起"售给"大投资者,以使得该投资者可以在没有被剥夺风险的情况下消费个人利益。

2. 反接管条款

反接管条款通俗地称为驱鲨(Shark Repel-lent)策略。它是指采用修改公司章程等合法手段来防止敌意收购。反接管条款有以下几种类型:

(1) 绝对多数条款

这一条款要求,包括控制权转移在内的所有重大交易活动,必须取得2/3甚至90%股东的同意。但在多数情况下,绝对多数条款有一条特别条款,该特别条款规定,董事会有权决定在何时以及在何种情况下绝对多数条款将生效。纯粹的绝对多数条款将会严重限制管理层在接管谈判中的灵活性。

(2) 公平价格条款

该条款规定,如果所有购买的股份都得到了公平价格,就可以放弃绝对多数条款。所谓"公平价格",就是在某一特定期间内标购者支付的最高价格,有时还要求该价格必须超过目标公司的会计收益或账面价值所决定的水平。这样,公平价格条款就能有效地防御两层发盘(有些并购企业使用两层发盘,即以现金先购买目标企业51%的股票,再使用债券来交换剩下49%的股票。目标企业股东由于害怕得到债券而会争先恐后地将股票卖给并购企业)。在公开收购股权过程中以及随后的出清兼并过程中,对所有即将购买的股票统一发盘,可以使股东享受"同股同酬"的好处。

(3) 董事会轮换制

董事会轮换制可以在接管后推迟控制权的转移。管理者提出董事会轮换制时声称,其合理性在于保证政策和经验的连续性。例如,改变公司董事会选举的规则,每年只改选非常少量的董事,使公司的接管方至少两年后才能得到目标公司董事中的多数席位。这样,即使并购者标购成功,也需要冒另外一个风险:尽管已拥有目标公司一半以上的股票,但无法控制企业,权力仍掌握在对立董事手中。

(4) 授权发行优先股

公司董事会授权发行具有特别投票权的新股票,这种股票通常是优先股。在发生控制权争夺时,将优先股发行给对公司现有管理层持友好态度的其他机构。这样,虽然优先股是在变换经济条件时公司董事会为便于灵活融资而使用的一种手段,但在这里成了一种用于防御敌意接管的武器。

请用手机微信扫二维码,学习"知识扩充"。

南玻A的控制权之争

反接管条款对股东利益的影响是多种多样且充满矛盾的,大多数的反接管条款会损害股东利益。股东之所以会对那些有损于他们利益的反接管条款投赞成票,原因在于与这些条款作斗争的信息费用和交易费用要大于斗争成功所带来的收益。

3. 资本结构调整

从并购方角度看,理想的收购对象所具备的条件包括:(1) 与公司资产的重置成本或盈利能力相比,股价过低;(2) 具有大量剩余现金、大量有价值的证券投资组合以及大量未使用的负债能力;(3) 相对于当前股价的很好的现金流量;(4) 具有售出后不损害现金流量的附属公司或其他财产;(5) 现有管理层持股比例较小。这些因素的组合将使公司变得更具吸引力。

为减弱目标公司的吸引力,目标公司(或称收购对象)可采取以下措施进行资本结构调整:(1) 增加负债比例,用尽借款能力,并使股票相对集中于支持管理层的股东或控股公司手中。(2) 增加向股东支付的股利,从而减少现金余额。(3) 在贷款合同中做出规定,被接管时要提前偿还贷款。(4) 证券组合应具有流动性,多余现金要减少;营运中不断取得的现金应投放于能产生正净现值的项目或返还给股东。(5) 多余的现金流量可用于收购其他公司,尤其是并购行动者不希望要的企业。(6) 对那些脱离母公司后并不影响其正常现金流的子公司,应该让其分立。或者为避免大量的现金流入,可让其独立。(7) 所有营运获利应作深入分析,以取得真实情况,盈利能力低的公司应分离出去。(8) 通过重组或分立等办法,实现被低估资产的真实价值。经过上述调整,可以减少目标公司被并购的可能性。但是,这一调整使公司在很大程度上丧失了财务上的灵活性和公司承受风险的能力,也可能损害公司本身与同行业其他公司竞争的能力。

(二) 公司应变

上述防御策略一般在并购成为既定事实之前运用,但并购一旦摆到桌面上来,随着时间的推移,目标公司将处于更为不利的地位。并购方在调查研究并购目标、选择市场条件安排最有利的攻击时机等方面完全占有主动权。而目标公司只有很短的时间做出反应(如美国证券交易委员会对并购要约有效所规定的时间期限只有20天)。目标公司为了赢得主动,就必须及时采取应变措施。主要的应变措施包括:

1. 诉诸法律

目标企业的经营者为了阻止公开收购,经常以收购方违反各种法律、法规(如公开收购手续不完备、收购要约的公开内容不充分等)为由提出诉讼。诉诸法律是目标企业在遭到收购者突然袭击而措手不及时采取的应变措施。因为一旦提出诉讼,收购者就不能继续执行要约。而从提出诉讼到具体调查、审理,往往需要一段时间,这就给目标公司赢得了时间,使之有可能在这段较短的时间内,聘请有关方面的反收购专家就收购者提出的收购条件、收购方的资信、经营状况以及收购目标企业后的管理能力、战略方向等做出具体的分析和考察,从而采取有效措施与收购方进行顽强的抗争。

2. 定向股份回购

定向股份回购常被称作"绿色铠甲"或"绿色勒索"(Green Mail)。其含义是指目标公司通过私下协商从单个股东或某些股东手里溢价购回其大部分股份。溢价回购的目的同样是要消除其他公司的敌意接管威胁。与定向股份回购相联系的是签订停滞协议。停滞协议是一项自愿性合同,它规定股份已被回购的大股东同意在一定时间(比如 10 年)内不再对目标公司作进一步的接管性发盘。如果停滞协议是在没有回购的情况下做出的,则大股东只是同意不再增持目标公司股票。

一些国家的实证研究表明,尽管绿色勒索交易本身降低了股价,但大股东最初购买股票的行为以及相关的后续行为都可能给目标公司股东带来较高的回报;如果用定向回购来挫败接管企图,则回购将给非参与股东造成更大的损失。为保护股东的利益,美国一些公司制定了反绿色勒索章程条款。该条款要求管理层在回购公司股票之前,必须取得多数或绝大多数非参与股东的同意,以此禁止或阻止目标公司的溢价回购行为。但反绿色勒索条款的有效性必须结合目标公司所处的具体环境和条件进行考察。例如,公司规模的大小、以前的利润水平和以后的改进措施、勒索者(大股东)的持股水平和接管后可能采取的改善公司状况的措施等都很值得分析,并做出成本与收益的比较。

3. 资产重组与债务重组

目标公司采用资产重组的目的在于减少公司的吸引力,增加并购公司的并购成本。目标公司要么购进并购方不要的资产或部门,要么忍痛出售并购方看中的资产或部门,使并购方失去兴趣,达到反并购的目的。当然,经过资产重组后的企业的价值将会下降,其股票价格也往往随之下跌。

常见的资产重组策略是所谓"皇冠上的珍珠"(Crown Jewels)策略。从资产价值、盈利能力、发展前景等几个方面衡量,经营最好的公司或部门被称为"皇冠上的珍珠",这类公司或部门常常会诱发其他公司的收购企图。目标公司为了保全其他部门或公司,被迫将"皇冠上的珍珠"卖掉,以进行反并购斗争。其中,通过出售有吸引力的部门和资产,是目标公司实现资产重组,达到反并购目的的重要形式。

与资产重组一样,目标公司进行债务重组的目的也是降低本公司的吸引力,增加并购方的成本。通过对债务的重新安排使并购方在并购成功后会面临巨额的债务负担。例如,目标公司可以通过发行新债券筹建资金,并回购本公司股票;重新安排以前的债务的偿还时间,使并购方在并购后立即面临还债的难题,都是反并购的重要手段。

4. 毒丸计划

毒丸(Poison Pill)计划又称股权摊薄反收购措施,是美国 20 世纪 80 年代出现的一种反兼并和反收购策略。毒丸计划要求兼并的一方必须事先"吞下毒丸",方可实施兼并。毒丸计划一般是由企业发行特别权证,该权证载明当本企业发生突变事件时,权证持有人可以按非常优惠的价格将特别权证转换为普通股票,或是企业有权以特别优惠的价格赎回特别权证。无论哪种情景,该契约的股东都会获利,而企业本身则会受到损失,并购方企业自然会失去兴趣。与其他抵御接管行为不同是,它无须经过股东批准,只需董事会投票同意即可启用(迈克尔·詹森,2008)。迈克尔·S.威斯巴赫归纳了 5 种毒丸计划,分别是原始或优先股计划、翻反计划、所有权翻正计划、后期权计划和表决计划。

毒丸计划出现伊始就备受美国公司经理们的宠爱,一时间它变成了经理的救命草。据统计,包括庞大的美孚石油公司在内的三百多家美国大公司都曾采用过毒丸计划。毒丸计划增加了为兼并或控制目标公司而收购该公司股票的成本,从而增强了目标公司抵御接管标购的能力。但毒丸计划对公司管理层和股东将产生怎样的影响呢?对公司管理层而言,毒丸计划能抵御标购者的进攻,也能巩固管理层的地位。对于公司股东而言,其影响则是矛盾的,可能对其有利,也可能是不利的。不利表现在:公司管理层要用毒丸计划巩固其地位,体现了股东与经理间的利益矛盾,这主要是因为:一方面,毒丸一经实施,企业股票价格一般会立即出现下降的趋势;另一方面,毒丸对可能的标购起到了威慑作用,使股东失去了有利可图的向标购者出售股票的基本权利。有利表现在:毒丸计划将诱使标购者与目标公司管理层进行谈判,这又将使董事会能使公司股票价格保持较高的水平。而且,减少接管威胁,可以使经理进行更多的公司专项投资,促使公司更多地使用建立在业绩基础上的递延报酬合同,从而激励经理人为之努力。在这种情况下,实施毒丸计划策略会对股价带来正向影响。詹森(1998)在研究中表明,采纳毒丸条款的公司多为管理层及董事会成员持有较少公司股份的公司,其管理层持股比例约为3%,大大低于那些未采用毒丸计划的公司。因此,毒丸条款一般会降低公司的股票价值,通常会造成平均0.34%的股价损失,从长期来看将有损于股东利益(Easterbrook and Fischel,1991)。

5. 还有其他一些措施

(1) 发行特殊证券

例如,当公司猎食者(Corporate Raiders,公司并购中的卖方)获取的公司股份超过指定比例时,这些特殊证券持有者将被赋予一定的权力,如"差别投票权",给予他们长期持有的额外投票权,从而使最近刚买入企业一半股份的收购者只拥有小部分投票权。

(2) "焦土政策"

"焦土政策",即目标公司有意降低企业对投资者的价值,如大量出售公司资产,或破坏公司的某些特性,以挫败收购者的收购意图,使其失去收购目标公司的兴趣,即使这样做会降低公司对所有股东的价值。

(3) "金降落伞"

"金降落伞",即在公司高管离开公司时,给予其丰厚的退休报酬。如果公司控制权发生变更,则必须基于高管高额补偿金,通过这一措施,目标公司可以让收购方承担额外成本,从而在一定程度上阻止外来收购。

(4) "白衣骑士"

"白衣骑士",即在面临外部收购威胁时,目标公司可以寻找一个友好的支持者与收购者相竞争,以提升收购者的收购成本。目标公司不仅可以利用"白衣骑士"通过增加竞争者使购买方提高收购价,而且可以通过"锁位选择权"给予白衣骑士以优惠的条件购买公司资产、股票等有价值资源的优先权,在降低"白衣骑士"实际成本的同时,提升收购方的收购风险。

与此同时,多数学者认为接管防御措施及应变措施,特别是毒丸计划,相当于委托人把公司最终的控制权交给了代理人,这很有可能对股东的权力造成侵害,从而不利于公司治理水平的提高。

五、代理权争夺、破产与控制权转移

(一) 代理权争夺的界定与原因

并购属于公司控制权市场的范畴,但并不是其全部,代理权争夺(Proxy Fight)也是这一市场的重要组成部分。代理权争夺的本质是持有异议的股东与公司管理层和实际控制人之间争夺公司控制权的行为,是指在不改变公司现有股权结构的前提下,一个或一群对公司现行政策持有异议但又无足够表决权的股东,通过宣传自己的政策获得其他股东的支持,征集其他股东委托表决权的行为。代理权争夺成功后,异议股东将临时性地获得足够的投票权,拥有进入董事会或对董事会施加控制的权力,进而实现更换不称职管理者或改变公司现行战略的目的。

存在代理权争夺的原因是,在公司治理中,代理人与委托人之间的利益冲突通常发生在股东与公司经理人之间,从而产生争夺行为。因为股东将权力委托给经理人来管理和运营公司,但双方的利益可能存在不一致。具体表现为,作为代理人的经理人可能追求自身私利,如追求个人权力、追求高薪酬、追求职位稳定性等,而不是基于股东最大化利益或专注公司的长期发展和股东利益来做出决策。罗斯(Ross,2001)认为,在两权分离的公司制度下,股东大会的整个意义取决于投票代理权制度,这一制度已成为决定企业体制良好与否至关重要的因素。与公司并购相比,代理权争夺具有成本较低、信息披露更公开等特点。正因代理权争夺所具有的这些特性,它与公司并购一起构成了公司控制权市场的一个重要机制。

(二)代理权争夺的公司治理效应

代理权争夺已经成为一些发达国家特别是美国公司治理的重要手段和制度。严格意义上说,代理权制度属于委托代理关系范畴,它又可分为股东主动委托他人行使投票表决权和股东被动地由他人征集投票权两种类型(伏军,2005)。但无论哪种类型,它都是股东惩罚未能实现公司利润最大化管理层的最后工具(Manne,1965)。实践证明,它在提高治理效应的同时,代理权争夺的一些积极作用主要表现如下:

1. 缓解代理问题

适度的代理权争夺有助于缓解治理结构中的代理问题。代理权争夺的威胁和发起显然会对管理者形成一种压力,迫使管理者努力采取对股东有利的政策,减小背离股东利益的机会主义行为和道德风险带来的危害。当然,代理权争夺会消耗一定的公司资源,但它可以缓解代理问题,较好地调和股东与管理者之间的矛盾,优化公司的治理结构,这在一定程度上可以降低代理成本,故而从总体上看能够增加企业利润和全社会福利。

2. 提升管理者素质

持异议股东对现有公司实施代理权争夺,在一定程度上能迫使管理者提升自身素质,促进公司治理水平的提高。公司董事会及管理层的低效率管理主要表现为公司业绩没有达到预期。根据对1978—1985年美国证券交易所上市公司的60次代理权争夺的统计,大多数持有异议的股东宣称,公司管理层的工作不尽如人意,具体表现为日常管理效率非常差,投资政策不当,这将导致股票低收益、公司股价下跌等负面变动。在这种情况下,持有异议的股东通常认为他们自己更有能力来管理企业。因此,他们会提出一些声誉较好、具有一定知识背景和丰富管理经验的董事候选人,希望能够进入董事会和公司高层管理机构。他们的目标是实现对公司资源的控制权,并通过这种行动提升公司内部治理结构的人力资本素质。总体上看,公司控制权市场中的代理权争夺,是惩罚那些无法实现公司高效管理的管理者的一种重要治理机制。

3. 提升股东个人财富

适度的代理权争夺对提高企业股东的个人财富以及给市场带来良好预期是有益的。Dodd

和Wainer(1983)对1962年7月至1978年1月期间发生的96起代理权争夺案件展开研究,得出以下结论:(1)尽管持异议的股东(挑战者)在代理权争夺中只有25%的胜率,但超过75%的企业由于代理权争夺而提高了价值。在争夺期间,股东的平均超常收益为8.2%;(2)无论代理权争夺的目的是获取企业的控制权还是仅仅参与董事会,股东通常都能获得超常收益;(3)代理权争夺期间,公司股价的上升受争夺战的影响较小,但如果挑战者获得了董事会的多数席位,则将对股东利益产生较大影响;(4)在代理权争夺发生前40天内,相关公司股票的累积平均超常收益率显著达到10.5%。这表明代理权争夺使大多数公司股价表现良好。Bradley(1986)支持了Dodd和Wainer(1983)的结论,即代理权争夺对股东财富的增加有积极影响。后续的研究也证实,无论是反对者还是支持者在代理权争夺中取得最终胜利,公司股票价格都会表现出良好的趋势。因此,代理权争夺有助于增加股东财富,并给市场带来良好的预期。

当然,如果代理权争夺制度运用不当,就会对股东的利益,尤其是中小股东的利益造成损害。这主要有以下原因:第一,表决事项和董事候选人由征集者决定,股东完全处于被动地位;第二,征集者对表决事项了如指掌,而股东由于信息不对称,因此并不完全了解情况;第三,一旦股东将投票权委托给他人,他们就可能失去对投票人的有效制约,被委托人有很大的自由裁量空间。如果这种空间过大或者失去制约,股东权利的代理行使可能反映的是被委托人的意愿,而不是股东的意愿(伏军,2005)。

(三) 代理权争夺的成功条件

尽管代理权争夺存在负面影响,但它对于公司治理具有多方面的积极意义。然而,代理权争夺的成功与否不仅取决于发起者是否赢得其他股东的信任,而且取决于一系列因素,如成本和可行性等(剧锦文,2018)。

1. 其他股东的信任

代理权争夺面临的主要问题是如何让其他股东相信挑战者的成功对他们有利。由于控制权私人收益的存在,挑战者取代在位者并不意味着挑战者一定能更有效地治理公司。如果其他股东不清楚挑战者的能力,但知道潜在竞争者的平均能力比现任者更弱,那么其他股东会理性地选择支持现任者,这时即使某个挑战者的能力被拥有充分信息的股东所知,投票的股东也可能认为无法准确评估其能力,因此通常会选择支持现任者。基于此,即使挑战者可能表现更出色,由于很难赢得其他股东的信任,因此难以获得他们的支持(Pound,1988)。代理权争夺能够产生有效结果的充分条件是,只有当竞争者的总价值大于代理权争夺的总交易成本与现任管理者的总价值之和时,所有理性股东才会投票选择挑战者。然而,由于现实条件的限制,这种理性的结果往往难以实现。因此,在现实中,让现有股东相信挑战者更加优秀需要付出巨大的代价。

2. 低实施成本

由于集中所有权产生的有效收益难以通过代理权争夺实现,因此改善公司经营绩效也变得困难。在某些情况下,要想获得控制权所带来的潜在有效收益,挑战者通常需要拥有大量的公司收入或控制权。然而,根据目前多数学者的观点,代理权争夺被采用的一个主要原因是挑战者不需要拥有大量的资本或控制性股份。但在实践中,代理权主要通过投票或表决来实现,即使在代理权争夺中获胜,挑战者也不一定能够获得大部分现任管理者的收入权或投票权。换句话说,有效收益更多地依赖于所有权的集中度,而代理权争夺并不能很好地实现这一目标,因此通过代理权争夺来改善公司经营绩效的程度将十分有限。此外,争夺代理权需要征集大量股份,而所有股东都希望分享重组的净收益而不愿意承担投票的成本,这种"搭便车"问题使得挑战者需要付出较大的组织成本(Paul Milgrom and John Roberts,1995)。

3. 信息不对称的程度

信息不对称经常导致代理权争夺陷入困境。在经理人市场上,信息不对称主要指股东对持异议股东了解不足。Shleifer 和 Vishny(1986)通过人力资本的隐蔽特征模型,强调了竞争者能力的信息不对称是分析代理权争夺的关键因素。在公司代理权争夺中,由于信息不对称,股东无法准确了解控制权收益的真实价值,因此他们只能根据自己对可变的控制权收益的估计进行投票。一方面,如果他们无法通过市场价格推断,他们就只能依靠自己已有的信息来做出投票决策。另一方面,信息不对称导致股东无法通过市场价格获取与控制权收益相关的信息,那么在信息不充分的市场中,所有信息不对称的股东即使判断挑战者获胜后能够带来实际收益,也不会选择支持挑战者。

正是出于以上原因,学界一致认为现任管理者在代理权的争夺战中具备优势。首先,他们拥有股东当前名单的信息,而挑战者可能需要通过法院才能获取这些信息。其次,在很大程度上,管理层可以利用公司资产来支持他们的行动。最后,由于各种原因,对管理层不满的股东更倾向于出售他们的股票而不是与其进行斗争。但随着当前市场中角色的多元化多样化,特别是随着机构投资者的崛起,在现代的代理权争夺中,机构投资者的作用已经成为一个十分关键的因素。

由于代理权争夺需要获得足够的股票委托权作为基础,因此它通常发生在规模较小的上市公司中。此外,它往往被视为一种工具,用来威胁或鼓励现任董事会考虑通过谈判达成双方都同意的合并(汉密尔顿,2000)。

(四) 破产与公司相机治理

如果说并购和代理权争夺是从股东角度讨论公司控制权转移及其对公司治理水平影响的话,那么,破产则是从债权人角度看待公司控制权的转移及其对公司治理水平的影响。由于债权人往往被看作公司的"外部人",因此破产一般被作为公司治理的一种重要外部治理机制进行研究。从广义上看,破产机制是由正规的破产程序、非正规的程序和并购市场组成(剧锦文,2018)。

1. 破产与债权人相机治理

破产对股东和管理层的限制最为严格,一旦公司陷入破产程序,原有股东和管理层就将失去对公司的控制权,而这些权力会转移到债权人手中;同时,股东也会因为资产以折价方式清算而遭受巨大的经济损失。因此,债权人通常会利用破产这一手段来制衡股东和管理层,并维护自身的利益。需要指出的是,债权人只有在公司陷入财务危机时才会介入公司的内部事务。然而,此时公司已经遭受了损失,所以破产机制的效果总是滞后和被动的。此外,公司的债权结构不同,破产机制的治理效果也就存在较大差异。当存在大债权人时,他们会利用自身拥有的信息和能力与债务人进行谈判,以维护自己的利益。然而,如果存在众多小债权人,大债权人的谈判筹码就会受到影响,这是因为债权人会议的表决通常不仅考虑债权金额的大小,而且考虑债权人的数量。当然,也有可能出现相反的情况,即分散的债权结构反而对债务人产生更强的约束。因为如果债务人无法及时偿还众多小债权人的债务,与这些小债权人一一协商并达成一致就非常困难,债务人更有可能被迫进入破产程序进行清算。

2. 清算与重组

在公司破产法制度体系中,通常存在两种正式的破产程序:清算与重组。在清算程序中,破产企业的商业活动被迫终止,资产可能以整体或单个资产的形式进行管理。而重组程序则提供了破产债务人有机会继续重组其债权人和股东财务要求的机会,并且可能需要改变管理结构和所有权结构。除正式的破产程序外,当债务公司和债权人愿意进行更灵活的重组和重建计划谈判时,还存在非正式的替代选择,这些非正式程序相较于涉及法庭的正式程序成本更低且速度更快。此外,并购市场也可以作为一种破产机制的形式。在这种情况下,一家破产公司可以被私人投资者收购,或与其他公司进行合并,从而改变财务要求权重并进行重新分配。

六、控制权市场机制发挥治理作用的途径

控制权市场发挥公司治理作用主要通过两个途径:经理人更换及潜在替换威胁(姜付秀等,2022)。

(一)经理人更换

及时更换不称职的经理人是公司治理的应有之义,也是控制权市场发挥公司治理作用的最直接方式。在并购发生后,新的大股东为了实际控制公司,可能采取各种手段迫使目标公司管理层离职,且公司在被并购前绩效越差,市场表现越糟糕,原管理层离职的概率越高。

在发达的控制权市场中,如果经理人的行为偏离委托人目标,且公司内部各种监督和激励机制也并不能发挥作用,公司治理体系效率低、质量差,则公司经营业绩和市场价值都将受到影响。面对这一情况,无力改变现状的中小股东可以通过抛售股票"用脚投票",使得公司股价进一步下跌。这便给市场上企业家或其他组织以较低成本获得公司控制权的机会。在收购方通过直接持股或代理协议等方式获得足够多的表决权后,公司控制权将随之转移。随后,获得公司控制权的收购方将采取改组董事会、更换经理人等方式,对公司业务方向、财务政策和经营战略等进行调整。通过上述方式,原来低效的公司治理体系得以改善,公司经营业绩和市场价值获得提升,收购方和公司其他股东都将因此而获利。

(二)潜在替换威胁

除经理人更换外,控制权市场向经理人施加的潜在替换威胁同样能够起到改善公司治理效率的作用。据统计,即便是发达资本市场,控制权争夺事件发生的概率也不高,再加上并非所有控制权争夺都能够实现控制权转移,这就使得通过经理人更换实现公司治理效率提升事件并不常见。但在发达控制权市场中,即使不发生经理人更换,只要存在控制权转移的可能性,公司的股东和经理人就面临着随时被替换的威胁。这种威胁将促使他们努力工作,减少机会主义行为,公司治理效率也将因此得以提升。

潜在替换威胁的影响表现在使经理人"一朝被蛇咬,十年怕井绳"。经历过控制权争夺后,即使控制权并未发生实际转移,控制权争夺的切身经历也会驱动经理人积极提升经营效率,努力提高公司价值,以降低未来发生控制权争夺的可能性。此外,同一行业内一家公司发生了控制权争夺,会给同行业的其他公司带来压力,它们同样会主动寻求公司治理水平提升以及公司经营效率改进的举措。

七、控制权市场机制的局限性

通过控制权市场争夺,公司控制权将向更有能力的企业家转移,不合格的经理人将被替换,公司的不当决策将得到纠正,最终实现改善公司治理、提升公司价值的目标。但这一过程在现实中会受到诸多限制,这些限制会削弱、抵消控制权市场的公司治理意义,甚至给公司治理带来负面影响。控制权市场机制的局限性主要体现为以下几个方面(姜付秀等,2022)。

(一) 作用范围有限

正如前面所言,控制权市场的争夺并不经常发生,且并非所有的控制权争夺行为都能实现控制权转移。这一方面与并购本身的特点有关,参与并购是收购方的一项重大决策,需要耗费巨额资金和大量精力,要精心挑选有潜力的并购标的并设计行之有效的并购方案。另一方面因为控制权争夺的顺利完成需要一系列前提条件,而并非所有公司都能满足这些条件。具体而言,通过控制权争夺改善公司治理通常需要满足以下条件:

1. 股权结构分散

分散的股权结构是控制权市场发挥作用的首要条件。如果公司股权相对集中,甚至存在拥有绝对控制权的大股东,则即使收购方取得了剩余的全部表决权,也无法获得公司实际控制权,控制权市场也就无法发挥作用。

2. 公司价值被低估

目标公司市场价值对控制权争夺的影响有两个:目标公司当前股价决定了收购方的控制权争夺成本;公司当前价值与未来预期价值之差决定了收购方参与控制权争夺的收益。因此,只有当目标公司价值被低估,股价处于低位时,控制权争夺才更有可能发生。反之,如果公司价值被高估,则收购方发起控制权争夺将付出更高的成本,未来的收益也将面临更大的不确定性。

3. 并购障碍较少

公司间的并购会面临诸多障碍,例如,收购方大量买入股票提升了公司股价,而收购本身又是一个值得炒作的题材,能够进一步提升股价,这便会增加收购方的控制权争夺成本;在控制权争夺过程中,原大股东和经理人可能以损害公司利益为代价设置反并购障碍,这增加了收购方控制权争夺难度,降低了控制权争夺收益;此外,收购方在争夺控制权的过程中还可能面临来自政府行政干预、社会组织反对以及反垄断诉讼等障碍。并购障碍越多,控制权争夺发起方的成本越高、收益越低,控制权争夺也就越不可能发生。只有当并购障碍较少且容易克服时,控制权争夺才更有可能发生,其公司治理作用也才更容易充分发挥。

(二)"野蛮人"入侵打乱公司经营秩序

在承认控制权市场和控制权争夺对公司治理正面影响的同时,必须意识到,并非所有的控制权争夺都是出于改善公司治理、提升公司价值的善意动机。资本市场"野蛮人"恶意并购所带来的负面效果可能远超控制权市场的公司治理作用。

1. 从控制权争夺的动机看

除了通过改善公司治理、提升公司经营业绩和市场价值获益外,收购方还有可能出于消灭竞争对手、减少行业竞争的目的发起控制权争夺。这类控制权争夺成功后,收购方不仅不会采取措施改善公司治理,而且会利用各种手段转移公司资源,降低公司的持续发展能力,损害少数股东的利益,这本身就是大小股东代理问题的一个表现。

2. 从控制权争夺的过程看

目标公司原股东和经理人为了保住控制权,会采取各种措施与收购方展开对抗。此时,他们往往以维护个人私利而非全体股东利益为目标行事,这加剧了公司代理问题,是公司治理低效率的表现。此外,在控制权争夺的过程中,原股东和经理人的工作重心不得不从经营管理转移到对抗收购方的控制权争夺上来,这扰乱了公司的正常经营秩序,也损害了公司治理和公司价值。

3. 从收购方价值实现方式看

一般而言,产业资本更有可能通过改善公司治理、提升公司价值获利。纯粹的金融资本往往并不参与企业经营,而是通过"包装"的方式将目标公司以更高的价格卖出,以退出的方式获利,这并无益于公司治理的改善。更严重的是,控制权争夺完成后,目标公司可能沦为资本运作的工具:收购方将全力推动目标公司增发股份融资,并在融资完成后通过关联交易、关联担保、大股东借款等方式将资金转移至收购方,带来更严重的公司治理问题。

(三) 助长经理人的短视行为

控制权市场在向经理人施加被替换的威胁,促使公司经理人尽职工作的同时,使经理人职业前景面临更大不确定性。面对这种情况,经理人不得不重视和追逐短期财务绩效,忽视和淡化公司的长远发展,一些对公司有长期价值的投资项目和活动,如研发、技术创新等也将被放弃。此外,为了提高收购方的成本,降低其预期收益,经理人还有可能通过财务造假等方式将公司股价维持在高于真实价值的水平,这同样降低了公司治理效率。

(四) 反并购行为损害公司价值

控制权转移对公司现有的实际控制人和经理人而言都是难以接受的损失。为防止这种情况发生,他们会采取各种手段破坏收购方的控制权争夺,甚至以牺牲公司利益为代价,这种行为被称为反并购。诱发反并购行为是控制权市场公司治理作用的另一个重要局限。

本章小结

1. 公司内部治理机制往往是各方多轮博弈后妥协、折中的结果,更有可能服务于大股东的利益而非公司整体利益,存在天然的局限性。同内部治理机制相比,市场机制提供了一个客观、公正评价公司治理水平的标准,也是一种重要的外部监督和激励机制。

2. 公司治理中的市场机制包括控制权市场、经理人市场和产品市场竞争三类。本章围绕控制权市场和产品市场竞争两方面,介绍了市场机制的公司治理意义、作用机制及其局限性。

3. 产品或要素市场竞争对公司职业经理人的约束体现在以下两个方面:第一,企业经营失败将给经理人带来职业风险;第二,市场竞争以标尺方式传递对经理人业绩衡量的信息。

4. 产品市场竞争主要通过提供信息和清算威胁两条路径发挥公司治理作用。

5. 市场竞争失效,无法完全代替其他公司治理机制的原因在于其存在一定的局限性,主要有以下几点:第一,市场竞争的作用力总在事后(代理问题发生后)展现;第二,无法从根本上阻止经理人对股东利益的侵占;第三,有效性依赖于包括产权制度在内的一系列基础性制度的建立与完善;第四,市场本身的缺陷如市场不完全、过度竞争、不正当竞争等的存在也会影响产品市场竞争的公司治理作用。

6. 控制权市场对公司治理的影响主要通过控制权争夺实现,并购与接管、代理权争夺是公司控制权市场中最常见也是最重要的两种运作机制。

7. 控制权转移对目标公司现有实际控制人和经理人而言都是难以接受的,为此通常来说,他们往往会采用各种手段破坏收购方的控制权争夺,在并购成功前,公司会采取一些防御措施即接管防御;在并购成为既定事实后,公司会做出相应的应对。

8. 常见的接管防御措施有:公司投票权结构配置、反接管条款、资本结构调整;常见的公司应变措施主要有:诉诸法律、定向股份回购、资产重组与债务重组、毒丸计划。接管防御措施及应变措施特别是毒丸计划,委托人把公司最终的控制权交给了代理人,这很有可能对股东的权力造成侵害,从而不利于公司治理水平的提高。

9. 代理权争夺的积极作用主要有：缓解代理问题、提升管理者素质及股东个人财富；代理权争夺成功与否不仅取决于发起者是否赢得其他股东的信任、实施成本的高低、信息是否对称等一系列因素。

10. 控制权争夺改善公司治理主要通过更换不称职的经理人和向经理人施加潜在的替换威胁两条途径实现。

11. 控制权市场的局限性主要体现为作用范围有限、"野蛮人"入侵打乱公司经理秩序、助长经理人短视行为和反并购行为损害公司价值四个方面。

12. 并购和代理权争夺是从股东角度讨论公司控制权转移及其对公司治理水平影响，破产则是从债权人角度看待公司控制权转移及其对公司治理水平的影响。由于债权人往往被看作公司的"外部人"，因此破产一般被认为是公司治理的一种重要外部治理机制。

练习题

1. 公司治理中主要的市场机制有哪些？
2. 产品市场竞争如何影响经理人和股东的行为？
3. 产品市场竞争公司治理作用的局限性表现在哪些方面？
4. 控制权市场影响公司治理的途径有哪些？
5. 控制权市场公司治理作用的局限性表现在哪些方面？
6. 市场机制和内部公司治理机制之间的关系如何？
7. 如何看待公司现任管理层和实际控制人的反并购行为？
8. 如果不发生控制权争夺事件，控制权市场能否发挥公司治理作用？
9. 为什么说产品市场竞争更少受到内部人的干预？
10. 为什么说产品市场竞争更少受到内部人的干预？
11. 现阶段，进一步发挥我国的控制权市场的公司治理作用需要做出哪些努力？
12. 兼并与收购的含义是什么？公司的并购战略主要有哪些？
13. 并购活动成功的保证及其失败原因是什么？

关键术语

产品市场竞争　控制权市场　产权制度　内部治理机制　外部治理机制　标尺竞争　并购　董事会　股东　经理人　委托-代理问题　接管防御　代理成本理论　交易成本理论　管理主义理论　控制权争夺　控制权转移　信息不对称　相机治理　破产　重组

结篇案例

山东山水水泥破产原因：解密山水集团股权之争始末

一、山水水泥集团的"前世今生"

中国山水水泥集团有限公司（下文简称"山水水泥"）2006年4月26日注册成立于开曼群岛，2008年7月4日在香港联交所主板上市，为中国水泥行业第一支红筹股，其唯一经营实体就是山东山水水泥集团有限公司,为其全资子公司(以下简称"山东山水"),是国家重点扶持的十二家大型水泥企业之一。

山水投资为山水集团的原有控股股东,也为山水集团设立的投资平台,2005年4月注册成立于香港。山水水泥前身是山东一家国有企业,其上市之路可谓跌宕起伏、一波三折。根据有关规定限制,只有股份有限公司才具备上市资格,同时如果要作为红筹股上市,就要设法成为最具募集资金限制少的优势者。山水水泥为满足"红筹"股上市的要求,开始踏上变换身份之路:第一阶段,在张才奎厂长的带领下,通过资源整合从濒临破产状态扭亏为盈;第二阶段,从老国企顺利改制,实现从国企到民营企业的身份转变;第三阶段,海外注册新公司,以满足"红筹"上市。第三阶段的主要行动,包括两方面:第一,搭建员工持股新平台。2005年初,山水水泥在香港注册了两家公司——中国山水(香港)和先锋水泥;4月,又在香港注册成立了中国山水投资有限公司(以下简称"山水投资"),该公司实为员工持股的新载体(原载体是"济南创新投资有限责任公司")。第二,引入3家外资机构——摩根士丹亚洲投资公司、鼎辉投资和国际金融。因前期工作后拟上市的公司实体投资人和准备工作完成,就差一个符合条件的公司形式。

2006年4月,中国山水水泥集团(主角上市公司"山水水泥")在开曼群岛注册成立,股东分别为山水投资、CDH Cement、国际金融公司、MSⅠ、MSⅡ。前期工作主要基于两点考虑:第一,注册地在海外,资产在内地,满足在香港以"红筹"股上市条件,拓宽了融资渠道。第二,新的员工持股平台可变相保护员工股东利益,降低控制权被剥夺的风险;同时,由于持股职工众多,达3 939人,因此职工推选出了9位显名股东,并针对代持股数量较大的张才奎(其本人持13.18%,代持52.37%)和李延民(本人持6.79%、代持9.4%)成立张氏信托和李氏信托,其他7位高管代持18.26%。

二、控制权争夺主体介绍

(一)中国建材股份有限公司

中国建材股份有限公司(3323HK,以下简称"中国建材")成立于2005年3月,2006年在香港联交所挂牌上市,其母公司为国资委下属的中国建筑材料集团有限公司,是全球最大的建材制造商,主营范围包括玻璃纤维、水泥、轻质资产等,下设子公司西南、中联、南方以及北方4个水泥公司,年产能居世界首位,面向全国各地区销售。

(二)亚洲水泥(中国)控股公司

亚洲水泥(中国)控股公司(0743HK,以下简称"亚洲水泥")为台资水泥公司,2004年在开曼群岛注册,2008年在香港挂牌上市。亚洲水泥在江西、四川、湖北等地建设生产线,主要布局临江地区,并沿长江向外辐射。下属子公司主要从事与水泥相关业务,包括了水泥制造、研磨、制品及运输、投资等业务,是长江中下游及西南(成都)地区主要的大型水泥企业集团。

(三)天瑞集团股份有限公司

天瑞集团股份有限公司(以下简称"天瑞集团")1983年创立于在河南省汝州市,是一家综合性股份制企业集团,业务包括水泥、铸造、煤电铝、旅游、金融等,为中国企业500强。集团子公司众多,囊括天瑞水泥、天瑞旅游等。天瑞水泥产能主要布局在辽宁、天津、河南、安徽等地,发展重点是辽宁、河南等地。在辽宁地区,与山水集团、中国建材属竞争关系,且其产能规模仅略高于山水集团。

三、内部矛盾一触即发,上演"全武行"

(一)张才奎"只手遮天",董事会形同虚设

2011年李延民退休,其股权转交张氏信托,张才奎凭借手中81.74%的控制权,成为山水

水泥独一无二的大股东。执行董事中,李延民、董承田、于玉川是张才奎的一致利益集团;非执行董事中,孙弘、焦树阁作为其他股东的代表,话语权有限;此外,独立董事中的孙建国和王燕谋与张才奎有熟人裙带关系。简单分析9名董事身份和经历可清晰发现其背后的实际利益操控者为张才奎,个人意志决定了山水水泥公司决策,而董事会形同虚设。

(二)管理层集体辞职,高层"动荡不安"

张斌自2010年担任总经理以来,便通过各种手段敛权,追逐个人利益,例如利用职权操纵公司采购等环节,引起大股东的严重不满,这使得张才奎和张斌与其他高管的关系开始破裂。为此,董承田、宓敬田等5位高管假借各种个人事由陆续辞职,山水水泥高层进入"动荡期"。

(三)张氏父子"换帅挂印",职工怏怏不快

2013年3月18日,张才奎退任董事长转幕后,其子张斌接任。此后张斌推出很多财务和生产政策,包括著名的"集中采购政策",以宓敬田为代表的管理层对此敢怒不敢言,而后张斌的举动更是触及了他们的底线。

(四)"霸王退股方案"激起公愤,"私有化"计划流产

为加速集团"私有化"进程,张才奎于2013年11月着手进行信托退出计划和股份回购计划,分别针对3 939名职工股东和7名显名股东发布退股方案,想以此收回100%控股权,但因回购时间过长及分红权限制不合理,激起公司上下的不满,遭到反对,这成为山水水泥控制权之争的导火索。

(五)集体上访无果,南下香港告状

山水水泥在经历内部大规模震荡,高管和员工集体上访无果后,选择了联合到香港诉讼。2014年8月,7名显名股东联合七百多名小股东向香港高等法院申请了禁止令和托管令。2015年5月,香港高院判决批准了原告申请的托管令。归还后的股份占45.63%,为安永会计师事务所接管,张氏父子持股降至36.11%。2015年6月14日,在张才奎操控下,山水水泥欲与中国建材签订出售10.245万股山水投资信托股份的协议,但此计划尚未开展就被香港法院叫停。

四、外部投资者接踵而至,股权战争再"发酵"

(一)寻求外援,不料却"作茧自缚"

在中国建材入驻山水水泥前,山水水泥的第一大股东是山水投资(持30.11%股权),第二大股东是亚洲水泥(持股13.42%),两大股东的持股比例相差甚远,为此山水投资具有绝对控制权。受到股东联合诉讼影响,董事长张才奎害怕丧失对山水投资的控制权,为此2014年10月,山水集团突发公告《山水集团认购根据一般授权所发行的新股份》,向中国建材配发和发行563 190 040股,每股认购价为2.77港元。该批认购股份相当于山水集团发出此公告前已发行股本的20.00%,及约为山水集团股份扩大后的已发行股本的16.67%。为此,中国建材以16.67%持股比成为山水集团的第二大股东。

但引入中国建材实为一个致命错误:以配股形式引入中国建材,使得山水投资的股权被稀释至25.09%,只要有其他投资者在对山水水泥的持股比例不超过30%的前提下,通过二级市场取得超越山水投资持股比例的股权,那就能成为山水水泥的第一大股东。这反而使张才奎第一大股东的地位出现松动,愿望落空。

(二)亚洲水泥"大量扫货",异军突起

中国建材进入后平分秋色的股权结构让各大资方垂涎欲滴,山水股权成为水泥界必争之地,山水投资对山水水泥的持股被严重稀释,而原第二大股东亚洲水泥也想从中获得巨额收

益。2014年4月至2014年12月,亚洲水泥从二级市场上不断购入山水水泥股份,持股比例由先前的13.42%飙升至20.90%,一举成为山水水泥第二大股东。

(三)不速之客:天瑞集团

在控制权争夺如火如荼之际又来了一位不速之客:天瑞集团。2014天瑞集团种种行为都说明其有意通过资本运作实现产业规模的扩大。山水集团股权的分散,2015年3月,天瑞集团越过山水水泥董事会,通过鼎辉投资大宗交易在二级市场增持山水水泥股票达10.51%;2015年4月,再度增持山水水泥,最终取得山水水泥28.16%股份,超过山水投资持股比,成为山水水泥第一大股东,这也导致了公众持股降至9.18%,小于联交所规定持股比例,股票停牌。

五、天瑞登堂入室,遭遇重重困难

(一)三入董事会,取得短暂胜利

2015年5月22日股东大会审议事项,而第一大股东天瑞集团竟无一人被提名董事人选,可谓出师不利。2015年6月18日,天瑞集团提议召开第一次特别股东大会,提议罢免山水水泥8位董事中的7位,同时提名了7名"天瑞系"董事人选。对此董事会意见如下:反对罢免现任董事及通过重选董事。29日,特别股东大会结束,董事长兼总经理张斌公开表示股东反对天瑞集团要求撤换董事会成员。10月初山水投资董事会以3:2的投票决定,同意天瑞集团改组董事会提议。中国建材联合亚洲水泥对于中国山水投资形式投票权的资格提出异议。10月14日山水水泥发布公告,宣布张斌继续担任公司执行董事、董事长及总经理,罢免公司执行董事张才奎及另外两名董事的职务。2015年12月1日,天瑞集团联合山水投资维权员工向香港法院申请召开股东大会,由香港高等法院派出的独立人士担任大会主席,会议上罢免山水水泥董事长张斌在内的8项罢免议案,以及委任天瑞集团董事长李留法在内的8项议案,均获得高票通过。

(二)大股东向老盟友"开刀"

1. 低价配股导致矛盾激化

2015年底天瑞集团接管山水水泥后,山水集团共有四大股东:天瑞集团、山水投资、亚洲水泥、中国建材。其中山水投资为山水集团的创始团队,天瑞是第一大股东,天瑞选派人员与山水投资一起负责企业运营,宓敬田出任山水集团副董事长、总经理主持工作。

2016年6月3日,山水集团董事会在未经山水集团职工股东同意前提下,发布公告称"按每一股现有股份可认购4股新的本公司股份"。9月12日,山水集团董事会再次发布公告称"为偿付本集团未偿还债务、恢复公众持股数量,向不少于6名独立承配人配售不低于9.1亿股,配售下限0.5港元",而当时的股价为6.29港元。

山水投资认为,配售新股严重损害职工股东及山水投资的利益。因这稀释了山水投资的持股比,且9月12日发布的公告更是严重损害职工股东利益。为维护自身的权益,山水投资的股东对两次方案均投反对票,而其余两大股东亚洲水泥和中国建材也明确反对配股,为此计划破产。

2. 宓敬田"被拿下"

2016年12月,宓敬田提前向媒体披露了山水水泥2016年的业绩,但天瑞集团则认为宓敬田泄露了内幕消息,双方矛盾激化。山水水泥元老级人物宓敬田,也是此前控制权纠纷中主动引进天瑞集团的"盟友"。对此,天瑞集团控制下的山水水泥于12月20日公告称:"公司决定于12月20日起实时暂停及免除宓敬田在山东山水及其所有附属子公司的所有职能、权力及职责,直至独立调查完成。与此同时,公司已委派山东山水水泥的现任董事赵永魁,暂代宓敬田免职期间的职务。"

(三) 天瑞失去"话语权"

2018年5月23日山水水泥股东特别大会后,山水水泥发布公告表示,会议决议罢免包括李留法董事会主席以及多名董事会成员的职务,常张利(为中国建材副总裁、董秘)、吴玲绫(亚洲水泥执行董事)当选山水水泥执行董事,其中常张利获得董事会主席职务。

山水水泥董事会构成的这一变化也意味着天瑞集团在山水水泥董事会层面"一言堂"的局面被彻底扭转,大股东天瑞集团丧失了"话语权"。

(四) 使用"清盘计",倒逼股东妥协

2018年山水水泥上半年业绩公告显示,公司1—6月实现经营收入68.79亿元人民币(单位下同),同比增加8.93%;毛利24.80亿元,同比增加32.95%;公司股东应占利润7.15亿元,而去年同期则亏损4 369.5万元。

2018年9月4日,山水水泥发布公告称,公司第一大股东天瑞集团向开曼群岛大法院提出对公司进行清盘的呈请。山水水泥方面表示,8月31日,公司收到天瑞集团于同日向香港特别行政区高等法院原诉讼法庭提交的对公司进行清盘的呈请(香港呈请)。递交香港呈请旨在于香港开始进行辅助清盘。这是山水水泥三年内的第二次清盘,在资本市场中也是"绝无仅有"了,然而目的和主人公却都变了。2015年11月11日,张才奎使出"清盘计"是控制权失守、企业入不敷出、惨淡经营下的垂死挣扎,而天瑞集团为什么要在这样一个业绩转亏为盈的时间节点选择提交清盘呈请?天瑞集团成为第一大股东,却无法对董事会的正常运作产生影响,只有对相关议事规则进行修改才能在董事会层面获得更多话语权。此次递交清算呈请更多的是表达自身作为第一大股东在董事会无法取得席位的诉求,倒逼其他股东让步及妥协。天瑞认为,亚洲水泥及中国建材已向其做出不公正及压制性行动,使山水水泥的相关事务一直在缺少公正性的情况下进行,因此对公司管理层丧失信心,故提起清盘申请。2018年10月,天瑞上述清盘申请分别被香港和开曼群岛撤回和驳回。

[资料来源] 微信公众号:杨燕.山水水泥集团控制权之争.生活法律通,2021-02-04.

案例思考题:

1. 请分析山水水泥的新员工持股计划及9名显名股东推选这一系列措施的优缺点?
2. 请分析在山水水泥的控制权争夺中,天瑞集团有哪些"攻"势?
3. 请分析在山水水泥的控制权争夺中,山水水泥做了哪些"防守"?

参考文献

[1] 白钦先.比较银行学[M].郑州:河南人民出版社,1989:17.
[2] 伏军.公司投票代理权制度研究[J].西南政法大学学报,2005,(4):69-76.
[3] 哈特.企业、合同与财务结构[M].费方域,译.上海:上海三联书店、上海人民出版社,1998:242-253.
[4] 姜付秀,于上尧,等.公司治理:基本原理及中国特色[M].北京:中国人民大学出版社,2022.
[5] 剧锦文.企业与公司治理理论研究[M].北京:中国经济出版社,2018.
[6] 迈克尔·詹森.企业理论——治理、剩余索取权和组织形式(中译本)[M].童英,译.上海:上海财经大学出版社,2008.

［7］任理轩.牢牢把握独立自主这一兴党兴国之本［N］.人民日报,2013-12-30(004).

［8］网信军民融合编辑部.落实习近平网络主权原则,建设中华公网共图强［J］.网信军民融合,2018(5):11-13.

［9］韦斯顿,等.兼并、重组和公司控制［M］.唐旭,等译.北京:经济科学出版社,1998.

［10］习近平.关于科技创新论述摘编［M］.北京:中国共产党中央文献出版社,2016:14.

［11］习近平.习近平谈治国理政［M］.北京:外文出版社,2014:105.

［12］习近平.习近平谈治国理政［M］.北京:外文出版社,2014:198.

［13］余熤宁.日本融资模式的发展状况［J］.中国金融,2002(1):50.

［14］郑志刚.中国公司治理的理论与证据［M］.北京:北京大学出版社,2016.

［15］Andrei Shleifer, Robert Vishny. Fire sales in finance and macroeconomics［J］. Journal of Economic Perspectives, 2011, 25(1): 29-48.

［16］Aswath Damodaran.投资估价［M］.朱武祥,译.北京:清华大学出版社,1999.

［17］Frank H. Easterbrook, Daniel R. Fischel. Close corporations and agency costs［J］. Stanford Law Review, 1986, 38(2): 271.

［18］John Pound. Proxy contests and the efficiency of shareholder oversight［J］. Journal of Financial Economics, 1988, 20(1): 237-265.

［19］Manne, H G. Mergers and the market for corporate control［J］. Journal of Political Economy, 1965, 73(2): 110-120.

［20］Paul Milgrom, John Roberts. Complementarities and fit strategy structure and organizational change in manufacturing［J］. Journal of Accounting and Economics, 1995, 19(2-3): 179-208.

［21］Peter F. Ducker. Five rules for successful acquisition［M］. The Wall Street Journal, 1981.

［22］R B. Lamb, Englewood Cliff. Competitive strdtegic management［M］. Prentics-Hall, 1984.

第九章
声誉市场与经理人的职业关注

全章提要

概要
案例导读
- 第一节　声誉理论的简单回顾
- 第二节　经理人的职业关注
- 第三节　经理人声誉价值的度量与我国资本市场的证据

本章小结
练习题
关键术语
结篇案例
参考文献

概要

1. 声誉的内涵是什么?

基于资源理论的研究认为,声誉是一种与物质资产和金融资产类似的资产;基于博弈理论的研究认为,声誉是一种机制,是博弈各方长期动态重复博弈的结果;基于信号理论的研究则认为,声誉是基于信息的一种信号传播,是人的一种心理感知。

2. 声誉机制发挥作用需要具备的基本条件有哪些?

(1) 有效的信息传播途径;(2) 对欺诈行为的惩罚;(3) 良好的社会规范。

3. 职业关注是什么?

职业关注是指经理人对自身职业生涯发展前景的担忧。经理人市场对于经理人的评价直接决定了经理人未来的职场声誉和职业生涯。

4. 经理人声誉对中国企业在资本市场上的影响有哪些?

(1) 公司价值;(2) 投资行为;(3) 企业融资;(4) 盈余管理。

案例导读

刘强东绯闻的代价

历时4年的痛苦和折磨终于落幕。2022年10月2日,刘强东与刘婧尧于2018年发生在美国明尼苏达州事件的民事诉讼案以和解告终。声明称:刘强东先生和刘婧尧女士于2018年在美国明尼苏达的一次偶然事件所造成的误会,占用了大量的社会资源,也给彼此的家庭造成了深重的困扰。为了避免进一步的诉讼伤害,双方决定消除误会,达成和解,为这次事件画上句号。

对于京东集团而言,事件发生后的20天内市值蒸发约70亿美元,折合人民币478亿元。从2018年1月22日集团股价站上50.50美元的历史高点,到当年11月跌至接近19美元的发行价,紧接着是此后几个月的持续反弹,目前徘徊在近30美元的水平。除了对股票的影响深远之外,刘强东作为京东创始人,一向以"照顾兄弟"等义气形象立足,该事件对其个人和京东品牌形象均覆上了一层阴影。不管是对于集团还是生态链利益相关者而言,都损失巨大。

该事件爆发4年来,刘强东饱受因诉讼引起的痛苦和折磨,该事件也给其个人以及公司造成了一系列恶果。刘强东本人因此饱受困扰,最后选择淡出公众视野,已经接连从三百余家京东企业抽身,2020年辞去了大约230家京东集团下属公司的各种职务,2021年又辞去了京东系18家公司的职务,大量减持京东和有关公司的股票。2022年4月初,京东集团宣布,由徐雷先生出任京东集团首席执行官一职,负责京东集团的日常运营管理工作,而刘强东已经彻底淡出京东集团的一线工作。

资料来源:董则通.历时4年,终于结束?刘强东付出了代价,从董责险看事件[EB/OL].(2022-10-14)[2023-03-03].https://xueqiu.com/8283135334/232704990.

第一节 声誉理论的简单回顾

一、声誉的内涵

声誉理论的兴起,一方面源于市场竞争中产品同质化程度的日益增加和无形资产重要性的日益显现。2000年6月,美联储前主席格林斯潘在哈佛大学演讲时说:"现在的世界,产品的经济价值越来越体现于无形资产。声誉作为一种特殊的无形资产,成为经济前进的驱动力。"美国公共关系公司委员会主席杰克·贝尔根(Jack Bergen)也曾经说过:"越来越多的研究证明,好的声誉——包括经理人声誉,成为公司成功的重要因素。"另一方面,声誉理论的兴起是源于人们对伦理道德的日渐重视。随着信息和网络技术的高速发展,声誉影响的广度和深度不断增加。2002年,美国安然、世通等公司丑闻的爆发导致了全球性的对企业领导者的信任危机。近年来,中国慈善公益事业的发展使得企业管理者的慈善决策行为处于风口浪尖,无论是低调的慈善还是高调的慈善,一旦处理不好都会给企业造成声誉危机,例如2008年汶川地震期间,网民对王石的捐赠行为进行了质疑,以及近来对陈光标的慈善行为进行了质疑。声誉(Reputation)是指个人或组织在社会中的评价,它包含了名声、荣誉、信誉等多个方面。声誉对人的行为决策有重要的影响,尤其是对企业的管理者和企业家而言,声誉可以作为一种隐性激励因素,甚至超过报酬等显性激励因素。因此,声誉机制的作用原理一直是各学科研究的热点话题,不同学科和理论对声誉的定义和内涵有不同的理解。基于资源理论的研究将声誉视为一种资产,它可以产生收益和损失,需要投资和维持。声誉与物质资产和金融资产类似,是逐步建立和消失的。个人声誉属于人力资本,是一种不可交易、不可替代也不可编纂的资产。基于博弈理论的研究则将声誉看作一种机制,它是博弈各方长期动态重复博弈的结果。自从Kreps等(1982)将动态博弈理论引入委托代理关系研究后,建立了经济学中标准的声誉模型,有关企业声誉的理论研究日渐丰富。基于信号理论的研究认为,声誉是基于信息的一种信号传播,是人的一种心理感知。管理者通过发送企业优势信号影响其他利益相关者的评价。这种心理感知和评价包含了两个维度,一是利益相关者对组织产品生产的认知,二是利益相关者心目中对组织的评价。有些学者从多个角度综合考虑声誉,认为管理者声誉既是一种信号,又是能力的证明。例如,黄群慧和李春琦(2001)认为,经营者的声誉是经理市场上经营者的"质量"信号。在经理市场上,经营者的声誉既是经营者长期成功经营企业的结果,又是经营者拥有创新、开拓、经营管理能力的一种重要证明。

二、声誉理论的发展

(一)声誉理论的主要流派与观点

早在18世纪,亚当·斯密就意识到声誉可以作为一种有效的保障机制来保护契约的实施。他认为可以把声誉看作一种隐性激励,并对该思想做了一些简单的分析和说明,但当时并没有形成成熟的理论体系,也未能给出一套完整的分析框架。直到20世纪80年代初期,学者们才真正把声誉引入现代经济学领域中,至此,声誉理论在经济学领域中开始受到学者们的广泛关注,在研究方法和模型上日趋完善,在一些主流经济学刊物中该理论甚至被称为声誉经济学。与声誉理论相关的市场激励机制、信息经济学、博弈理论、信号理论在公司治理领域的应用主要体现在利用声誉机制进行市场监管,运用信息经济学减少信息不对称,采用博弈模型分析委托代理问题,并通过信号理论指导公司传递正面信息等方面。这些理论为公司治理提供了科学的分析框架和设计原则,应用这些理论可以有助于建立科学有效的公司治理结构和制度安排,提高公司治理水平。总之,这些理论的应用增强了公司治理的科学性与有效性。

1. 市场激励机制

尤金·法玛(Eugene F. Fama)是最早将亚当·斯密的思想数学化的学者,他创造性地提出了利用经理人市场竞争作为激励机制的观点。他认为,即使没有内部激励,经理人也会因为外部市场的压力和自身职业发展的需要而努力工作。这是因为,职业经理人的市场价值,如他们的薪酬水平和未来换岗时的谈判能力等,都取决于他们过去的工作表现。因此,从长远利益出发,经理人有动力提高工作效率。

2. 信息经济学

霍姆斯特龙(Holmström)沿着法玛的思路用更严谨、更正规的数学模型把法玛的思想表述了出来,他建立了一个代理人声誉模型,从两个阶段职业经理人的工作中推导论证了声誉的作用。他的研究证明,声誉可以作为显性激励的替代机制,开创了声誉对经理人激励效应研究的先河,也在宏观层面验证了法玛的理论的正确性,同时指出了其不足之处。他的研究基于个体生命周期的视角,发现年轻的经理人由于更关注自己在经理人市场上的声誉积累,因此会更加努力工作。也就是说,声誉激励在经理人职业生涯的早期(年轻阶段)是比较有效的,但到了晚期,其效果便逐渐减弱。

3. 博弈理论

克雷普斯等提出了一种基于重复博弈理论的声誉模型,用以分析多阶段博弈中参与人的行为策略。他们认为,每个参与人都会在博弈的早期阶段试图建立自己的声誉,以影响对方的期望和行为。然而,他们并没有给出一个具体的博弈模型来证明这一观点。为了填补这一空白,他们在有限次重复博弈的框架下引入了不完全信息的假设,并区分了两种类型的参与人:斯坦克尔伯格类型和好的类型。前者是指那些能够对自己的行为做出可信承诺的参与人,后者是指那些具有机会主义倾向的参与人,如高管等。克雷普斯等人的重复博弈思想被总结为 KMRW 定理,该定理可被归纳为,在一个 T 阶段的囚徒重复博弈中,每个参与者都可能是"非理性的",并且假设每个参与者都不了解博弈对方的类型,假设 T 取值足够大,那么必然能够找到一个 T_0 满足 $T_0<T$,使得当博弈阶段小于或等于 T_0 时,参与人双方都会选择合作。

重复博弈理论是声誉理论的重要基础,它揭示了人类社会中长期互动的本质特征。在现实生活中,人与人之间的交往并非一次性的,而是反复进行的,这就使得个体的行为选择不仅取决于当前的利益,而且取决于对未来的期望。因此,重复博弈可以有效地分析社会长期互动行为的动态演化过程,特别是可以解释信任和声誉是如何在人类长期互动行为中建立和维持的。

4. 信号理论

信号理论是一种研究信息不对称下的经济行为的理论,它主要分析了在市场交易中,一方如何通过发送一些信号来传递自己的私有信息,从而影响另一方的决策。信号理论的基本假设是,市场参与者之间存在信息不对称,即一方拥有比另一方更多的信息,而这些信息对于交易的成功与否是至关重要的。声誉理论是信号理论的一个重要分支,基于声誉理论,声誉是一种能够反映个体或组织在过去的行为和表现的信号,它可以作为一种筛选机制,帮助市场参与者区分高质量和低质量的交易对象。声誉理论的核心问题是,如何建立和维护一个良好的声誉,以及如何利用声誉来提高市场效率。

声誉信息理论是对声誉理论的进一步拓展。该理论认为可以将声誉近似看成反映行为人历史记录与特征的信息。因为声誉信息能够在经济活动中的各个参与主体间实现传递和互换,从而构建了一个较为完整的声誉信息网络,声誉信息网络的构建能够有效地限制市场信息的扭曲,从而提高交易中的透明度,进而降低交易成本。

信号理论、声誉理论和声誉信息理论从不同角度探讨了信息不对称下的经济行为和市场机制。它们都有着丰富的应用领域,如教育、就业、金融、保险、政治、社会等。这些理论为我们理解和改善市场运行提供了有价值的指导。

(二)声誉理论的发展观

1. 声誉的激励约束观

声誉作为激励约束机制的想法,认为即使没有企业内部的激励,管理者出于对职业前途和声誉的考虑也会努力工作,因此声誉机制能够解决道德风险问题。激励约束观认为很多组织激励并不是由显性的正式的激励契约产生的,而是由隐性的对职业前途的关心产生的。企业管理者为了获得财务激励和良好的职业前途会积极关注并主动建立良好声誉,他们通过建立声誉来操纵市场对其未来生产率的评估,从而改善自己的财务激励和职业前景。市场对管理者进行综合评估的信息依据是管理者现有工作的结果,这种信息对评价至关重要,因为增加的信息可能增加或减少奖励。管理者对声誉的关注可能影响他们的决策行为。

近年来,我国部分学者对于声誉对管理者的激励和约束作用进行了研究。针对我国国有企业经营中,频繁出现的国有企业经理人不重视自己作为企业家的职业声誉,而是把精力放在追求虚名等非生产性行为上的现象,杨亚达和徐虹(2004)构建了一个包含政治声誉和职业声誉的模型,研究发现,在付出努力成本一定的条件下,追求政治声誉比努力经营企业更能增加国有企业经理人的效用。据调查,国有大中型企业高层经理人员缺乏职业应具有的声誉观念,表现为对其经济地位不满意,对政治地位相对满意,对社会声望最不关心。袁春生等(2008)则构建了一个经理人声誉与舞弊行为的关系模型,从公司舞弊行为角度透视经理人对自身市场声誉的关注情况。研究结果显示,在我国竞争不完全的经理人市场中,市场声誉机制并没有充分发挥积极作用。

2. 声誉的资本价值观

随着人们对无形资产的日益重视,管理者声誉的资本价值观逐渐被越来越多的学者所接受。管理者声誉被认为是一种能够创造价值的无形资产(Gaines-Ross, 2000)。管理者声誉反映了管理者的能力和水平,影响了股票分析师和董事会对公司的评价和决策。然而,也有研究表明,一个知名度高的经理人可能增加产生负收益的概率,因为他们可能倾向于冒险和独断专行(Regester and Larkin, 2008)。Malmendier和Tate(2009)通过事件研究的方法度量了美国超级明星经理人声誉的变化对公司绩效的影响。研究结果发现,经理人获得声誉后,薪酬得到增加,他们在公司外的事情上花费的时间增多,如超级明星经理人可能去别的公司担任外部董事或者自己著书立说等,并且盈余管理的可能性增加,尤其是在公司治理较差时更有可能。

三、声誉的形成

基于"理性人"假设,Holmström(1999)对声誉机制进行分析,认为声誉能够在一定程度上约束个体的行为,而良好的声誉可促使经理人的职业发展更顺利。在激烈的经理人市场竞争中,声誉机制不仅是经理人的一种隐形激励机制,而且能够在一定程度上约束经理人的行为。

在企业管理过程中,经理人的努力、所获得的绩效以及公司的未来发展前景是利益相关者所关注的,若经理人的能力得到了利益相关各方的认可,便获得了声誉。张维迎的研究认为经理人声誉是在内、外部环境共同影响下,在公司所有者与经理人的相互信任的基础上产生的。

Lencioni 等(2002)将经理人的声誉形成过程划分为五个阶段,形象地描述了经理人声誉的形成过程,并将其总结为经理人声誉"五阶段模型",具体如图9-1所示。从 Lencioni 等(2002)的"五阶段模型"中可发现,经理人的声誉主要是建立在其曾经的努力付出、经营业绩得到利益相关各方认可的基础上的。

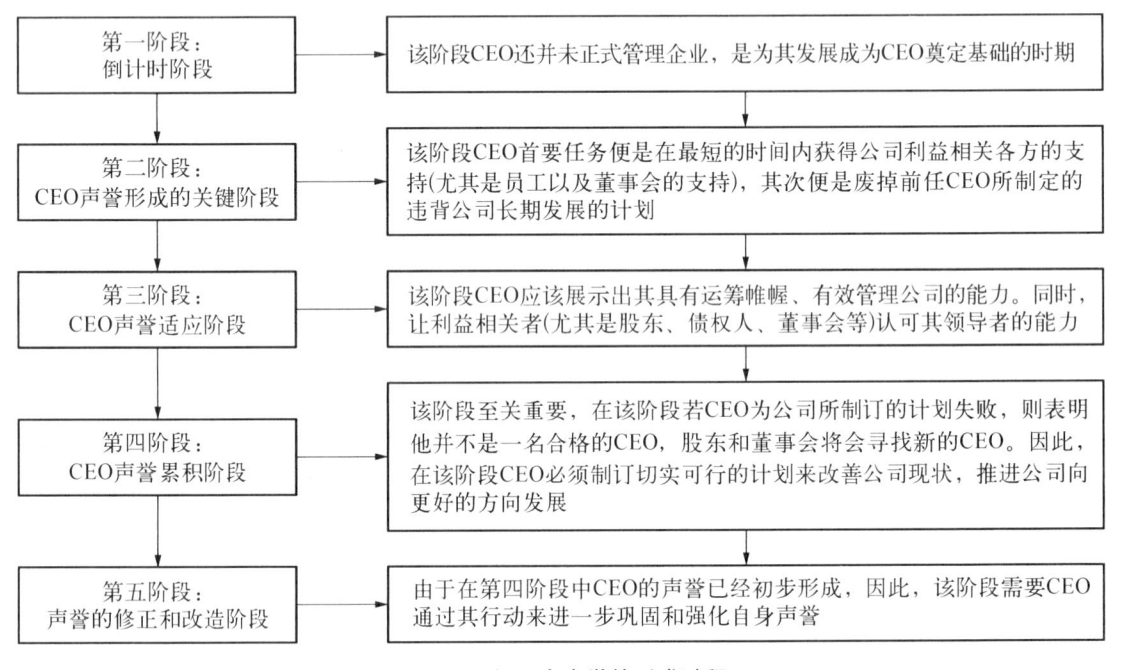

第一阶段:倒计时阶段	该阶段CEO还并未正式管理企业,是为其发展成为CEO奠定基础的时期
第二阶段:CEO声誉形成的关键阶段	该阶段CEO首要任务便是在最短的时间内获得公司利益相关各方的支持(尤其是员工以及董事会的支持),其次便是废掉前任CEO所制定的违背公司长期发展的计划
第三阶段:CEO声誉适应阶段	该阶段CEO应该展示出其具有运筹帷幄、有效管理公司的能力。同时,让利益相关者(尤其是股东、债权人、董事会等)认可其领导者的能力
第四阶段:CEO声誉累积阶段	该阶段至关重要,在该阶段若CEO为公司所制订的计划失败,则表明他并不是一名合格的CEO,股东和董事会将会寻找新的CEO。因此,在该阶段CEO必须制订切实可行的计划来改善公司现状,推进公司向更好的方向发展
第五阶段:声誉的修正和改造阶段	由于在第四阶段中CEO的声誉已经初步形成,因此,该阶段需要CEO通过其行动来进一步巩固和强化自身声誉

图9-1 经理人声誉的形成过程

四、声誉机制发挥作用的基本条件

声誉机制发挥作用需要具备的基本条件有以下三点:

(一)有效的信息传播途径

无论是乡村社会中的"流言蜚语",还是现代匿名社会中的媒体,抑或是网络时代的自媒体,这些信息传播途径的出现都是社会实施声誉机制或者说多边惩罚机制所需要的基础。在一个信息传播不畅通的社会,欺诈者往往能够逍遥法外,因为他们欺骗了一方之后,就可以转移目标继续欺骗另一方,而受害者之间却无法及时分享和交流信息。

(二)对欺诈行为的惩罚

在现代文明到来之前,封闭落后的乡村中,村民之所以淳朴善良,是因为他们相信他们和他们的子孙后代将世世代代生活在一起(重复博弈),没有必要为了一时之利而欺骗乡里乡亲。人类进入现代信息社会后,虽然面对的是陌生人社会,但由于媒体的曝光和舆论的监督,欺诈者一旦被揭露,就会受到来自多方面的惩罚,从而损害自己的声誉和利益。因此,欺诈者不得不对自己可能造成道德风险的行为进行约束。如果被小商贩以次充好欺骗后的游客没有向媒体曝光，让更多潜在的游客知道这一情况，而只是告诉了周围的亲朋好友不要购买该小商贩的商品，则对该小商贩的惩罚力度肯定十分有限，那么更多不知情的游客仍然会上当受骗，使小商贩有机会继续欺诈。只有当惩罚达到一定的规模和范围时，这种惩罚才能发挥作用。

声誉机制对规模和范围提出要求的另一个例子是，相比个人而言，企业通常被认为是更好的声誉载体。这是因为企业（通过注册信息等方式）的存在使博弈具有重复性，即使我们找不到经营者也可以通过企业来追究责任。用俗语来说，就是"跑得了和尚跑不了庙"。正是这种具有一定规模和范围的"庙"（企业）成为约束"游方和尚"（经营者）行为的机制。这实际上与孟子的思想——"有恒产者有恒心"是一致的。用现代话说，"中产阶级是社会稳定的力量"。原因是中产阶级在财产形成一定规模后，进行重复博弈的意愿增强，反对任何可能影响社会稳定的激进措施。

（三）良好的社会规范

在一个充满公平和正义的社会，惩罚欺诈行为应该是每个社会成员遵守的基本规范。在这样的社会中，个体会担心因为欺诈而受到惩罚，从而有动力建立诚实的声誉。相反，在一个冷漠的社会，个体只关心自己是否被诚实对待，而不关心他人是否被欺骗，声誉机制就无法发挥作用。正如Greif(1989,1993,1994)所指出的，联盟（高团）成员之间的认知预期和惩罚行为的一致性，需要依靠长期共享的文化习俗和社会规范来识别和界定个体行为的性质（例如，什么样的行为算是欺骗）。在这里，我们看到声誉机制和良好的社会规范之间存在着相互作用和相互依赖的关系。一方面，声誉机制的有效运行需要社会成员遵守良好的社会规范；另一方面，个体维护和建立诚实的声誉也有助于良好的社会规范的形成。

值得说明的是，个体选择诚实还是欺诈，并不是由道德说教决定的，而是由自利的理性选择决定的，个体会根据不同行为方式的收益进行比较。如果通过长期交易获得的价值高于一次性欺诈所得，则个体会选择维护诚实的声誉，实现长期交往的价值；反之，如果通过欺诈可以获得暴利，并且由于媒体传播受限、惩罚力度和范围有限等原因，则个体会选择欺诈而不是诚实交易。我们看到，制度对个体行为性质的影响比道德更重要。正因为如此，我们常说"好制度能让坏人变好，坏制度能让好人变坏"。

第二节　经理人的职业关注

一、职业关注的内涵

职业关注对公司决策的影响是经理人特征的热点研究领域。职业关注是指经理人对自身职业生涯发展前景的担忧。首先，根据Fama(1980)的研究，经理人市场对于经理人的评价直接决定了经理人未来的职场声誉和职业生涯。其次，经理人的公司决策与所在公司的表现均可能作为经理人市场评价经理人能力的依据。基于此，职业关注作为一项重要的隐性特征，描述了经理人在工作与决策中对未来职业生涯发展前景的担忧。

二、职业关注的隐性激励作用

职业关注引发的声誉机制是有效的经理人市场隐性激励机制。这意味着，对于经理人的激励,除了包括向经理人支付与绩效挂钩的激励薪酬和晋升等看得见、摸得着的显性激励外,还包括利用经理人的职业关注对经理人进行隐性激励。经理人的声誉对他们很重要,因为他们的工作表现会影响他们在市场上的价值。如果经理人不努力工作,导致公司业绩不佳,那么他们在经理人市场上的地位就会下降。而市场会根据公司的业绩来评价经理人,因此经理人为了维护自己的声誉,不能总是找借口推卸责任,而是要避免做出损害公司利益的行为。

Holmström(1999)的研究表明,个体的生产能力可以通过对公司业绩的长期观察而反映出来。即使不存在一个显性的产出依赖合约,由于对个体现在生产能力的评价影响预期产出,而预期产出又进一步影响下一期的报酬,从而存在一个隐性的合约将现在的业绩与未来的报酬联系在一起。个体现在的行动将对经理人市场未来对其个人能力的评价产生影响,从而对其报酬过程产生重要影响。为了证明自己的生产能力,个体有动机在现阶段选择较高的努力程度。此外,Kaplan和Reishus(1990)的研究发现,绩效较差的公司董事,被视为在监督经理人时表现拙劣,很难在其他公司获得相应职位,这为声誉机制发挥隐性激励作用提供了间接的证据。

Gibbons和Murphy(1992)探讨了经理人关注未来职业发展时的最优激励合约设计问题。他们认为,最优激励合约应该综合考虑隐性激励和显性激励的总效果。隐性激励来自经理人对职业市场的关注,显性激励来自薪酬合约。对于即将退休、职业发展空间有限的经理人,显性激励应该更强。这一理论可以解释薪酬管理实践中常见的"论资排辈"现象。我国国有企业高管的"59岁现象"也支持了这一理论。一些原本清正廉洁的国有企业高管在59岁临近退休时出现贪污腐败行为,毁掉了"一生的清誉"。这是因为他们对未来职业的关注程度降低,不再在乎自己在经理人市场上的声誉,而又没有得到足够的显性激励。

然而,Holmström(1999)指出,"关注未来职业可能是有利的,也可能是有害的"。其原因在于,经理人和股东之间存在利益冲突,经理人为了自身的职业发展可能从事短期行为,损害企业的长期绩效。因此,职业关注并不总是有效的隐性激励,有时候是一种扭曲的激励。郑志刚等(2012)以国企高管更倾向于进行媒体操纵、过度公益性捐赠等形象建设为例,说明了"职业关注可能有害"的情况。这些国企高管更加关注政治晋升,而不是公司价值和股东利益。

此外,在我国,声誉机制发挥隐性激励作用的最大挑战来自尚未完善的职业经理人市场。郑志刚等(2011)研究表明,我国上市公司大约90%的经理人是内部晋升或岗位轮换,而非外部市场选聘。这说明我国目前还没有形成规范的职业经理人市场。我国国有企业高管更加关注政治晋升,而不是经理人市场的声誉,导致他们对职业的关注有限。

三、声誉市场与职业关注

市场交换经济范式需要一个重要假设,即存在第二方(例如政府)来定义产权,并执行合约。这是因为外部性的存在和公共品提供所面临的"搭便车"问题,使得没有第三方(例如政府)来实施对违约行为的惩罚,如此,市场交换就不可能存在。然而,马歇尔(Marshall)等学者很早就指出,私人机制如声誉或品牌也可以提供履行合约的激励,重复交易所产生的价值就是这一私人合约实施机制的基础。例如,Fama(1980)、Fama和Jensen(1983)认为,一个关注自身在经理人劳动力市场上的声誉的经理人将约束自身的道德风险行为;Holmström(1999)则认为,个体的生产能力可以通过对业绩的长期观察反映出来,因而一个人对未来职业的关注(Career Concern)将影响其现阶段付出努力程度的激励。具体而言,对个体生产能力的评价影响期望产出,而期望产出又进一步影响下一期的报酬,即使不存在一个显性的产出依赖(Output-Contingent)合约,也存在一个隐性的合约将现在的业绩与未来的报酬联系在一起。个体现在的行动将影响公司未来对个人能力的评价,从而影响个人未来获得的报酬。因此,为了证明自己的生产能力,个体有动力在现阶段选择较高的努力程度。上述理论为公司治理实践中引入外部董事提供了理论支撑。Kaplan 和 Reishus(1990)提供了经验证据支持了上述理论预测,即绩效较差的企业的董事,通常被视为在监督经理人时表现拙劣,很难在其他企业重新成为董事。

Gibbons 和 Murphy(1992)则将作为隐性激励的职业关注与作为显性激励的薪酬结合起来,指出最优的激励合约将最大化包括来自职业关注的隐性激励(如声誉的价值)和来自报酬合约的显性激励(如年薪、股票期权等)在内的总激励。他们预测,在临近退休时,最优补偿合约中的显性激励应该达到最强,因为此时该雇员对未来职业的关注程度最低。这一理论很好地解释了我国社会曾经出现的"59 岁现象"。然而,Holmström(1999)指出,在考虑到企业与个体基本偏好不一致时,风险规避与折旧成为市场约束激励能力的限制。因此,对未来职业的关注既可能是有利的,也可能是有害的,这取决于企业与个人利益的协调程度。

Jensen(1993)认为,在董事会组织模式的改进方向是,保持较小的董事会规模,除了经理人为唯一的内部董事外,其余全都为外部董事。Fama 和 Jensen(1983)认为,作为其他公司关键决策者的外部董事,通常较为关注其在经理人市场上的声誉,因而,与内部董事相比,更可能成为经理人的有效监督者。Weisbach(1988)则从另一个角度论述了同样的观点,即内部董事向与他们的职业密切联系的经理人挑战要支付更大的成本。外部董事是指除了担任公司的董事外,与公司没有任何家族、商业关联的董事会成员。在英国等一些国家,则称其为独立董事,我国同样称其为独立董事。担任外部或独立董事的通常是其他公司的前任或现任经理人,如会计律师事务所的职业会计师、律师等,以及前政府官员和大学教授等。一些公司治理文献还把董事会成员进一步区分为外部董事、内部董事和关联(Affiliated)董事(或称为灰色董事)。关联董事指的是尽管不是管理团队的成员,但与公司存在家族或商业联系的董事会成员。外部董事占公司董事会成员的比例被称为"董事会的独立性"(Independent of the Board),它与"董事会的规模"等一起成为衡量一个董事会是否有效的重要指标。

第三节　经理人声誉价值的度量与我国资本市场的证据

一、经理人声誉的度量

从声誉角度出发,为了有效减少委托代理成本,降低经理人道德风险,提高企业收益,企业必须完善经理人声誉评价体系,以使其能够充分展现激励约束功能。而能否构建合理有效的经理人声誉评价指标,则是完善经理人声誉评价机制的关键。由于经理人声誉是利益相关者对经理人的综合认识和感知,其中包含了诸多复杂因素,因此很难对其进行准确度量。基于此,目前关于经理人声誉,并没有形成一套公认的测评方法,这也是影响相关研究发展缓慢的原因之一。比较而言,国外学者关于经理人声誉测量及评价的研究起步较早,同时取得了一定的研究成果,具体如下:

(一) 基于财务指标的经理人声誉评价方法

以财务指标为基础的经理人声誉评价方法,通常是透过一些能够观察到的业绩指标进行评价,例如股票分红、会计利润等,即透过公司经营成果来衡量经理人能力。经理人声誉可分为内部声誉和外部声誉两种：经理人的内部声誉是早期观察绩效的经理人在真实能力方面的期望值；外部声誉则是衡量经理人业绩的标准，是对根据不同业绩衡量标准所得到结果的加权平均而来。

(二) 基于问卷调查的经理人声誉评价方法

Gaines-Ross(2000)通过问卷调查的方法，建立了一个基于 C 和 M 两个因素的经理人声誉评价模型。其中，C 代表可信度、道德和内部沟通，M 代表高素质管理团队的组建和维持、对员工的激励。该模型的不足之处在于没有将经理人为股东创造财富纳入考量。在后续的研究中，Gaines-Ross(2000)总结了形成经理人声誉的 16 个感知因素，其中包括为股东创造财富，但其重要性仅排在第九位，低于 C 和 M 因素。这也说明了 C 和 M 因素对经理人声誉的影响程度较增加股东财富来说更加显著。

Burson-Marsteller 公司根据在美国国内进行的大规模经理人声誉调查数据，构建了一个基于 3C 三个因素的经理人声誉评价模型。其中，3C 代表道德、沟通和诚信。该模型同样没有考虑经理人为股东创造财富的能力，但其更加强调沟通的重要性，尤其是内部组织交流。然而，该模型也忽视了经理人与企业外部的沟通。

(三) 经理人声誉评价的实践活动

经理人的声誉不仅受到其所在组织的财务业绩、社会责任、外部环境等因素的影响，而且与其个人的行为特征、道德水平等方面有关。经理人声誉的研究可以从财务业绩、社会责任、道德水平和外部环境四个维度展开。全球知名公关和营销传播公司万博宣伟(Weber Shandwick)曾与市场调研公司 KRC Research 合作开展一项关于企业高管声誉的研究，主要结论有，企业高管的声誉直接影响公众对公司的看法，CEO 的声誉评价主要基于其诚信度和道德标准。此外，社交媒体正在改变 CEO 声誉管理的环境。声誉管理需要 CEO 本人参与和积极主动，不能只依赖公司公关团队。企业建立正面声誉需要持续努力，任何负面事件都可能迅速破坏声誉。该研究还探讨了损害经理人声誉的因素，发现财务不规范、不道德、管理不当和机密信息泄露是影响社会对经理人声誉评价的四个关键要素。然而，不同地区对这些因素的容忍程度并不相同，这可能与文化、政治背景的差异有关，如伤亡事故是亚太地区公众最关注的问题，环境违规是北美地区公众最关注的问题，而产品召回和政策违反是欧洲公众最关注的问题。《经理人》杂志每年都会根据战略、责任、业绩、对社会及经济的影响等方面对中国企业家声誉进行调查，并据此评选出最优企业家和最差企业家。然而，该方法存在一些局限性，例如评价声誉的指标权重的合理性难以判断，被调查者主要为企业家或其他高级管理人员，未能充分考虑外部利益相关者的观点。因此，该方法也需要进一步验证。

(四) 基于媒体报道的经理人声誉替代评价方法

Peter 和 Sarah(2003)在研究经理人薪酬、财务绩效与声誉的关系时，以美国 *Business Ethics* 杂志列举出来的"百佳经理人"作为评价经理人声誉水平的重要参考。Milbourn 等(2003)认为，如果经理人在其所在行业的媒介中出现的次数较多，那么就可以认为这名经理人的声誉水平较高。因此，他们把媒体曝光频率作为经理人声誉的主要代理变量，用来研究经理人薪酬水平和声誉的关系，结果发现经理人声誉和其薪酬水平呈显著正相关，即经理人声誉越好，薪酬水平就越高。此外，密尔伯恩(Milbourn)等还在他们的研究中引入了其他变量，包括经理人的任职年限、经理人加入企业的渠道(属于外部还是内部招聘)，以研究这些变量对经理人声誉的影响程度。Milbourn 等(2003)选取的这几个代理变量与经理人所在企业的财务业绩关联度不高,这使得研究结论的合理性和科学性得到了很好体现。Francis等(2008)在后续研究中也采用了类似的方法,将经理人的媒体曝光率作为评价声誉水平的代理变量。

二、经理人声誉价值在我国资本市场的证据

正如前文所述,当经理人的声誉具有影响力时,即使缺乏明确的激励机制,经理人也会为了在经理人市场中提高自己的价值而努力工作。因此,经理人会通过提升自己的声誉来增加自身企业的价值。下文将从公司绩效、投资行为、企业融资和盈余管理4个方面来分析经理人声誉对企业在资本市场中表现的影响。

(一) 经理人声誉与公司绩效

经理人声誉对公司价值的影响是一个重要的研究课题,但是目前学术界还没有达成一致的看法。有些研究认为,经理人声誉与公司价值呈正相关关系,即经理人声誉越高,公司价值越高,这说明经理人声誉对公司价值有积极的作用;而有些研究则认为,经理人声誉与公司价值没有显著的关联,甚至发现经理人声誉较好的公司,其业绩反而不如经理人声誉一般的公司。在我国的实证研究中,前一种观点得到了较多的支持。例如,李忠民和仇群(2010)结合我国的具体国情和西方国家相对成熟的职业经理人模型,运用多种计量回归分析方法,通过上市公司的公司价值、公司规模等相关指标,发现经理人声誉会显著影响企业的资本积累和杠杆率,并且声誉越高,资本积累率越高,杠杆也越大,从而进一步证明良好的管理者声誉会促进其所在公司增加股东权益,以实现更高的资本积累。另外,吕翠玲(2013)的研究也表明,经理人通过降低企业代理成本,提升了公司的市场份额。

(二) 经理人声誉与投资行为

声誉对过度投资的制约作用主要体现在惩罚机制上。惩罚机制是指,经理人的投资行为受到社会的密切关注,投资项目的质量会影响市场对其能力水平的评价,如果投资失败,声誉就会降低,从而导致他的未来收入水平下降,甚至失去工作机会。当上市公司因为会计错误或业绩造假被监管部门要求财务重述时,会对经理人的个人声誉造成严重打击,显著提高了他们被解雇的可能性,并且以后很难再找到工作或者即使找到工作,薪酬和地位也会大打折扣。从博弈理论的角度看,经理人与雇主之间是有限次博弈,但经理人与劳动市场之间是无限次博弈。如果经理人工作不力、业绩不佳或者贪污腐败被揭发,那么整个经理人市场就会知道,他的声誉将受到损害甚至毁灭,未来也不会再有公司愿意聘用他,就算聘用了他,薪酬也会低于原来的水平。因此,一个理性的经理人不会为了一时之利而冒着断送职业生涯的风险;相反,他会努力工作,维护声誉,以获取更高收入。孔峰和刘鸿雁(2009)认为,有些激进的经理人为了赢得外界的赞誉和满足投资者对其高业绩的期望而做出短视的投资决策,这样虽然可以使公司价值在短期内上升,但长期来看,公司价值会出现下降趋势。

(三) 经理人声誉与企业融资

关于经理人声誉对企业融资的影响,已有研究发现经理人声誉可以作为治理机制的替代机制成为一种隐性担保,为企业融资带来便利。

叶康涛等(2010)利用媒体报道作为企业家声誉的代理变量,发现银行在进行贷款决策时会考察借款人的声誉,企业家的负面报道会降低企业下期债务融资的规模。朱冬琴和马嘉应(2012)将获得的国家级荣誉称号作为企业家声誉的代理变量,发现企业家声誉可以作为一种显性的信号机制向信贷市场传递有效信号,缓解了信贷市场的信息不对称,进而帮助企业获得

更多额度、更长期限的信用贷款。张敏和李延喜(2014)指出个人声誉在贷款决策中的重要作用,他们认为个人声誉在私营企业中可以作为一种资源,弥补法律等正式制度的不足,帮助企业拓宽融资渠道,对企业外部融资起到积极作用。王文忠和雷光勇(2015)基于声誉理论,从现金持有角度考察了企业家声誉对现金持有水平的影响,研究发现企业家声誉与现金持有水平显著负相关,进一步研究发现,企业家声誉降低企业现金持有水平的可能机制是,企业家声誉具有的谈判、寻租和担保能力,帮助民营企业获取信贷支持,缓解其资源约束。刘茉等(2017)从经理人所获荣誉的角度,基于声誉理论考察经理人荣誉在信贷市场上的信号传递作用,发现经理人荣誉能有效促进民营企业获得银行信贷支持,获得越多级别越高的荣誉的企业家可以帮助企业获得越多的信用贷款,担保贷款的规模也会越小。

(四)经理人声誉与盈余管理

学者们对于经理人的声誉是否能够抑制盈余管理的行为的看法存在分歧。有些学者认为,经理人的声誉和盈余管理是负相关的,也就是说,经理人的声誉越好,企业的盈余管理水平就越低;而另一些学者则认为,声誉机制并不能有效地约束经理人的行为,经理人为了迎合股东的短期利益,有可能破坏声誉机制。支持声誉机制能够抑制盈余管理的学者基于标准的声誉博弈理论,认为声誉可以作为显性合约的补充,对于重视长期利益的经理人有隐性激励的作用,使其在短期内保持自身行为的可信性。在经理人市场上,声誉可以反映经理人过去的职业表现,并与未来的声誉水平密切相关,因此,声誉作为一种有效的信号传递机制,可以对经理人的行为产生隐性约束。

姚宏等(2007)根据实验结果得出声誉机制和信息成本对市场违规行为具有一定的约束力的结论,实验结果表明,声誉机制不仅具有降低市值泡沫的作用,而且具有有效约束市场舞弊行为的作用。张淑惠(2010)运用制度分析和契约理论,证实在委托代理关系中,在博弈以及重复博弈的情况下,声誉机制能够起到防范经理人操作盈余、保护股东及其他利益相关者利益的作用。

然而,与上述研究持相反观点的学者则认为,声誉机制并不能完全对经理人的行为产生有效的约束作用,这可能因为企业治理力度不够,惩戒机制不完善,导致引发声誉机制对经理人行为扭曲的问题。

李心合(2002)研究表明经理人出于满足股东短期欲望的目的,有破坏声誉机制的动机。洪剑峭等(2003)就上市企业虚假信息披露的声誉模型进行研究,认为监管部门应该缩小对上市企业信息披露的选择范围,并对上市企业及其经理人执行一定的惩罚手段。陈国进等(2005)考察了声誉机制以及公司治理对于企业经理人不规范行为的约束力,发现声誉机制对经理人的不合法行为起不到理想的约束效果。李心合的研究则发现为了迎合股东的短期利益需求,经理人可能采取有损声誉的行为。姚宏等(2007)的研究结果表明,在有限次博弈的情况下,声誉机制在中国资本市场中无法发挥有效作用,导致这一结果的根本原因可能是惩罚成本太低,而违规行为却能带来相当大的收益,致使经理人宁愿选择更为激进的策略。此外,我国现有的相关法律规章制度和市场机制尚缺少有关声誉的肯定性激励措施,因而也在一定程度上限制了公司及经理人积极地去建立自身声誉。

本章小结

1. 从个人实施机制到社会实施机制,从单边惩罚机制到多边惩罚机制,声誉已逐步成为现实生活中约束个体道德风险行为十分重要的隐性激励手段。

2. 声誉机制发挥作用需要具备的基本条件：有效的信息传播途径、对欺诈行为的惩罚和良好的社会规范。

3. 对于经理人的激励分为显性激励和隐性激励。

4. 对未来职业的关注有利有弊，在我国，声誉机制作用的发挥对经理人的隐性激励作用的最大挑战来自尚未形成完备规范的职业经理人市场。

5. 除了货币薪酬、股权激励等显性激励外，还需要综合应用职业关注、经理人市场声誉等隐性激励手段，对经理人的成功激励有赖于上述各个方面因素的综合考量。

练习题

1. 声誉的内涵是什么？
2. 经理人的声誉是如何形成的？
3. 声誉机制发挥作用的基本条件是什么？
4. 职业关注的定义是什么？
5. 如何发挥职业关注引发的隐性声誉激励作用？
6. 如何测量经理人声誉？

关键术语

声誉　职业关注　隐性激励　测量方法　资本市场

结篇案例

打工皇帝唐骏"学历门"事件

唐骏是江苏省常州市人，出生于1962年，父母皆是工人。因为家境贫困，唐骏从小就知道，唯有不断努力才能改变现状，不再像父母一般在家乡的工厂浑浑噩噩地度过一生。唐骏很喜欢读书，每次考试，他都不厌其烦地复习。高考过后，唐骏考到了自己理想的城市，就读于北京邮电大学。在这里，唐骏没有像有些同学那样懒散放纵，他不仅完成了专业课程的学习，而且在临近毕业时，以优异的成绩获得了公派日本留学的机会。

初来日本名古屋大学攻读硕士的唐骏，见识到了前所未见的世界。这里有在图书馆彻夜奋战的同学，有还未毕业就在职场独当一面的学霸，唐骏意识到，自己当前小小的学习成就，并不算什么大不了的成功。于是他开始拼命地工作、学习……终于，他用自己辛苦赚来的工资注册了自己的公司，并且发挥自己的专业技能，研发了一套名为"VCD"打分软件的设备。后来被三星公司看上，以8万美元的价格买走了技术核心内容。赚到了人生第一桶金的唐骏知道，优秀的人从不止步，所以他结束了在日本的生活，前往美国继续攻读博士学位。博士一毕业，唐骏再次注册公司并研发出"游戏配对机"，因为产品质量过硬，日本ESS公司向唐骏发出购买意向。这一次，唐骏不仅收获了一笔为数不小的资金，而且在计算机行业打出了自己的名声。

因为所研发的计算机软件独具匠心，唐骏得到了微软公司猎头的青睐。为了不错失精英，微软公司很快向唐骏递出了橄榄枝。当时的微软公司作为全球互联网界的一大霸主，没有哪一个计算机专业人员不想进入其公司工作，唐骏也不例外。起初，唐骏只是微软公司的一名普通程序员。为了在众多"码农"中脱颖而出，唐骏不辞辛劳，绞尽脑汁为其软件创新奉献力量。久而久之，唐骏埋头苦干的努力，不仅为自己迎来了接二连三的升迁机会，而且为微软公司创造了巨大的经济利益。1995年，唐骏升职为微软总部Windows NT开发部门的高级经理，个人创下数亿美元的收益传奇。

　　1997年，唐骏带着一身才华回到中国，打算在这片热土上大展身手。他在上海筹建微软大中华区技术支持中心，并且于2002年晋升为微软中国区总裁。所有人都以为，唐骏已经遇到了自己的春天，但只有唐骏自己知道，这从来都不是自己的归宿。所以唐骏选择另择高峰，他喜欢不断攀爬的过程。两年后的唐骏辞去了微软高管一职，辗转来到专攻网络游戏的盛大集团。盛大集团的董事陈天桥看中了唐骏在华尔街多年的宝贵人脉和前卫头脑，为其开出了优厚的雇佣条件。而唐骏也不负所托，几年内实现了盛大集团成功上市的目标，以4年内帮助盛大完成"上市融资、收购新浪、免费战略"这三件大事的战功，在中国商界打出了自己的一片天地，为自己赢得了巨额身价。

　　看到唐骏作为职业经理人的赫赫战功，不少人纷纷感叹，他就是中国的"打工皇帝"。2008年，新华都总裁陈发树看重其商业才能，不惜开出10亿元的酬金，邀请唐骏为自己的新华都集团助一臂之力。商人眼中利益至上，唐骏自然不会拒绝这种名利双收的邀请。唐骏接受了新华都的聘用，并且专攻其公司对外的收购、投资项目。短短数年，唐骏以2 500万美元，为新华都收购了千寻网络、联游网络、弘扬科技、胜龙团队4家IT公司，并且雷厉风行地让新华都入股了云南白药这一百年老牌企业。唐骏没有辜负当年陈发树高达10亿元的酬金，让新华都集团在数年内如一匹黑马般，在中国商界异军突起。

　　唐骏用自己的聪明才智，在职业经理人行业中创下了不败神话，3位企业家在唐骏的辅助下锦上添花。所谓"人怕出名猪怕壮"，风光无限好的唐骏，此时就被一个名为方舟子的打假人逮住了，起因是当时的唐骏在其出版的书中，提到自己获得了博士学位，而方舟子在微博中称唐骏的"加州理工学院计算机科学博士"是造假的。此事一出，带来的影响非同一般，唐骏立刻发文，声称自己的学位是西太平洋大学的博士，但没想到，方舟子紧紧跟随，查到这所大学是以卖文凭为生的"野鸡"大学，而唐骏反驳说方舟子是偷换概念，污蔑自己，并告知方舟子，将在中国和美国两地起诉他。但是，之后也不了了之，而唐骏不得不辞去新华都总裁职务，退居为"港澳资讯"的控股股东。众人开始无休止地谴责其撒谎的虚伪。无奈之下，唐骏渐渐退出了职业经理人的行业，用自己的积蓄开创了一家小公司，过起了不温不火的小日子，最后逐渐淡出了大家的视野。

　　资料来源：百度百科、凤凰网资讯。

　　案例思考题：唐骏从"打工皇帝"跌落神坛的原因是什么？这对经理人的监督和管理有何启发？

参考文献

　　[1] 陈国进,林辉,王磊.公司治理、声誉机制和上市公司违法违规行为分析[J].南开管理评论,2005(6)：35-40.

　　[2] 洪剑峭,张静,娄贺统.防止上市公司虚假信息披露机制的一个模型分析[J].复旦学报

(自然科学版),2003(5):803-806+814.

[3] 黄群慧,李春琦.报酬、声誉与经营者长期化行为的激励[J].中国工业经济,2001(1):58-63.

[4] 孔峰,刘鸿雁.经理声誉考虑、任务关联性和长期报酬激励的效果研究[J].南开管理评论,2009,12(1):124-129+160.

[5] 李心合.会计制度的信誉基础[J].会计研究,2002(4):17-23+65.

[6] 李忠民,仇群.上市公司绩效与企业家声誉的相关性研究[J].技术与创新管理,2010,31(5):555-559.

[7] 刘茉,王文忠,刘勋.企业家荣誉对银行信贷合约的影响研究[J].技术经济与管理研究,2017(2):66-72.

[8] 吕翠玲.CEO声誉、代理成本与企业价值的实证研究[D].沈阳:辽宁大学,2013.

[9] 王文忠,雷光勇.企业家声誉、社会信任与企业现金持有——基于民营上市公司的经验证据[J].现代管理科学,2015(8):97-99.

[10] 杨亚达,徐虹.国有企业经理人声誉激励机制[J].经济理论与经济管理,2004(4):47.

[11] 姚宏,李延喜,高锐.基于主成分分析的上市公司利润操纵识别模型[J].管理科学,2007(5):83-91.

[12] 叶康涛,张然,徐浩萍.声誉、制度环境与债务融资——基于中国民营上市公司的证据[J].金融研究,2010(8):171-183.

[13] 袁春生,吴永明,韩洪灵.职业经理人会关注他们的市场声誉吗——来自中国资本市场舞弊行为的经验透视[J].中国工业经济,2008(7):151-160.

[14] 张敏,李延喜.企业家声誉对债务融资影响研究[J].大连理工大学学报(社会科学版),2014,35(1):52-57.

[15] 张淑惠.基于声誉的盈余管理监督机制研究[J].重庆大学学报(社会科学版),2010,16(1):88-92.

[16] 郑志刚,丁冬,汪昌云.媒体的负面报道、经理人声誉与企业业绩改善——来自我国上市公司的证据[J].金融研究,2011(12):163-176.

[17] 郑志刚,李东旭,许荣,等.国企高管的政治晋升与形象工程——基于N省A公司的案例研究[J].管理世界,2012(10):146-156.

[18] 朱冬琴,马嘉应.信用贷款、金融发展与企业家声誉的信号传递[J].上海经济研究,2012,24(5):36-47.

[19] Fama E F. Agency problems and the theory of the firm[J]. Journal of Political Economy, 1980, 88(2): 288-307.

[20] Fama E F, Jensen M C. Separation of ownership and control[J]. The Journal of Law and Economics, 1983, 26(2): 301-325.

[21] Francis J, Huang A H, Rajgopal S, et al. CEO reputation and earnings quality[J]. Contemporary Accounting Research, 2008, 25(1): 109-147.

[22] Gaines-Ross L. CEO reputation: A key factor in shareholder value[J]. Corporate Reputation Review, 2000(3): 366-370.

[23] Gibbons R, Murphy K J. Optimal incentive contracts in the presence of career

concerns: Theory and evidence[J]. Journal of Political Economy, 1992, 100(3): 468-505.

[24] Greif A. Contract enforceability and economic institutions in early trade: The Maghribi traders' coalition[J]. The American Economic Review, 1993, 83(3): 525-548.

[25] Greif A. Cultural beliefs and the organization of society: A historical and theoretical reflection on collectivist and individualist societies[J]. Journal of Political Economy, 1994, 102(5): 912-950.

[26] Greif A. Reputation and coalitions in medieval trade: evidence on the Maghribi traders[J]. The Journal of Economic History, 1989, 49(4): 857-882.

[27] Holmström B. Managerial incentive problems: A dynamic perspective[J]. The Review of Economic Studies, 1999, 66(1): 169-182.

[28] Jensen M C. The modern industrial revolution, exit, and the failure of internal control systems[J]. The Journal of Finance, 1993, 48(3): 831-880.

[29] Kaplan S N, Reishus D. Outside directorships and corporate performance[J]. Journal of financial Economics, 1990, 27(2): 389-410.

[30] Kreps D M, Milgrom P, Roberts J, et al. Rational cooperation in the finitely repeated prisoners' dilemma[J]. Journal of Economic Theory, 1982, 27(2): 245-252.

[31] Lencioni P. The Five Dysfunctions of a Team: A Leadership Fable[M]. San Francisco: Jossey-Bass, 2002.

[32] Malmendier U, Tate G. Superstar ceos[J]. The Quarterly Journal of Economics, 2009, 124(4): 1593-1638.

[33] Marshall T H. Citizenship and social class[M]. New York, NY: Cambridge, 1950.

[34] Milbourn T T. CEO reputation and stock-based compensation[J]. Journal of Financial Economics, 2003, 68(2): 233-262.

[35] Peter A S, Sarah D S. CEO and ethical reputation: visionary or mercenary? [J]. Management Decision, 2003, 41(10): 1050-1057.

[36] Regester M, Larkin J. Risk issues and crisis management in public relations: A casebook of best practice[M]. London: Kogan Page Publishers, 2008.

[37] Weisbach M S. Outside directors and CEO turnover[J]. Journal of Financial Economics, 1988, 20: 431-460.

第十章
媒体、法治与其他外部治理

全章提要

概要
案例导读
- 第一节 媒体的参与公司治理
- 第二节 法治环境与公司治理
- 第三节 法治外制度的公司治理角色

本章小结
练习题
关键术语
结篇案例
参考文献

概要

1. 法治环境对公司治理有什么影响?

法治作为由国家的司法部门从外部提供并强制实施的制度,依靠强大有效的法律威慑力和惩治力规范着公司的行为。

2. 公司的法治环境是指什么?

公司的法治环境主要是指一国或地区的法律完善程度和法律的实施程度。所谓"法律的完善程度",是指一国的法律体系是否更大限度地覆盖了它应调节的范围;"法律的实施程度"则是指对已有法律运用的状况。

3. 法治外制度的公司治理角色。

所谓"法治外制度"(Extra-legal Institutions),指的是除了法律等正式制度外,现实经济生活中存在的可以发挥公司治理作用的其他制度安排。法治外制度如同法律制度,可以扮演重要的公司治理角色。

4. 媒体的公司治理角色是什么?

现代社会借助大众媒体获取信息,降低了信息收集成本,提高了信息可信度,掌握了引导公众话题和舆论导向的权力,成为市场与政治之外的另一种重要的资源和财富的配置机制。

案例导读

大众"柴油门"事件

大众汽车是世界上最大的汽车制造商之一。2023年6月27日,奥迪前首席执行官鲁珀特·施泰德(Rupert Stadler)因"柴油门"(Diesel Gate)事件中的欺诈行为,被德国慕尼黑法院判处21个月缓刑,这也是第一位因柴油丑闻欺诈而被判刑的前大众集团董事会成员。根据认罪协议,施泰德上个月承认,他在知晓相关情况后仍允许继续销售已安装欺骗软件的车辆。当地法院称,施泰德还将被罚款110万欧元,这笔罚款会上缴国库和非政府组织。

大众汽车"柴油门"事件最早可追溯到2015年,事件起因是美国环境保护署(EPA)在当年9月向大众汽车集团发出了违反通知(NOV),指控其在2014—2015年间销售的柴油车内安装了所谓的"减效装置",以掩盖汽车在测试期间的实际排放量,即涉嫌通过操纵车辆软件来欺骗尾气排放测试。具体来说是大众汽车被指控使用了一款名为"排放控制设备"的软件,这款软件能在车辆接受测试时检测到车辆正在接受排放测试,并在测试期间使车辆的尾气排放控制系统显示运行正常,以达到符合环保标准的排放水平。然而,在实际行驶中,这些车辆的尾气排放远远超过法律限制性规定。因这一事件涉及大众汽车及其子公司在全球范围内销售的约1100万辆不同品牌汽车,所以此指控一经发出便引发全球范围内的调查和争议。随后,大众汽车承认了欺骗行为,承认使用软件对柴油发动机进行操纵,在排放测试中作弊,使汽车在测试中的污染程度看起来比实际道路上的污染程度要低,为此大众做出了公开道歉。这起丑闻也引发了全球多个国家长时间的调查、各种罚款以及和解。

这一丑闻对大众汽车产生了巨大的负面影响。2015年9月21日,即EPA违反通知发布的第一天,大众汽车在法兰克福证券交易所的股价就下跌20%;9月22日,该股又下跌12%;9月23日,该股迅速下跌10.5%,跌至100欧元以下,跌至创纪录的4年低点,之后涨回一些。在此事件中,其他德国汽车制造商的股价也受到影响,宝马下跌4.9%,戴姆勒下跌5.8%。一年后,大众汽车的股价下跌30%。与此同时,大众汽车在美国的销量也严重受挫,2015年11月为23 882辆,比2014年11月减少24.7%。此外,大众汽车面临巨额的罚款和赔偿费用。不仅如此,大众汽车的声誉也受到了极大的损害,消费者对其信任度下降,销售额受到影响。为了应对这一危机,大众汽车采取一系列措施,包括召回受影响的车辆进行修复、重新设计尾气排放系统、解雇涉及丑闻的高级管理人员,并加强内部合规和监管措施。公司还与相关机构和消费者达成赔偿协议,以弥补受影响车主的损失。

据报道截至2019年,大众汽车集团因为该起丑闻已损失约330亿欧元。包括:(1)经济损失。大众汽车面临巨额罚款和赔偿费用。他们不得不支付数十亿美元的罚款和赔偿金,以解决涉及数百万车辆的诉讼和索赔。(2)声誉受损。丑闻对大众汽车的声誉造成严重损害。公司失去了消费者和投资者的信任,并受到广泛的批评和质疑。(3)法律诉讼。大众汽车面临来自各个国家和地区的法律诉讼。政府机构、消费者和投资者纷纷提起诉讼,要求赔偿损失和追究责任。

大众"柴油门"事件成为全球汽车行业的重要案例,丑闻引发了对汽车行业的广泛调查和监管改革。监管机构加强了对汽车制造商的监管,以确保合规性和透明度。在大众"柴油门"丑闻发生后,包括宝马、奔驰以及FCA(已更名为Stellantis集团)也相继被曝出柴油发动机车型存在特调程序标定等问题。这一系列事件揭示了公司道德和合规的重要性,以及违反法规和欺骗行为对公司声誉和财务状况的巨大影响,也促使汽车行业和监管机构对尾气排放测试和监管进行了更加严格的审查和改进。

大众汽车尾气排放丑闻揭示了企业在环境和道德问题上的合规性和透明度的重要性。企业必须遵守法律法规,并采取负责任的行动来保护环境和消费者利益。同时,从汽车行业"柴油门"事件中我们可以看到,外部市场环境对公司及其经理人行为起到了约束限制,通过市场监管机构、法律制度和消费者的监督,可以确保公司在竞争中遵守规则、保护消费者利益,并避免不当行为的发生。

资料来源:https://www.zhihu.com/question/473199188?utm_id=0;https://www.163.com/dy/article/I88JGP640514R9OJ.html;https://auto.ifeng.com/qichezixun/20190506/1288047.shtml。

第一节 媒体的参与公司治理

一、媒体的公司治理角色

近几十年来,随着信息化浪潮的不断推进和互联网的日益普及,媒体力量的崛起已成为重要的社会现象,其监督作用被认为是新兴资本市场中能够有效替代法律保护不足的一项重要制度安排(Dyck et al.,2008),能够有效降低各种代理问题(陈志武,2002),因此逐渐成为管理学与公司金融学领域的新兴热点话题(田高良等,2016)。Dyck 和 Zingales(2004)的研究发现,即使没有明确的法律规定和违反后相应承担的法律责任,媒体报道对降低不同国家公司内部人谋取控制权私人收益也有效,因而在公司治理中媒体扮演着十分重要的角色。

(一)媒体公司治理角色的实施途径

媒体作为一个信息传播、信息再造的中介机构,可以通过多种渠道影响公司治理,这包括新闻报道、调查深度报道、评论和分析、社交媒体等。概括而言,媒体公司治理角色的实施途径是通过影响声誉实现的(郑志刚,2016)。以 Dyck 和 Zingales(2002)为代表的研究,提出了 3 种影响声誉的途径。

首先,媒体报道将促使政治家(议员、政府官员等)修改并有效实施公司法。这一现象产生的原因在于,政治家担心忽视此事会损害他们在公众心目中的形象,从而可能危及他们未来的政治生涯(Besley and Prat,2001)。

其次,媒体报道将迫使公司董事(经理人)维护良好的声誉,对物质利益的考虑将促使经理人减少机会主义行为,努力证明自己是称职的经理人。根据 Fama(1980)、Fama 和 Jensen(1983)等的观点,经理人未来的薪酬取决于现在雇主(股东)和未来雇主对经理人严格履行责任的信任。为了避免长期的货币损失,经理人有动力放弃暂时的内部交易机会,从而塑造自己成为"优秀"经理人的声誉。

最后,媒体报道将影响公司董事(经理人)的社会声誉和公众形象。为了避免在人际交往中出现尴尬局面,他们将努力维护公众形象。一个经典的案例是罗伯特·孟克斯(Robert Monks)在 1992 年针对希尔斯-罗巴克(Sears-Roebuck)公司的董事会成员所采取的行动。孟克斯是一位积极的股东,他对希尔斯-罗巴克的经营管理提出了批评,认为董事会成员未能有效履行责任。为了促使董事会改进公司的经营管理,孟克斯在《华尔街日报》上刊登了一则广告,揭示了希尔斯-罗巴克公司的业绩问题,并列举了董事会成员在其中的责任。这则广告的刊登引发了重大的社会反响,引起了公众和投资者的广泛关注。在广告刊登后不久,希尔斯-罗巴克的董事会成员对此做出回应,表示将接受孟克斯的建议并进行改进。在相关公告发出当日,希尔斯-罗巴克的股票价格上涨了 9.5 个百分点,随后的一年中上涨了 37 个百分点。

(二)媒体的公司治理作用

媒体扮演公司治理角色有赖于诸如竞争性的媒体市场、新闻自由的法律保护程度以及媒体自身所有权结构等媒体环境。

媒体在发挥监督作用的同时,掌握了强大的引导公众话题和舆论导向的权力。利用媒体与消费者之间的信息非对称,一个有影响力的媒体不仅有能力,而且有动力与相关各方达成私下交易,以期从不披露负面消息中获得好处。媒体的寻租行为无疑将给社会经济生活带来效率损失,并损害社会公平和正义。如何减少媒体寻租行为成为发挥媒体的公司治理作用时广泛关注的问题之一。如果存在一个竞争性的媒体市场,则即使其中一家获得租金的媒体统一不报道负面新闻,有问题的公司也很可能被没有获得租金的其他媒体曝光。因此,一个更具竞争性的媒体市场成为维护媒体可信度、减少媒体寻租行为的基本制度环境。

然而,一个值得注意的倾向是,随着公司控制权市场的激烈竞争,有限的媒体往往集中在少数富裕家族和政府手中。由于控制媒体产业所得到的"控制权私人利益"非常可观,没有一个控制者喜欢与人分享远远高于控制其他行业一家相同规模的公司所带来的包括声誉和影响力等非金钱利益在内的巨大潜在利益,因此决定了多方持股的公司不是一种稳定的组织形式,其控制权是供人竞购的(Bebchuk and Roe,1999)。在媒体产业控制权高度集中的背景下,我们很难想象,由一家企业集团(和作为最终所有者的富裕家族)所拥有的媒体会发布有关该企业集团公司治理问题的报道。因而,媒体监督作用的有效发挥需要媒体产业形成一个合理的所有权结构,通过政府对资本市场的监管,避免出现媒体产业控制权高度集中的现象。Djankov等(2003)考察了全世界97个国家的媒体所有权模式,他们发现,几乎所有国家最大的媒体公司都被政府或私人家族所拥有,其中广播媒体产业的国有化程度高于印刷媒体产业。他们的实证研究表明,媒体的高国有化程度与较低的新闻自由程度、公民较少的政治经济权利等低劣的社会效应联系在一起。

因而,在媒体发挥监督作用的过程中,同时需要警惕特殊利益集团对媒体的操纵。由于进入壁垒的限制,特殊媒体掌握了空间和时间上的垄断权,因此使媒体市场高度集中。按照Bagdikan(2004)等的研究,美国媒体正在竞争和经济压力下走向集中乃至垄断,结果使媒体的价值取向变得保守。甚至一些学者指出,"少数人掌握了我们听的、看的、读的,更重要的是掌握了我们如何思考",个人垄断媒体,不但威胁民主制度,更威胁另一文明资产——"法治"(McChesncy,1999)。

从以上讨论中我们可以看出,要想使媒体发挥公司治理作用,除了需要确保形成充分竞争的媒体市场和对新闻自由的法律保护外,需要同时警惕政府的过度监管。尽管媒体的话语霸权与收集和传播信息的公共产品性质两方面的因素成为引入政府监管的理由,但是政府过度监管往往带来其他潜在问题。譬如,政府通过与投其所好的媒体勾结,向媒体企业提供补贴,以及颁布诽谤法和进行新闻审查等方式达到向媒体寻租的目的。"政府凭借自己的监管权,在媒体寻租中居于主动地位。"(Hosp,2003)专制型政府通常采用直接的手段控制媒体,而民主型政府则更多地通过非正式的、隐蔽的手段来影响媒体,以追求政府作为一个特殊的经济主体自身的利益。因而,公司治理作用的发挥必须以民主为保障机制的法治以及媒体监督本身所形成的对政府行为的有效约束为前提。

二、媒体参与公司治理的理论基础

学者们最初将媒体监督的治理作用主要应用于对政府行为的监督。贝斯利(Besley,2001)在其研究中强调,媒体监督在社会民主监督机制和整个社会制度中具有重要地位。自从2002年起,关于媒体监督在上市公司治理中的作用的研究逐渐增多,但研究数量仍然相对有限。戴克等(Dyck et al.,2002)首次从理论角度分析了媒体监督影响公司治理的途径:一是媒体监督促使政府管理者修订公司法并监督其执行的有效性,二是媒体监督督促董事会和管理层重视并维护自己的声誉以提高公司治理水平,三是媒体监督能够影响上市公司董事和管理层的社会声誉和公众形象。

戴克等(Dyck et al.,2008)则进一步分析了媒体监督影响管理层决策的四个途径:一是通过曝光管理层的不良行为使其声誉受损,二是通过持续关注增加其获得和维持声誉的成本,三是通过线索披露增加其受到法律制裁的可能性,四是通过公之于众增加法律处罚的力度。后续的研究进一步证实了戴克等(Dyck et al.,2002)的观点,学者们通过研究媒体披露上市公司违规事实的过程,发现媒体影响公司治理的途径有三个:一是促使董事会采取有效措施提高公司治理水平;二是促使政府监管机构进行干预,加大调查和处罚力度;三是促使投资者用脚投票,影响股价,进而对管理层的行为产生约束。也有学者分别从社会学和信息传播学的角度注意到声誉机制和信息传播机制作用的存在。但研究的不足之处在于,仅仅将两者孤立对待,而忽视了它们之间的交互作用。

股东与公司之间的关系可以看作一种委托代理契约。然而,由于有限理性和信息不对称的存在,逆向选择和道德风险问题浮现,因此强化监督制约和信息沟通成为问题解决的关键。在此背景下,声誉机制通过形成社会规范来制定行为准则,激励合同各方兑现承诺,从而降低交易成本,保障契约执行;同时,信息传播机制利用信息传播的中介,扩大信息流动,调整信息分布,影响信息接收者的理解和传播效果,从而减少双方信息不对称。实际上,这两种机制需要相互结合,以实现更高效的效果。无论是一次性交易还是重复性交易,都需要将投机行为曝光于众,以规范交易双方的行为。这就需要信息传播机制的发挥。然而,为了加强这种约束的力度,声誉机制同样至关重要,它通过让不诚实行为为公众所知,使投机行为变得难以为继。只有这两种机制相互协同,才能迫使合同各方重视其声誉,从而有效地保护他们的权益,特别是投资者的权益。

三、媒体参与公司治理的途径

通过对媒体监督在公司治理中参与的理论基础进行深入分析,我们能够更好地理解媒体在公司治理中的作用途径。作为信息传播的关键媒介,媒体监督不仅在市场中收集、加工、整理并传播信息,而且对市场中的交易行为进行监督和记录,从而有效降低市场交易的成本。

媒体监督在公司治理中扮演重要角色的原因,一方面,在于其作为信息传播平台的本质。媒体通过收集、整合和传播各类信息,为投资者、股东和其他利益相关者提供了对公司经营状况、财务健康和治理实践的透明度。这种信息透明度有助于消除信息不对称,减少代理问题,进而促进了更有效的公司治理。另一方面,媒体监督通过对市场中的交易行为进行观察和记录,实际上起到了一种市场监管的作用。它可以揭示公司内部的不当行为、管理失误或不当利益冲突,从而引发公众关注,倒逼公司管理层更加谨慎和透明地行事。这种监管机制有效地降低了市场中不道德行为的风险,有助于维护投资者和股东的权益。

(一) 媒体监督与投资者利益保护

信息不对称使多数投资者在获取和评估市场及公司信息时往往处于弱势地位。然而,媒体监督作为信息传播的关键渠道,在促进信息的流通和改善投资者信息不足的困境方面发挥着重要作用。近年来,随着媒体监督力度的不断加大,相关研究结论进一步证实了媒体监督对投资者利益保护所起到的积极作用。

李培功等(2010)的研究显示,媒体曝光在促进企业改正违规行为、保护投资者利益方面发挥了积极作用。深度报道以及关于严重损害投资者利益行为的报道尤其能够显著增强公司治理的效果。通过信息传播机制,媒体监督形成了公司的外部信息环境,有效减弱了部分交易参与者(包括内部人员和大股东)的信息优势,降低了信息不对称程度;同时,媒体监督还通过声誉机制提升了投资者信心,增强了他们在市场交易中的积极参与程度。在徐莉萍和辛宇(2011)的研究中,媒体监督在股权分置改革和流通股股东分类表决制度安排下所发挥的治理功能得到了考察。研究结果显示,媒体关注度的提升与公司治理的质量提升呈正相关。高度关注的公司在治理方面溢价较高,非流通股股东的私有利益较小,中小流通股股东面临的信息风险降低,从而降低了他们对于合理对价的要求。研究发现,媒体监督能够显著降低股东与管理层之间的代理成本,提高代理效率,从而更好地维护投资者的权益。权小锋等(2012)对媒体监督与盈余操纵之间的联系进行了系统分析。研究结果表明,提高媒体关注度有助于抑制管理层主观的盈余操纵行为,从而为投资者获取更加真实的会计信息创造了有利条件。

(二) 媒体监督与董事会和管理层行为约束

在实际环境中,投资者往往难以全面了解管理层的行为。然而,媒体监督通过其信息传播机制,可以有效减轻投资者与管理层之间的信息不对称。姚益龙等(2011)研究表明,媒体监督通过社会舆论改变了企业利益相关者的决策和行动,影响企业的市场绩效,进而达到迫使企业和高管们为企业的生存必须有所改变的目的。媒体监督能够通过声誉机制制约管理者遵守法律、道德规范,当管理者的行为有悖于主流价值观时,媒体监督可能使其个人声誉或社会信誉受损。个人声誉受损会影响其就业前景和薪酬待遇,社会声誉则是通过"公之于众"的方式来约束管理层,一旦丑闻被披露,不仅会有损管理者在员工、亲朋眼中的形象,而且会受到公众的舆论压力。调查表明,管理层将媒体批评视为公司声誉最大的威胁,媒体监督的信息传播机制能够强化声誉机制的惩罚效果。对于媒体监督与公司内部治理的关系,现有研究主要是围绕董事会和高管行为两个方面展开的。

首先,媒体监督在约束董事会和独立董事行为方面发挥着重要作用。有关研究显示,当媒体曝光缺乏效率的董事会名单后,相关公司通常积极采取措施以提升董事会的效率,从而保护投资者权益。此外,投资者更倾向于为公司治理水平较高的公司支付溢价。李焰和秦文虎(2011)研究了受到媒体负面报道的公司,分析了媒体监督对独立董事辞职行为的影响,并探讨了独立董事声誉机制在这一过程中的作用。研究结果表明,媒体负面报道的数量与独立董事辞职的概率呈显著正相关,同时报道媒体的影响力越大,独立董事辞职的概率也越高。对于独立董事群体而言,声誉机制在治理过程中发挥了积极的作用。这表明,媒体监督已引起学术界广泛关注,对公司治理产生重要影响。

其次,媒体监督对高管行为的制约作用同样具有重要意义。经实证研究表明,我国上市公司高管中有27%曾是政府行政官员,而这些政治关联高管可能损害中小股东的利益。这些高管为了获取私利,可能不愿意在监管更严格的市场上市,或者聘请政府官员而非专业人士作为董事会成员。此举导致上市后公司业绩表现不佳。针对政治关联高管的不利影响,现有公司治理机制难以有效制约或改变。也有学者的研究探讨了媒体监督对政治关联高管行为的监督和制约作用。研究结果表明,在并购绩效较差的公司中,高管更有可能被替换。然而,即使并购绩效较差,政治关联高管替换的难度也较大。此外,研究发现,媒体对并购行为的负面报道越多,或公司处于受到媒体监督较强的区域,政治关联高管也难以免于受到制约,这表明社会舆论的强大监督可以约束政治关联高管的行为,从而提升上市公司治理水平。

在当今高管薪酬备受关注的背景下,媒体监督在此领域的作用也备受关注。杨德明等(2012)的研究指出,由于"天价薪酬""零薪酬"等问题引人关注,因此媒体愿意深入挖掘相关公司的负面信息。尽管媒体监督在这一领域发挥了一定的作用,但这种影响是间接的。只有在政府和行政主管部门介入的情况下,媒体监督才能够促使高管薪酬趋于合理水平。同样,梁红玉等(2012)的研究也得出了类似的结论,即媒体监督作为外部治理机制,可以强化高管薪酬和董事会规模的积极作用。

(三) 媒体监督与公司外部监督机制的改善

媒体监督借助信息传播机制,能够广泛传递全新的信息,从而显著增加行政机构和独立第三方介入的可能性,最终提高企业纠正违规行为的可能性。此外,媒体监督通过声誉机制的运作,增加了监督机构和独立第三方"无所作为"的声誉成本,促使其采取有效的监管措施或做出适当的评价。具体而言,研究表明媒体监督的作用在于推动政府、监管机构等主体更加积极履行职责,这在一定程度上得益于媒体对信息的传播与曝光。相关研究表明,媒体监督在引发政府问责和提高政府效能方面具有重要的作用。他们的研究发现,媒体监督可以强化监督机构和第三方在未履行职责时所面临的声誉成本,从而鼓励其采取有效的监管措施或适时做出适当的评价。

此外,媒体监督在改善公司外部治理环境方面发挥了重要作用。其主要集中在两个方面:

一是媒体监督对公司财务欺诈行为的影响。媒体监督以信息传播者的身份在揭露财务舞弊行为中扮演着关键角色。相关研究表明,约24.7%的违规行为在处罚公告发布前已受到媒体的深入报道,这显示了媒体监督的切实存在的作用。然而,由于媒体主要依赖于对已有的信息进行整理,因此会受到它们自身发掘有价值新闻的数量的限制,一定程度上限制了其监督作用的发挥。

尽管在中国这样一个处于经济转型时期的国家,媒体的市场竞争环境和法律保护环境不够理想,但媒体监督仍然作为有效的外部治理机制,在公司治理中发挥着积极作用。例如,杨德明等(2012)通过对紫鑫药业案例的研究,探讨了媒体监督揭露我国上市公司财务造假行为的内在逻辑。紫鑫药业事件始于2010年,当时紫鑫药业开始涉足人参业务,并因涉嫌大量造假被媒体广泛报道。引发关注后,经过有关部门调查发现,紫鑫药业通过虚增营业收入、隐瞒巨额债务等手段,欺骗了投资者和监管机构。此事件在当时引发了广泛的社会关注和舆论谴责,展现了媒体监督在公司治理中的积极作用。与其他监督机制不同,媒体不易被收买,可以将隐藏的问题暴露出来,从而对公司的财务造假行为发挥了重要监督作用。然而,杨德明等学者也指出,媒体监督是一种间接的治理机制,其功能的发挥需要借助特定的"外部路径"。如果其他外部监督机制和声誉机制失效,媒体监督将难以解决公司财务造假问题。

二是媒体监督对审计师行为的影响。媒体监督对审计师行为产生影响的主要途径是通过施加社会舆论压力和影响公众对审计师的认知。

首先,媒体监督可以影响审计师的行为。媒体对审计事务的报道和评论可能对公众产生影响,使公众对审计师的工作产生怀疑或提出批评。这些舆论压力可能促使审计师采取更加谨慎和保守的态度来执行审计工作,以避免遭受更多的批评。

其次,媒体监督可以通过影响公众对审计师的认知来影响其行为。媒体报道可以改变公众对审计师的信任度和认知,从而影响审计师的市场地位和声誉。例如,如果媒体报道了审计师的失职行为,可能导致公众对审计师的信任度下降,从而降低其在市场上的竞争力。反之,如果媒体对审计师的工作进行正面报道,可能提高公众对审计师的信任度和认知,从而增强其在市场上的竞争力。

然而,需要指出的是,媒体监督对审计师行为的影响可能存在一定的局限性。一方面,媒体报道并不总是完全准确或客观的,有时可能存在误导或偏见,这可能使公众对审计师的认知产生负面影响。另一方面,审计师作为专业人士,可能更注重职业道德和职业操守,不完全受媒体监督的影响。

四、媒体影响的总体结论

媒体监督在公司治理中的参与已经成为理论界和实证界的焦点问题,不同研究视角呈现多样性。综合分析现有文献,我们可以得出以下几个关键结论:第一,媒体监督在制度不完善和监管不充分的环境下，能够有益地补充现有法律制度，对上市公司治理的完善发挥重要作用。这一观点已经在学术界取得广泛共识，相关研究也取得显著进展。第二，现有研究主要集中在法律健全、证券市场发达的西方国家，对于转型经济国家和新兴市场的关注不够，国内的相关研究也刚刚起步。而且，国内研究往往直接采用国外理论体系，缺乏对本国特殊情况的深入分析。第三，现有研究普遍将信息传播机制和声誉机制及其相互影响作为媒体参与公司治理的理论基础。但实际上，媒体监督的作用机制可能不仅限于此，还需要深入探索媒体监督在公司治理中的更多潜在机制。第四，国内研究多数集中在某些特定环节（如投资者保护等），但缺乏完整的框架体系，比如媒体对资本市场违规行为进行监督和报道后公司反应的研究。建立更全面的研究框架对于深入理解媒体治理作用至关重要。第五，媒体监督作为重要的信息传播媒介，无论是报道还是调查，都为公众提供了大量信息。然而，其治理功能的发挥前提是报道内容真实客观；同时，媒体制造的"轰动效应"可能在资本市场引发恐慌，揭示了媒体偏差的负面影响。然而，目前对这方面的研究尚未取得实质性进展，这也成为西方研究的新方向。

第二节 法治环境与公司治理

党的二十大报告提出"全面依法治国是国家治理的一场深刻革命，关系党执政兴国，关系人民幸福安康，关系党和国家长治久安""加快构建新发展格局，着力推动高质量发展""营造市场化、法治化、国际化的一流营商环境"。学界普遍认为，国家法治水平对公司治理可以产生深远影响。法治作为一种由国家司法机构从外部提供和强制执行的制度，通过强有力的法律约束和制裁机制规范着公司的行为。从世界各国公司治理的发展趋势来看，各国家都在通过加强法治建设来提升本国的公司治理水平。

通常情况下，评估法治环境的好坏涉及两个主要指标：法律的完善程度和法律的实施程度（剧锦文，2018）。良好的法治环境有助于塑造高效的公司治理机制，反之则不然。在发达国家的公司治理法律框架中，法治的重心已经转向保护中小投资者、债权人以及其他处于弱势地位的利益相关方。这种变化反映了对公司治理法律的改进，旨在加强对弱势群体的保护。这有助于提升公司治理的公平性和透明度，鼓励利益相关方的积极参与，并最终提高整体治理效果。

一、部分国家法治环境状况

企业所处的法治环境实际上受其所在国家或地区法律制度的完善程度和法律的实施程度的影响。一方面，法律的完善程度涉及国家法律体系是否广泛且全面地涵盖各领域，即法律是否能有效规范行为和关系，从而充分保护公民权益并维护社会秩序；另一方面，法律的实施程度关乎国家对法律的应用和执行。国家若能有效运用法律，确保其执行，即意味着法律实施较为严格。这表示法律具有实际约束力，违法行为将迅速受到处理和制裁。

因此，国家法律体系的完善程度和实施程度的高低，反映了法治环境的良好与否。这代表法律能够全面覆盖各领域，且在实践中得以有效执行。相反，如果法律体系不健全、实施程度不高，就说明法治环境相对较弱，法律难以充分发挥应有作用。

LaPorta（1997）等通过对部分发达国家、新兴市场国家和转轨经济国家的 5 项相关指标进行测算,得到表 10-1 的结果。从表 10-1 中可以明显看出,发达国家的法治环境相对较为优越,而新兴市场国家的情况则优于转轨经济国家。

表 10-1 世界部分国家法律对投资者保护状况

国　　家	债权人权力指数	防董事权力指数	法治指数	腐败指数	司法体系效率
A 栏:发达国家					
美　国	1	5	10	8.63	10
德　国	3	1	9.23	8.93	9
法　国	0	3	8.98	9.05	8
B 栏:新兴市场国家					
印　度	4	2	4.17	4.58	8
新加坡	4	4	8.57	8.22	10
阿根廷	1	4	5.35	6.02	6
巴　西	2	3	6.32	6.32	5.75
韩　国	3	2	5.35	5.30	6.00
C 栏:转轨经济国家					
波　兰	2.25	3	N/A	N/A	N/A
捷　克	3	3	N/A	N/A	N/A

资料来源:根据 LLSV(1997)的数据整理而得。

OECD 运用了一系列指标来对各成员国的公司法执行与监管的不同方面的情况进行评估(见表 10-2),这些指标包括:"是否要求'遵守'原则或规范,否则需要解释""界定和限制审计师的审计职责""提升透明度水平""界定和控制利益冲突情况""通过投票改善和简化程序,增强股东大会的作用"以及"独立董事的作用"六个方面。

表 10-2 OECD 国家公司法与监管概览

国　家	是否要求"遵守"原则或规范,否则需要解释	界定和限制审计师的审计职责	提升透明度水平	界定和控制利益冲突情况	通过投票改善和简化程序,增强股东大会的作用	独立董事的作用
比利时		+		+	+	+
美　国		+	+	+		+
西班牙	+	+	+	+		
德　国			+			

续表

国　家	是否要求"遵守"原则或规范，否则需要解释	界定和限制审计师的审计职责	提升透明度水平	界定和控制利益冲突情况	通过投票改善和简化程序，增强股东大会的作用	独立董事的作用
奥地利		＋				
爱尔兰		＋				
芬　兰						
葡萄牙				＋		
荷　兰	＋	＋	＋		＋	
希　腊		＋	＋	＋		＋
捷　克		＋	＋	＋	＋	
澳大利亚			＋			
土耳其		＋			＋	
波　兰	＋	＋	＋	＋		
瑞　士	＋	＋	＋	＋		＋
英　国			＋			
意大利			＋	＋	＋	
匈牙利						
瑞　典					＋	
墨西哥	＋		＋			＋
韩　国			＋	＋	＋	
法　国			＋		＋	
加拿大		＋			＋	
日　本		＋	＋		＋	＋
丹　麦						
斯洛伐克						
新西兰			＋			
挪　威						
卢森堡						
冰　岛						

资料来源：OECD.公司治理：对OECD各国的调查(中译本)[M].北京：中国财经出版社，2006：37-38.

若我们假定这些指标具有相同权重,那么在不同指标上获得的积极评价越多越有利。在此基础上,我们可以对各国进行分类。瑞士在这 5 项指标上均获得积极评价,位列最高。获得 4 项积极评价的国家包括:比利时、美国、西班牙、荷兰、希腊、捷克、波兰、韩国和日本。而意大利和墨西哥在 3 项指标上获得积极评价,法国、加拿大、土耳其在 2 项指标上获得积极评价。获得 1 项积极评价的国家包括:德国、奥地利、爱尔兰、葡萄牙、澳大利亚、英国、瑞典和新西兰。然而,有 7 个国家在这一项调查中没有获得任何积极评价,它们分别是芬兰、匈牙利、丹麦、斯洛伐克、挪威、卢森堡和冰岛。

然而,需要强调的是,我们难以仅凭这一项调查就断定某些国家的法治环境优越,而另一些国家的法治环境不佳。因为这项调查仅仅关注了"近期变化",对于法治环境的优劣评价还应更多考虑过去的状况。

法律调整的刚性决定了法治对公司治理的影响是不连续的。通常一部法律的形成会在一定时期内稳定地规范着公司的行为。然后,一旦法律进行了调整,则会对公司治理行为产生冲击。

党的十八大以来,习近平总书记先后在全国两会、民营企业座谈会、企业家座谈会等重要场合,就打造法治化营商环境、依法平等保护产权、建立维护公平竞争的法律秩序、构建亲清政商关系、依法保护民营企业家人身和财产安全、依法经营依法治企依法维权、企业家要做诚信守法的表率等方面做出一系列重要论述,这些论述构成了习近平法治思想的有机组成部分,为民营经济行稳致远指明了方向、提供了遵循。

【知识扩充:思政探索】

良法善治提升民企发展信心

这 10 年,行政机关坚持严格规范公正文明执法,深化落实"放管服"改革,深入推进行政执法"三项制度"改革,不断完善行政执法体制,促进行政执法工作法治化、规范化,助力打造法治化营商环境。2019 年 10 月至 11 月,中央依法治国办在全国部署开展了"营造法治化营商环境保护民营企业发展"专项督察,针对督察发现的问题,中央依法治国办指导、督促各地结合实际,认真制订整改工作方案,有效推动党中央全面依法治国决策部署落地落实。

不只是行政执法,司法平等保护民营经济也提升到了一个新的高度。

产权司法保护重要措施的陆续出台,切实增强了企业家人身及财产安全感,让企业家专心创业、放心投资、安心经营。

1. 甄别纠正涉产权冤错案件

2018 年 5 月 31 日,最高人民法院对原审被告人张文中诈骗、单位行贿、挪用资金再审一案公开宣判,撤销原审判决,改判张文中无罪。该案被看作是人民法院落实党中央产权保护和企业家合法权益保护政策的一个"标杆"案件,传递出了党中央依法保护产权和企业家人身财产安全的时代强音。2017—2021 年,人民法院依法甄别纠正历史形成的刑事涉产权冤错案件 231 件 287 人,在社会各界产生广泛影响。

推进涉企纠纷多元化解。人民法院积极联合工商联、商会等对涉民企纠纷开展调解工作。目前,全国共建立民营企业人民调解委员会超过 6 000 个,调解员 1.9 万人;商会人民调解组织超过 2 400 个,调解员超过 9 800 人;劳动争议人民调解组织超过 4 300 个,调解员 1.3 万人。

2. 推进涉案企业合规改革

2020 年 3 月,最高人民检察院启动涉案企业合规改革试点以来,全国检察机关共办理涉企业合规案件 2 382 件,其中适用第三方监督评估机制案件 1 584 件。2022 年 6 月,13 家部委共同召开企业合规第三方监督管理机制工作推进会,推动第三方机制向全国铺开。

3. 严惩侵犯民企权益违法犯罪

2018 年 1 月以来,公安部开展扫黑除恶专项斗争,严打滋扰企业、欺行霸市、非法放贷等犯罪活动。2019 年以来,公安部持续部署"昆仑"专项行动,"打大、攻坚、惩恶",依法严厉打击侵犯民营经济知识产权犯罪活动。

4. 健全法律维权服务网络

2021 年 4 月,全国工商联与司法部、全国律师协会联合印发《关于建立"万所联万会"机制的意见》,组织律师事务所与工商联所属商会、县级工商联建立联系合作机制。截至 2022 年 6 月底,全国已有 1.95 万家律师事务所与 2.1 万家工商联所属商会、超过 2 100 家县级工商联建立了合作机制。全国工商联已主办了四届民营经济法治峰会,并在会上发布年度《法治民企报告》。

5. 依法保障"新冠"疫情涉企权益

2020 年 2 月,中央政法委、最高人民法院、最高人民检察院、公安部、司法部发布《关于政法机关依法保障疫情防控期间复工复产的意见》,就严惩涉疫违法犯罪、促进企业复工复产提出 12 项工作举措和具体要求。2020 年 2 月,最高人民法院、最高人民检察院、公安部、司法部联合制定《关于依法惩治妨害新型冠状病毒感染肺炎疫情防控违法犯罪的意见》等,多次强调依法从严从快追诉妨害复工复产、损害企业合法权益的犯罪,促进恢复正常经济社会秩序。

……

这样的实例和数据还有许多,这些实例和数据是对依法治国的生动诠释,是公检司法机关支持民营企业改革发展的司法力度与温度,是工商联作为民企"娘家人"引领民企提升"法商"的实践。

法治的阳光普照民营经济领域的每一个角落,民营经济向阳而生!

资料来源:吴志红.民营企业大胆发展有底气! 这 10 年,民营经济法治建设"破立并举"[N].人民政协报,2022-08-26.

二、法治环境与股权结构

法治环境与股权结构之间存在密切的相互关系,这是因为一个国家的法治环境直接影响着公司治理和股权结构的形成与运作。

首先,法治环境的质量和稳定性直接影响着投资者对于持有股权的信心。

在法治环境较好的国家,投资者的权益受到有效保护,法律规定和机制能够追究违约和侵犯投资者权益的行为。这种保护有助于建立投资者的信心,鼓励他们积极参与股权市场,从而促进股权结构的形成和多样化。LaPorta 等(1998)在 *Journal of Political Economy* 期刊上发表的题为"法与财务"的文章中选用股东权利指数、债权人权利指数以及法律执行质量等3个指标测量法律制度,发现法律制度在对投资者权利的保护程度上随着法律渊源的不同而有规律地变化。文中将世界上的这49个国家和地区的法律分成两大类、四个系列:以英美为主的普通法系、德国的德法系、北欧的斯堪的纳维亚法系以及法国法系。测量数据表明,普通法系所提供的保护程度最高,法国法系的保护程度最低,而德国法系和斯堪的纳维亚法系的保护程度介于两者之间。在此基础上,公司所有权集中度最高的是法国民法法系国家,普通法系国家集中程度最低,德国民法法系国家和斯堪的纳维亚民法法系国家处于中间位置,即一国对投资者的法律保护程度与其上市公司的股权集中度负相关。

基于上述测量结果,学者们提出以下解释:适度的股权集中或可在一定程度上降低代理成本,进而实现对公司管理者的监督和控制。在法律保护投资者权益水平较高的环境中,公司信息透明度相对较高,管理者的潜在利益侵蚀行为更容易被揭示,并对此类行为进行法律制裁。于此情境中,股东无须投入过多精力对管理层进行持续监督。然而,在法律保护程度相对较低的国家,管理者的不当行为较难察觉,因此大股东可能需要更充足的资本,以行使其控制权来有效监督管理层。在这一背景下,股权集中机制被视为一种可替代法律保护的手段。在法律保护投资者权益不充分的情形下,公司管理层和控股股东可能采取多样方式损害外部投资者权益,从而减弱公司发行新股的吸引力。这样一来,仅有少数投资者愿意购买公司股份,进而促使股权结构向更加集中的方向演进。这阐明股权结构的形成不仅与法律保护水平紧密关联,而且在很大程度上依赖于公司治理环境和市场因素。

所以,法律规定为公司治理和股权结构提供了基本的框架。法律明确了股东权益、董事的责任和权力、公司内部关系等准则,为股权结构的建立和运行提供了指导。一个健全的法律体系有助于推动公司治理的合理运作,防止不当行为和损害股东权益的发生。

其次,法治环境影响着公司治理的监管机制和透明度。

一个完善的法治环境能够确保独立的监管机构和有效的执法机制,对违法行为进行调查和制裁。这种监管机制的存在和实施有助于维护股权结构的公正性,增强投资者对公司治理的信心。一个健全的法治环境为投资者创造了稳定和可预测的环境,从而鼓励他们投资于不同类型的股权。

法治环境与股权结构之间存在密切的关系。在不同的环境条件下,两者的关系也呈现不同的特征。

Boubakri 等(2005)的研究揭示了股权集中度与投资者法律保护程度之间的显著负相关关系。这表明,在投资者法律保护不足的环境下,公司更倾向于采用股权集中的结构作为公司治理的替代机制。同时,研究还发现,虽然法律执行力度并不直接影响股权集中的变化,但法律渊源对股权结构的集中程度产生了显著影响。例如,20世纪上半叶的英国,尽管没有为中小投资者提供充分的法律保护,但其股权结构相对分散,这与现有理论的预期存在差异。Franks 等(2003)认为,20世纪上半叶股权集中度的降低主要是由股权融资中的股权置换和并购等因素驱动的,而不仅仅是受到投资者法律保护水平的影响。

与此同时,不同国家的法治环境与股权结构的关系也显示出不同的特征。有学者在意大利的长期数据中发现,股权集中度与投资者法律保护之间存在非线性关系,表现为先上升后下降的趋势。以瑞典公司为例,其企业的股权集中度主要是为了保护所有者的私利和控制权,而不是对投资者法律保护水平不足的反应。而在德国,尽管德国小股东的法律保护相对充分,但公司仍倾向于采用集中股权结构,因为这种结构有助于提高生产效率,并使小股东受益。

此外，一些学者运用数理模型分析发现，股权集中度与法律保护之间存在负相关关系。然而，投资者法律保护水平与内部人持股比例之间存在非单一关系，外部股东的股权集中度与投资者法律保护之间也可能呈 U 形关系。法律保护与股权集中度的关系取决于法律保护与大股东对管理层监督的相互作用。当两者相辅相成时，法律保护与股权集中度呈负相关；而在互为替代时，其关系呈非单调性，可能正相关，也可能负相关。

总的来说，法治环境与股权结构之间存在复杂的关系，这种关系受到多种因素的影响。良好的法治环境可以为公司提供公正透明的治理环境，保障股东的权益，也可以促进公司的可持续发展。

三、法治环境与公司代理成本

在公司治理领域，公司代理成本指的是由于代理问题所导致的管理成本和冲突成本。法治环境的良好与否在公司治理中发挥着至关重要的作用，影响公司解决代理问题的有效性和成本。早在 1976 年，詹森和麦克林就指出，公司代理成本的高低主要取决于成文法和普通法的存在与否。在这一背景下，学者们深入研究，通过实证研究和定量分析，揭示了法治环境对公司代理成本和股权结构的影响。相关研究结果表明，在法律保护程度高的环境下，大股东控制可能导致对中小股东的利益侵占，而法治环境的差异会显著影响这种侵占程度。也有研究发现，法治环境对大股东的利益输送行为具有显著影响。

相关研究发现，证券交易中的立法保护在信息披露、董事责任和股东诉讼权利三个维度上发挥作用。高水平的法律保护要求会促使公司提供更多信息，加强董事的责任，并赋予股东更多的诉讼权利。这种法律保护有助于提升公司的治理结构，减少管理者和控股股东的潜在违规行为。裘宗舜和饶静（2007）的实证研究也在中国市场中得到印证。他们利用 2003—2004 年我国 A 股上市公司的数据，发现控股股东的资金占用与非控股大股东的持股比重及个数之间呈负相关关系；同时，所处地区的法治水平越高、政府干预越少，控股股东的资金占用就越少。

一个良好的法治环境能够降低公司的代理成本，为公司提供稳定的法律框架和规则来解决代理问题。这不仅有利于提高公司治理的效率和透明度，而且能够减少代理冲突和纠纷的发生，增加投资者的信心和市场的稳定性（剧锦文，2018）。

第三节 法治外制度的公司治理角色

所谓"法治外制度"（Extra-legal Institutions），指的是除了正式的法律制度外，存在于现实经济生活中，具有潜在公司治理功能的其他制度安排。这一概念最早由 Dyck 和 Zingales（2004）提出。这些非法律制度包括道德和伦理标准、市场机制，以及公司内部的制度和机制。这些制度在公司治理中起到了补充和支持的作用，推动公司朝着更高效、透明和负责任的方向发展，并有助于提升公司治理的水平和质量。

一、从法律制度到法治外制度

法律制度在公司治理中具有根本性的作用。它构建了企业行为的框架，规定了股东权益、董事职责等重要规则，为公司的正常运作提供保障。然而，法律制度的建立和完善是一个漫长的过程，需要通过立法、修订法规等方式来实现。法律渊源和法律传统的缓慢性质使金融市场在不同国家可能难以迅速波动。然而,随着全球化的加速和商业环境的变革,人们开始认识到仅仅依靠法律制度可能无法完全解决公司治理问题。这就引出了法治外制度的概念,即除了正式法律之外,还有一系列非正式机制和因素在影响着公司的运作和决策。

长期以来,从马克思到奥地利学派、新制度经济学、公共选择理论的经济学家一直在提醒我们,各种利益集团和权力机构,如军方、独裁者、社会上的强势群体、政治多数派以及受益的既得利益集团,常常会选择建立一种旨在巩固自身权力的制度,从而获得政治和经济上的利益。随着时间的推移,越来越多的经济学家认识到,在经济供求的背后,政治因素、利益集团的影响以及制度因素也是不容忽视的因素。

请用手机微信扫二维码,学习"知识扩充"。

法治外制度影响作用的实例

实际上,在公司治理改革中学者们已经意识到政府、控股家族等利益集团可能产生的影响。他们甚至直言:"公司治理改革只有在特定利益得到摧毁或满足时才可能成功。"并强调,公司治理改革与其他领域的改革并没有本质的不同。与此观点相呼应,从社会学的视角有学者对法律和金融文献的相关结论和政策含义提出了批评。他们指出,在普通法系国家投资的原因可能不仅仅是普通法系统赋予投资者可实施的法律权利以约束公司内部人,更可能是投资者相信大陆法系国家的公司内部人会更加遵守无法通过法律实施的规范。例如,虽然美国和英国没有法律规定独立董事必须占董事会的大多数,但这在这两国的上市公司中是一种普遍做法。尽管这与法律规定(如投资者选举和罢免董事的法律规定)有关,但其认为,这也表明公司治理实践中的社会规范可能限制了不公平的私下交易,从而减少了对小股东投资的掠夺风险。Rajan 和 Zingales(2003)所提出的金融发展的利益集团理论和其他学者同时期提出的金融发展的社会规范理论,唤起了我们对金融发展影响因素的更深思考。或许,我们需要跳出法律制度的框架,转向法治外制度的角度。正如 2004 年经合组织重新修订的《OECD 公司治理准则》中明确指出的:"商业道德、公司对社区公共利益和环境的关注也会影响公司声誉和长远生存。"

这些观点一起提醒着我们,公司治理的效果受到多方面因素的影响,其中不仅包括法律制度,而且包括政治因素、利益集团和社会规范。理解这些因素的相互作用,可以更全面地解释不同国家金融发展的多样性和复杂性,也有助于为公司治理的改进提供更为深入的思考。甚至法律对投资者权利保护的程度差异,成为塑造各国金融发展水平和公司治理模式的内在原因。在这一背景下,建立和完善法律制度变得至关重要,因为它们直接关系到改善公司治理和促进金融发展。然而,我们也面临着挑战,因为企图在短期内改变一个国家的投资者权利保护水平并不是轻而易举的事情。

这种困境的一方面可能源于既得利益集团的存在,无论是产业部门还是金融领域的既得利益集团,都倾向于利用自身的政治影响力来阻碍金融发展和相关法律制度的建设(Rajan and Zingales,2003)。另一方面,现有的社会规范等非正式制度可能也在一定程度上替代了正式法律制度的作用,从而使正式法律制度的建设和完善显得缺乏迫切性。例如,由于社会规范的作用,像斯堪的纳维亚法系这样的大陆法国家对小股东的掠夺行为相对较少(Coffee,2001)。然而,这种情况同时使得改变已有的法律传统变得更加困难。

同样需要关注的是,包括中国在内的新兴市场国家普遍存在法律对投资者权益保护不足的问题。因此,对于这些国家而言,在短期内仅仅通过法律保护投资者权益来改善公司治理可能是不切实际的。甚至在被认为在投资者权益法律保护方面表现出色的美国,也在安然、世通、环球电信等会计丑闻爆发后,受到了"最近,美国的法律体系——包括民法、刑法以及政府公诉机构对待会计欺诈的方式——在防范公司管理层会计欺诈方面不够严厉"的指责。Rajan

和 Zingales(2003)进一步指出:"最近的丑闻表明,即使在最发达的市场经济中,改善公司治理也依然存在大量改进的空间。"

面对如上局面,一个合理的策略是将加强法律对投资者权益保护作为长期目标,但同时在短期内可以通过引入法律外的制度来替代或补充投资者权益保护,从而在一定程度上改善公司治理状况。

二、政治环境与公司治理

政治环境在公司治理中扮演着至关重要的角色,影响着公司内部运作、决策制定和整体治理效果。公司治理的机制和效果往往受到国家政治体制、政府政策、政治利益集团等因素的深刻影响。在这里,我们将从几个不同角度探讨政治环境与公司治理之间的相互关系。

(一) 政府角色与干预

政府在公司治理中的角色和干预水平对公司行为和决策产生显著影响。政府制定的法规、规范和政策可以影响公司的经营环境、法律责任和道德义务。政府的干预可能是积极的,例如采取促进投资和经济增长的政策;也可能是消极的,如采取过度干预或对特定产业的保护主义政策。

新加坡作为典型的政治稳定和清廉的国家,在政府引导下实施了一系列有利于企业发展的政策。政府通过监管和激励政策,推动了高科技、金融和旅游等产业的发展,促进了企业的创新和成长。这种政府的积极参与为公司治理提供了良好的环境。例如,新加坡政府成立了新加坡政府投资公司(GIC)和淡马锡控股(Temasek Holdings)等主权财富基金,通过投资和股权持有等方式为国内企业提供了稳定的资金支持,帮助它们在竞争激烈的国际市场中保持竞争力。

(二) 政治稳定性与投资环境

持续的政治动荡可能损害投资者的信心,影响公司的发展和治理。政治稳定性对于投资者的信心和决策至关重要。一个政治不稳定的国家可能导致不确定性加大,降低外部投资的意愿,从而影响公司治理和业务运营。相反,政治稳定的国家更有可能吸引外部投资,并提供更可预测的商业环境。例如,乌克兰政局动荡不安导致外国投资者撤离,对当地经济和公司的经营产生了负面影响。相反,新加坡作为政治稳定的典范,通过长期的稳定政治环境吸引了大量国际投资。该国政府积极打造有利于企业和投资者的营商环境,为公司治理提供了稳定的基础。

(三) 政治风险与企业战略

高度政治风险的地区可能导致公司调整战略,降低政治风险对业务的影响。公司可能在不同国家之间分散投资,以分散政治风险。例如,如可口可乐和百事可乐在中东地区等政治风险较高的地区,可能通过合资等方式来降低政治风险,以保护其在全球市场的稳定运营。

总而言之,政治环境在公司治理中扮演着不可忽视的角色。公司治理机制与政治环境之间的相互作用将影响公司的经营效果、投资者信心和整体业务环境。了解和适应特定国家的政治环境,是构建健康有效的公司治理体系的重要一环。党的二十大报告提出,完善社会治理体系,健全共建共治共享的社会治理制度,提升社会治理效能;建设人人有责、人人尽责、人人享有的社会治理共同体。为了推动公司治理体系和治理能力的现代化,需要将各项工作落实到最小的治理单元和最终的责任主体,以提高基层治理效能。

三、文化、道德环境与公司治理

企业的运行离不开具体的文化环境,宗族文化则通过强有力的非正式契约方式将个体和企业联结在一起,作用于企业的治理模式。传统公司治理理论强调通过各类正式的内外部治理机智来缓解代理问题。随着学者们对于公司治理的研究的深入,文化作为非正式制度的一个重要角色被研究者们所关注。Dyck 和 Zingales(2004)强调了良好的文化能够降低各国公司的控制权私有收益。自此,文化与公司治理领域的研究大门缓缓打开。

荷兰人类学家格特·霍夫施泰德(Geert Hofstede)在20世纪80年代初和21世纪初提出了著名的文化维度理论,该理论被广泛用于跨国公司管理和跨文化研究领域。他通过对不同国家的员工价值观和行为模式进行比较,划分了5个文化维度,这些维度在很大程度上影响了人们在组织内部的行为和决策。我们认为,他的这项研究同样适用于对公司治理的研究(郑志刚,2016)。

(一)权力距离

权力距离(Power Distance)描述了社会中接受不平等分配的程度。在高权力距离的社会,人们更容易接受权威和领导者的指导,而在低权力距离的社会,更强调平等和参与。在德国,由于文化中权力距离较低,因此公司治理更强调员工的参与和合作。德国的企业往往采用合议制的董事会模式,其中员工代表在董事会中有一席之地,可以参与公司重要决策的制定。这种模式反映了德国文化中对于平等和民主的价值观,强调员工在公司决策中的角色。

相反,在东南亚和拉丁美洲等文化中权力距离较大的国家,公司治理更可能呈现集权的特点。在这些国家,高级管理人员与普通员工之间的权力和地位差距被更广泛地接受,因此公司的决策权往往集中在高级管理层手中。这可能体现为较少的员工参与公司决策,以及高级管理人员对公司事务的较大控制。文化中对于权力差异的较高容忍度,使这种集权的公司治理模式在一定程度上符合当地文化的特点。

管理顾问托尔斯·佩林(Towers Perrin)的研究进一步佐证了上述结论。他研究了全球23个国家(地区)的公司高级管理人员与其雇员之间薪酬的差距,发现倍数最高的7个国家(地区)是东南亚国家(地区)或拉丁美洲国家(见表10-3)。

表10-3 公司高级管理人员与其雇员之间薪酬差距最高的国家(地区)

国家(地区)	薪酬差距
委内瑞拉	84X
巴西	48X
中国香港	43X
墨西哥	43X
马来西亚	42X
新加坡	35X
阿根廷	30X

注:X代表倍数。
资料来源:S.戴维·扬,斯蒂芬·F.奥伯恩.EVA与价值管理实用指南(中译本)[M].李丽萍,史璐,译.北京:社会科学文献出版社,2002:107.

(二)不确定性回避

不确定性回避(Uncertainty Avoidance)表示人们对不确定性和风险的态度。在高不确定性回避的社会,人们更倾向于规定详细的规则和规定,以减少不确定性。如日本是一个被认为具有较高不确定性回避的国家。在日本的公司治理中,往往强调稳定性和长期发展,注重风险的规避,而不太倾向于采取过于冒险的经营策略。相反,美国则是一个不确定性回避程度较低的国家,美国的公司管理往往更加愿意承担风险,追求创新和高回报。因此,我们不难推定,在前一种文化氛围中,通常是债权投资比例高,而股权投资比例低,这可能导致公司更倾向于发行债券来筹集资金,以稳定现金流,降低财务风险;而在后一种文化氛围中,人们更愿意承担风险,更加偏好股权融资,这可能导致公司更倾向于发行股票来融资,以追求更大的成长和创新机会。

(三) 个人主义与集体主义

个人主义(Individualism)是指个体将个人及家庭的利益置于他人利益之上的倾向程度。在这一概念的背后,荷兰人类学家格特·霍夫施泰德的研究发现,在讲英语的国家,尤其是美国,个人主义倾向通常较为显著。与此形成鲜明对比的是,东南亚等拥有集体主义传统的国家和地区,人们首先要对所属集体(可能是党派、工作团队、公司、团体等)保持绝对的忠诚,期望在需要时集体能够为他们提供支持。在这样的社会中,责任观念以集体为基础,不同于崇尚个人主义的社会,后者责任观念基于个人。

这种文化差异在公司治理方面也产生显著影响。在个人主义倾向较高的环境中,通常出现分散的产权结构,鼓励个人股东参与,并且公司治理模式更加注重透明度、股东权益和个体责任。而在集体主义(Collectivism)倾向较高的文化环境中,公司治理模式更倾向于集中的产权结构,注重集体责任和整体利益,强调管理层与集体的紧密协作,以实现整体目标。

(四) 男性与女性

男性(Masculinity)气质指的是在社会文化中,重视自主、竞争、成功、权力和成就等价值观的倾向。在男性气质社会,人们通常强调事业的成功、个人成就以及展示自己的能力,更偏向于追求目标和竞争力,强调权力的集中和层次分明。

女性(Femininity)气质则侧重于社会关系、关怀、合作、共享和可持续性等价值观。在女性气质社会,人们更注重家庭、社会和团队的和谐,强调共同合作、关心他人和共享资源,更倾向于关注社会责任和可持续的发展。

虽然这并非严格的二元对立,但男性气质社会往往强调竞争,女性气质社会则更加注重合作。部分国家文化差异的比较,可参考表 10-4。

表 10-4 部分国家文化差异的比较

国 别	权力差距(大、小)		个人主义与集体主义		不确定性规避(强、弱)	
	分 值	排 序	分 值	排 序	分 值	排 序
英 国	35	42	89	3	35	48
美 国	40	38	91	1	46	43
日 本	55	6	46	23	92	7

续 表

国 别	维 度					
	权力差距(大、小)		个人主义与集体主义		不确定性规避(强、弱)	
	分 值	排 序	分 值	排 序	分 值	排 序
德 国	35	44	67	15	65	29
韩 国	60	27	18	43	85	16
马来西亚	104	1	26	36	36	46
泰 国	64	21	20	41	64	30
中 国	80		20		30	—
奥地利	11	53				
危地马拉			6	53		
新加坡					8	53

资料来源:曹德春.解析公司治理模式:跨文化视角[J].经济经纬,2006(3):92-95.

(五) 短期取向与长期取向

短期取向与长期取向(Short-term vs. Long-term Orientation)用于描述不同文化中人们对时间和未来的不同态度。这一概念强调了在不同文化背景下,人们对于即时满足和长期利益的权衡考虑。短期取向指的是对即时满足的重视,更偏向于眼前的利益和快速的回报。在短期取向文化中,人们可能更关注眼前的利益,强调迅速获得回报,更容易陷入短期的行为和决策。长期取向则侧重于对未来的考虑,更关注长期的稳定和可持续性。在长期取向文化中,人们更愿意为了未来的长期利益而付出努力,强调规划、耐心和长远目标的实现。

这种文化特征在公司治理中也会产生影响。在短期取向文化中,公司可能更关注即时的业绩和短期的回报,更倾向于追求短期的利润最大化和股东回报。而在长期取向文化中,公司可能更注重长期的战略规划、可持续发展和社会责任,更强调长期价值的创造和维护。

【知识扩充:思政探索】

儒家思想如何提高企业治理能力

孔子在《论语·里仁》里说:"富与贵,是人之所欲也;不以其道得之,不处也。贫与贱,是人之所恶也;不以其道得之,不去也。"商无不逐利,但何以逐利、以何逐利、逐利为何体现的是一位企业家的行为水准和修为境界。

山西天元集团建设环保循环经济产业园区时,附近村民经常堵路堵门,严重影响工程进度。天元集团转变思路,为村民赠送米面油,开办德善斋素食餐厅,为孤寡老人和留守儿童提供免费素食午餐,和村庄开展企村共建孝道文明村活动,评选"新村好媳妇",举办各种敬老爱亲活动,把仁爱、孝悌和德善的儒家文化理念传递到村子里。如今,这个村变成了远近闻名的"孝道文明示范村"。

资料来源:佚名.儒家思想如何提高企业治理能力[EB/OL].(2023-07-17)[2023-08-01]. http://news.sohu.com/a/700959539_408190.

思考题:儒家思想如何提高企业治理能力?

四、税务实施与公司治理

习近平总书记在党的二十大报告中指出:"坚持创新在我国现代化建设全局中的核心地位""加大多元化科技投入,加强知识产权法治保障,形成支持全面创新的基础制度""提升科技投入效能,深化财政科技经费分配使用机制改革,激发创新活力"。长期以来,我国政府对技术进步的支持力度不断加大,从中央到地方政府层面都建立了一套包括政府研发补助、税收优惠等在内的政策支持体系(陈亚平和田辉,2020)。在2023年7月28日国家税务总局举行的新闻发布会上,国家税务总局收入规划核算司司长荣海楼分析,分政策看,月销售额10万元以下的小规模纳税人免征增值税政策新增减税2148亿元,小规模纳税人征收率由3%降至1%,政策新增减税822亿元,小型微利企业减征所得税政策新增减税793亿元,继续实施阶段性降低失业保险费率政策新增降费787亿元。分行业看,制造业及与之相关的批发零售业占比最高,累计新增减税降费及退税缓费3818亿元,占比41%。分企业规模看,中小微企业受益最明显,新增减税降费及退税缓费5766亿元,占比62%。优惠的政策为企业发展提供了支持和保障。

以加拿大为例,有关学者的研究揭示了税收政策在经济增长中的关键作用。在20世纪早期,加拿大政府实施了积极的投资政策,通过降低企业所得税税率,鼓励公司投资并创造就业机会。随后,在20世纪中叶,加拿大政府采取了遗产税的征收政策,防止富裕家族通过金字塔结构和继承规避税收。这一政策导致企业控制权逐渐分散,促进了市场竞争,加速了创新和发展。这些税收政策的变化有力地推动了加拿大经济的不同阶段的增长。因此,我们可以认为,这些经济政策实际上是法律外的因素,与法律制度共同推动了加拿大的经济增长和公司治理的改善。

在公司治理的角度来看,国家在很大程度上扮演着"最大的小股东"的角色。税务机关作为政府的代表,以类似于小股东的方式对企业的经营进行监督,确保企业会计信息的透明和准确性,以避免资产转移和应税收入的漏报和转移。

以中国的税务实践为例,税务机关通过日常的税收征管工作,一方面督促纳税人依法纳税,建立健全的会计管理体系,推动各单位加强财务管理;另一方面,税务机关也促使纳税人合法合规经营,遵守法律法规,填补各种可能的税收漏洞,纠正和惩处违反税法的行为,保证了财经法纪的有效执行。这种作用客观上加强了对企业管理层的监督。

此外,税务机关作为政府的代表,为了维持公共品的供应和政府机构、军队、司法等公共组织的正常运作,拥有更为明确且更严格的法律保护。这种法律地位的优势也为税务机关提供了更大的能力来履行其监管和执行职责。与之相比,普通股东无法获得这样的法律地位和保护。

综合考虑这些因素,税务实施显然不仅仅是为了维护公共品的供应,而且在很大程度上约束了管理层的不道德行为,起到了强有力的公司治理作用。Dyck和Zingales(2004)的研究使用纳税遵从指数来评估税务实施质量,发现在纳税遵从程度较高的国家,控制权私人收益较低,进一步证实了税务实施对公司治理的积极影响。郑志刚等(2013)的研究则更加深入地考察了税务实施对非上市公司的治理作用。非上市公司通常没有信息披露义务,也不受到严格的监管,因此税务实施对其治理尤为重要。研究发现,税务实施实际上加强了对公司管理层的监督,降低了代理成本,成为非上市公司治理的重要工具。

除了在公司治理方面的作用,税务实施还对金字塔结构产生重要影响。金字塔结构中,少数家族控制着大量公司资源,通过各种手段进行资源转移和政治寻租。税务实施,特别是股利税和遗产税的引入,可在一定程度上减轻金字塔结构带来的负面效应。在美国,公司间股利税的引入产生了深远的影响。20世纪初,美国出现了大量的金字塔结构企业,这些企业通过不同层次之间的股利转移,实现了资源和权力的集中。然而,1935年,美国政府引入了公司间股利税,对金字塔结构企业的股利转移征收税款。这项政策的实施导致金字塔结构逐渐减少,公司的资源分配更加透明,股东权益得到更好的保护。

综上所述,税务实施在经济发展和公司治理中扮演着重要的角色。然而,我们也必须认识到税务实施质量与法治环境紧密相关,因此,不仅要加强法律保护投资者的权益,而且需要持续优化税收政策,以促进经济的持续健康发展。另外,考虑到税务政策的复杂性和多样性,其在实践中的具体效果还需进一步深入研究和评估。

请用手机微信扫二维码,学习"知识扩充"。

技术进步与公司治理

【知识扩充:思政探索】

依法纳税是企业应尽的义务

1999年,王某与他人注册成立广州某实业发展有限公司(以下简称"实业公司"),王某任该公司法定代表人。在1999年11月至2000年6月间,为抵扣以实业公司名义开出的销项增值税专用发票,王某以支付手续费的方式,从不法分子处非法购得增值税专用发票,为实业公司虚开增值税专用发票24套,涉及金额7 005 623.69元,税额1 190 956.03元,并用作进项发票向税务机关申报抵扣了税款。

税务机关对实业公司做出了不予抵扣进项税款,补缴增值税的税务处理决定,并将该案移送司法机关处理。

政府财政收入主要来源于税收,利用税收为人们提供公共产品。企业在盈利的同时就应承担纳税的义务和责任。基于此,某些企业采用不合理的避税方式显示"亏损",以达到少缴税的目的,就是缺乏社会责任的表现。因此,依法纳税,主动承担社会责任,不是愿不愿意的问题,而是企业应尽的义务。作为一家企业,在享受公共资源的同时,必须考虑社会的整体利益和长远发展,自觉承担相应的社会责任,如果割裂与社会的脐带关系,企业就将一事无成。

思考题:税法制度在矫正企业外部行为,促使企业"外部效应内部化"方面,具有哪些显著效果?

本章小结

1. 媒体参与公司治理的途径：媒体监督一方面对市场中的信息进行收集、加工、整理并传播；另一方面对市场中的交易行为进行监督和记录，从而降低市场交易成本。

2. 一个国家或地区的法律体系对投资者的保护程度越高，对公司信息披露的要求就会越高，中小股东以及外部监督机构对公司交易的信息了解就越充分，公司内部控制人企图通过关联交易等方式追求私人利益就越困难，因而倾向于建立更好的公司治理结构。

3. 对法治状况或法治环境好坏的描述主要有两个指标，一是法律的完善程度，二是法律的实施程度。

4. 所谓"法治外制度"，指的是除了法律正式制度外，现实经济生活中存在的可以发挥公司治理作用的其他制度安排，包括市场竞争、媒体报道、税务实施、工会、社会规范等。

5. 公司治理作用的发挥必须以民主为保障机制的法治以及媒体监督本身所形成的对政府行为的有效约束为前提。

练习题

1. 媒体如何通过报道和舆论引导来影响公司治理的决策和行为？
2. 请解释法治环境对企业管理的影响。
3. 在公司治理过程中，法治外制度包括哪些内容？
4. 请列举一些常见的法治外制度在公司治理中的例子。
5. 请解释公司治理法治与股东权益保护之间的关系。
6. 法治外制度对于公司治理的角色在不同国家和文化中是否存在差异？如果有，是什么原因导致这种差异？

关键术语

法治环境　法治外制度　股东权益　媒体监督

结篇案例

亚马逊宣布五个公用事业规模的太阳能项目

中新网 2020 年 6 月 1 日电　日前，亚马逊（Amazon，NASDAQ：AMZN）宣布在中国、澳大利亚和美国发展五个可再生能源新项目，以进一步支持亚马逊的可持续发展目标，即到 2024 年使用 80% 可再生能源，2030 年（可能提前到 2025 年）达到 100%，2040 年净零碳排放。

亚马逊在中国支持的第一个可再生能源项目是位于山东的 100 兆瓦太阳能项目。项目完成后，预计每年将产生 12.8 万兆瓦时的清洁能源。在澳大利亚的第二个可再生能源项目是位于新南威尔士州的 105 兆瓦太阳能项目。该项目每年可产生 25 万兆瓦时的清洁能源，足以为约 4 万户澳大利亚家庭供电。在美国的可再生能源项目包括俄亥俄州的两个新项目，分别是

200 兆瓦和 80 兆瓦的太阳能项目。此外,在弗吉尼亚州又增加了一个 130 兆瓦的新项目,使弗吉尼亚州的可再生能源项目总数达到 12 个。这 3 个项目在启用后,其年供电总量能满足 6.9 万户美国家庭一年的总需求。

这 5 个可再生能源新项目完成后,总装机容量将达到 615 兆瓦,可为公司的物流配送网络和亚马逊云服务(AWS)数据中心提供大约 120 万兆瓦时的额外可再生能源,进而支持全球数百万客户。

截至目前,亚马逊已经宣布了 31 个公用事业规模的风能和太阳能可再生能源项目,以及在全球运营中心和分拣中心的 60 个太阳能屋顶。这些项目的总容量超过 2 900 兆瓦,每年提供超过 760 万兆瓦时的可再生能源,足够为 68 万户美国家庭供电。

亚马逊可持续发展副总裁卡拉·赫斯特(Kara Hurst)表示:"作为《气候宣言》的签署方,我们致力于提前 10 年实现《巴黎协定》的目标,在 2040 年之前实现亚马逊净零碳排放。这 5 个可再生能源新项目是我们实现这一目标的关键举措。实际上,我们相信到 2025 年就有可能实现 100%可再生能源的目标,比我们去年秋天宣布的时间提前 5 年。虽然这一目标对我们来说颇具挑战,但我们已制订了非常可靠的计划来实现这一目标。"

访问亚马逊可持续发展网站可以进一步了解公司在践行《气候宣言》方面所取得的进展和可持续性指标。这些目标、使命、资金和项目建立在亚马逊对可持续发展的长期承诺之上。亚马逊现有的创新项目包括:亚马逊 Shipment Zero 计划,包括"实现自有物流运输零排放"的长期愿景与"2030 年之前实现自有物流运输零排放比例达到 50%"的目标;倡导更加环境友好的包装方式,包括自 2015 年以来已实现降低 25%包装浪费的 Frustration-Free Packaging 计划和 Shipin Own Container 计划;一系列可再生能源项目;投资专注循环经济领域的 Closed Loop Fund;以及贯穿于亚马逊员工日常工作中的许多其他举措。

资料来源:中国新闻网.亚马逊宣布五个可再生能源新项目[EB/OL].(2020-06-01)[2023-01-01].https://t.cj.sina.com.cn/articles/view/1784473157/6a5ce64502001vs5c.支持全球百万客户.

案例思考题:

1. 如何确保公司治理机制能够促使企业在经营过程中积极履行环境责任,减少对环境的负面影响?

2. 公司治理如何确保企业在可持续发展方面遵守相关的法律和法规,并将可持续发展纳入企业的战略和决策中?

参考文献

[1] 陈冬华,范从来,徐巍.公司治理新论(上)——一个中国社会关系结构的视角[J].会计与经济研究,2023,37(1):23-46.

[2] 陈冬华,范从来,徐巍.公司治理新论(下)——一个中国社会关系结构的视角[J].会计与经济研究,2023,37(2):3-26.

[3] 陈亚平,田辉.基于聚类分析的马克思科学技术创新思想研究述评——对 CNKI 1979—2018 年间公开发表文献的数据和文本分析[J].阜阳师范大学学报(社会科学版),2020(6):93-98.

[4] 陈志武.公司治理与中小股东权益保护问题研究[J].南开大学学报(哲学社会科学版),2002(4):21-25.

[5] 戴维·拉克尔,布莱恩·泰安.公司治理——组织视角(中译本)[M].严若森,钱晶晶,陈静,译.北京:中国人民大学出版社,2018.

[6] 何承文.非正式制度对公司治理的作用机制初探[J].时代金融,2010(5):72-74.

[7] 剧锦文.企业与公司治理理论研究[M].北京:中国经济出版社,2018.

[8] 李培功,沈艺峰.媒体的公司治理作用:中国的经验证据[J].经济研究,2010,45(4):14-27.

[9] 李焰,秦义虎.媒体监督、声誉机制与独立董事辞职行为[J].财贸经济,2011(3):36-41+60+136.

[10] 梁红玉,姚益龙,宁吉安.媒体监督、公司治理与代理成本[J].财经研究,2012,38(7):90-100.

[11] 裘宗舜,饶静.股权结构、治理环境与利益输送——来自我国上市公司的经验证据[J].当代财经,2007,(9):65-69.

[12] 权小锋,吴世农.投资者注意力、应计误定价与盈余操纵[J].会计研究,2012,(6):46-53+93.

[13] 田高良,吴敏霞,甄峰.媒体监督、公司治理与经济绩效关系研究[J].管理世界,2016(12):134-150.

[14] 徐莉萍,辛宇.媒体治理与中小投资者保护[J].南开管理评论,2011,14(6):36-47+94.

[15] 杨德明,刘静,赵璨.媒体监督与财务丑闻——针对紫鑫药业的案例研究[J].中大管理研究,2012,7(4):36-56.

[16] 杨德明,赵璨.媒体监督、媒体治理与高管薪酬[J].经济研究,2012,47(6):116-126.

[17] 姚益龙,梁红玉,宁吉安.媒体监督影响企业绩效机制研究——来自中国快速消费品行业的经验证据[J].中国工业经济,2011(9):151-160.

[18] 郑志刚.法治外制度的公司治理角色——一个文献综述[J].管理世界,2007(9):136-147+159.

[19] 郑志刚.中国公司治理的理论与证据[M].北京:北京大学出版社,2016.

[20] 朱翘楚.日本公司治理制度的ESG发展脉络及启示[J].现代日本经济,2023,42(3):66-83.

[21] Agaoin A V, Volpin P F. Corporate governance reforms, interlocking directorship, and company performance in Italy[J]. European Economic Review, 2003, 47(6):909-944.

[22] Bagdikian B H. The New Media Monopoly[M]. Bonston: Beacon Press, 2004.

[23] Bebchuk L A, M J Roe. A Theory of Path Dependence in Corporate Owner ship and Governance[J]. Stanford Law Review, 1999, 52(1), 127-170.

[24] Besley T, A Prat. Handcuffs for The Grabbing Hand? Media Capture and Government Accountability[J]. London School of Economics, 2001.

[25] Boubakri N, Cosset J-C, Guedhami O. Post privatization corporate governance: The role of ownership structure and investor protection[J]. Journal of Financial Economics, 2005, 76 (2):369-399.

[26] Burkart M, Panunzi F. Agency conflicts, ownership concentration, and legal shareholder protection[J]. Journal of Financial Intermediation, 2003, 12(3):238-271.

[27] Castillo F J, Skaperdas S. Flexibility and institutional change in transaction costs[J]. Journal of Economic Behavior & Organization, 2003, 52(4): 437-459.

[28] Cheffins B R. Does law matter? The separation of ownership and control in the United Kingdom[J]. Journal of Legal Studies, 2000, 29(2): 459-482.

[29] Coffee J C Jr. Do Norms Matter? A Cross Country Examination of The Private Benefits of Control[R]. Working Paper, Boston: Harvard University, 2001.

[30] Djankov S, Mcliesh C, Nenova T, Shleifer A. Who Owns the Media? [J]. Journal of Law and Economics, 2003, 46(2): 341-381.

[31] Dyck A, L Zingales. The Corporate Governance Role of The Media[R]. Cambridge, MA: National Bureau of Economic Research, 2002.

[32] Dyck A, Volchkova N, Zingales L. The Corporate Governance Role of the Media[J]. The Journal of Finance, 2008, 63(3): 1093-1135.

[33] Dyck A, Zingales L. Private benefits of control: An international comparison[J]. Journal of Finance, 2004, 59(2): 537-600.

[34] Fohlin C. The history of corporate ownership and control in Germany[J]. Enterprise & Society, 2005, 6(3): 363-388.

[35] Franks J R, Mayer C, Rossi S. Ownership: Evolution and regulation[J]. Oxford Review of Economic Policy, 2003, 19(2): 171-197.

[36] Himmelberg C, P Hubbard, R G Palia D. Understanding the determinants of managerial ownership and the link between ownership and performance[J]. Journal of Financial Economics, 2002, 65(2): 353-384.

[37] Holmen M, Hogfeldt P. The law and economics of self-dealing[J]. European Business Organization Law Review, 2003, 4(1): 5-30.

[38] Hosp G. The media rent — seeking society: differences[R]. SSRN in democratic and autocratic environment, Working paper No. 491282, Switzerland: University of Fribourg, 2003.

[39] LaPorta R, Lopez-de-silanes F, Shleifer A, Vishny R W. Legal Determinants of External Finance[J]. The Journal of Finance, 1997, 52(3): 1131-1150.

[40] LaPorta R, Lopez-de-Silanes F, Shleifer A, Vishny R W. Law and Finance[J]. Journal of Political Economy, 1998, 106(6): 1113-1155.

[41] Mcchesney R W. Rich Media, Poor Democracy: Communication Politics in Dubious Times[J]. Canadian Journal of Communication, 1999, 17(1), 118-119.

[42] Rajan R G, L Zingales. The Great Reversals: The Politics of Financial Development in The Twentieth Century[J]. Journal of Financial Economics, 2003, 69(1), 5-50.

[43] Shleifer A, Wolfenzon D. Investor protection and equity markets[J]. Journal of Financial Economics, 2002, 66(1): 3-27.

[44] Tepanov S. The effect of investor protection on corporate governance and firm performance: Evidence from the blue sky laws[J]. Journal of Financial Economics, 2003, 71(2): 419-458.

第十一章
信息披露机制

全章提要

概要
案例导读
- 第一节　公司信息披露基本理论
- 第二节　信息披露机制
- 第三节　会计、审计信息与信息披露

本章小结
练习题
结篇案例
参考文献

概要

1. 什么是公司信息披露?

公司信息披露主要是指公司通过财务报表、财务报表附注以及审计报告等形式对某些事实的一个清晰展示,将公司财务经营等信息完整、及时地予以公开,供市场众多的投资者理性地判断其证券投资价值的行为。

2. 信息披露对公司治理有什么影响?

信息披露对公司治理必不可少,特别是对公司财务信息及时、准确和充分的披露,对确保外部投资者的利益十分必要。按要求及时、准确和充分地提供公司的经营状况、财务状况和外部经营环境的相关信息,对于提高公司治理水平、维持公司的生存与发展都是有益的。

3. 信息披露的机制有哪些?

自愿披露和强制披露。

案例导读

瑞幸咖啡财务造假事件

2020年4月2日,于美国纳斯达克上市的中概股公司瑞幸咖啡发公告称,在2019年审计时发现年报出现问题之后,董事会设立了负责此项调查工作的特别调查委员会,经过核实后发现,瑞幸咖啡在2019年的第二至第四季度的营业期间,虚增交易额高达22亿元。公告一出,瑞幸咖啡美股盘前暴跌80%,后盘中也多次暂停交易。4月3日,中国证监会强烈谴责了瑞幸咖啡财务造假的行为。瑞幸咖啡的公司市值从2020年1月的高点129.5亿美元下降至冰点11.05亿美元,蒸发约91.5%市值,于4月7日宣布停牌。

瑞幸咖啡是由前神州优车集团COO(首席运营官)钱治亚创立,总部设在厦门。它是中国最大的连锁咖啡品牌,充分利用移动终端与大数据技术,开创新零售模式并迅速发展。2019年5月17日,瑞幸咖啡登陆纳斯达克,刷新了中国公司在美国上市的最快纪录,距离它创立不过才19个月。

2020年1月,美国做空机构公开一份做空报告,这份报告的内容指出在上市期间瑞幸咖啡公司存在数据造假的行为。随后瑞幸咖啡否认了所有指控,回应称其指控毫无依据。但在两个多月后,经过了一系列的自查自纠,瑞幸咖啡主动承认伪造了高达22亿元的交易行为。4月3日,中国证监会申明,无论在哪里上市,企业都应该遵守上市市场的规则与法律,认真履行真实并完整地披露信息的义务,并且,中国证监会将会与国际证券监管合作,依法核查,打击财务造假欺诈行为,保护投资者的权益。4月5日,瑞幸咖啡发布公告称,造假事件涉及的相关管理人员已经被停职接受调查,并委托特别调查委员会和委任的第三方独立机构开展全面调查。

2020年5月19日,瑞幸咖啡公司称已收到纳斯达克退市通知,股价因此再度暴跌。6月29日,瑞幸咖啡在纳斯达克停牌,同时开展退市备案工作。

自瑞幸咖啡财务造假事件曝出以来,国内证监会与美国证监会就监管合作事宜进行沟通,瑞幸也表示会积极配合市场监管部门针对瑞幸咖啡涉嫌违法事实展开的调查。检查发现,2019年4月至当年末,瑞幸咖啡公司通过虚构商品优惠券等业务使得交易额虚增了22.46亿元,其中收入虚增21.19亿元(占对外披露收入51.5亿元的41.16%),成本费用虚增了12.11亿元,利润虚增了9.08亿元。

资料来源:谭孟林.瑞幸咖啡财务造假事件研究[D].成都:四川大学,2022.

2020年5月,瑞幸咖啡因财务造假事件而收到纳斯达克退市通知,导致股价暴跌。6月29日,瑞幸咖啡在纳斯达克停牌,同时开展退市备案工作。在财务造假事件发生之前,瑞幸咖啡的发展势头良好,在消费者心目中树立了良好的品牌形象。但是,财务造假事件对瑞幸咖啡的企业形象产生了重大影响,也对其运营发展造成很大冲击。经过两年多的努力,瑞幸咖啡的经营状况才逐渐好转,这次事件对企业来说无疑是一次重创。

无独有偶,很多公司因为信息披露不完整或不真实而在经营过程中遭遇重创,甚至走向破产的道路。美国安然公司曾经是世界上最大的能源、商品和服务公司之一。2001年12月2日,安然公司突然向纽约破产法院申请破产保护,以资产总额498亿美元成为美国历史上第二大破产案,原因就是财务造假被揭露。信息披露是公司需要履行的基本义务,但是,由于存在信息披露的成本,公司管理层往往并不情愿将公司的一些财务信息向外披露。事实上,许多经营者也确实是这么做的,美国安然、世通①和雷曼兄弟②等世界知名的大公司破产事件就是一个个十分典型的案例。有学者就指出,美国大公司一夜之间就破产倒闭并不是某一个人的错误,而是整个监控系统或信息披露机制出了故障。

信息披露对公司有着重大影响,很多公司甚至可能因此破产。因此,公司治理不仅依赖于股权结构的不断优化、树立良好的法治秩序和商业规范,引导投资者关注公司的信息披露,而且对提高公司治理水平具有重要作用。

第一节　公司信息披露基本理论

信息披露对公司治理必不可少,特别是公司财务信息的及时、准确和充分披露,对确保外部投资者的利益十分必要。同时,一个理性和诚实的管理者会按要求及时、准确和充分地提供公司的经营状况、财务状况和外部经营环境的相关信息,这对于提高公司治理水平、维持公司的生存与发展无疑也是有益的。

---

① 2002年,世通公司宣布破产,成为当时美国历史上最大的企业破产案之一。公司的负债高达数百亿美元,破产导致投资者、员工和供应商遭受了巨大的损失。世通公司的前CEO伯纳德·埃贝斯(Bernard Ebbers)被指控在公司的会计丑闻中扮演重要角色。他被控制造虚假财务信息,隐瞒公司巨额开支,并误导投资者。

② 2010年3月11日,一份长达2 200页的雷曼兄弟公司破产调查报告公布,经过调查发现,雷曼一直利用"回购105"虚报经营业绩,隐瞒银行债务。其破产原因除了外部"次贷"危机的影响外,内部管理失控和长期高额负债是其破产的主要原因。作为审计师的安永会计师事务所在2001年至2008年间连续为雷曼出具了健康的审计报告,在极大程度上诱导了投资者,因此安永会计师事务所于2010年12月被正式起诉。

一、公司信息披露的文献回顾

广义的公司信息披露(Information Disclosure),主要是指企业通过财务报表、财务报表附注和审计报告等形式对某些事实进行清晰的展示和公告,将企业财务经营等信息完整、及时地予以公开,供市场众多的投资者理性地判断其证券投资价值的行为。而多数文献所指的信息披露是指上市公司的信息披露,也就是狭义的信息披露。上市公司的信息披露是指上市公司在发行和流通证券环节中,依法将与其证券有关的一切真实信息在相应的媒体上予以公开,以供投资者作为参考并做出相应证券投资的行为(淮建军等,2010)。企业进行信息披露是由于企业与利益相关者之间存在信息不对称,企业通过信息披露对自身合法性进行回应。

(一) 文献梳理

西方学术界关于公司信息披露的研究可以追溯到古典经济学时期。英国古典经济学大师约翰·斯图亚特·穆勒(Mill,1848)对股份公司信息披露的必要性进行了详细的论述。他指出:"联合股份或者联合经营的另外一个优点是,与之相伴产生的公开性。它虽然不是联合股份原则所带来的不可改变的结果,却是该项原则自然产生的结果,而且在一些重要场合,也是带有某种强制性的结果,正如实际情况所显示的那样。在银行业、保险业以及其他完全依靠信用提供保障的产业中,与大笔地认购资本相比,公开性是影响经营成功与否的更为重要的因素。一家亏损严重的私人银行有可能成功地对事实加以掩盖,甚至严重亏损已经使银行濒临倒闭的境地,但希望挽回损失的银行家仍然设法继续经营若干年,直到最终陷于更大的崩溃。不过,对于定期公开账目的联合股份公司来说,则很难发生这种情况。账目即便造假也仍然具有某种核查作用,一旦股东在例行会议上提出疑问,便会引起公众的警惕。"在这之后,直到20世纪30年代开始对上市公司信息披露有所研究(高明华,2010),而大量的分析和研究则出现在20世纪60年代以后。在国外研究中,保罗·萨缪尔森(Samuelson,1965)、尤金·法玛(Fama,1970)提出并发展了有效市场理论;迈克尔·斯宾塞(Spence,1973)提出了信号传递理论,伊斯特布鲁克和费希尔(Easterbrook and Fischel,1991)研究了信息披露与投资者成本和强制信息披露问题,Brennan(1999)、Noe(1999)、Aboody和Kasznik(2000)等研究了自愿信息披露问题,Trueman(1986)、Bushman和Smith(2003)则研究了信息披露的类型、边界和质量,还有一些学者研究了影响公司信息披露的因素,等等。在国内研究中,20世纪90年代也开始出现信息披露方面的文章(高明华,2010)。

(二) 信息披露的主要理论

目前学术界就公司信息披露已经形成有效市场理论、信号传递理论和其他一些有关自愿和强制信息披露的理论。

1. 有效市场理论

有效市场理论(Efficient Markets Hypothesis)最早是由美国经济学家保罗·萨缪尔森(Paul A. Samuelson)在1965年提出的。而后,在这一基础上,尤金·法玛于1970年把有效市场进一步分为三种类型,分别是弱式有效市场、半强式有效市场和强式有效市场,对有效市场理论做出了巨大的贡献。

(1) 弱式有效市场假说(Weak-Form Market Efficiency)。该假说认为在弱式有效的情况下,市场价格已充分反映所有过去历史的证券价格信息,包括股票的成交价、成交量、卖空金额、融资金额等;如果弱式有效市场假说成立,股票价格的技术分析就失去作用,基本分析还可能帮助投资者获得超额利润。

(2) 半强式有效市场假说(Semi-Strong-Form Market Efficiency)。该假说认为价格已充分反映所有已公开的有关公司营运前景的信息,这些信息包括成交价、成交量、盈利资料、盈利预测值、公司管理状况及其他公开披露的财务信息等。假如投资者能迅速获得这些信息,股价就应迅速做出反应。如果半强式有效假说成立,在市场中利用基本面分析就失去作用,内幕消息可能获得超额利润。

(3) 强式有效市场假说(Strong-Form Market Efficiency)。该假说认为价格已充分地反映所有关于公司营运的信息,这些信息包括已公开的或内部未公开的信息。在强式有效市场中,没有任何方法能帮助投资者获得超额利润,即使是基金和有内幕消息者。

按照萨缪尔森和法玛的研究可以总结出,有效市场是指在一个资本市场上,任何时候的价格总是完全反映所有可获得的相关信息,每种证券价格永远等于其投资价值,并能够根据新的信息完全和迅速地调整。显然,有效市场理论是以信息为核心的,实质是研究资本市场的证券价格对其全部相关信息的反映效率。

在资本市场上,上市公司的信息自然是重要的组成部分。按照有效市场理论,上市公司信息披露首先应该具有非唯一性的特征,即公司披露的信息会与其他信息提供者披露的信息进行竞争,其他信息提供者包括媒体、财务分析师等;其次是会计政策选择的无关性,即信息表面的变化并不会影响企业的风险程度和预期的现金流入,也不会影响证券价格,因为证券市场接受的是所披露信息的真实内容,而信息披露的形式无关紧要。所以,无论公司采取何种会计政策都不会影响其证券价格的升降。而现实的情况是,资本市场多数情况下并不是充分有效的,有时甚至是弱有效的,这就要求公司应尽可能地披露相关信息。

2. 信号传递理论

迈克尔·斯宾塞(Michael Spence)首先通过模型的方式研究了信号传递问题,并提出了信号传递理论。迈克尔·斯宾塞(Spence,1972)的研究结论是,市场中具有信息优势的一方为了避免与逆向选择相关的一些问题的发生,主动地将"信号"可信地传递给在信息上具有劣势的另一方。信号要求信号发送主体采取可观察得到且具有一定代价的措施,以使其他经济主体相信他们的能力,从而将不同质量的产品区分开来。就上市公司而言,信号传递理论认为,好的公司会主动地披露相关信息,通过显示公司好的经营业绩,提高公司在资本市场上的声誉,从而降低融资的成本,进而提高公司的价值。也有人指出,上市公司愿意向社会披露信息的另外一个原因在于,企业为了证明和维持自身在社会活动中的合法地位,从而与其他公司区别开来。但是,如果经营业绩优秀的公司主动向社会披露了相关信息,这一行为就会迫使经营业绩不佳的公司不得不披露信息,否则就等于承认经营失败。

3. 降低投资者持股成本理论

公司增加净收益的途径有两条:一是提高经营利润,二是降低持股成本。那些承诺为了降低投资者持股成本而披露信息的公司,将获得相对于其他公司的竞争优势,因为它们的投资者只需支付较低的持股成本,并且无须费时费力地去搜寻信息而仍然可以保持安全感。因此,公司的承诺越可信,投资者就越愿意支付更高的股价(Easterbrook and Fischel,1991)。

4. 强制信息披露的规范理论

西方学术界关于强制性信息披露的规范理论主要包括市场失灵论和社会目标论。市场失灵论又包括"垄断论""市场失灵论""公共产品论"和"强制的格式化信息披露的效率理论"等。

首先,垄断论的基本观点是公司财务信息的供给具有垄断性,公司可以借助这种垄断获得垄断利润,这会导致公司尽可能地少披露信息或者利润更大时才披露更多的信息。因此,就需要会计规范,强制公司进行信息披露。

其次,市场失灵论的基本观点是信息是资本市场的重要基础。在高效的资本市场中,充分的信息披露会使资源得到合理配置;反过来,资源的合理配置又会促使企业自愿地披露信息。但这是一种理想状态,即便市场是充分有效的,信息不对称也难以彻底消除,他们并不认为资本市场可以自动实现社会福利的帕累托最优。在现实中,公司往往并不自愿地披露相关信息,因为公司一方面担心所披露的信息会被其他公司"搭便车";另一方面又唯恐公司的一些信息被竞争对手获取后,反而增加了它们的竞争优势。因此,资本市场的机制总是失灵的,只有人为地规范会计与信息披露,才能保证公司的信息披露(Easterbrook and Fischel,1991)。

再次,公共产品论的基本观点是,作为一种公共产品的公司财务信息具有外部性,即公司在信息披露时付出了一定的成本,这些成本分为直接成本和间接成本两类。直接成本包括信息的编制成本、传播成本、规范成本和诉讼成本等;间接成本包括公司可能因此放弃或者改变它们本来愿意开展的盈利项目,还包括法律强迫公司披露多于他们自愿披露的信息,投资者不得不花费额外的时间来整理这些信息。此外,它还涵盖公司可能停止披露一些更有用的信息,转而披露一些令人疑惑不解的信息,从而增加了投资者的持股成本,等等。但披露者和投资者并不能因此而收回全部信息披露的收益,特别是在各公司的差异很小的情况下,任何一家公司披露的信息所带来的好处都很容易"外溢",结果就导致信息披露的供给不足。此时便需要通过会计规范,强制性地让公司披露相关信息(Easterbrook and Fischel,1991)。

最后,强制的格式化信息披露的效率理论认为,强制推行的格式化信息披露,包括了信息披露的标准化,并统一披露时间,这有利于对所披露的信息进行比较,也有助于创造一套富有效率的披露语言。例如,根据公司的规模、所处的行业等特点,所有公司都按照统一的格式进行披露,就会既大大降低披露成本,又能增加所披露信息的可比性。

综上所述,以上这四类理论对于深入研究公司信息披露机制具有十分重要的意义。

二、信息披露的类型、边界和质量

Bushman 和 Smith(2003)指出,一个完善、有效的公司信息披露必须包括公共信息的披露、私有信息的披露以及信息的传递这三个方面,不仅要关注信息披露和传递的数量,而且要关注信息披露和传递的质量。Verrecchia(2001)把信息披露分为三大类,分别是"基于联系的披露",这种信息披露形式影响资产均衡价格和交易数量,从而可以改变投资者的个人行为;"基于自主选择的披露",这类信息披露形式阐述了管理者和企业如何谨慎地选择他们所接收到的信息;"基于效率的披露",这种信息披露形式主要关注何种披露的制度安排更适合于优先满足信息缺乏的环境。目前更常见的分类方式是,一些学者将公司的信息披露简洁地分为自愿披露(Voluntary Disclosures)的信息和强制披露(Forced Disclosures)的信息两大类。

虽然根据研究的需要可以将信息披露区分为不同类型,但是任何一家公司的总体信息披露都是存在最大边界的,有学者进一步将其区分为信息披露的内部边界和外部边界。信息披露的内部边界由公司内部的治理结构决定,即由公司现行的治理结构、会计控制等因素约束下所能披露的信息总量;信息披露的外部边界则是由法律法规、产品、资本市场等外部制度和机制决定的信息披露的总量(曹阳和穆林娟,2003)。研究表明,信息披露的内部边界和外部边界不可能是完全重合的,而且在不同国家里,两类边界的范围差别很大。例如,美国公司治理强调法律、资本市场等外部治理机制的力量,使得公司信息披露的外部边界更大,而在日本和德国则强调发挥大股东、银行等内部治理机制的作用，从而使得公司信息披露的内部边界更大。

大量已有研究表明，在不损伤公司商业机密的前提下，信息披露应该越多越好，但是对于投资者和公司治理而言，更为重要的是信息披露的质量。一般来讲，反映公司信息披露质量优劣的指标有以下几个方面：(1) 可靠性。能否如实反映符合确认和计量要求的各项会计要素及其他相关信息，保证会计信息真实可靠、内容完整。(2) 相关性。财务报告使用者的经济决策需要是否与披露的信息相关。(3) 可理解性。公司披露的信息是否清晰易懂，有助于信息使用者的理解和利用。(4) 可比性。同一公司在不同时期发生的相同或相似的交易或事项，是否采用一致的会计政策，并确保会计信息口径一致、相互可比。(5) 实质重于形式。公司披露的信息是否按照交易或事项的经济实质进行会计核算，而不是单单以其法律形式作为会计核算的依据。

在披露的会计信息的质量方面的研究发现，以下三点至关重要：(1) 重要性。公司在会计核算过程中，对交易或事项是否区别其重要程度，采用不同的核算方式。对资产、负债、损益等有较大影响，并进而影响财务会计报告使用者据以做出合理判断的重要会计事项，是否按照规定的会计方法和程序进行处理，并在财务会计报告中予以充分、准确的披露；而对于次要的会计事项，是否进行了适当的简化处理。(2) 谨慎性。公司在进行会计核算时，是否多计资产或收益、少计负债或费用。(3) 及时性。公司的会计核算是否及时进行，而没有提前或延后。简言之，衡量公司信息披露质量的指标主要看其是否真实、可靠、及时、完整和准确。

第二节 信息披露机制

市场经济国家大多要求上市公司和大型非上市公司自愿或强制地披露公司的一些重要信息。一般而言，各国的证券管理当局要求公司根据会计、财务和非财务披露的高质量标准，准备并披露有关信息。多数国家规定，上市公司的信息披露每年至少一次，有些国家甚至要求每半年或每季度定期披露一次，在发生影响公司的重大事件时信息披露需要更加频繁。公司经常自愿披露信息的次数应多于市场最低要求的披露次数。不过，对公司信息披露的要求也有基本限制，既不应使公司负担不合理的成本，也不应迫使公司披露可能危害其竞争地位的信息，除非有满足投资决策的需要和避免误导投资者。为了判断应披露的最低限度的信息，许多国家采用了"重要信息"的概念。所谓"重要信息"，是指如果遗漏或谎报这些信息，将影响信息使用者进行相关决策。同时，公司的信息披露及信息传播渠道必须对所有投资者平等对待，应当使投资者能够及时、准确和低成本地获取有关公司的信息。对于相关的分析师、经纪人、评级机构和其他机构提出的与投资者有关的分析或建议，要有配套机制以保证其分析或建议的诚实性，并避免可能造成的利益冲突。

对于公开上市的公司来说，及时、准确、充分地对外披露公司的相关信息，既是必须也是必要的。在这方面存在着信息的自愿披露和强制披露两大机制。

一、自愿披露机制

（一）自愿披露的动机

上市公司之所以情愿对外披露公司的相关信息，主要有以下理由：

1. 委托代理机制的要求

詹森和麦克林(Jensen and Meckling, 1976)的分析认为,由于在公司的委托代理的框架内,代理人会最终承担股东监督管理层的代理成本,因此代理人有减少代理成本的激励。对于管理层而言,主动向委托人提供经过职业审计师审查的财务报告更有利。因为,由委托人对财务报告直接审查是不专业的,而且审查结果需要管理层来承担。这样一来,外部的审计监督就有存在的客观理由。

2. 信息不对称与信号传递

依据阿克洛夫(Akerlof, 1970)的"逆向选择"理论,在市场存在信息不对称时,最后在资本市场上只能剩下劣质的公司。斯宾塞(Spence, 1973)则进一步指出,当高质量的公司发现如果能够将自身的信息传播出去,让市场知道其公司质量高于市场的平均水平,公司的价值就能得到正确的对待。通过及时、准确地披露公司财务信息无疑有助于这种"信号传递"并减轻因逆向选择规则带来的损失。但劣质公司也会通过提供虚假报告进行模仿,从而再次使优质公司蒙受价值被低估的损失。尽管法律责任在一定程度上可以缓解这种造假行为,但可行的措施就是建立一个具有较高公信力的独立审计制度,这样就形成了高质量公司对外部审计的需求。

3. 控制权竞争、股票补偿计划与管理者能力信号显示

Brennan(1999)指出,管理层会因公司经营不善而最终被解雇,为了避免公司价值不被低估,管理层有动机向市场提供更多关于公司好的经营信息。Noe(1999),Aboody 和 Kasznik(2000)认为,管理层激励性收益与股票市场的价格挂钩,这就激励了管理层向市场提供更多更好的经营信息,以促使公司股票价格的上升。Trueman(1986)认为,有才能的管理者有激励自愿向市场披露信息显示自己的能力。

(二)自愿披露信息的构成

伯利和米恩斯(Berle and Means,1932)较早地研究了公司对市场的信息披露问题。研究发现,公司具有多种信息披露的方式。按其重要性似乎可将它们做如下排列:(1)周期性的情况报告(资产负债表和损益表等);(2)临时性的情况报告和声明,通常与公司事务中具有相当重要性的发展计划有关,如新的融资、兼并、重组等;(3)公司当局通常在特定情况下发布的临时报告,例如,当出现股票被"围积",或因卖空浪潮导致恐慌或其他类似情况时,公司当局觉得急需保护其股东以及应对这些不正常的情况;(4)向经纪人或银行提供的信息资料,这些信息资料由公司编制并供上述机构用于与该证券的市场操作相关的业务;(5)供标准金融刊物或金融手册使用的信息;(6)供金融期刊使用的无须署名的临时信息。

美国注册会计师协会(AICPA)于1994年发布了《改进企业报告面向用户》,提出了企业自愿披露的信息类型。报告指出,公司可自愿披露以下5个方面的信息:(1)财务与非财务数据,主要反映公司的常规业务和基本业绩;(2)管理当局对上述数据的分析,主要反映管理人员无法精确预测未来现金流量带来的计量误差,因会计规定对经理人员的限制带来的计量误差;(3)前瞻性信息,包括经理人员报告业绩时的偏差;(4)有关管理层和股东的信息;(5)公司背景的相关信息。大多数经济大国有一些关于公司自愿披露信息的规定。

(三)自愿信息披露的方式

伊斯特布鲁克和费希尔(Easterbrook and Fischel, 1991)总结了公司自愿披露信息的几种途径。他们指出,由于公司的状况是良莠不齐的,因此优质的公司必须采取额外的信息披露措施使投资者确信其公司是良好的。通常的做法包括:(1)聘请外部人士审查账簿。通过聘

请拥有声誉的会计人员审查公司的账簿和其他记录,并请其就公司披露信息的准确性进行验证是通常的做法;此外,公司还可以通过投资银行来发管证券,也可使公司的质量得到验证。(2)通过要求公司的管理层持有公司相当数量的股份以增强公司信息披露的可信度,即管理层持股越多,投资者就越愿意相信公司所作的陈述。(3)对外借债。负债模式能够使管理层与投资者共进退,从而使投资者更相信公司披露的信息。(4)管理层做出有法律约束力的承诺。比如承诺公司运营状况低于承诺的水平,管理层就须对投资者做出一定的给付等。

二、强制披露机制

所谓"强制信息披露机制",是指通过外生的制度安排迫使公司披露一些除自愿披露以外的信息。这些制度通常包括相关的法律,如公司法、证券法等;政府管理机构颁布的相关行政性法规,如公司发行股票与交易管理的相关规定、会计准则等;还有证券监管机构颁布的部门规章制度等,这些制度强行规定了上市公司必须披露公司相关的"实质性的重要信息"。所谓"实质性的重要信息",主要是指有关公司的目标与战略、公司的重大财务指标和经营状况,以及直接或间接涉及股东利益,股东、董事、监事之间,对管理层尤其是高级管理人员的薪酬、奖励和控股股东的人数与控股情况等方面的信息。这些信息从不同侧面反映了上市公司的治理、经营绩效状况和存在的问题,是外部投资者推断公司价值与投资选择的重要依据。从上市公司的角度看,公司之所以接受监管部门的强制规定,是因为它们从资本市场上获得了融资的好处,披露信息可以看作它们对获得资金的一种代价或成本。从理论上讲,如果公司因披露信息而付出的代价高于因融入资金而带来的利益,非上市公司将选择不上市,已上市企业则会选择退市,以拒绝披露更多的信息。而且,如果公司在资本市场上融入的资金越多,公司也越会自愿地披露更多信息,否则,强制披露机制就会发挥作用。

(一)强制信息披露的动因

信息披露的规范理论是解释强制信息披露最好的理论。通过制定强制上市公司披露信息的制度,可以规范企业信息披露行为,减少企业内部管理者和外部信息使用者之间的信息不对称,为外部信息使用者的相关决策提供依据。

具体而言,强制性信息披露在于缓解如下几个方面的道德风险:(1)大股东有通过信息不对称侵占外部中小股东利益的道德风险。为了减少这种代理成本,维护中小股东的利益,强制公司披露信息是必要的。(2)管理层有通过信息优势侵占股东利益的道德风险。为了减少管理层通过向市场释放错误信息而给股东带来利益损失,强制公司信息披露是必要的。(3)股东与管理层有通过信息不对称侵占债权人利益的道德风险,为了维护债权人的权益,便于债权人监督股东和管理层串谋而滥用债权人的资金,如选择高风险的投资项目,强制公司披露重大投资决策的信息就十分必要。(4)如果没有强制信息披露,就会造成社会成本的增加,集中的信息资源搜寻机制可以减少因经济资源配置不当而造成的社会资源浪费。

(二)强制信息披露的主要内容

伯利和米恩斯(Berle and Means,1932)大致归纳了强制信息披露的主要内容:(1)公司的各种文件;(2)公司股东名册和股东持股数量;(3)年度报告资料;(4)公司年度资产负债表;(5)公司董事会及高级职员的名单。按照 OECD 于 2004 年制定的公司治理原则,公司应该披露的信息至少包括如下几个方面:(1)公司财务和经营成果;(2)公司经营目标;(3)主要股份的所有权和投票权;(4)董事会成员和主要执行人员的薪酬政策;董事会成员的其他信息,包括他们的资格、选择过程、就任其他公司董事会职务情况、是否被董事会认为是独立董事;(5)关联方交易;(6)可预见的风险因素;(7)有关员工和其他利益相关者的重要问题;(8)治理结构和政策,尤其是执行所依据的任何公司治理规则或政策及程序的内容。

曹阳和穆林娟(2003)指出,目前大多数国家和地区规定应当披露信息的具体标准主要有两类:第一类以美国和日本为代表,强调"重要信息"的披露;第二类以欧盟诸国和我国的香港为代表,主要强调"价格敏感信息"的披露。

三、影响公司信息披露的主要因素

信息披露的根本目的在于降低公司内外部的信息不对称,帮助外部投资者做出正确的评价和决策(伊志宏等,2010)。然而,现实中有许多制约公司信息披露的因素。笼统地说,这些因素会受信息披露带来的成本与收益的影响。当信息披露的边际成本大于边际收益时,公司倾向于不披露信息;相反,公司就愿意披露信息。我们想要知道的是,有哪些因素在影响着公司信息披露的成本和收益。从公司内部看,公司制度本身存在着一些制约信息披露的因素,如公司的股权结构、董事会特征与高管激励等;从公司外部看,法律法规是否健全、信息中介市场是否发达等都会对信息披露产生一定的影响。

(一)股权结构

各国在信息披露方面的差异很大程度上可用该国股权结构的差异来解释。集中的股权结构可激励大股东减少管理层利用信息披露侵占外部股东的利益的可能;同时,如果股权过度集中,大股东就有动机利用自己的信息优势进行信息的选择性披露,并误导外部中小投资者。如果增加管理层或机构投资者的持股比例,则能激励他们更好地督促信息披露。但管理层持股超过一定比例,则可能引发内部人控制,进而对信息进行操纵。还有一些学者研究了不同性质的股东与信息披露的关系。如果第一大股东是机构投资者,他们偏好与短期收益的信息披露(Beasley,1996);而家族股东和法人股东一般在信息披露上持消极态度(Chau and Gray,2002)。国内学者刘立国和杜莹(2003)发现我国家族股东和法人股东对信息披露有消极影响;伊志宏等(2010)利用2003—2005年779家公司的数据进行了实证研究,发现国有产权的上市公司信息披露好于非国有产权公司;同时考虑产权性质和第一大股东持股比例,非国有产权的公司随着大股东持股比例的增加,显著地有益于提高信息披露的质量;而对于国有公司则没有这样的效应。

(二)董事会特征

国外学者的研究证实表明,较大规模的董事会更容易发生财务报告的舞弊行为;独立董事或外部董事比例越高,信息披露被操纵的可能性就越低。此外,还有学者研究了"影子董事"对信息披露的影响,发现影子董事与内部董事一样对信息披露有消极影响。

(三)管理层的激励

Gul和Leung(2004)发现董事长与总经理合一时不利于信息披露质量的提高。国内学者王斌和梁欣欣(2008)也验证了这一观点,当我国上市公司董事长和总经理两职合一时,对信息披露的质量有负面影响。

(四)法律法规的状态

有关信息披露的法律法规是否健全、是否被有效地执行,对于公司的信息披露特别是强制性的信息披露有着重要影响。健全的法律体系及其执行有助于公司的信息披露；相反，则不利于公司的信息披露。此外，证券监管部门的政策和监管力度的大小，对公司的信息披露也有很大影响。

（五）信息中介机构

如果中介机构利用自己的专业技能对公司的财务报告信息进行整理和分析，则可以为投资者提供一定的信息服务。通常，中介机构通过分析公司的投资机会和管理能力的信息，为投资者解决逆向选择问题；通过为监督、奖励和惩罚经理人员提供信息，来解决道德风险问题。

第三节 会计、审计信息与信息披露

信息披露是实施公司治理的重要前提，会计与审计等公司财务信息是公司最主要的信息。通过会计、审计的信息披露，一方面，有效的公司治理在一定程度上保证了会计和审计信息的真实、完整、及时；另一方面，会计和审计信息真实、完整、及时为提高公司治理效率提供了可能。因此，会计信息披露能部分地减少信息不对称问题，是公司治理的决定性因素之一。基于公司治理的会计信息与审计信息网络为股东会治理、董事会决策和监控、其他利益相关者决策以及经营者层次会计控制提供相关会计信息，最终实现所有利益相关者权益的最大化。

一、信息权制度与报告制度

按照企业信息论的观点，一方面企业是一个信息节点或信息系统，公司治理、会计控制通过建立开放的信息网络，收集、处理、传递包括会计信息、审计信息和其他各类信息，以取信于社会和所有利益相关者；另一方面，利益相关者作为公司的资源提供者应享有包括信息获得权、使用权、发布权等信息权。信息权有助于将股东会从形式化转变为实质化，形成股东会对董事会、董事会对经营者的有效监控。因此，围绕信息权构建公司的信息权制度是完善信息披露机制的有效途径，这有助于改善股东、董事会、其他利益相关者与经营者之间的信息不对称问题，推动公司治理与会计控制的互动进程，实现企业各利益主体之间的协调与制衡。

各国公司法和治理准则普遍制定了信息报告制度，大多规定由经营者向董事会披露信息，董事会向股东会披露信息，公司法人向社会利益相关者披露信息。具体而言，首先是由公司的财务人员和经理准备好财务报告，并提交公司董事会审计委员会。其次是董事会中的审计委员会在接到会计报告及内部审计的审计报告的同时，负责选择外部的会计师事务所，聘用独立审计师，并批准通过所有的财务报告和信息披露。审计委员会向董事会提供的审计信息，一是来自内部审计师的内部审计信息，二是来自独立审计师的审计结果。审计信息主要针对会计信息的真实性、可靠性和内部控制运行、管理风险等情况进行评估。接下来是董事会向股东大会进行信息披露和责任说明。最后是公司作为法人实体向社会各利益相关者披露信息。

二、我国公司信息披露中存在的问题与解决方案

关于我国公司信息披露问题的研究，规范方面，有曹阳和穆林娟（2003）、刘小清和韩玉启（2004）等对我国公司信息披露存在问题的分析。他们发现的主要问题包括：会计信息失真、缺乏主动性、缺乏规范性、披露不及时、缺乏充分性、缺乏

请用手机微信扫二维码，学习"知识扩充"。

我国《上市公司信息披露管理办法》

完善的法律体系。与发达国家的公司信息披露相比,我国公司的信息披露问题是比较严重的。

之所以会出现这些问题,主要原因在于国有和家族"一股独大"的股权结构。许多公司选择上市的目的在于融资,并不愿意对中小投资者的决策负责;内部治理机制不合理,特别是有许多公司的董事长与总经理是两职合一的;目前我国的证券市场还不是一个强有力的市场,股票价格不能充分、有效地反映公司价值的有关信息;此外,我国外部监管机制不健全,监管力度不够,对不及时如实地披露公司信息,甚至提供虚假信息者的惩处力度太弱,未能给造假者造成一定威慑;等等。

为了保证企业财务所披露信息的及时、准确和可靠,有学者指出需要建立三个相关制度(宁向东,2005):一是将权责发生制作为定期报告的基础;二是经理人员负责编制财务报告,对报告的真实性承担责任;三是用会计惯例弥补经理人员的乐观倾向。通过综合研究发现,强化公司信息披露对我国公司治理尤其重要,可以通过给予那些自愿披露更多信息的公司提供上市机会来加强自愿信息披露的机制;通过强化证券监管机构对公司强制披露信息的要求、惩处力度,以强化强制性信息机制。对公司而言,围绕利益相关者信息权制度和信息报告制度的建设,形成通畅的信息搜集、分析、传递和披露的通道。

此外,还应该关注社会信息化带来的公司信息披露机制的变化。在互联网、大数据、云计算和人工智能技术的新科技革命背景下,公司自愿披露和非官方披露方式正在逐渐增多,互联网使信息传播渠道便捷,利益相关者获取公司信息的成本在逐渐降低,信息不对称问题呈现弱化的趋势。所以,充分利用互联网构建公司信息披露的新机制,未来会成为推动公司治理创新和通畅公司信息披露的重要举措。

本章小结

1. 信息披露对公司治理必不可少,按要求及时、准确和充分提供公司的经营状况、财务状况等信息对提高企业的治理水平至关重要。
2. 信息披露质量好坏的指标包括可靠性、相关性、可理解性、可比性和实质重于形式。
3. 信息披露的机制包括自愿披露机制和强制披露机制。

练习题

1. 简述信息披露与公司治理之间的关系。
2. 公司应该如何完善信息披露制度?
3. 监督公司信息披露的外部监督措施有哪些?

结篇案例

宜华生活公司财务造假案

2016年1月,宜华生活科技股份有限公司(简称"宜华生活")以18.3亿元现金收购新加坡上市公司华达利的全部股份。然而,宜华生活在账面上有着大量货币资金的情况下又大举向外借款,被市场质疑有财务造假的嫌疑。2018年宜华生活年报被交易所问询,2019年财务报表被会计师事务所出具无法表示意见的审计报告。

财报数据显示,2015—2018 年,宜华生活的货币资金分别占当年总资产的 26.92%、22.24%、25.32%、19%。2015—2019 年,宜华生活的有息负债总额分别为 42.54 亿元、56.22 亿元、61.81 亿元、64.03 亿元和 61.90 亿元,长期维持在高位。以 2018 年为例,宜华生活当年末拥有货币资金 33.89 亿元,其中受限资金达 3.62 亿元,主要用于银行承兑汇票的保证金、贷款质押保证金等,这意味着宜华生活账面上"闲置"资金超过 30 亿元。

违背商业逻辑的是,在账面现金充裕的情况下,宜华生活有息负债却持续增加,主动承受高额的融资成本。2015—2018 年,公司利息收入为 1 928.31 万元、2 182.83 万元、1 750.85 万元、3 022.85 万元,利息收入/货币资金分别为 0.56%、0.61%、0.41%、0.89%,远低于一般的银行理财产品,与高达 7% 左右的融资成本相比更是有着巨大的差距。另外,2015—2019 年,宜华生活未有过任何理财收益。宜华生活高额负债,货币资金充裕却陷入财务费用高企中,存款余额和贷款余额都处于较高水平的"存贷双高"现象引发上交所关注。

2020 年 4 月,宜华生活财务造假案进入立案调查阶段。2021 年年初,根据证监会的初步查实,宜华生活定期报告连续 4 年存在严重虚假记载。据通报,宜华生活虚增利润、虚增银行存款总计高达 100 亿元,未披露的往来资金高达 300 亿元以上。宜华生活公司资金被关联方占用,或者是公司为关联方提供贷款质押、担保等。显然,公司高管已凌驾于公司之上,公司内控完全失效。自 2020 年 4 月 26 日被立案调查的消息传出后,宜华生活的股价接连创出新低,至 2020 年 5 月 21 日,公司股价已经低于 1 元/股。根据《上海证券交易所股票上市规则》的规定,宜华生活面临退市危机,为提振股价,宜华生活的高管们选择增持股票。2020 年 5 月 21 日,公司董事黄国安、刘伟宏分别增持股票 50 万股,增持平均价格为 0.99 元/股;5 月 22 日,董事长刘壮超增持股份 50 万股,增持平均价格为 1 元/股。此后,宜华生活股价虽有所回升,但始终在 1 元左右徘徊。

2020 年 12 月 10 日,宜华生活股价开始连续下挫,并于 12 月 23 日创下历史最低 0.76 元/股。2020 年 12 月 15 日—2021 年 1 月 6 日,宜华生活股票已连续 16 个交易日收盘价格均低于 1 元/股,公司为此发布了 7 次股票可能被终止上市的风险提示。1 月 6 日,宜华生活再次宣布公司高管增持股票,董事刘伟宏、周天谋于 1 月 6 日以自有资金通过上交所交易系统增持公司股票合计 80.6 万股,并计划 1 个月内增持股份均不低于 200 万股(含本次已增持股份)。彼时,宜华生活称,两名高管增持目的系基于对公司未来发展的信心和长期投资价值的认可,看好公司持续稳定健康发展前景。虽然宜华生活的股价得以在 1 月 7 日返回 1 元上方,但宜华生活自身问题重重,仍给投资者带来了巨大损失。

公司的财务状况恶化是宜华生活面临的问题之一。2020 年三季报的资产账面值为 152.94 亿元,负债为 81.57 亿元。同时,根据 1 月 30 日发布的业绩预告计算,预计 2020 年全年的 ROE(净资产收益率)将低于 −20%,如此大的亏损面,未来公司的经营状况令人担忧。此外,随着宜华生活的违规披露信息、虚增货币资金等行为的曝光,在交易类强制退市风险、存在重大违法强制退市风险、公司的财务状况恶化的三重压力下,宜华恐遭市场抛弃。现如今,剑走偏锋、"炒壳炒差"的手段正逐渐失去生存空间,加上宜华财务状况不断地恶化,很难吸引大量投资者加入。宜华集团资金链断裂后,旗下上市公司处境艰难,昔日违法违规行为和盲目扩张的风险逐渐暴露。财务问题曝光后,宜华生活股价接连跌停,最终跌破面值并宣布退市。

资料来源:熊婕妤.新《证券法》下上市公司财务造假的监管研究[D].兰州:甘肃政法大学,2022.

案例思考题：

1. 宜华生活的财务造假对公司产生了什么影响？
2. 宜华生活在信息披露过程中出现了哪些问题？
3. 宜华生活事件对其他企业规避信息披露不实带来的风险有何启示？

参考文献

[1] 阿道夫·A.伯利,加德纳·C.米恩斯.现代公司与私有财产(中译本)[M].甘华鸣,罗锐韧,蔡如海,译.北京：商务印书馆,2005.

[2] 曹阳,穆林娟.公司治理结构与信息披露制度[J].商业研究,2003(10)：49-52.

[3] 陈丽羽,周克海.透视雷曼事件——对雷曼公司财务审计问题的剖析[J].会计之友,2012(31)：63-64.

[4] 弗兰克·伊斯特布鲁克,丹尼尔·费希尔.公司法的经济结构(中译本第二版)[M].罗培新,张建伟,译.北京：北京大学出版社,2014.

[5] 高明华.机构为何不愿掺和A股治理[J].董事会,2010(9)：100.

[6] 高明华.上市公司自愿信息披露不及格[J].董事会,2010(10)：104.

[7] 淮建军,雷红梅,赵誉谦.信息披露：近40年国外研究综述[J].经济评论,2010(2)：144-153.

[8] 剧锦文.企业与公司治理理论研究[M].北京：中国经济出版社,2018.

[9] 刘立国,杜莹.公司治理与会计信息质量关系的实证研究[J].会计研究,2003(2)：28-36+65.

[10] 刘小清,韩玉启.会计信息披露与公司治理[J].财会研究,2004(11)：49-52.

[11] 迈克尔·C.詹森,威廉·H.麦克林.资本结构理论研究译文集[D].卢梭,译.上海：上海人民出版社,1976：185-265.

[12] 宁向东.公司治理理论[M].北京：中国发展出版社,2005.

[13] 王斌,梁欣欣.公司治理、财务状况与信息披露质量——来自深交所的经验证据[J].会计研究,2008(2)：31-38.

[14] 伊志宏,李艳丽,高伟.机构投资者与公司治理国外文献综述[J].商业研究,2010(3)：28-32.

[15] 约翰·斯图亚特·穆勒.政治经济学原理(中译本)[M].金镝,金熠,译.北京：华夏出版社,2009.

[16] Akerlof G A. The Market for "Lemons"：Quality Uncertainty and the Market Mechanism[J]. Quarterly Journal of Economics，1970，84(3)：488-500.

[17] Beasley M S. An empirical analysis of the relation between the board of director composition and financial statement fraud[J]. The Accounting Review，1996(4)：443-465.

[18] Brennan N. Voluntary disclosure of profit forecasts by target companies in takeover bids [J]. Journal of Business Finance and Accounting，1999(26)：883-918.

[19] Bushman Robert M，Smith A J. Transparency，Financial Accounting Information And Corporate Governance[J].Economic Policy Review，2003(4)：65-87.

[20] Daviad Aboody，Ron Kasznik. CEO stock option awards and the timing of corporate

voluntary disclosure[J]. Journal of Accounting and Economics, 2000(29): 73-100.

[21] Easterbrook F, D Fischel. The Economic Structure of Corporate Law[D]. Boston: Harvard University Press, 1991.

[22] Fama E. Efficient market hypothesis: A Review of Theory and Empirical Work[J]. The Journal of Finance, 1970, 25(2): 383-417.

[23] Ferdinand A Gul, Sidney Leung. Board leadership, outside directors' expertise and voluntary corporate disclosures[J]. Journal of Accounting and Public Policy, 2004, 23(5): 351-379.

[24] Gerald K Chau, Sidney J Gray. Ownership structure and corporate voluntary disclosure in and Singapore[J]. International Journal of Accounting, 2002, 37(2): 247-265.

[25] Gul F A, Leung S. Board leadership, outside directors' expertise and voluntary corporate disclosures[J]. Journal of Accounting and Public Policy, 2004, 23(5): 351-379.

[26] Michael Spence. Job Market Signaling[J]. The Quarterly Journal of Economics, 1973(3): 355-374.

[27] Michael Spence. Market Signaling: The Informational Structure of Job Markets and Related Phenomena[D]. Boston: Harvard University Press, 1972.

[28] Noe C F. Voluntary Disclosures and Insider Transactions[J]. Journal of Accounting and Economics, 1999, 27(3): 305-326.

[29] Paul A Samuelson. Proof that properly anticipated prices fluctuate randomly, Industrial Management Review[J]. Patents Finance, 1965(5): 25-38.

[30] Trueman B. Why Do Managers Voluntarily Release Earnings Forecasts? [J]. Journal of Accounting and Economics, 1986, 8(1): 53-71.

[31] Verrecchia R E. Essays on disclosure[J]. Journal of Accounting and Economics, 2001, 32(1-3): 97-180.

第十二章
网络治理：公司治理的延伸

全章提要

概要
案例导读
- 第一节　网络组织概述
- 第二节　网络治理概述及选择
- 第三节　网络治理结构与机制

本章小结
练习题
关键术语
结篇案例
参考文献

概要

1. 什么是网络组织？其主要类型有哪些？

网络组织是由两家或两家以上独立的企业通过正式契约和隐含契约所构成的互相依赖、共担风险的长期合作的组织模式，主要有外包网络、旗舰型创新网络、自组织型创新网络、企业集群。

2. 网络组织产生的理论依据主要有哪些？

网络组织产生的理论依据主要有竞争战略理论、核心能力理论、交易费用理论、利益相关理论、资源依赖理论、社会分工理论。

3. 网络组织的作用是什么？

网络组织的作用：节省交易费用、提高企业创新能力、提升企业可持续竞争力、克服企业组织内部的"路径依赖"。

4. 什么是网络治理？其目的是什么？

网络治理是对网络组织的治理，治理行为的主体是合作诸结点，客体是网络组织这一新型组织形态，治理过程是具有自组织特性的自我治理。网络治理的目的是减少网络组织中各主体的冲突。

5. 网络治理的选择参考因素，以及其与等级治理、市场治理的区别。

网络治理的选择主要参考四类因素：资产专用性、企业能力、不确定性及交易重复发生的频率。等级、市场和网络是资源配置的三种不同方式，有着不同的作用，它们之间的区别主要在于治理基础不同、核心内容不同、治理特征不同。

6. 网络治理机制的类型及作用。

宏观治理机制，包括信任、声誉、联合制裁、合作文化等行为规范方面的内容，其作用涉及信任机制的作用、声誉机制的作用、联合制裁机制的作用及合作文化机制的作用。微观治理机制，涉及学习创新、激励约束、利益分配、决策协调等运行规则方面的内容，在网络治理中的作用体现为学习创新机制的作用、激励约束机制的作用、决策协调机制的作用以及利益分配机制的作用。

案例导读

C市高职教育园区

我国高职教育网络组织主要分为以下三类：集团式高职教育网络组织，主要以行业性的高职教育集团为代表；集群式高职教育网络组织，主要以地理集中的高职教育园区为代表；联盟式高职教育网络组织，主要以功能性的高职教育联盟为代表。

从网络组织的视角来看，C市高职教育园区是一个典型的集群式高职教育网络组织，而且是一个具有明显复合性、嵌套性特点的高职教育网络组织。C市高职教育园区具有高职教育网络组织的内在属性：由若干地位平等、独立的结点组织联合组成，是具有网络结构的整体系统，是介于传统科层制组织与市场组织的新的组织形态，是实现共同目标、兴趣或利益的制度安排，是超越传统高职教育组织形式的新型组织模式。C市高职教育园区符合高职教育网络组织的构成要件，如共同的网络目标、独立平等的网络结点、相对稳定的网络结构、有机灵活的网络联结等。C市高职教育园区具有高职教育网络组织的基本特征，如教育性创新性、复杂性、互动性、开放性、自组织性等，以及自学习性、自适应性、自相似性等。

C市高职教育园区在国内数十个高职教育园区中具有代表性与典型性，是全国第一个以高职教育为显著特色的科教园区，是国家首批"高职教育改革发展综合实验区"，是目前国内唯一的省级示范性高职教育园区，创造了"政府主导、产教融合、协同育人"区域高职教育发展的C市模式，成为全国职业教育资源共享合作创新的典范。2015年，园区管委会与园区内6所高校联合申报的《政府主导、产教融合、协同育人——区域高职教育C市模式的创新实践》获得国家教学成果一等奖。教学成果奖评审委员会认为，该成果得到了社会各界的广泛认同，处于国际领先水平，已在全国得到推广应用，在国内外产生了重大影响。成果的成功实践对我国职业教育发展、人才培养模式创新具有重要的理论指导意义和推广应用价值，同时对各级政府部门整合优质资源、推进教育现代化等方面具有直接而重要的参考价值。

C市高职教育园区是一个典型的复合式教育网络组织，高职教育园区也是科技创新园区，又是产业发展园区。针对职业教育地方政府缺位、资源集聚共享难、产学研协同育人难三大问题，园区以"政府主导、产教融合、协同育人"为核心理念，政府统筹规划、政策引领、资金扶持、省市共建融高职园区、科技园区、产业园区三位一体，5所高职、31家科研院所、732家企业、36家服务机构组成的综合性高端技能型人才培养基地。产教融合，集聚整合校、所、企优质资源，建成集约育人共享平台，首创资源跨界"共建、共管、共享"新机制和校、所、企全方位协同育人新路径，探索了一条具有中国特色、地方特点、时代特征的技术技能型人才培养与产业互融的创新之路，形成了具有全国影响的高职教育发展C市模式，被陈至立誉为"全国高职教育的领头羊"。

C市高职教育园区是一个整体性的教育网络组织系统，在园区内部还存在一些从属性的教育网络组织，如国家大学科技园、高职教育改革发展综合实验区、信息产业园，以及各学院联合政府部门、行业机构、企业成立的多元化产教园区、技术服务平台与中介服务机构。

资料来源：曹叔亮.高职教育网络组织合作创新研究[D].南京：南京师范大学，2020.

为让读者对现代组织的网络治理有更准确的理解和更深入的思考，本章将先围绕网络组织的内涵及特征、分类及作用，以及网络组织的产生背景做一个系统的介绍，再对网络治理的概念、组织网络治理方式的选择、网络治理的作用特性及与其他治理方式的区别进行具体展开。

第一节　网络组织概述

一、网络组织的形成背景

近年来，面对日新月异的市场，企业经营难度日益增大。同时，企业为了实现自身和相关者的利益,必须接受更复杂决策模式的挑战,并在经营实践中应对越来越多的不可控因素。所有这些变化都将加重单家企业决策的压力与经营负担,为此单家企业不得不与利益相关者、与其他企业结成一种更为密切的关系,一种为了共同的目标而协作的关系。对于当今的企业来讲,特别是对于多数全球性企业来说,单纯利己的竞争时代已结束。20世纪80年代,市场中的企业推崇竞争这类经营策略。但进入20世纪90年代后,合作明显成为主流思想。在21世纪,地球是一个"信息地球村",伴随经济全球化不断深化以及信息通信技术高度发达,合作与竞争的理念现已被越来越多学者和管理者所接受和采用。

对于企业来讲,合作与竞争至少同样重要,甚至更重要。如果不懂得如何制定合作战略,增强合作的优势,企业便无法在当今社会中生存。在全球经济体系中,创造和维持富有成效的合作关系的能力,对于增强企业竞争力将变得至关重要。合作可以降低交易成本,减小风险,扩大生产规模,分担成本,资源互补,进而增强企业的竞争能力。一个良好的合作伙伴,一种高效协调的网络组织,无疑成为企业极富成效的战略资源。

在整个外在环境各种因素和企业内在动因的相互作用下,网络组织不断发展。而在外界各种因素中,社会、经济、技术以及新型产业组织四种因素起到了主导作用,构成了网络组织形成的基本平台:社会平台、经济平台、技术平台及产业组织平台。

(一) 网络组织形成的社会平台

21世纪的社会是知识的社会,社会经济形态也将进入知识经济形态。知识经济促进了社会文化向多样性文化的演进,给企业的经营实践带来了深远的影响,直接影响企业在选择伙伴并与其进行合作时的取向。网络组织形式既能实现共同目标(统一性),又能实现各自的利益(有自己的企业目标和利益),而整个网络组织有同一的目标,这一目标的实现将有助于各个成员目标的实现,而不是与之相对立。网络组织的这一特征恰恰适应了统一性与多样性并存的现代文化取向,因而得到了促进和发展。

(二) 网络组织形成的经济平台

经济环境的变化对于网络组织的发展起到了巨大的推动作用,表现如下:一是经济全球化。国际分工发展越深入,国与国之间生产和流通相互依赖和协作的关系就越密切。二是区域经济一体化的发展,区域一体化注重体内循环,必然形成对区域外公司的壁垒效应,使得这些公司难以进入该区域发展业务,开拓市场,而网络组织又恰恰能够解决这一难题。三是以互联网为基础的网络经济的飞速发展。网络经济是以信息产业为基础的经济,表现为经济活动同信息网络密切相关。在网络经济形态下,传统经济行为的网络化趋势日益明显,网络成为企业价值链上各环节的主要媒介和实现场所。

(三) 网络组织形成的技术平台

20世纪中叶以来,科技、知识成为生产力的主要推动力量。信息技术、网络技术更是发展迅猛,在造就了一个巨大的产业(信息产业)的同时,使整体企业组织产生根本性的变革。随着信息和通信技术(ICT)对于组织变革的影响,企业组织的扁平化与网络化、业务流程重组(BPR)、企业资源计划(ERP)、供应链管理(SCM)、精益生产(LP)、准时生产制(JI)、客户关系管理(CRM)等管理技术和组织技术相继出现,极大地推动了组织网络化的进程。

【知识扩充：思政探索】

坚持独立自主原则，深化网络强国战略任务

2014年2月，习近平在中央网络安全和信息化领导小组会议上首次提出"努力把我国建成网络强国"的战略目标。2015年10月，中国共产党的十八届五中全会通过"十三五规划"，指出实施网络强国战略的计划。2018年4月，全国网信工作会议上习近平又深入阐述了网络强国战略的科学内涵。网络强国战略由网络大国奠基而来，体现着习近平在中国网络发展和治理领域坚持独立自主、不断创新的精神内核与战略眼光，不断提升中国网络空间治理的国际影响力。

1. 独立自主是兴网络强国之本

中国互联网发展得益于人口基数优势，已成为网络大国，但是与互联网发达国家相比，中国在某些方面依然受制于人。习近平曾指出：无论在什么时候、什么情况下，都必须牢牢把握独立自主这一立党兴国、兴党兴国之本。习近平在推进网络强国五大部署中，从网络技术、信息经济、网络文化、网信人才、国际交流合作等方面无不强调自食其力、独当一面的精神理念，这与其提出的"四个自信"相辅相成，"增强中国人的骨气和底气"，同样对实施网络强国战略具有启发作用。

2. 创新跨越是强科技实力之魂

科技创新是提高社会生产力和综合国力的重要引擎，科技创新联动社会全面创新，强化中国特色自主创新道路的发展。科技创新与网络强国"唇齿相依"，科技创新是实现网络强国目标的重要内容，网络强国助推科技创新的续航能力，两者相互促进、依赖共生。党的十八大以来，习近平把创新摆在国家发展全局的核心位置，高度重视科技创新对网络强国战略的引领和支撑作用。习近平指出：建设网络强国，要有自己的技术，有过硬的技术。没有强大的科技，"两个翻番""两个一百年"的奋斗目标就难以顺利达成，中国梦这篇大文章就难以顺利写下去，我们也难以从大国走向强国。习近平强调，我们一方面要跟踪全球科技发展方向，努力赶超，缩小与发达国家在关键领域的差距；另一方面要反观自身，从问题出发，突破中国面临的科技创新瓶颈。他把坚持自主创新和重点跨越作为科技创新的两大发力点，注重创造性转化对国家综合实力的提升；把增强科技自信作为实现网络强国目标的基础动能，促进信息技术手段的"领跑"式跨越。

资料来源：王秀.习近平网络空间治理重要论述研究[D].兰州：兰州大学,2020.

（四）网络组织形成的产业组织平台

模块化生产方式的盛行促进网络组织的成长。相对于传统的大量生产企业与其供应商的关系来说，这种新型的产业组织关系是一种重要的突破。以前的合作分包通常是按照标准规格生产零件，供应商之间经常以削价的恶意竞争来减缓需求波动。在这种传统合作体系中，供应商从属于生产商，并经常依赖于单一的大客户。如IBM在20世纪七八十年代时，常以此制衡剥削生产商，结果弄得声名狼藉。随着模块化生产方式的兴起，硅谷的公司试图避免供应商对生产商的依赖性，明确放弃了IBM的方式，转为更互惠的关系。他们逐渐认识到要避免企业间交易的成本和风险,就必须与供应商紧密互动,建立一种长期的合作关系,以此得到有价值的反馈信息。他们把这种合作看作一种加快新产品推广的步伐,并改善产品质量及性能的方法。

在社会、经济、技术及产业组织等力量的推动下,网络组织作为跨边界合作的新型组织就应运而生了。那么这种组织如何有效运作就自然成为人们所关注的问题,因此也就提出了网络治理这一新课题。

二、网络组织的内涵

自 20 世纪 70 年代末以来,越来越多的企业采用企业间协调的方式来组织交易和生产活动,这种企业间的协调方式既不同于企业的科层结构,也不同于纯粹市场结构。许多国外学者开始关注这种介于企业与市场之间的网络组织方式。

(一)网络组织的概念

对于网络组织的概念,到目前为止学界学者还未对此形成一个完全统一的认识。早期网络组织的大部分研究受到交易成本经济学(TCE)的影响。科斯认为,"企业的本质特征是对市场的替代"。通常认为,组织分两极,一极是市场,另一极是企业。市场治理(Market Governance)与科层治理(Hierarchical Governance)通常被认为是两种主要的治理形式。然而,Williamson(1985)认为,现实存在的组织形式不仅仅局限于市场和企业,至少还存在一种混合形式,其中网络组织就是一种融合市场与企业的组织形式与治理特征的混合组织形式。Thorelli(1986)认为,网络组织既非企业也非市场,而是介于市场与企业之间的组织形式,兼有企业的协调因素和市场的交易因素。网络组织对传统的科层组织和市场的两分法格局进行突破,形成一种不可缺少的新型组织形式(Powell,1990)。

有学者基于社会学观点认为网络组织是由节点组成的社会网络,如 Baker(1992)提出网络组织是一个社会网络,它渗透了正式组织的边界,消除了正式部门的限制,形成了多样化的人际关系。网络是基于一系列个体、团队和组织的社会关系模式(Sailer,1978)。

此外,迈克·波特(Michael Porter)教授在他的《企业群落和新竞争经济学》(*Clusters and the new economics competition*)一文中指出,从竞争的角度,如果能把企业所处的组织环境与其所处的地理位置巧妙地结合则能够增强企业的竞争力,而网络组织无疑具有这方面的作用。他把网络组织定义为在某一特定领域内互相联系、具有稳定交易关系、在地理位置上相对集中的公司和机构的集合。

有学者从制度和战略的角度出发,提出网络组织是一种在不同的营利性组织之间的目的安排,这些安排使得组织能够获得竞争优势,即认为网络组织是一种制度安排,是企业赢得竞争优势的一种手段;有学者从网络组织通信角度,认为网络组织是由地理分散的、功能或变化上不同的实体通过电子形成的通信手段联系起来的组织,依靠横向的、动态的关系为协调手段(De Sanctis and Monge,1998),这一定义强调了网络组织成员的分散性和多实体;与此同时,也有学者强调了网络组织以共同的利益或目标作为成员之间的联系纽带,并将网络组织定义为一个地理分散的组织,其成员利用信息技术为通信和协调工作的手段以长期的共同利益或目标紧密联系在一起(Manju K. Ahuja et al.,1999)。而国内学者林润辉和李维安等则关注组织成员的独立性、灵活性、自适应性等特性,将网络组织界定为是一个由活性结点的网络联结构成的有机的组织系统集合。

通过梳理过往对网络组织的界定,我们不难发现,从治理的角度,可把网络组织定义为由两家或两家以上独立的企业通过正式契约和隐含契约所构成的互相依赖、共担风险的长期合作的组织模式(蔡锐和孟越,2018)。这一定义首先强调网络组织至少是由两家企业构成的,一家企业形成不了网络组织,这相当于威廉姆森的"双边规制"概念;"长期合作"意味着网络成员不断重复地进行交易和互动,使网络成为一个动态的组织过程,而不是一个静态的实体;"独立的"意味着企业间组织的每个成员在法律上都是独立法人;而"相互依赖"意味着成员间专业化分工程度很高,通过企业间资源共享来实现外部规模经济;"正式契约和隐含契约"表明网络组织成员用来协调和保护合作关系的机制既有通过法律来保护的正式契约,也包括非正式的社会控制和协调机制。当然,在网络组织中,企业之间不一定是平等的,有的企业拥有较多的稀缺资源,因而处于核心地位,有的企业则不然。作为经济全球化和现代信息技术飞速发展的产物,我们认为网络组织是在现代信息通信技术(ICT)的支撑下,由基于共同的目标或利益的企业实体联结而成的、通过价值链的共享以实现其目标或利益的企业实体集合。对网络组织,有三个需要强调的方面:现代信息通信技术的支撑、成员之间共同的目标或利益、共享共建的价值链,这三个方面是网络组织成功运行的基础。

具体来看,网络组织的内涵可以从以下几个方面来理解:第一,生产流程跨越了组织边界,因此,不是由某一个单独的组织或企业实体所控制。第二,一些在竞争者、供应商和客户之间的合作使得人们很难定义一个组织的起点和终点。第三,生产流程是柔性的,在不同的时间涉及不同的企业实体。第四,商品/服务的生产是分散的、分布式的,即在产品的生产过程中,所涉及的企业实体是地理分散的;由于参与生产的实体企业是地理分散的,因此,组织的协调主要依赖于电子通信手段和数据网络,而不是实物运动。第五,合作关系的生命周期是有限的,很少有长期的合作者,但是自由独立的合作者较多,这些合作者可以通过外包等方式参与合作。合作关系是面向机遇的即通过新产品的开发以迎合客户的需求。第六,信息流是网络组织成员之间的联系纽带,通过信息的流动实现网络组织的运转。联结各结点的信息既可以是指令法律合同、协议,也可以是商业信用、商机等。第七,现代信息技术的支持是实现网络组织成员之间沟通的技术基础。电子信息网络能够保障伙伴,尤其是异地之间伙伴保持联系以便协同工作。IT提供了重要的沟通便利性,甚至便于自治的组织成员之间的协作,这在一定程度上会对正式组织结构产生影响。公共数据库技术允许方便有效地获取信息和知识,以及信息和知识的扩散。第八,成员企业之间的合作是基于其核心能力基础上的合作,因此,在网络组织中,每一个成员企业都应具有其突出的优势,即应在其各自的领域提供自己的核心能力。

(二) 网络组织的特征

网络组织代表了一种新的组织形式和管理模式,它的最大特点在于突破传统企业组织的有形界限,强调通过对企业外部资源的有效整合,迎合某一快速出现的市场机遇。具体地说,网络组织具有如下一些特点和优点(蔡锐和孟越,2018):

第一,网络组织具有重复性交换的特征,比分散、随机的卖者和买者之间的市场交易更有利于产生协作和信任。因此,网络组织缓解了因距离过远(包括物理距离和非物理距离)带来的沟通问题,也不会给垂直一体化联盟和合作伙伴关系等正式联结的管理者带来不便。由此来看,一个由相互独立而又非正式联盟的企业和机构组成的企业间社会关系网络,代表着一种富有活力的组织形式。

第二,网络组织的核心在于合作,通过合作取得双赢的局面。当然,这里的合作并不要求完全是利他的;相反,企业完全是从自利的角度来追求企业间的合作的,而且在很多情况下,企业间的合作并不排除企业间的竞争,有些企业常常在一种产品和服务上进行合作,而在其他产品上又开展激烈竞争。例如,1991年,IBM和苹果公司就未来建立一种基于IBM的Power PCRISC芯片的新型个人计算机标准而开展合作。但同时,他们在软件产品操作系统上又是竞争对手,两者的操作系统并不兼容。因此,网络组织的形成并不排除竞争,甚至还会导致企业间竞争的加剧。

任何组织形式与管理模式都有利有弊,网络组织也不能例外,其优点包括:(1)灵活性。网络组织具有较大的灵活性,相对于传统组织形式而言,网络组织是一个"市场机会驱动型"的组织,从组成到解散完全取决于市场机会的存在与消失。(2)反应快速性。网络组织是一种基于核心能力的企业外部资源整合,可以避免重复投资,并可以在短时间内形成较强的竞争能力,实现对市场需求的敏捷响应。(3)符合目前的经济、信息和智力全球化趋势,能使企业较快地进入全球市场。(4)能够实现成本共担,从而可以大大降低产品成本。

网络组织在帮助企业获得响应市场的灵活性的同时产生了一些新的问题:首先,机会主义。由于各企业或公司为了迎合某一特定的市场机会而联结在一起,伙伴之间的关系是暂时性的、非正式的、机遇式的。其次,协作成本的增加。管理的复杂性导致协作成本的增加,譬如网络组织通常面临不同的组织文化、不同的设计平台等,从而带来一些管理上的难题,并直接导致协作成本的增加。最后,网络组织蕴含高风险。市场机会的不确定性导致的整体市场风险仍然存在,但它已经在网络组织中的合作伙伴之间得到了重新分配;网络组织中伙伴企业的不稳定性和不确定性导致的管理合作风险大大增加,这是由于网络组织通常需要事前进行有关专用性投资,因而存在较大的投资战略"套牢风险";网络组织是"动态"的,在网络组织维护伙伴关系的过程中可能导致企业自身核心技术的泄露和核心能力的丧失,即技术知识产权的风险会大大增加。

请用手机微信扫二维码,学习"知识扩充"。

海尔集团网络组织的特征与创新

三、网络组织的主要类型

网络组织既包括一批对竞争起重要作用、相互联系的产业和其他实体,例如零部件、机器和服务等专业化投入的供应商和专业化基础设施的提供者,也包括由这些实体向下延伸的销售渠道和客户,并从侧面扩展到辅助性产品的制造商,以及与技能技术或投入相关的产业公司;许多网络组织还包括提供专业化培训、教育、信息研究和技术支持的政府和其他机构,例如大学、标准制定机构、智囊团、职业培训提供者和贸易联盟等。在市场运行实践中,网络组织主要可分为四种形式:外包网络、旗舰型创新网络、自组织型创新网络和企业集群(蔡锐和孟越,2018)。

(一)外包网络

外包网络是指当市场出现新机遇时,具有不同资源与优势的企业为了共同开拓市场,共同对付其他的竞争者而组织的互利的企业联盟体。外包网络的具体形式为OEM(Original Equipment Manufacturer)生产网络。所谓OEM生产网络,基本含义为品牌生产者不直接生产产品,而是利用自己掌握的关键的核心技术负责设计和开发新产品以及控制销售渠道,具体的加工任务通过合同订购的方式委托同类产品的其他厂家生产;之后将所订产品低价买断,并直接贴上自己的品牌商标。在这种委托他人生产的代工生产方式中,承接加工任务的制造商被称为OEM厂商(代工厂商),其生产的产品被称为OEM产品。

耐克公司的运作模式是典型的外包网络。耐克的前身是1964年成立的蓝绶带制鞋公司。1972年,蓝绶带更名为"耐克"。1975年,为降低生产成本,耐克将日本的生产线转移至人力成本较低的韩国与中国台湾,而后又扩大到印度尼西亚和中国大陆;10年的时间耐克就在美国迅速崛起,20世纪80年代中叶,耐克公司的年营业额超过37亿美元,占领美国运动鞋业市场的一半以上;1999年耐克公司年销售额已达到95亿美元,跨入《财富》500强行列,超过了原来同行业的领袖品牌阿迪达斯、锐步,被誉为近20年来世界最成功的消费品公司之一。

请用手机微信扫二维码,学习"知识扩充"。

无处不在的外包网络

(二)旗舰型创新网络

旗舰型创新网络指的是核心企业作为企业网络的"旗舰",依托自己的品牌资产,协调、支配众多供应商和用户关系,促进网络中企业之间密切的知识交流,由此实现整个产业创新的网络形态。在这类网络中,核心企业是主导,政府对整个网络的形成作用并不明显和直接。

这类创新网络的典型代表——日本企业间就存在着密切的纵向网络关系,作为一家汽车产业中的总装企业,丰田公司的工作主要是将汽车的"总成"组装成一辆完整的汽车,而这个工作量在整个制造过程中只占约15%。供应商的工作则是解决一万多种零件的设计和制造问题,并把这些零件组装成100个左右的主要总成——发动机、变速器、转向器和悬架等。但是,将整个过程协调起来,使每个总成和零件质量上乘,成本低廉且送达及时,是丰田需要解决的关键课题。丰田的精益生产系统就是对这项课题的一种近乎完美的解决方案。在这个解决方案中,丰田公司及其众多稳定的供应商之间结成的创新网络,是其中的一个关键要素。这种创新网络带来了交易成本的大幅下降,产生了很强的学习效应。丰田常常与供应商一道进行产品零部件设计和改进,而许多供应商同时能够向丰田提供自己公司的工程设计、新技术开发、模具制造、专用设备制造和独有技术。

丰田创新网络治理机制的特点主要体现在:丰田是网络中唯一与网内所有其他企业都有直接联系的公司,丰田是网络的发起者,与每个供应商都有内在的经济依赖性。丰田网络在解决网络内各企业间的知识共享方面的独特做法包括:(1)激励供应商加入网络,公开分享知识;(2)为解决"搭便车"问题,丰田制定了网络规则;(3)通过网络内部员工流动实现知识共享。这样,丰田作为主导企业,创造出一个网络共同体,促进了共同目标的实现,共同目标的达成为其成员带来了超过个体行动所能获取的利益,丰田也成为创新网络发展中受益最大的一方。

请用手机微信扫二维码,学习"知识扩充"。

行业的卓越领行者

(三)自组织型创新网络

自组织型创新网络是指在特定地域内,各类企业、各类机构经过长期发展而自发形成的相互之间非正式合作的网络形态。自组织型创新网络的特点是产权一体化程度低、内部竞争程度高、政府的干预程度低。在这类网络中,各个组织彼此独立且地位平等,它们彼此之间的合作与竞争关系,推动着整个区域内繁荣和创新产业的生成和发展。

这类网络的关键行动者是各类研发、生产企业以及风险投资公司,它们之间的合作关系在很大程度上依赖于网络内通行的合作文化。在这里,合作关系的治理主要是基于彼此之间的信任关系,而这种信任文化的形成不是由哪家企业或政府构建出来,也没有哪家企业或者政府能够对整个创新网络发挥控制性作用。政府的作用主要体现在维护市场规则、立法支持和政府采购高技术产品等方面。

自组织型创新网络的典型例子就是硅谷创新网络。硅谷位于美国西岸加利福尼亚州中部旧金山以南的圣塔克拉拉县境内的一个长约70千米、宽15千米的地带,这里聚集了惠普、英特尔等高技术企业,是世界微电子工业的一个重要基地。在这一地区,除了斯坦福大学以外,还有圣塔克拉拉大学、圣何塞州立大学等创新研发基地。人们从硅谷的发展中提炼出一种硅谷模式——在十分薄弱的工业基础上,依托高水平大学创办科技园,转化大学的科研成果,形成高技术产业集群,由此实现跨越式发展。

硅谷的创新体系是一个开放的创新网络,该网络弘扬不断试验和开拓进取的创业精神,促进了区域内各企业的集体学习。但这种创新体系的缺点是无法适应高度易变的市场与技术环境。在这里,各公司之间竞争激烈,但与此同时,又通过非正式交流和合作,协作创新。作为创新网络,硅谷汇集了丰富的创新要素,如具有创新精神的年轻创业者、熟练的劳动力、经验丰富的风险资本家、新创意新技术发源地的大学、最终产品的生产商和销售商等。这些创新要素在畅通的创新网络中自由流动,使得网络处于"活化"状态。

(四)企业集群

企业集群指的是通过信息共享和人员相互作用而形成的制造业中小企业的集合。集群内企业之间连接相对松散但专业化分工关系很强。企业集群作为网络组织,不同于产业集群;作为一元化的制造业中小企业的集合,不同于创新网络。

与产业集群相比,企业集群的主要特征包括:第一,地理集中。企业集群概念不仅强调企业间产业联系,而且更强调企业间的竞争与合作关系、地方的"产业空气"以及企业间的信任和承诺,因而对企业地理空间集中性提出了严格要求,企业在某一相对狭小的地理空间上的分布(如村、镇)必须达到一定密度才能称为企业集群。而产业集群概念更多强调的是企业间的产业联系,其对地理空间的界定往往服从于产业联系的需要。第二,"产业"跨度一般比较狭窄。例如,我国浙江温州低压电器企业集群,不同企业主要是围绕低压电器零部件生产进行分工合作的,产业仅仅集中于电器产业中低压电器这一子产业范围。而产业集群概念中"产业"跨度比较宽广。第三,强调企业数量。没有一定数量的企业是不能称为企业集群的,并且企业集群内的企业绝大部分是中小企业(因此企业集群有时也叫中小企业集群)。而产业集群概念并没有强调企业数量和企业规模。因此,企业集群网络组织强调的是地理区域内企业之间的网络关系和协作,而产业集群更注重企业之间的相互依赖和合作。产业集群网络组织可以跨越多个地区,而企业集群通常局限于特定的地理区域。两者都旨在通过合作和资源共享,促进产业的发展和创新,以提高整体竞争力。

与创新网络相比,企业集群的主要特征表现在:创新网络构成主体是多元化的,既包括企业,也包括公益性的大学、科研机构、一些非营利性组织甚至政府。企业集群构成主体是一元化的,企业集群内任何组织都是营利性的组织或其派生组织,群内非营利组织通常是因群内企业发展的共同需要而内生的,为企业集群企业整体利益服务的,如在企业自愿基础上建立的行业协会。企业集群由于地理位置集中,而且大多位于农村和小城镇地区,所以像大学这些公益面相当宽的机构和组织就很难成为企业集群的有机组成部分,企业集群仅仅是"企业的集群",并多为制造业企业。而创新网络组织则有以下特点:创新网络组织是由一组相互关联的个人、组织或企业组成的网络,旨在共同推动创新和技术发展;这些组织可以跨越不同的地理区域和产业领域,通过知识共享、技术合作和创新项目的合作来实现创新目标;创新网络组织的主要目标是促进创新、推动技术进步和解决复杂问题;这种组织形式通常更注重于知识交流、技术合作和创新成果的共享。因此,企业集群网络组织更侧重于企业之间的合作和资源共享,以提高整体竞争力和市场地位。而创新网络组织更注重于创新和技术发展,通过知识共享和合作来推动创新成果的产生。两者都有助于促进经济发展和创新,但侧重点和目标略有不同。

国际上典型的企业集群有意大利的东北部到中部一带生产传统劳动密集型产品的"第三意大利地区",其主要行业包括纺织、制鞋、瓷砖、家具制造等。我国企业集群主要分布在长江三角洲地区,尤其是浙江省,是我国企业集群最密集的省份。宁波的服装、温州柳市的低压电器、诸暨大唐的袜业、嵊州的领带、海宁的皮革、绍兴的轻纺等一大批以中小制造业企业为主体的企业集群,成为推动浙江省经济发展的动力。

请用手机微信扫二维码,学习"知识扩充"。

企业集群

四、网络组织的作用

(一)交易费用的节省

与市场相比,网络组织可以通过如下途径降低交易费用并增加交易价值:第一,与供应商进行重复交易可以降低交易费用。网络组织交易时间一般较长,长期合作关系意味着交易是重复进行的,因此,违背契约或者实施机会主义成本是相当高的;同时,重复交易使得双方在未来有更多的机会来纠正交易中的不平等现象,不必斤斤计较每一次交易成本。第二,网络组织中由于供应商较少而产生的规模经济降低了交易费用。第三,网络组织中广泛的企业间信息共享降低了信息的不对称程度。第四,网络组织广泛使用非正式的、自我实施的保护措施,与那些只能在有限的时间长度内有效的契约相比,这些非正式手段发挥的作用更大。

(二)企业创新能力的提升

当知识是显性的时候,我们可以通过查阅标准的操作手册来学习;而当知识是隐性的时候,学习的唯一方式就是"言传身教",学习者必须与掌握知识者进行密切的接触和交流,模仿其行为。因此,市场交易方式的及时特征,使得它传递隐性知识的效率非常低。而网络组织中成员的经常互动和多种方式的交流,特别是面对面的交流,非常有利于隐性知识的吸收。

(三)企业可持续竞争力的提升

动态核心能力认为,企业只有从内部组织和外部组织两个方面同时营造核心能力才能维持企业持续的竞争优势。网络组织的形成恰好满足了企业构造持续竞争优势的需要,这从战略角度解释了网络组织形成的原因。通过参与网络组织,企业获得了网络资源,从而有助于企业获得持续的竞争优势,即通过网络组织实现企业的价值性、稀缺性、不易模仿性以及不易替代性。

(四)企业组织内部"路径依赖"的规避

企业对资源和组织形式的选择,需要根据组织中形成的惯例和能力来进行。然而,企业过去的行动轨迹导致了路径依赖性并束缚企业未来行动选择。换言之,在以往的技术和组织发展轨迹中,存在着束缚企业柔性及其选择范围的制约因素,它们使企业必然沿着既定轨迹成长,从而缩小了可供企业选择的范围,使企业丧失开发新资源的机会,最终阻碍了新的竞争能力的产生。而具有外部导向的、旨在进行企业间合作的网络结构,能够克服制约构建新的竞争能力的路径依赖性。

请用手机微信扫二维码,学习"知识扩充"。

网络组织的理论依据

第二节 网络治理概述及选择

网络可以作为治理的工具,对网络组织进行治理,即利用企业间形成的关系网络中各种明示的、默会的契约和规则约束网络主体的行为,以维护网络存在的结构基础;网络也可以作为治理的对象,即对网络这一系统的治理,例如对战略联盟网络、供应链网络、集群网络的治理(李维安等,2014)。本节内容将在前期介绍何为网络组织的基础上,展开分享网络治理的概念、特征及网络治理机制的选择。

一、网络治理的概念

在科斯(Coase,1937)的企业理论中,企业是以非市场方式——科层组织对市场进行替代。科层治理(Hierarchical Governance)与市场治理(Market Governance)是两种基本的治理形式。但是,在以网络为基础的混合组织形式中,如战略联盟和企业集团,既有市场机制的作用,也有契约的效力,还在企业和市场之间有一个中间组织,发挥着调节作用。Williamson(1979)认为,企业的出现是不确定性大、交易频率和资产专用程度高的结果,当这三个维度处于低水平时,市场是有效的协调方式,而处于这两者之间的是双边、多边和杂交的中间组织形态,这种中间组织并不是对企业和市场的替代,而是兼有企业与市场的某些特征。

自20世纪80年代,学者们开始关注这种中间组织。其中,有学者将这种新结构定义为杂交模式;也有学者发现组织变革可带来显著的利益,认为国际化及外部化可降低企业成本,提高企业灵活性。正是随着经济活动的国际化和外部化,企业网络成为经济活动的主体,网络治理作为一种不同于科层治理和市场治理的新治理形式,已进入企业实践界和学者的视野。众多学者从多角度对这一形式进行了界定:Jones等(1997)指出这是基于社会联结,而不是正式的法律基础,为了降低交易费用和分散风险,所订立的隐性或开放式协议,最终形成了具有一定结构特征、跨组织集合的新型组织形态。也有学者从治理主体以及治理的内容等角度出发,例如Bryson和Crosby(1992)指出网络组织的治理重点是对于治理机制的有效构造。

网络治理概念的正式提出可追溯至2000年。当时学界有学者提出了网络组织治理的概念,从理论层面分析了网络组织治理的内在动力以及发展方向,认为网络组织治理是为适应不断变化的外界环境,分散经营风险,强化竞争优势的需求而产生。戈德史密斯(Goldsmith)和埃格斯(Eggers)所著的《网络治理:公共部门的新形态》一书,将网络治理(Network Governance)定义为通过公司部门合作,非营利组织、营利组织等多主体广泛参与共同提供公共服务的新的治理模式(Goldsmith and Eggers,2003)。网络治理通常涉及集体行为决策中的结构、权力和过程(胡海青和李浩,2016),其目标是对整体网络进行有效的监督和管理,协调网络成员之间的关系,使得网络成员对于行动的目标达成一致性共识。从学界对网络治理的研究中,不难发现,网络治理的内涵体现了治理主体的多元化、治理方式的多样化、治理结构的网络化,以及治理目标的一致性。网络治理主体是网络组织结点,治理的客体是网络组织这一新型组织形态,治理过程是具有自组织特性的自我治理,并依赖于多种规制机制以及行为者的互动。

结合前期研究,本书定义网络治理为正式或非正式的组织和个体通过经济合约的联结与社会关系的嵌入所构成的以企业间的制度安排为核心的参与者间的关系安排。它以组织间的竞合为基点,以网络组织的协调运作为中心、以制度经济学为分析基础来摸索实践治理机制与治理目标。网络治理是对网络组织的治理,治理行为的主体是合作诸结点,客体是网络组织这一新型组织形态,治理过程是具有自组织特性的自我治理,即它所要创造的结构或秩序不能由外部强加,它发挥作用要靠多种进行统治的以及相互发生影响的行为者的互动。

网络治理的这一定义强调了以下几点:第一,组织和个体参与网络治理活动的能动性。组织和个体是网络治理的主体,网络治理形式不是自发形成的,是各参与方的一种有目的的战略决策活动。第二,各参与方之间结成的网络。网络化不仅仅在组织(和个体)之间展开,组织内部也有网络化的趋势。第三,网络治理的动态性。选择性和持续性是网络治理的动态特征,主体参与网络治理的过程首先表现为网络伙伴的选择过程和持续的互动过程。第四,网络治理的层次性。网络治理一般有两个层次的含义:一个层次是指主体主动参与网络治理的过程和采取的治理活动,另一个层次是指网络内的社会机制对网络成员行为的治理功能。第五,网络治理的一般性。组织(和个体)之间存在着各种各样的具体化的网络化治理形式,但它们在本质上都表现为组织(和个体)之间的持续的互动结构。

二、网络治理的选择

网络组织的选择指的是在何种情况下采取网络组织的形式,以实现资源配置的最优化。作为经济组织的形式之一,网络组织的选择与市场、企业科层一样,有其自身的逻辑。网络治理的选择主要依据资产专用性、企业能力、不确定性及交易频率四种因素。

(一) 资产专用性与网络组织边界

在资产专用性为零时,自发的交易者能对各种外生扰动进行有效的适应性调整。随着资产专用性投资的增加,要求做出适应性调整的各种扰动也变得越来越多,其影响也越来越大。对某些交易来说,对各种扰动的必要的适应性调整既非完全自发的,也不是在权威下进行的,而是要求两者的某种混合,这样的交易必然通过网络组织来加以组织。这意味着资产专用性程度较低时,用市场来组织交易比较有效;而当资产专用性程度中等时,用网络组织治理比较有效。随着资产专用性程度进一步提高,企业科层就成为一种有效的组织形式。

(二) 企业能力与网络组织边界

企业能力指的是一个产业中进行的经济活动所必需具有的恰当的知识、经验和技能。分析企业组织的边界必须考虑能力维度的影响。那些具有相同能力的经济活动被称为相似的经济活动。当经济活动代表一个生产过程的不同阶段并且以某种方式进行协调时,这些活动就是互补的。互补且相似的经济活动需要由企业来组织,互补但不相似的经济活动则需要由网络组织来组织。因此,当资产专用性程度很高,而企业本身又无能力生产的情况下,网络组织就成为合适的组织形式。比如,汽车和汽车零部件制造商之间的关系就是互补的,这两种经济活动相关的研发和营销活动之间的关系也是互补的。但上下游企业之间的能力是不相似的,下游企业没有能力单独生产一辆汽车,因此,汽车生产适合采取网络组织形式。

从企业能力维度出发，我们可以解释为什么在企业多样化经营情况下，网络组织比较盛行。比如 IBM 与东芝制造平面显示器的合资公司。而当几家企业之间在目标市场上相互重叠时（能力相同），将会导致企业间网络效率的低下，但是这些企业所构成的一体化企业通常都很成功。另一项研究表明，最成功的兼并活动通常发生在那些在业务链和市场方面重叠最多的企业之间。

（三）不确定性与网络组织边界

在当今世界竞争日益激烈、不确定性程度越来越高的情况下，网络组织却日益盛行。其原因在于：

首先，网络组织可以应对技术的不确定性。网络组织的存在，使得不同企业之间可以充分利用对方的认识能力来弥补自己的不足，通过学习不断更新自己的知识集合，拓展自己的技术选择集合。20 世纪 90 年代开发的 PDA 行业就是一个很好的例子，该行业的发展需要运用计算机硬件、软件、电信和消费电器等多个领域的知识。复杂的技术要求使得各个进行创新的企业面临极大的不确定性，没有一家公司可以同时具备这么多知识。因而在 PDA 行业中网络组织非常盛行，形成了分别以苹果公司、IBM、惠普、摩托罗拉、夏普、微软等大公司为核心的多个网络组织。

其次，网络组织可以应对需求的不确定性。在供给稳定而需求不确定的行业中，网络组织比较普遍，例如电影业、流行时装、音乐、高技术以及建筑业等。在需求不确定的情况下，企业通过外购和外包形成一些独立自主的企业。由于资源是通过购买或者租赁获得的，而不是通过直接拥有获得的，因此可以非常廉价而又快速地重新分配资源，以满足不断变化的环境需要，大大提高了企业应对未知的环境变化的灵活性。例如在意大利普拉托的纺织业中，企业间网络大大提高了企业面对时尚变化的反应能力。在日本汽车业企业联盟中，网络中各成员相互学习，从而缩短了订货至交货的时间并且提高了新模具的质量，而且提高了企业的灵活性。

最后，在行业的不同生命周期阶段，行业中的企业所面临的不确定性是不同的，这也影响了组织形式的选择。如果一个行业处于生命周期的早期阶段，那么企业在进行创新时所面临的不确定性就非常高。而采用类似硅谷的弱关系网络就成为可行的选择，例如，美国的微处理器和计算机业的发展就是如此。而相反，日本在这些行业中的高度集中的组织安排使得他们在这些行业大大落后于美国。随着行业的发展和成熟，不确定性程度的降低，技术和产品发展趋势的明确，通过网络组织来进行创新的收益也就大大降低了。例如，随着动态随机存取存储器成为一种已知的高品，相对于硅谷的缺乏一体化企业，大的日本企业就可以相对容易地在大规模生产中重新安排他们的产能，从而使得日本在这方面保持领先优势。

（四）交易频率与网络组织边界

相对于其他因素，交易频率与组织边界的关系要简单些，交易频率对组织边界的影响取决于其他维度的状况。第一，在资产专用性程度较低而能力又是不重要的（这种能力可以以很低的价格在市场上购买）情况下，无论是一次性的、数次性的还是经常性的交易都可以用市场方式来组织。第二，如果能力是重要的，该能力为企业所独有，那么即使是一次性的交易活动也必须在企业科层中进行。第三，在资产专用性程度很高的情况下，如果能力维度是不重要的，在经常性交易中，企业科层就将是较匹配的组织形式；如果能力维度是重要的，而企业自身又不具备相应的能力，则网络组织就将是较匹配的组织形式。

请用手机微信扫二维码，学习"知识扩充"。

阿里巴巴网络治理模式创新

三、网络治理与等级治理、市场治理的区别

作为公共治理的基础架构,等级治理模式是以科层制为原型拓展而成的公共治理模式。马克斯·韦伯(Max Weber)指出:从技术角度来看,科层制能够在一定程度上促进组织职能效率的提升,它不仅适用于工业企业管理,而且适用于各类政府行政性管理工作。

等级治理模式有三个基本特征:一是层级节制。在政府部门中,按照权力大小建立上下级之间的"命令-服从"关系,最终形成金字塔型的组织结构,以此保障上级对下级部门的控制,促进工作有序进行。二是专业分工。科层制以任务分工和岗位管理为基础,把全部工作职责分配到组织中的每个工作岗位,从而提高管理工作的专业化水平与工作效率。三是非人性化管理。科层制以法理型权威为支配基础,通过明确而严格的制度来约束组织中的机会主义行为。

等级治理模式的基本特征使其得以在保障政府权威的基础上,提高组织运作效率。尽管如此,科层制与生俱来的"反功能",例如低效率对革新的抵制,再如对社会阶层差别的强化,导致其在始于20世纪中叶的现代化进程中日益捉襟见肘。此外,控制功能作为科层制最显著的特征始终是等级治理模式无法割舍的情结,致使其难以充分满足公共治理多元化需求,最终在与以追求资源自由流动与最优配置为核心的市场治理模式的竞争中失色。

市场治理模式可以追溯到亚当·斯密提出的市场自发调节理论,即"看不见的手"。究其本质而言,市场治理模式的核心在于通过竞争、供给、价格等机制实现资源自由流动与合理配置。相较于等级治理模式,市场治理模式具有三个明显优势:一是效率导向。效率至上是市场机制的核心特征,在市场中各主体通过自主交易获取相应的经济利益,以谋求自身的发展壮大。二是平等竞争。以"选择与竞争"为基础,市场主体通过平等、自愿竞争,为社会公众提供多样化、高水平的公共物品和服务。三是开放多元。市场是一个开放的社会经济体系,对多元化主体具有包容性,这与经济全球化趋势相匹配。可以说,市场治理模式更具灵活性、多样性、适应性,突破了等级治理模式由上到下的层级管控方式。它的运行方式并不是一成不变的,而是随着市场的发展不断演变,因此市场治理模式更加符合现代化趋势下公共治理的现实需求。随着20世纪中后期新公共管理运动的兴起,市场治理模式由于契合了新公共管理运动的目标而被广为传颂,成为治理变革的"利器"。

尽管市场治理模式可以纠正科层制的"反功能",但其具有垄断性、外部性和信息不对称性等内在缺陷,不可避免地会出现市场失灵。更重要的是,与等级治理模式以政府权威为核心的治理逻辑一样,市场治理模式偏重于市场机制的单中心逻辑,仍然难以充分满足多元化社会需求,甚至削弱了公共治理的合法性与有效性,进而引发了对两种治理模式予以整合的学术反思和理论尝试,由此催生了一种新的公共治理模式——网络治理模式。

等级、市场和网络实为三种不同的资源配置方式,有着不同的作用,它们之间的区别主要存在于以下三个维度上:

第一,治理基础不同。从契约执行手段看,在市场交易中,易者以价格为中介协调各自的活动,实现彼此资源禀赋的重新配置。层级组织可以通过设计组织规章、程序,有效地利用分散的信息,通过一定的组织设计在参与人之间实现生产性任务的分工。在网络组织中,合作结点之间的交易是基于充分信任的互动合作,合作者必须遵守业已建立的行为规范和其他合作者对它的期望,指导它们行动的是网络结构所决定的行为标准。

第二,核心内容不同。从交易方式看,在市场模式中,交易的收益规定得非常清楚,交易双

方的贡献也能够得到清晰的衡量。在交易过程中,双方不需要花费精力去了解对方的生产过程,也不用了解对方的品行,交易是根据完备的契约来进行的,而契约则是根据法律的惩罚力量来执行的。在科层中,生产和交易活动是在雇佣契约的背景下进行的,科层中企业家处于核心地位,他与所有要素所有者签订要素契约,契约中所未规定的"剩余"部分则由企业家利用自己的权威相机处理。由于契约的不完备性非常强,难以区分不同成员的贡献,因此它是通过命令机制以及相应的激励约束机制来解决企业内部成员的矛盾并做出必要的行动。在企业网络中,双方也签订了具有法律意义的正式契约,但契约的不完备程度介于市场和企业之间,正式契约所未规定的剩余部分则由双方通过自我实施的隐含契约来协商执行。当影响交易收益分配的不确定性事件发生时,双方会在双赢的目标下协调并达成一致行动。当一方违反契约时,他将不仅受到法律的惩罚,而且要受到来自社会规范(合作规范)和管理的压力。

第三,治理特征不同。从交易成员之间的关系看,作为一种自发调节机制,在市场模式中,个人是完全自利的,他们之间的关系完全是竞争而非合作的关系。市场为交易双方提供了广泛的选择机会和高度的灵活性,人们可以很容易地找到替代的卖者和买者。通过价格机制,人们可以进行快速简单的交流,并据此进行生产"是什么"(Know What)的表象知识,而无法传递背后的"诀窍知识"(Know How),尤其是隐性知识。因而它无法指导复杂的、异质的交易。因此,市场在隐性知识的传递方面是一种低效的组织模式。

在企业科层中,权威这只看得见的手代替了市场那只看不见的手,并对供应和需求进行协调。在企业科层中,因为任务是非常专业化的,工作行为互相依赖度高,所以,与市场不同的是,科层中成员间不仅存在竞争关系,而且存在合作关系,通过成员之间经常性的交流和合作,许多显性和隐性的知识在竞争中得以扩散并最终形成企业独特的文化。但是,企业成员之间的竞争也使得彼此之间存在利益上的冲突,而每个部门和员工的利益又常常是与其相应的职能和岗位联系在一起的。因此,当外部的世界发生剧烈的变动从而需要做出职能和岗位的调整时,利益的冲突常常使得企业的调整难以顺利进行,因而企业科层缺乏灵活性。

与企业科层组织相似,网络组织中的成员既会就某项经济活动展开合作;与科层不同的是,网络组织的成员彼此是独立的,又会因利益分配展开一定程度的竞争,一般来说,其成员间的竞争程度介于市场和企业之间。在网络组织中,生产和交易活动不是通过行政命令进行,而是通过互惠的行动进行。长期的互惠合作和重复交易模式促进了相互之间的学习和信息交换并产生信任。但为了建立双方之间重复交易模式,企业间网络需要限制进入,因此,新的成员就难以进入。这样,在网络中,每个成员就比较依赖于别的成员所控制的资源,而且这些资源的不可替代性比市场模式中的要高。因此,网络关系在一定程度上又会限制成员对变化的适应能力。所以网络组织的灵活性是中等的,充满弹性。而且网络组织的灵活性会随着网络组织关系的强弱而有所不同,弱关系网络的灵活性要强于强关系网络的灵活性。

总之,如果说价格竞争是市场的核心、行政命令是科层的核心,那么信任与合作就是网络的核心。如果市场治理是充分竞争的,科层治理是高度僵化的,那么网络治理就赋予了以信任与弹性为基本内容的"看不见的手",科层权威是"看得见的手",而网络组织中成员间的信任机制就是"握手"。在实践中,市场、等级及网络治理并非完全割裂,三者之间存在互动与融合,并且随着互联网和数字经济的快速发展,三种治理方式之间的协同和互补关系也越来越紧密。表12-1展现了市场治理、科层治理和网络治理之间的一些关键性区别。

请用手机微信扫二维码,学习"知识扩充"。

传统科层治理与网络治理

表 12-1　市场治理、科层治理和网络治理的比较

比较对象	市场治理	科层治理	网络治理
治理基础	价格	规章	信任
核心内容	法律	命令	合作规范
治理特征	充分竞争	高度僵化	充分弹性

第三节　网络治理结构与机制

网络组织是一种合作组织,要合作就会有冲突,网络治理的主要任务是解决成员之间的冲突,保持网络组织的长期发展。要想减少网络中各主体之间的冲突,就必须建立一种适合网络组织这一形态的治理结构与机制,使得各方都从参与这一组织的过程中达成自身目的。在网络治理中,虽然层级组织中的治理结构和治理机制仍可能继续发挥作用,但由于合作伙伴大多是独立的法人主体,传统的命令——控制模式受到限制,因此,网络组织需要特殊的治理结构与机制发挥作用。

请用手机微信扫二维码,学习"知识扩充"。

大疆"开放融合"战略

一、网络治理结构

如表 12-2 所示,综合考虑网络中各个节点之间关系的强弱度和信息流通的方式,网络组织可分为强关系网络和弱关系网络。在强关系网络中,不仅网络各成员之间的合作关系非常密切,而且网络存在较高的进入壁垒,网络组织与外部的交流较少,外部成员也很难与网络内部成员进行交易,并且强关系网络一般是纵向网络。一般来说,当网络组织存在一家核心企业时,由于该企业对网络中的其他成员具有较强的控制能力,因此这时候形成的大多是强关系网络。弱关系网络中各成员之间的合作关系比较松散,网络进入、退出壁垒较低,网络成员可以自由地加入或者退出,因而具有较大的流动性,在这种网络中,网络成员与外部成员的交流虽然不及内部成员之间的交流那么频繁,但也不可忽视。当网络组织各个成员之间实力相当或差距不大时,这时所构成的网络大多是弱关系网络,弱关系网络一般是横向网络。

表 12-2　网络组织分类

价值链关系	成员关系	
	强关系网络	弱关系网络
纵向网络	外包网络 旗舰型创新网络 特许经营	—
横向网络	—	自组织型创新网络 政府干预型创新网络 企业集群

进一步的,强关系网络还可分为平等型关系网络和支配型关系网络,而模块化网络则是一种弱关系网络。如图 12-1 所示,在平等型关系网络中,各个行为主体存在频繁的平等的互惠关系。而在支配型关系网络中,大企业起着支配作用,它们对中小企业施加控制,中小企业则处于从属地位。其中,模块是指半自律性的子系统,模块化网络是指模块按照一定的规则与其他模块相互联系而构成的更加复杂的系统(秦政强,2006)。

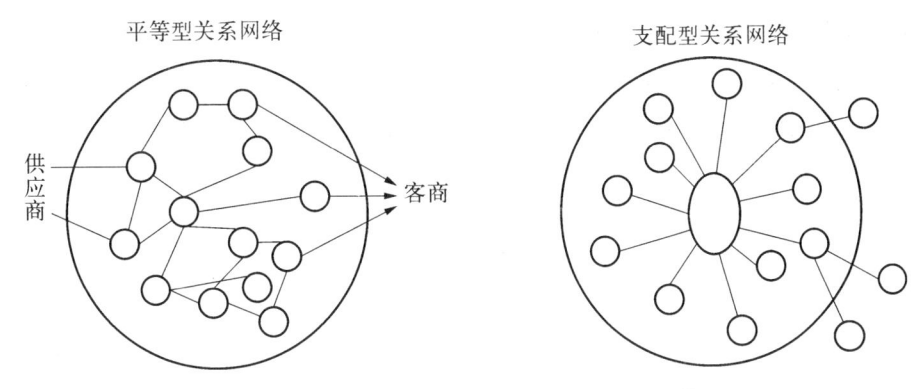

图 12-1 平等型关系网络和支配型关系网络

资料来源:秦政强.FDI 作用下的产业集群与网络治理模式——理论分析与基于中国现实的检验[D].杭州:浙江大学,2006:35.

不同的网络结构对企业绩效的影响与产业类型密切相关。对于钢铁产业而言,强联系的网络结构对企业的绩效具有促进作用,而在 IT 业中,弱联系的网络结构则是一种适当的选择。这是因为高度关联的强联系网络非常适合于充分运用现有知识进行渐进创新,而不适用于根本创新。相对于一体化企业而言,强关系生产网络更能适应市场情况的变化,在高度竞争性的市场和不稳定的市场上它可取得更好的经济业绩。但是,强关系生产网络也可能无法适应市场情况的变化。强关系生产网络中的相互依赖可能导致不利条件,因为网络中的相互依赖使经济行为人之间的关系更难开始和终止,需要花费更高的成本和时间(秦政强,2006)。虽然强关系网络的这个特征限制了机会主义行为,但也大大降低了整个系统的适应能力,因为网络成员要和网络外的行为人发展关系比较困难。支配型关系网络的负面效应包括系统的结构刚性、技术停滞、区位选择惯性、多余的海外生产力、债务积累、规模经济与范围经济上的局限性等。虽然强关系生产网络的内部结构比一体化企业的治理结构的适应性更强,更适用于创新活动,但是,如果网络的整体结构抵制变革,那么网络就会具有相当大的刚性(秦政强,2006)。模块化生产网络相对松散的治理机制使得进出网络相对容易,导致网络具有高度的时间和空间适应性。在平等型关系网络中,企业之间信息交流频繁并采取信息共享的传递方式,它们之间存在着平等互惠的关系。意大利产业区里的企业关系网络就具有这种信息结构(秦政强,2006)。

在支配型关系网络中,核心企业与受支配企业之间的信息交流非常频繁,受支配企业受到核心企业的强有力控制(秦政强,2006)。核心企业完全负责监测环境的系统性部分并相应地调节其行动变量。核心企业将其决定以公共信息的形式发布给每家受支配企业,受支配企业在一定的噪声下得到指示。因为噪声是相互独立的,所以受支配企业也相互独立地观察它们层级共同的局部环境以及它们各自的特质性环境部分。每家受支配企业专门加工只和它的任务相关的信息,而协调它们行动决策所需的信息完全由上级加工并以后者为中介进行协调。在请用手机微信扫二维码，学习"知识扩充"。

海尔集团网络组织的基本单元：自主经营体

模块化网络中,系统需要处理"系统信息"[鲍尔温(Baldwin)、克拉克(Clark)所称的"可见的"信息]和"个别信息"(鲍尔温、克拉克所称的"隐藏的"信息)(青木昌彦,2002)。前者为整个系统所共知,并包含了所有模块必须遵守的共同设计规则,后者是各模块自有的信息,可以相互保密。

二、网络治理机制概述

网络治理机制是由网络中各结点之间形成的相互联系的社会机制,它是保证网络组织有序运作的非正式协调机制,包括对网络成员行为起到规制与调节作用的宏观机制和微观准则(Jones et al., 1997)。

跨边界的网络化合作以其显著的协同效应已成为企业生存与发展的战略选择(孙国强和范建红,2012)。网络组织由具有不同目标、知识和行为意愿的行为主体构成,因而需要对网络进行治理,维护、协调成员间的合作以促使网络有序、高效运作,网络组织的形成、运作以及绩效都与网络的治理密切相关。网络组织成员间的松散耦合关系,以及行为主体的有限理性,在参与方之间会产生目标冲突和机会主义行为,使成员的利益面临侵害,同时承担着交易的风险(黄少卿等,2016)。网络组织的脆弱性和决策者的有限理性是实施治理的动因。有数据表明,在供应链网络的实际交易中未达预期目标、运营效率下降或成本增加,甚至直接破裂和解体的情况高达50%~70%,其根本原因在于网络中利益不一致企业间的合作关系中存在潜在的机会主义风险。而治理具有协调成员之间目标冲突,抑制机会主义风险的可行性和效能(李维安等,2016)。在产业实践中,34%的联盟以失败结束建立有效的治理机制,保证联盟组织的运作质量非常必要(Reuer and Zollo, 2005)。

网络治理的机制众多,不同机制在网络组织运行中所起的作用不同。有些提供了合作的环境与氛围,从行为规范方面调节合作者的行为;有些建立了互动合作过程的运行准则,以确

请用手机微信扫二维码,学习"知识扩充"。

腾讯公司组织架构重组整合

保彼此之间的有效合作和网络组织的高质量运行。从整体上看,可以将治理机制分为两类:一是信任、声誉、联合制裁、合作文化等属于行为规范方面的宏观机制;二是学习创新、激励约束、利益分配、决策协调等属于运行规则方面的微观机制。

三、宏观机制在网络治理中的作用

(一) 信任机制的作用

信任机制不仅是网络组织的形成机制,而且是网络组织治理的基础。网络组织是由信任关系所支撑的自组织结构,合作伙伴之间的信任是维系关系和创造互动的基础与条件。缺乏信任不仅会导致合作关系的失败,而且可能出现负协同效应。

信任是网络组织形成与运作的基础,它联结合作各方,提供必要的弹性,降低交易成本和合作关系的复杂性。信任要影响合作者对网络关系的承诺、对突发事件的反应、对冲突的解决方式等。不信任是对经济活动的一种变相"征税",而信任必然替代昂贵的监控程序。合作伙伴间建立起信任关系,就不需要签订明确契约来规定成员的互动行为方式,非正式治理机制因此逐渐被接受。

总之,信任不仅是合作关系形成的"催化剂",而且是彼此之间互动合作和取得协同效应的

基础,更是网络组织健康运行不可缺少的行为路径。因此,信任机制是网络组织治理逻辑的基础性机制,它贯穿于治理逻辑的全过程(蔡锐和孟越,2018)。

(二) 声誉机制的作用

声誉在密切联系的合作关系中是一种专用性投入,快捷的信息传播使合作各方更加注重自己及合作伙伴的声誉。博弈论认为,在重复博弈中,合作的结果有可能达到,其实现机制之一便是声誉,它为双方提供了一种良好的期望,鼓励双方的合作行为,并有利于吸引新的交易伙伴。网络合作是基于信任的长期合作,一方对未来交易的选择权会对另一方的行骗动机产生一定遏制。

经济学家认为,合作者不采取机会主义行为的一个重要原因是害怕自己的声誉受到损害。稳定的网络合作关系恰恰提供了一种有效的"监督"机制来强制企业维护自身的声誉。网络成员之间的强联结关系构成了一个紧密合作的网络关系,信息的流动在网络中通常是畅通和重复的,任何采取欺诈行为的信息都会在网络中迅速传播,其后果是该成员受到孤立,失去成员身份和获取网络资源的资格,这就意味着未来市场机会的丧失和获利能力的下降。

当前,越来越多的组织在正式的沟通渠道外,也注重加强相互之间的非正式联系,比如高层经理之间的交流,以增强信任。当然,在每个人都呈现机会主义倾向的社会中,不守信用的行为是极有可能出现的。但如果一家企业因采取机会主义行动而产生了"不良声誉",它就会陷入极为不利的困境。所以,即使网络中参与者在文化和心理上倾向于采取机会主义行动,他们也会考虑由此带来的声誉对未来利润的潜在影响,从而减少机会主义行为的实际发生。由此可见,信任、声誉市场在网络组织治理中有着重要的地位和作用,在不完全合同的条件下,信任、声誉可能成为网络有效治理的选择(蔡锐和孟越,2018)。

(三) 联合制裁机制的作用

联合制裁是对那些违背共同规范的成员予以集体处罚,把违规者驱逐出去的行为。它通过呈现违规的后果来定义可接受的行为,并以加大机会主义成本来降低行为的不确定性,进而对交易起到保证作用。政府可借用权力对那些违规者实现制裁,从而保证公共福利不受侵害。但政府、法庭等属于网络组织运行的外部环境。网络组织的有序运作、合作关系的顺利发展虽然离不开也不可能离开这些外部环境的制约,但网络治理的内在机制更为重要。

联合制裁在网络组织治理中具有不可替代的重要作用,其博弈机理不仅体现在互动的过程之中,而且形成了一种对机会主义行为实施严厉惩罚的威慑作用,使得机会主义者不敢贸然以牺牲长期利益为代价去破坏业已形成的合作关系,谋求短期的既得利益,从而保证了合作结点行为的合作性和非投机性,使互动朝向产生正协同的方向发展(蔡锐和孟越,2018)。

(四) 合作文化机制的作用

合作文化有助于规范合作者的行为和促进合作创新。网络合作文化的形成是一个漫长的过程,它伴随着网络组织的形成而产生,并随着网络组织的发展而完善。合作结点的社会嵌入特征催生了社会资本的生成,从而为合作文化的形成提供了条件。在长期的合作交易中,具有协作创新基因的文化因素微妙地改变了合作者之间相互博弈的格局。一旦合作结点之间形成特定的文化信念,在长期利益的驱使之下,它就会对成员行为产生深远的影响,使其具有某种路径依赖。

网络结构的建立使信息传递具有广泛性、集中性和互动性,使相关信息在成员间通过交流成为集体记忆的一部分,从而奠定达成共识的基础。因而可以促进人们在工作中相互信任、沟通,不断磨合边界内部各结点的经营理念,使其在治理过程中产生相互依赖的精神寄托,进而促进相互信任和协作创新的合作型文化或网络型文化的生成,促成边界内外的"文化落差"。网络合作中的对外排他性与对内锁定性的"厚内薄外""内松外紧"战略就是这种文化落差的具体体现。

四、微观机制在网络治理中的作用

(一) 学习创新机制的作用

网络学习过程的特点是自组织学习。网络学习是自发的而不是由任何个体设计的,在自发持续互动中实现进化(蔡锐和孟越,2018)。当网络将企业连接在一起时,不同知识的共享就能产生新的思想。因而不同知识与技术的叠加是创新的源泉,创新源自叠加部分的调和与放大。例如,丰田之所以能够保持持续的竞争优势,正是因为丰田及其供应商具有动态的学习能力并能比竞争者学习得更快,它们把知识岛屿连接起来成为自我组织的知识共享网络。

网络组织是一种群体集约化的经营战略(孙国强和李维安,2003)。企业间的网络合作关系在维护与促进创新的社会系统中起着关键作用,给组织员工提供了一个没有上级强制与外部权威的宽松环境,也成为运用知识和技术创新的工具。合作结点之间的互动过程就是学习与创新的过程,通过不断地吸取对方的知识与技术尤其是隐性知识,并在不同优势资源相互叠加的基础上,实现大于独立运作的协同效应(蔡锐和孟越,2018)。

(二) 激励约束机制的作用

网络组织是多元化与专业化的对立统一体。经济与人文层面的激励是推动治理逻辑由关系到互动、由互动到协同的三个环节不断转化的助推器(蔡锐和孟越,2018)。

经济层面的激励使具有专业核心能力的独立利益主体之间密切协作、共同进化,不仅避免了技能基础与核心能力培育的"空洞化",而且实现了"双赢"或"多赢"。这种共赢性与共生性是"激励相容"原理在网络组织运作中的体现。人文层面的激励为合作各方创造了一个相对宽松的工作环境,该环境没有等级的压制与功利,对人们经济的、社会的和自我实现的需求不再以职位高低为标准,而是以工作绩效为标准。交易伙伴在关心网络组织整体的经济活动的基础上追求自身利益,并分享经营成功所带来的利益(蔡锐和孟越,2018)。

在一定程度上讲,"道德维度的自我协调"与"规范结构"依赖的是合作者之间的暗含契约,它有效地克服了企业提高资产专用性所引起的垄断性租金和专用性租金,具有抑制败德行为、维护长期合作关系的显著作用,是一种理性约束。

(三) 决策协调机制的作用

网络组织的财产所有权分散到各个合作伙伴之间,而不像传统公司那样集中于一家企业之内。因此,客观上要求决策权必须相应分散,是分散基础上的群体决策和分布式的决策协调。另外,网络组织是核心资源的集成,各成员企业将自己的具有"专用性"特征的核心资源提供出来,从而通过有序叠加产生交互作用,实现聚变,创造新的价值与超常规的竞争优势(蔡锐和孟越,2018)。资源配置范围扩展到合作者的核心资源,是社会资源的整合,其产权特征表现为"部分让渡"。

所有权的部分让渡与共同拥有又通过分散互动来实现平衡协调。互动交易过程不仅是一个学习过程,而且是一个适应过程,合作成员需要相互学习适应。分散的决策保证了决策的科学性,分散基础上的协调形成了多结点共同治理的互动特征。合作结点借助先进的技术条件及时沟通,将具有专用性的信息、知识等资源提供给网络,合作结点分享这些具有"公共物品"性质的资源,并进行策援式的相机协调。

(四) 利益分配机制的作用

企业之间之所以热衷于合纵连横的网络化协作,是因为不同合作者共同投入各自的核心能力和优势资源,形成资源共享、优势互补,并通过交互作用能产生高于平均水平的协同效应。企业网络化协作是一种创造价值的协作,是一种多主体、多过程和反复进行的多向网络化合作。博弈论认为,在重复博弈中人们会选择合作行为,追求集体理性而避免个体理性。协作者共同追求网络整体利益最大化,则各协作者都有机会获得比独自运作更多的利益,从而实现帕累托改进(蔡锐和孟越,2018)。

分配机制对网络组织来说十分关键,如果利益分配不均,合作者的投入与其所得不能匹配,就会挫伤合作者的积极性,甚至会人为地割断已有的经济联系,加剧企业间的经济摩擦和封锁。因此,如何协调双边或多边的经济利益关系,在合作者之间合理分割网络整体利益,是网络治理中不可回避的关键问题之一。基于此,利益分配机制在治理逻辑中扮演着重要的角色,发挥着不可替代的功能。

总之,"没有规矩,不成方圆",正确有效的行为规范与运行规则方面的机制,制约与推动着关系的建立、互动合作行为的产生与协同效应的获得,为充分挖掘蕴藏在结点之间的潜在价值和有效配置社会资源提供了基本保证(蔡锐和孟越,2018)。

根据上述分析,治理机制成为企业网络化互动合作的制度基础,从而使网络治理归结到关系、互动与协同的治理逻辑之上,为网络组织的有序运作提供了一个关系平台。由此可构建出网络治理机制与治理关系模型,如图 12-2 所示。

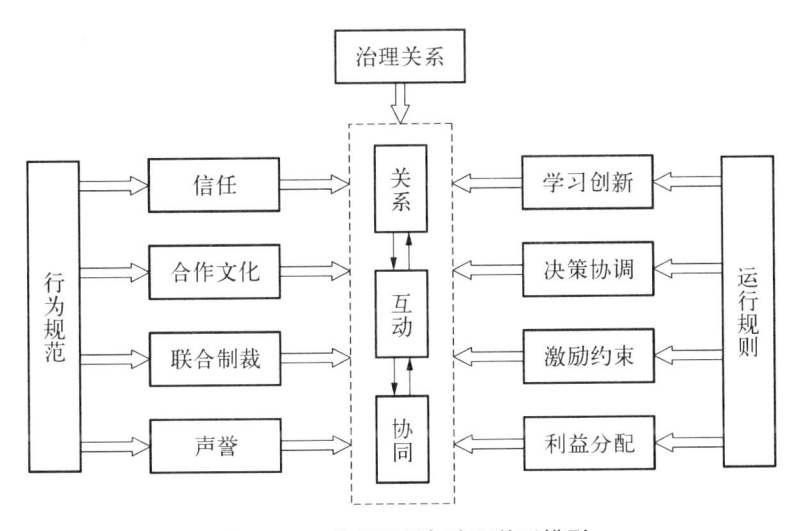

图 12-2 治理机制与治理关系模型

资料来源:蔡锐,孟越.公司治理学[M].2版.北京:北京大学出版社,2018.

本章小结

1. 从治理的角度,可把网络组织定义为由两家或两家以上独立的企业通过正式契约和隐含契约所构成的互相依赖、共担风险的长期合作的组织模式。

2. 按网络组织成员在价值链中的关系,可分为横向网络和纵向网络;按网络组织成员之间的关系紧密程度,可分为强关系网络和弱关系网络。

3. 网络组织的主要形式:(1) 外包网络。它是指当市场出现新机遇时,具有不同资源与优势的企业为了共同开拓市场,共同对付其他的竞争者而组织的互利的企业联盟体,其典型代表是耐克公司。(2) 旗舰型创新网络。它是指核心企业靠着自己的品牌资产,协调众多供应商和用户关系,甚至对相关企业群体具有重要的支配作用。通过旗舰的协调,网络中的企业之间发展出较为密切的知识交流关系,由此促进整个产业创新的实现,其典型代表是丰田汽车创新网络。(3) 自组织型创新网络。其特点是产权一体化程度低、内部竞争程度高、政府的干预程度低。这类网络的关键行动者是各类企业包括风险投资公司,它们之间的合作关系在很大程度上依赖于网络内通行的合作文化,其典型代表是硅谷创新网络。(4) 企业集群。它指的是通过信息共享和人员相互作用而形成的制造业中小企业的集合。集群内企业之间联结相对松散但专业化分工关系很强。企业集群作为网络组织,不同于产业集群;作为一元化的制造业中小企业的集合,不同于创新网络。

4. 网络组织的作用体现:有助于节省交易费用,有助于提高企业创新能力,有助于企业提升可持续竞争力,有助于克服企业组织内部的"路径依赖"。

5. 网络治理是对网络组织的治理,治理行为的主体是合作诸结点,客体是网络组织这一新型组织形态,治理过程具有自组织特性的自我治理。作为经济组织的形式之一,网络组织的选择与市场、企业科层一样,主要依据资产专用性、企业能力、不确定性以及交易频率四种因素来考察。网络治理与层级治理、市场治理的不同体现在治理基础、核心内容以及治理特征上。

6. 网络治理的治理机制分为宏观机制和微观机制。宏观机制在网络治理中的作用体现为,信任机制的作用、声誉机制的作用、联合制裁机制的作用及合作文化机制的作用。微观机制在网络治理中的作用体现为学习创新机制的作用、激励约束机制的作用、决策协调机制的作用以及利益分配机制的作用。

练习题

1. 请简述网络组织的产生背景。
2. 请简述网络治理与公司治理的关系。
3. 请简述网络治理的特征,以及网络治理与科层治理、市场治理的区别。
4. 请简述网络治理的选择参考要素。
5. 请简述网络治理的结构类型。
6. 请简述网络治理的机制体系。

关键术语

网络组织 外包网络 旗舰型创新网络 自组织型创新网络 企业集群 网络治理 等级治理 市场治理 网络治理结构 强关系网络 弱关系网络 网络治理机制 宏观机制 微观机制

第十二章 网络治理：公司治理的延伸

> **结篇案例**

粤港澳大湾区大气环境政策网络治理机制

粤港澳大湾区在大气环境治理领域的合作网络结构上已形成彼此之间紧密连接的网络关系状态，政策网络治理初见成效。合作网络作为大气环境治理的重要支撑框架，为粤港澳大湾区空气污染治理进程的推动保驾护航，提供制度、合作机制、政策等方面的保障，为进一步有效地推动区域污染治理发展和建立长效的合作网络结构具有重要意义。

一、粤港澳大湾区大气环境政策网络治理困境解决

总体来看，在粤港澳大湾区大气环境政策网络治理过程中，在解决制度性集体行动困境方面具有可借鉴的经验如下：

第一，以中央领导为督导，以网络成员机构为抓手，解决纵向困境。纵向困境，指上级政府与下级政府在治理过程中，存在的上下衔接失调的难题，主要表现在一方面上级缺少职能和长远规划，另一方面下级政府权限弱化，易产生政策脱节。在解决纵向困境方面，主要采取以下行动：首先，粤港澳大湾区在纵向上已形成"中央—省级政府—地方政府"和"中央政府—港澳特别行政区"的垂向管理模式，其中中央政府在粤港澳大湾区整体环境保护中起指导和引导作用，为整体性合作提供制度环境，确保在"一国两制"制度下形成最大范围合作。大湾区在中央牵头下成功签订《粤港澳大湾区发展规划纲要》等合作协议，为打造区域大气污染治理典范提供了制度基础和规划指导；对纵向网络主要机构成员则进行领域化、细节化整体规划，以进一步缩小和明确政策范围。

第二，以生态环境部为引领，提升小团体凝聚力，加强协同，解决横向困境。制度性集体行动中的横向困境是由于政府经济基础不同、管理能力不同等导致的同一层级政府在协同管理过程中出现的管理目标无法整体达到的管理失效行为。面对横向困境中出现的地理条件差异、经济发展差异等问题，粤港澳大湾区大气污染治理更加体现了地方主动性，为此在生态环境部的牵头下，广东省、香港特别行政区和澳门特别行政区三地签订了《粤港澳大湾区生态环境保护规划》，发挥各地各部门优势，加强协同合作，加强区域大气污染治理手段，强化治理成效。

第三，整合部门联络，细化实践，解决功能性困境。功能性困境是指在地方政府治理过程中出现的职能"碎片化"和层级脱离情况。职能"碎片化"和层级脱离会导致地方政府出现资源浪费、政策目标失效的困境。针对功能性困境，大湾区更加突出部门责任落实。在地方层面上，形成了以市级生态环境局领导下的区域大气污染治理部门网络关系。从各级生态环境部门出发，联络同层级其他部门进行污染联动治理，进行统一工作分配，有效减少资源浪费，确保政策目标实现。

二、粤港澳大湾区大气环境政策网络治理机制

在制度性集体行动框架下，大湾区区域大气污染防治形成了纵向指引、横向联合的立体化网络治理结构（如图12-3所示）。

在纵向上，国务院、生态环境部及其他中央部委共同领导大湾区的框架性工作。一方面，鉴于"一国两制"制度，国务院及生态环境部积极牵手广东省和香港特别行政区、澳门特别行政区签署共同合作框架协议，打破制度阻碍，为合作治理创造制度环境；另一方面，在区域大气污染治理中，中央环保督察组和生态环境部积极组织环保督察行动，增加区域性大气污染的权威影响力。

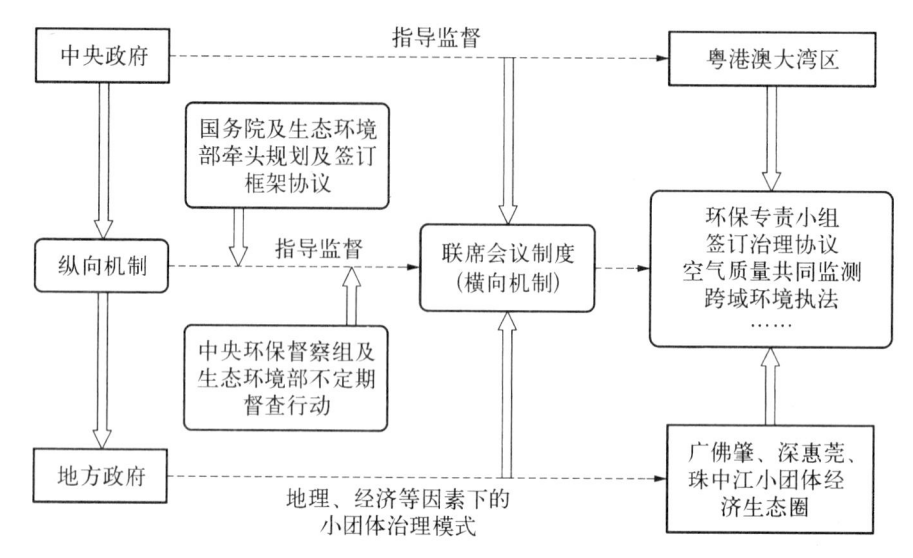

图 12-3　ICA 框架下粤港澳大湾区大气污染治理机制图

在横向上,大湾区积极推进两方合作和多方合作。其中,广州和深圳发挥了巨大作用,两个城市积极联络港澳,在空气质量监测、污染物识别与减排等方面达成多项具有前瞻性的合作,为我国的区域性大气污染提供了技术创新和模式创新。在横向合作中,基于地理条件和经济发展情况而产生的小团体治理模式值得关注。在粤港澳大湾区大框架下,深惠莞、珠中江、广佛肇等地形成了共同治理经济生态圈,将区域大气污染防治更加精细化,提高了大气污染防治的效率。这种小团体式地方治理模式是粤港澳大湾区在区域空气污染治理中的特色和创新,对我国其他地区的大气污染防治具有深远意义。

（一）嵌入性网络关系机制

1. 行政协议联动治理大气污染

正式的行政协议构成粤港澳大湾区城市之间合作的基础。2017 年,在国务院和中央政府的支持下,国家发展和改革委员会联合广东省、香港特别行政区、澳门特别行政区三地共同签署《深化粤港澳合作推进大湾区建设框架协议》,将发展区域环境治理合作机制、共同构建绿色低碳湾区正式写入政策文件中。实际上,在此之前,粤港澳大湾区便已超越本身的地理范畴,积极寻求更加广阔的合作空间,泛珠三角区域便由此而发展起来,产生了诸如《泛珠三角区域环境保护合作框架协议》等多种形式的有效合作组织及协议。

基于历史合作经验和基础,在宏观合作方面大湾区积极发展两两合作和多方合作。例如广东省联合香港环境署签订如《粤港合作框架协议》等协议;再如与澳门合作中,《粤澳合作框架协议》的签署使得粤港澳珠江三角实现区域空气质量一体化监测和实时反馈成为现实。区域大气污染联防联治机制的构建成为其中的亮点,而共同建设粤港澳空气质量检测平台也从政策构想转变为政策实践。

在大湾区的小团体合作中,珠中江、深惠莞、广佛肇小团体的区域性治理显得更加活跃。《广州市佛山市同城化建设环境保护合作协议》《广佛肇经济圈生态环境保护合作协议》等协议的签署使得环境产学研、环境应急和环境联合执法行动在很长一段时间内成为政府和学者热议的焦点。这些合作协议不仅聚焦于区域大气污染的治理,更是将区域水污染治理、土壤污染治理提升到全新的高度。深圳作为我国经济开放的前沿地区,其与东莞、惠州形成的"深惠莞经济圈"在区域大气污染治理方面的经验值得借鉴。

2. 区域规划整合治理大气污染

在政策工具理论中,政策工具具有指导和规划作用。从纵向层面来看,党中央及国家机关在垂向管理中为粤港澳大湾区的区域污染治理合作机制提供了可供发展的平台,而粤港澳之间签署的联防联治合作协议则是在权威层面上进一步将国家政策落实到位,实现了对成员的行动制约。除了政策的约束作用,国家的支持更多地体现为对地方政府间区域治理大气污染主动性的鼓励。在国家的支持下,大湾区积极探索从大气污染出现的事后治理到突击式环境执法检查等事前多样化的治理模式,区域大气污染治理能力不断提高。同时,在国家的鼓励下,广东省、香港特别行政区、澳门特别行政区三地不断扩大协商范围,共同编制更适合本区域发展的环境治理规划和政策文件,增强地方联席会议制度的约束力和权威性。

3. 共同监测联动治理大气污染

区域大气污染治理的难点之一是如何实现对大气的有效监测。传统大气污染监测往往以单一区域为基点进行,且数据具有时间间隔,无法真正体现空气质量的变化规律。此时,建立区域性的空气质量联合监测网络就成为区域大气污染治理的关键命题。首先,要解决技术问题。传统的单一监测方式之所以成为主导,其原因之一就是技术不完备导致的多地监测数据无法联动。广东省和香港特别行政区首先进行两方合作,共同进行"粤港珠江三角洲空气质素研究",确保广东省和香港特别行政区两地可共享实时监测数据。其后,随着技术的成熟,粤港珠江三角洲区域空气质量监测网络逐步推进并正式搭建完成,空气质量监测也由单一的区域监测向着复杂空气污染物实时监测迈进。

(二)约束性合同机制

在制度性集体行动框架下,地方政府鉴于自身的利益和资源诉求选择合作。这样的区域治理模式下,地方政府具有极强的风险担忧意识,容易因信任成本过高、治理风险过大而放弃合作。联防联治中的约束性机制就是在政府相互缔结为合作伙伴后,通过具有一定法律效力的合同和文件使得地方政府放弃部分自治权,转而将权力转嫁于组织以期可以共同解决区域大气污染等外部性问题,同时降低政府的退出风险。

目前,在粤港澳联防联控的区域约束机制下的小团体共同治理的合作模式欣欣向荣。在省级层面上,形成了粤港、粤澳的两两互动,而在省市之间,深惠莞、珠中江、广佛肇等共同组成的小团体在其中也发挥了重要作用。

以粤港合作联席会议为例,该会议制度成立于20世纪,由广东省和香港特别行政区共同发起。在成立之初,联席会议设定为双首长主持,每年一次。进入21世纪,政府事务的复杂化和区域治理特征显现,粤港合作联席会议也受到了政府愈加重视,会议主导也由双方的行政首脑组成。粤港合作联席会议制度的形成使得广东省和香港特别行政区在"一国两制"的制度下走向共同合作治理。

(三)授权性合作机制

委托授权机制是地方政府在合作的过程中,借助于外部的力量对政府形成持续性的关注,保证政府的持续性共同合作。在粤港澳大湾区联防联治的委托授权机制中,一方面是借助于更高层级的政府实现权威性的垂向监督管理,另一方面是将权力下放,支持形成专责小组或管理部门,对资金等资源进行"集中",实现信息共享和共同治理。从中央的层面来看,粤港澳大湾区尽管成立时间较晚,但相关的研究在20世纪就已开始,国家同样提供了重要的帮助。鉴于珠江三角洲独特的地理位置和香港、澳门特别行政区特殊的政治制度,以及深圳经济特区的特殊发展,中央对粤港澳地区一直保持密切关注。首先是提供政策环境为三地合作提供制度环境。其次是国家积极牵头协调治理。在国家牵头约束下,"一国两制"的特殊政治制度的负外部性被削弱,三地的合作意愿被中央加强,产生的相关合作效果也远超预期。

资料来源:彭芮.ICA框架下区域大气环境政策网络治理机制研究[D].广州:华南理工大学,2021.

案例思考题:请从网络治理机制的微观和宏观两个角度分析大湾区大气环境政策网络治理机制。

参考文献

[1] 包卿,陈雄,朱华友,等.基于核心-边缘理论的地方产业群升级发展探讨[J].国土与自然资源研究,2005(3):3-5.

[2] 蔡锐,孟越.公司治理学[M].2版.北京:北京大学出版社,2018.

[3] 曹叔亮.高职教育网络组织合作创新研究[D].南京:南京师范大学,2020.

[4] 陈冠宇.等级治理、市场治理、网络治理的模式演进及融合——基于Q市"绿色出行"项目的考察[J].河海大学学报(哲学社会科学版),2022,24(2):102-108+112.

[5] 第44次《中国互联网络发展状况统计报告》[R/OL].(2019-08-30)[2023-03-03].http://www.cnnic.net.cn/hlwfzyj/hlwxzbg/hlwtjbg/201902/t20190228_70645.html.

[6] 冯华,施雨玲,魏娇娇.社会控制与供应链绩效的相互作用关系探讨——以依赖及供应链整合为中介[J].中国管理科学,2020,28(5):139-148.

[7] 黄少卿,从佳佳,巢宏.研发联盟组织治理研究述评及未来展望[J].外国经济与管理,2016,38(3):63-81.

[8] 解树江.虚拟企业[M].北京:经济科学出版社,2002.

[9] 凯文·科因,斯蒂尔·霍尔,等.公司的核心竞争力是否只是一个幻影[M].译者不详.北京:经济科学出版社,1997.

[10] 李维安,牛建波,等.CEO公司治理[M].2版.北京:北京大学出版社.2014.

[11] 李维安,李勇建,石丹.供应链治理理论研究:概念,内涵与规范性分析框架[J].南开管理评论,2016,19(1):4-15,42.

[12] 李维安,林润辉,范建红.网络治理研究前沿与述评[J].南开管理评论 2014,17(5):42-53.

[13] 林润辉,李维安.网络组织——更具环境适应能力的新型组织模式[J].南开管理评论,2000(3):4-7.

[14] 刘永俊.基于创新视角的网络组织成长机制理论与实证研究[D].成都:西南财经大学,2010.

[15] 吕坚,孙林岩,范松林.网络组织类型及其管理机制适应性研究[J].管理科学学,2005,(2):61-67.

[16] 迈克尔·波特.竞争优势[M].陈小悦,译.北京:华夏出版社,1997.

[17] 欧志明,张建华.企业网络组织及其理论基础[J].华中科技大学学报,2001(8):78-81.

[18] 彭正银.网络治理理论探析[J].中国软科学,2002(3):51-55.

[19] 秦政强.FOI作用下的产生集群与网络治理模式——理论分析与基于中国现实的检

验[D].杭州：浙江大学,2006.

[20] 任理轩.牢牢把握独立自主这一兴党兴国之本[N].人民日报,2013-12-30(4).

[21] 芮明杰.中国企业发展的战略选择[M].上海：复旦大学出版社,2000.

[22] 史萍萍.基于区块链技术的企业网络治理研究[D].太原：山西财经大学,2023.

[23] 孙国强,范建红.网络组织治理绩效影响因素的实证研究[J].数理统计与管理,2012,31(2)：296-306.

[24] 孙国强,李维安.网络组织治理边界的界定及其功能分析[J].现代管理科学,2003(3)：3-4.

[25] 王德建.网络治理的生成机制研究[D].济南：山东大学,2006.

[26] 王嘉馨.产业集群网络的治理机制及其绩效研究[D].成都：西南财经大学,2021.

[27] 网信军民融合编辑部.落实习近平网络主权原则,建设中华公网共图强[J].网信军民融合,2018(5)：11-13.

[28] 习近平.习近平谈治国理政[M].北京：外文出版社,2014.

[29] 于卓灵.社会创新利益相关者网络治理模式研究[D].杭州：浙江工商大学,2021.

[30] 喻红阳.网络组织集成及其机制研究[D].武汉：武汉理工大学,2005.

[31] 詹姆士·布瑞安·奎因,弗里德里克·希尔默.战略性外包[M].译者不详.北京：经济科学出版社,1998.

[32] 张婧.网络组织治理结构与治理绩效的关系研究[D].太原：山西财经大学,2015.

[33] 中共中央文献研究室.习近平关于科技创新论述摘编[M].北京：中国共产党中央文献出版社,2016.

[34] Manju K Ahuja, Carley Kathleen, Galletta Dennis F. Individual performance in distributed design groups：An empirical study[C]. Proceedings of the 1997 ACM SIGCPR Conference. 1997, April：160-170.

[35] Aoki Masanao. Open models of share markets with two dominant types of participants[J]. Journal of Economic Behavior and Organization. 2002,49(2)：199-216.

[36] Baker W E. The network organization in theory and practice[M]//Networks and Organizations, Boston, MA：Harvard Business School Press, 1992：397-429.

[37] Beniamin Gomes-Casseres. Group versus group：How alliance network complete[J]. Harvard Business Review, 1994, 82(7/8)：62-74.

[38] Bouncken R B, Clauss T, Fredrich V. Product innovation through coopetition in alliances：Singular or plural governance? [J]. Industrial Marketing Management, 2016, 53(2)：77-90.

[39] Bryson J M, Crosby B C. Leadership for the common good：Tackling public problems in a shared-power world[D]. San Francisco, CA：Jossey-Bass, 1992.

[40] Burns T, Stalker G. The management of innovation[M]. London, UK：Tavistock, 1961.

[41] Coase R H. The Nature of the Firm[J]. Economica, 1937(4)：386-405.

[42] Coase R H. The problem of social cost[J]. Journal of Law and Economics, 1960(3)：1-44.

[43] Coleman J S. Social capital in the creation of human capital[J]. The American

Journal of Sociology, 1988, 94: 95 - 120.

[44] Dong M C, Zeng F, Su C. Network embeddedness as a dependence-balancing mechanism in developing markets: differential effects for channel partners with a symmetric dependencies[J]. Journal of the Academy of Marketing Science, 2019, 47(6): 1064 - 1084.

[45] Dorothy Leonard, Sylvia Sensiper. The Role of Tacit Knowledge in Group Innovation[J]. California Management Review, 1998, 40(3): 112 - 132.

[46] Eisenmann, Tammya, Even, Ruhamab. Similarities and differences in the types of algebraic activities in two classes taught by the same teacher[J]. Mathematics Teachers at Work: Connecting Curriculum Materials and Classroom Instruction, 2008(12): 152 - 170.

[47] Elhanan Helpman. General Purpose Technologies and Economic Growth[M]. Cambridge, Massachusetts: MIT Press, 1998.

[48] Gaffney P M, Ortmann W A, Selby S A, et al. Genome screening in human systemic lupus erythematosus: results from a second Minnesota cohort and combined analyses of 187 sib-pair families[J]. The American Journal of Human Genetics, 2000, 66(2): 547 - 556.

[49] Georges A Romme. The Process of Renewal by Management Teams[J]. Human Systems Management, 1994, 13(1): 49 - 55.

[50] Gerardine DeSanctis, Peter Monge. Communication Processes for virtual organization [J]. 1998, JCMC, 3(4).

[51] Gilsing V. Cluster Governance[C]. Copenhagen, 2000.

[52] Gimeno Javiera. Competition within and between networks: The contingent effect of competitive embeddedness on alliance formation[J]. Academy of Management Journal, 2004, 47(6): 820 - 842.

[53] Granovetter M. Economic action and social structure: The problem of embeddedness [J]. American Journal of Sociology, 1985, 91(3): 481 - 510.

[54] Gulati R, Gargiulo M. Where do inter-organizational networks come from? [J]. American Journal of Sociology, 1999, 104(5): 1439 - 1493.

[55] H Brinton Milward, Keith G. Managing Networks Effectively[R]. Provan: National Public Management Research Conference, 2002.

[56] James David Thompson. Organizations in Action: Social Science Bases of Administrative Theory[M]. New York: McGraw-Hill, 1967.

[57] Jarvenpaa S L, B Ives. The Global Network Organization of the Future[J]. Information Management Opportunities and Challenges. Journal of Management Information Systems, 1994, 10(4): 25 - 57.

[58] Jay R Galbraith. Designing Complex Organizations: An Executive Guide to Strategy, Structure, and Process[M]. Reading, Massachusetts: Addison-Wesley, 1973.

[59] Jones C, Hesterly S W, Borgatti P S. General Theory of Network Governance: Exchange Conditions and Social Mechanisms[J]. Academy of Management Review, 1997, 22(4): 911 - 945.

[60] Kash D E, Rycoft R W. Patterns of innovating complex technologies: A framework for adaptive network strategies[J]. Research Policy, 2000(29): 819 - 831.

[61] Klein B, Crawford R G, Alchian A A. Vertical Integration, Appropriable Rents, and the Competitive Contracting Proces[J]. Journal of Law and Econ, 1978, 21(2): 297-326.

[62] Klein B, K Leffler. The Role of Market Forces in Assuring Contractual Performance[J]. Journal of Political Economy, 1981, 89: 615-632.

[63] Lin H M, Huang H C, Lin C P, Hsu W C. How to manage strategic alliances in OEM-based industrial clusters: Network embeddedness and formal governance mechanisms[J]. Industrial Marketing Management, 2012, 41(3): 449-459.

[64] Low B, Johnston W J. The evolution of network positions in emerging and converging technologies[J]. Journal of Business and Industrial Marketing, 2009, 24(5): 431-438.

[65] Manju K Ahuja, Kathleen M Carley. Network Structure in Virtual Organizations [J]. Journal of Computer-Mediated Communication, 1999, 99, 10(6): 741-757.

[66] Margaret J Wheatley, Myron Kellner-Rogers. Self-Organization: The Irresistible Future of Organizing[J]. Strategy and Leadership, 1996, 24(4): 18-24.

[67] Mayer M H, Utterback J M. The Product Family and the Dynamics of Core Capability [J]. Sloan Management Review, 1993, Spring: 29-47.

[68] Poppo L, Zenger T. Do formal contracts and relational governance function as substitutes or complements? [J]. Strategic Management Journal, 2002, 23(8): 707-725.

[69] Powell W W. Neither market nor hierarchy: Network forms of organization[J]. Research in Organizational Behavior, 1990, 12: 295-336.

[70] Prahalad C K, Gary Hammel. The Core Competence of the Corporation[J]. Harvard Business Review, 1990, 5/6.

[71] Preffer J, G R Salancik. The External Control of Organizations: A Resource Dependence Approach[M]. NY: Harper and Row Publishers, 1978.

[72] R. M. Emerson. Power dependence relations[J]. American Sociological Review, 1962, 27(1): 31-41.

[73] Reuer J J, Zollo M. Termination outcomes of research alliances[J]. Research Policy, 2005, 34(1): 101-115.

[74] Ring P S, Van de Ven A H. Structuring cooperative relationship betweenorganizations [J]. Strategic Management Journal, 1992, 13(7): 483-498.

[75] Sailer L D. Structural Equivalence: Meaning and definition, computation and application[J]. Social Networks, 1978, 1(1): 73-90.

[76] Scott T W, Tiessen P. Performance measurement and managerial teams[J]. Accounting, Organizations and Society, 1999, 24(3): 263-285.

[77] Sun P, Mellahi K, Thun E. The dynamic value of MNE political embeddedness The case of the Chinese automobile industry[J]. Journal of International Business Studies, 2010, 41(7): 1161-1182.

[78] Tailan Chi. Trading in strategic resources: Necessary conditions, transaction cost problems, and choice of exchange structure[J]. Strategic Management Journal, 1994, 15(4): 271-290.

[79] Thorelli H B. Networks: between markets and hierarchies[J]. Strategic Management Journal, 1986, 7(1): 37-51.

[80] Tsai W. Knowledge transfer in intra organizational networks: Effects of network position and absorptive capacity on business unit innovation and performance[J]. Academy of Management Journal, 2001, 4(5): 996-1004.

[81] Wang L, Yeung J H Y, Zhang M. The impact of trust and contract on innovation performance: the moderating role of environmentaluncertainty[J]. International Journal of Production Economics, 2011, 134(1): 114-122.

[82] Wang M, Fang S. The moderating effect of environmental uncertainty on the relationship between network structures and the innovative performance of anew venture[J]. Journal of Business and Industrial Marketing, 2012, 27(4): 311-323.

[83] William D Eggers, Stephen Goldsmith. Governing by Network[J]. Government executive, 2003, 35(7): 28-33.

[84] Williamson O E. The economic institutions of capitalism[M]. New York: Free Press, 1985.

[85] Williamson Oliver E. A Comparison of Alternative Approaches to Economic Organization[J]. Journal of Institutional and Theoretical Economics, 1990, 146(1): 61-71.

[86] Williamson Oliver E. Markets and Hierarchies[M]. New York: The Free Press, 1975.

[87] Williamson Oliver E. The Economic Institutions of Capitalism[M]. New York: The Free Press, 1985.

[88] Williamson Oliver E. Transaction-Cost Economics: The Governance of Contractual Relations[J]. Journal of law and Economics, 1979, 22: 3-61.

第十三章
互联网时代下的公司治理

全章提要

概要
案例导读
- 第一节　互联网金融时代下的公司治理
- 第二节　移动互联网时代下的公司治理
- 第三节　大数据时代下的公司治理

本章小结
练习题
关键术语
结篇案例
参考文献

概要

1. 互联网金融时代的特征。

互联网金融时代是指在互联网技术的推动下,金融业发生了深刻的变革和创新的时期,以数字化、在线化、科技创新、普惠性、数据驱动和创新业务模式为特征。

2. 互联网金融时代下公司治理的发展趋势。

通过数据治理、股东参与、社会责任约束等方法,互联网金融时代下的公司治理将朝着数字化、科技化、多元化和创新的方向发展。

3. 移动互联网时代下公司治理的变革。

移动互联网时代公司治理从传统治理向网络治理转变,利益主体之间信息不对称的逐渐弱化,推动了公司治理权力重组和治理模式的创新。

4. 大数据时代下公司治理的特征。

大数据时代的公司治理呈现出治理主体多元化、信息透明度增加、决策数据驱动等特征。

案例导读

P2P 平台的转型方向与未来发展

相关统计显示,截至 2019 年 12 月底,P2P 网贷行业正常运营平台数量已下降至 343 家,相比 2017 年时超过 2 000 家缩减明显。互联网金融风险专项整治工作领导小组办公室、网络借贷风险专项整治领导小组办公室、联合发布的《关于网络借贷信息中介机构转型为小额贷款公司试点的指导意见》(以下简称"83 号文")已经从金融政策、转型条件、转型时效及监管措施等方面对 P2P 机构转型提出明确要求。根据规定,符合条件的网贷机构可以转型为小贷公司,主动处置和化解存量业务风险,最大限度减少出借人损失。那么,P2P 机构除此之外是否还有更多的选择? 其未来的发展路径又是什么?

目前,P2P 平台转型已成定局,但未必只有小贷公司一条路。总体上看,基本上可以有以下几种选择:第一条出路——转型成为助贷机构。传统银行类金融机构的优势是服务大型国有企业和高端优质客户,不善于为中小微企业和个人客户提供服务。网络机构往往拥有大量小微企业和个人客户的数据积累,可以帮助银行等金融机构进行客户筛选及评估,提升小额信贷服务的工作效率和资产质量,解决普惠金融业务信息不对称问题。第二条出路——变身网络小贷公司。83 号文鼓励合规大型 P2P 互金平台,特别是股东和资金实力较强的网贷机构,可以在满足网络小贷申请资质要求的情况下,申请具有信用中介属性的金融机构牌照,变身成为网络小贷公司,继续发挥普惠金融作用。第三条出路——转型做引流平台。虽然我们说 P2P 平台核心竞争力在于其对资产端的把控,但头部 P2P 平台核心竞争力是在于其存量的线上出借人。这些接受过风险现实教育、具备一定风险承担能力的出借人可以转化为金融机构资产管理类产品的投资人。第四条出路——网络债权转让。所谓"网络债权转让",通俗地讲,就是P2P平台把对出借人的债权转让给其他机构。债权转让通常会根据具体的业务范围、逾期程度有所折价。第五条出路——收购商业银行。

当然,随着科技的进步,后P2P时代可能会有一种新的形式出现,无论是小贷公司还是助贷机构,无论是金融科技公司还是导流平台,都会更广泛运用人工智能技术、大数据技术提升业务模式和用户体验,利用科技的力量来优化监管手段,适应新的金融形势发展,更好地满足小微企业、"三农"机构和个体工商户的金融需求,继续打通最后一公里,让更多的社会低收入阶层、弱势群体和偏远地区的人们享受到及时、可得、能负担的金融服务。

资料来源:姜欣欣.P2P平台的转型方向与未来发展[N].中国经营报,2020-01-20(11).

【知识扩充:思政探索】

互联网金融时代公司治理的挑战

众筹、P2P等这些基于互联网的新型融资方式的出现预示着互联网金融时代的来临。面对错综复杂的经济金融环境和快速变化的行业发展格局,坚持以习近平新时代中国特色社会主义思想为指导,深刻领悟"两个确立"的决定性意义,切实增强"四个意识"、坚定"四个自信"、做到"两个维护",深入学习贯彻党的二十大精神,忠实履行行业自律,持续提升内部治理和运营能力,是未来互联网金融时代公司治理发展的关键。

党的二十大报告提出,加强和完善现代金融监管,强化金融稳定保障体系,依法将各类金融活动全部纳入监管,守住不发生系统性金融风险底线。必须按照党中央决策部署,深化金融体制改革,推进金融安全网建设,持续强化金融风险防控能力。

第一节 互联网金融时代下的公司治理

一、互联网金融时代下的融资模式特征

互联网金融时代下的融资模式已经发生了巨大变革,从传统银行到P2P平台再到众筹网,融资主体的数量不断增多,互联网企业与金融机构之间的竞争也越来越激烈。2014年底,中国的互联网金融规模已经突破10万亿元,第三方支付、P2P、众筹等互联网金融模式快速发展。与传统融资模式相比,互联网金融时代下的融资模式具有以下特征:

(一)融资主体边界模糊化

在传统金融体系中,融资主体通常是明确的,如银行贷款的企业、个人借款人等。然而,随着互联网金融的发展,不同类型的主体之间的界限变得模糊,出现了更多的"交叉"和"交互"。例如,互联网平台不仅提供商品和服务,还可以成为融资的主体,通过发行虚拟货币、债券等进行融资。同时,许多科技巨头和互联网平台也进入了金融服务领域,从传统的信息技术公司变成了具有金融业务的实体。这导致了传统金融、科技和互联网领域之间的"交叉",使融资主体

的界限变得更加模糊不清。

此外,互联网金融时代下的新型融资模式,如众筹、P2P借贷、数字货币发行等的出现,也进一步扩大了融资主体的范围,使得个人投资者、小微企业等可以参与融资活动,打破了传统金融中大型机构对融资的垄断地位。

(二) 投资者准入门槛降低

在互联网金融时代下,投资者准入门槛被大幅降低,这使得对众筹项目感兴趣的消费者可以随时成为投资者。然而,低门槛也意味着他们无法像传统股东那样通过投票参与企业治理,同时也无法对企业经营活动的行为负最终责任。

在传统模式中,持有表决权股票以参与公司重大决策,并在未来稳定获得股利回报,被认为是一种较为稳定的投资方式。然而,在互联网金融时代下,投资者更加关注短期内通过资本利得实现收益,以及与此相关的权益,而非企业的控制权。他们更趋向于追求快速投资回报,而非长期持有和参与企业治理。这种转变凸显了互联网金融时代下投资者的特点,强调了在投资回报与参与企业治理之间所需的权衡。

(三) 围绕业务发展模式的信息不对称加剧

互联网金融时代下的信息不对称问题表现为两个方面:一方面,互联网在一定程度上减缓了信息不对称。因为它使信息获取和传播更加便捷,提高了信息透明度,同时也促使个人建立数字化身份并进行信用评估。另一方面,互联网也引发了新的信息不对称问题。信息过载让人们难以判断哪些信息可信,虚假信息和数据滥用问题也浮出水面。尤其是围绕业务发展模式的信息不对称有所加剧。新兴的在线平台和数字化业务模式可能存在不同程度的信息不对称,投资者往往难以获得准确的商业数据和运营细节。这种情况下,企业有可能过度宣传其业绩,或者隐瞒风险和问题,从而使投资者陷入信息不足或误导的境地。一个典型的例子是在互联网金融平台上的P2P(个人对个人)借贷业务。许多P2P平台承诺高额的投资回报,吸引了大量投资者参与。然而,很多平台在宣传中可能夸大了借款人的信用状况和项目前景,而忽略了风险因素。投资者很难获得真实的借款人信息和项目运营状况,导致信息不对称加剧。在一些情况下,平台甚至可能出现经营问题或欺诈行为,投资者无法及时获取准确的信息,造成损失。这凸显了在互联网金融时代下,投资者在面对新兴业务模式时,可能因为信息不对称而难以做出明智的投资决策,从而凸显了信息披露和业务监管的重要性。

(四) 技术或金融创新公司的合理估值难度增加

传统的资产定价理论在面对互联网金融公司时也迎来了新的挑战,这导致了技术或金融创新公司估值的非理性繁荣和资产价格泡沫的出现。20世纪末至21世纪初,随着互联网的兴起,许多互联网科技公司涌入股市,引发了一场大规模的资产价格泡沫。许多初创公司没有实际盈利,甚至没有明确的商业模式,但它们的股票价格却迅速飙升。这种繁荣是非理性的,部分原因是投资者对互联网领域的高期望和追逐热门概念。例如,像Webvan、Pets.com等一些互联网公司在该时期获得了高额融资,但由于缺乏盈利能力和可持续性的业务模式,它们最终无法支撑高估的股价。随着投资者认识到这些公司的实际价值与股价脱节,泡沫最终破裂,导致许多公司倒闭,投资者蒙受巨大损失。

非理性的繁荣脱离了真实的价值创造,这种现象不合理地抬高了资产价格,进而对技术或金融创新公司的价值评估带来了极大的困难。在这种情况下,投资者往往缺乏一个一致认同的公司治理基础,因为市场的繁荣并没有完全反映实际的经济基础和盈利能力。与对技术或金融创新公司价值评估困难相伴随的是技术或金融创新公司频繁出现的资产价格泡沫,这些泡沫的持续时间通常超出预期。这意味着投资者可能会被虚假的高估价值所吸引,进而在泡沫破裂时遭受严重的损失。然而,值得庆幸的是,股市泡沫的破裂对宏观经济的影响相对有限。与信贷和楼市泡沫相比,股市泡沫的危害要小得多,但依然对投资者和市场信心产生了不良影响。

二、互联网金融时代下融资模式转变背后的逻辑

P2P、众筹等形式的融资在互联网金融时代下充当了典型的角色,融资模式的巨大转变表现在消费者投资者边界的模糊、信息不对称的加剧、技术或金融创新公司价值评估困难、资产价格泡沫频繁出现……这些变化使得互联网金融时代下的融资环境更加复杂,也更具挑战性。那么,互联网金融时代下融资模式转变背后的逻辑是什么?

(一)专业化程度提高

基于互联网技术的"智能化""专业化"程度前所未有的提高。互联网智能技术的广泛应用,为用户带来了难以想象的便捷性和自动化操作。这种趋势表面上看似减少了人们操作的复杂性,使得一些任务变得简单化。实际上,在这些表象之下,我们正处在一个专业化分工程度不断提升的背景之中。在这样的背景下,是人们日益增长的对美好生活的需求以及对更为精细化的融资产品和产品服务的需求。

(二)交易成本变低

从借助中介机构的间接融资转变为借助互联网金融平台的直接融资实现了交易成本的降低(郑志刚,2016)。谢平和邹传伟(2012)指出,"随着互联网技术的发展,在网络支付、社交网络和搜索引擎云计算等支柱的支持下,资金供需双方在资金期限匹配以及风险分担上的成本非常低,中介机构将因为没有存在的必要而消失"。因此,严格意义的互联网金融指的是在互联网技术的基础上,将金融服务和业务进行数字化、在线化的过程。互联网金融包括利用互联网平台提供的技术手段,例如移动支付、在线银行、P2P借贷、众筹、数字货币等,来进行金融活动和服务。与传统融资模式相比,互联网融资模式更加直接,从间接融资到直接融资实现了交易成本的节省。

(三)大范围风险分担的实现

在互联网金融的框架下,风险分担已经在整个社会范围内得以实现。这一机制使得在个体风险方面呈现出降低趋势的同时,系统风险在整个社会范围内逐渐上升。然而,值得注意的是,尽管互联网金融的崛起未能从根本上消除信息不对称和投资风险,但通过全社会范围内的风险分担,个体风险得以减轻。但随之而来的,是金融和技术的快速创新和非理性繁荣,与频繁涌现的互联网金融相关的资产价格泡沫。

【知识扩充:思政探索】

案例 1　银行员工私自泄露客户信息

2018 年,某银行员工因私自泄露客户信息被开除。该员工在处理客户业务时,将客户的个人信息和账户信息记录在了自己的笔记本上,并将这些信息泄露给了他人。这种行为不仅违反了银行的保密规定,也侵犯了客户的隐私权,严重损害了银行的声誉。

> **案例 2　证券公司员工操纵股票价格**
>
> 2019年,某证券公司员工因操纵股票价格被判刑。该员工在证券交易中,利用自己的职务之便,通过虚假交易等手段操纵股票价格,从中获利。这种行为不仅违反了证券交易的规则,也损害了投资者的利益,严重破坏了证券市场的公正和透明。
>
> **思考题:** 如何在互联网金融时代下坚持和完善公司治理制度,以及如何在互联网金融平台实践职业理想和职业道德,实现个人价值和社会价值的统一?

三、互联网金融时代对传统公司治理模式的挑战

随着互联网金融时代的到来,新型的融资模式催生了智力资本在高新技术企业中日益重要的地位。这些因素毫无疑问地对传统公司治理模式带来了巨大挑战。传统公司治理模式构建在股东与公司的契约基础上,同时也依赖于成文法律和准则的支撑。传统公司治理模式下,公司治理所面对的主要问题涵盖了经理人与投资者之间的信息不对称问题和融资合约的不完整性问题。然而,智力资本的涌入导致投资者在解决这些问题时扮演了更为重要的角色。具体而言,投资者通过成为公司股东,获得剩余控制权(涉及资产重组和经营战略调整的表决权)以及剩余索取权(以出资额为限的有限责任),从而有效地应对融资合约的不完整性问题。同时,通过设立董事会,投资者得以选拔、监督和激励经理层,有效解决信息不对称问题。综合而言,传统公司治理模式下资本与劳动的关系可以概括为"资本雇佣劳动"。

随着互联网金融时代的来临,使得融资更加便捷和灵活,任何需要资金的项目都可以通过互联网轻松地实现外部融资,从而打破了以往资金的稀缺性。这导致了资本的地位下降,而资本不再是唯一的"瓶颈"。以往相对稀缺资本已经退化为普通的生产资料,此时企业家和创新的作用变得更加突出。"劳动雇佣资本"(创新的业务模式通过互联网实现外部融资)的时代悄然来临。

(一) 不平等投票权的出现

在互联网金融时代下,由于新兴产业发展所导致的信息不对称,外部投资者更愿意将涉及新兴产业业务模式的决策权交给IT精英,从而放弃自身的控制权,退化为资金提供者,这有效解释了为什么一些高科技企业倾向于采用双层股权结构,即不平等投票权的治理模式。最具代表性的例子是谷歌推出无表决权的C类股票。2014年4月,谷歌在原来发行不平等A类股票(一股一票)和B类股票(一股十票)的基础上,进一步推出没有表决权的C类股票(一股零票),投资者从开始抵触到逐步接受甚至没有表决权的股票。

双层股权结构的出现,本质上是由于新兴产业环境下,围绕业务模式的信息不对称问题日益突出。在这种背景下,掌握着关键商业信息的内部团队,通常由IT精英组成,与外部投资者之间存在信息不对称。为了解决这一问题,企业倾向于采用双层股权结构,通过一种"市场解决方案"向外部投资者传递有关项目的识别信号。在这一模式中,新项目需要获得外部资金的支持,而外部投资者则需要准确辨识有潜力的投资项目。然而,由于业务模式信息的不对称性,外部投资者往往难以确定最优的投资目标。因此,一些公司引入双层股权结构,将业务模式决策留给具备专业知识的内部团队,而将外部投资者定位为一般资金提供者。这种安排实质上是企业试图通过双层股权结构,以一种特殊方式应对信息不对称问题,从而平衡业务发展和外部投资之间的关系。例如,投资京东的老虎基金等PE(私募股权投资)公司合计持有京东

65.72%的股份,创始人刘强东只有18.8%的股份,但京东设置了A、B股两类不同投票权的股票,A类股票只有1票投票权,刘强东持有的B类股票每股有20票投票权,再加上腾讯转移给刘强东的投票权,刘强东的股票权达到了86%,可持续性地保持控股及战略经营。

(二)由股东向经理人为中心转移

在经济发展演进的历程中,公司治理模式一直扮演着关键角色,从而影响着企业的运营、决策和发展。传统意义上公司治理的核心是以股东为中心,强调股东权益的保护和价值最大化。然而,随着互联网金融时代的到来,公司治理模式正经历着显著的演变,逐渐由股东向经理人为中心转移。

在以股东为中心的传统模式中,股东作为公司的投资者和所有者,对公司的经营决策和战略调整发挥着重要影响力。公司治理机制旨在保障股东权益,确保经理人履行他们的职责,实现投资者的利益最大化。然而,互联网金融时代下的新兴产业和商业模式的快速崛起,带来了信息不对称和高度专业化的挑战。新兴产业的复杂性和技术先进性使得普通股东很难完全理解和参与公司的核心业务。

在这种背景下,经理人的作用逐渐凸显。随着技术和创新的不断推进,企业需要具备高度专业知识和创新能力的经理人来引领发展。互联网金融时代下,企业家精神的重要性愈发凸显,他们能够创造出前所未有的商业模式和增长机会。因此,越来越多的企业开始转向以经理人为中心的治理模式,将核心决策权交给能够深刻理解行业动态、创新模式的经理人团队。

在这种新的公司治理模式中,企业家和经理人在业务决策中扮演了更为关键的角色,他们更具有创新、执行和战略规划的能力。这种模式的优势在于,能够更加灵活地应对市场的变化和竞争压力,快速调整战略,迅速抓住机遇。同时,这也要求股东在一定程度上放弃部分权益,相信经理人的能力和判断,从而推动公司实现长期价值增长。

(三)监管机构信息披露政策的变化

在互联网金融的快速发展中,监管机构正在逐步调整信息披露政策,实现从强制性信息披露向更为灵活的选择性信息披露的转变。这一演变反映了监管的变革,以适应互联网金融时代下信息流动的特点。

过去,为了保护投资者的权益并减少信息不对称,许多国家实行了强制性的信息披露制度,要求公司披露大量的财务和经营信息。然而,随着互联网金融的兴起,信息传播变得更加迅速和广泛,互联网平台提供了更便捷的渠道,使投资者能够更容易地获取和比较各类信息。与此同时,互联网金融业务模式的特殊性也需要考虑到商业机密的保护,因为许多互联网金融平台涉及创新性的商业模式和技术,公开过多的信息可能导致商业机密泄露,从而影响企业的竞争力。因此,监管当局在平衡信息披露和商业机密之间需要更加谨慎。

在这一背景下,越来越多的监管机构开始推动选择性信息披露的思路。这意味着企业可以根据实际情况自主决定披露哪些信息,以满足投资者的合理需求,同时保护商业机密。从强制性信息披露向选择性信息披露的转变也要求监管机构采用更加灵活和智能化的监管方式,利用技术手段来监测和评估信息披露的质量和效果,体现了监管的创新和适应能力。

(四)家族信托和公益基金的兴起

在互联网金融时代下,随着家族信托和公益基金的兴起,企业家财富的归属和退出方式发生了重大变化。传统的财富传承方式受到挑战,企业家们开始寻求更灵活的方法来管理财富。家族信托和公益基金成为热门选择,其独特之处在于资产的所有权、经营权和收益权分开,为请用手机微信扫二维码,学习"知识扩充"。

银行"试玩"元宇宙

企业家提供了新的选择,实现了财富的传承和管理。这一变化也引发了对传统公司治理理念的重新思考,家族信托和公益基金的崭新模式为未来的财富管理和企业传承提供了新的思路。

第二节 移动互联网时代下的公司治理

党的二十大报告提出:"健全网络综合治理体系,推动形成良好网络生态"。我国网络空间天朗气清、生态良好,符合人民利益。党的十八大以来,以习近平同志为核心的党中央重视互联网、发展互联网、治理互联网,深入推进网络强国战略,推动我国网信事业取得历史性成就、发生历史性变革。新时代新征程,要进一步加强网络空间治理,提高网络综合治理能力,不断提升网络空间治理效能,推动我国加快从网络大国向网络强国迈进。随着移动互联网的崛起,全球商业格局正经历着深刻的演变。技术网络、组织网络和社会网络深度融合,催生了互联网金融等新兴商业业态。这一变化在对传统治理造成冲击的同时也为公司治理提供了新的手段,启发了对新兴商业模式有效治理的思考(李维安,2014)。在这个数字化、信息化的时代,公司治理已不仅仅是一种机制,而是推动创新、应对变革、保护利益相关者权益的关键战略工具。

一、移动互联网时代公司治理的变革

(一)公司治理网络化转变

传统的公司治理是垂直的,随着集团治理、跨国治理的发展,公司治理实际上也朝着扁平化、网络化的方向发展。但是,随着互联网、移动互联网等新技术的出现和导入彻底改变了原有的企业内网络、企业间网络和社会网络。在移动互联网时代,"网络"由我们过去谈论所关注的社会关系网络,包括企业组织之间的联系网络而变成更多涵盖了技术网络、社会网络和组织网络的三者深度融合的概念。在企业的实际运营中,技术网络、组织网络和社会网络并非孤立存在,而是相互交织融合。技术网络构建了信息流的基础,为网络组织提供了营养和能量。对于企业网络组织以及公司治理的健康发展,技术网络的支持是信息流动的关键。企业网络的形成、结构和机制受到组织中个体之间社会网络关系的影响。以互联网为核心的技术网络的发展也改变了个体社会网络关系的表现方式和治理方式。移动互联网时代,网络治理既可以作为"治理"的工具,例如用"技术网络"对规制对象进行治理,用网络结构和信息流来改变网络关系;同时也可以充当"治理"的对象,即对"网络"这一系统的治理,比如对战略联盟网络的治理、对集群网络的治理等。

1. 网络作为公司治理的工具

信息技术推动了公司治理向网络治理的发展,通过网络工具如网络投票和公司治理信息系统进行治理,改变了中小股东及其他投资者在公司治理中的地位,为公司治理注入了新的生机和活力。以网络投票为例,利用互联网技术进行的公司治理的表决权配置和实施,是网络治理的一个重要实践。

在传统情况下,公司的重要决策需要股东在股东大会上投票通过,比如股权分置改革等。然而,中小股东在股东大会上的参与往往较低,这源于公司治理参与的成本较高,特别是涉

差旅费和住宿费等,从而限制了他们的积极性。网络投票的引入恰好解决了这一问题。然而,早期的网络投票方式基于交易所交易系统,不够便捷,投票选项有限,容易出错。但这也标志着网络治理的初步进展。

随后,互联网投票平台的出现彻底解决了这些问题。2014年5月9日,《关于进一步促进资本市场健康发展的若干意见》(以下简称"新国九条")发布,明确要求完善公司中小投资者的投票和表决机制,为上市公司全面采用网络投票方式提供了政策支持。

互联网投票方式为中小股东积极参与公司治理提供了便捷途径。中小股东通过网络投票参与股东大会,取得了高效的维权效果。以ST东热为例,在股东大会上,中小股东运用网络投票方式,成功反对了大股东的不合理提案,实现了治理上的平衡。

请用手机微信扫二维码,学习"知识扩充"。

ST东热投资项目遭否 中小股东"叫板"大股东

2. 网络组织成为治理行为的对象

在这个角度下,网络本身被视为一种组织形式,需要被治理。例如,在战略联盟或集群中,不同的实体通过网络连接在一起,形成了复杂的关系网。这些网络关系需要被管理和调整,以确保各方的利益得到平衡,合作得以顺利进行。在这种情况下,治理是为了保持网络的稳定性和效能。

当网络组织成为治理行为的对象时,意味着在复杂的网络结构中,各个节点和连接的管理和调整变得重要。一个典型的例子是战略联盟网络,其中多个组织或公司通过合作建立了紧密的关系。假设在科技产业中,有一组公司,它们通过战略联盟的方式合作,共同研发新技术,共享资源,或拓展市场。这些公司构成了一个复杂的战略联盟网络,其中每个公司都是网络中的一个节点,而它们之间的合作关系则构成了网络的连接。在这个网络中,每个公司都有自己的利益和目标,但也受到其他公司的影响。例如,一家公司的决策可能会影响整个联盟的研发进度或市场竞争力。而其他公司的决策也会对该公司产生影响。在这样的情境下,网络的稳定、合作的平衡以及信息的流动都变得至关重要。

在移动互联网时代,公司治理成本降低,致使新的小股东、社群等积极治理主体应运而生。公司治理的主体逐渐发生着变化,这就要求原有的企业内网络、企业间网络和社会网络,在新的网络主体的加入后快速反应,使各主体之间快速形成协同效应,提高公司治理效率。

(二)治理权力的重组和治理模式的创新

移动互联网时代,公司治理经历了一系列的深刻变革,其中最重要的便是治理权力的重组和治理模式的创新。这一变革得以实现,主要源于技术的快速发展以及信息的全球化流动。这些导致公司与其利益相关者之间的互动呈现出前所未有的紧密性和实时性。在这一背景下,决策权逐渐从传统的层级体系向更为分散和开放的方向转移,各级员工和利益相关者都能够更直接地参与决策和提供反馈。同时,数字化工具的应用也为公司提供了更高效的治理手段,例如虚拟会议和在线投票等,大大促进了沟通,使合作更为便捷。

治理权力的重组和治理模式的创新在互联网时代,不仅使公司具备了更大的灵活性和适应性,同时也加强了利益相关者的参与感,进一步推动了公司治理向更为民主、开放和科技驱动的方向演进。为了更好地感受移动互联网时代的治理权力的重组和治理模式的创新,我们以阿里巴巴为例对其进行进一步的阐释。作为一家网络科技巨头,阿里巴巴的上市之路却曲折不平。其核心问题在于对控制权的制度创新,即"合伙人制"与外部治理环境之间的冲突与请用手机微信扫二维码，学习"知识扩充"。

阿里巴巴的"合伙人制"

协调。这一制度本质上赋予马云等核心合伙人控制权优先股，以一种难以用现有规则解释或容许的治理模式，展现出独特的创新性。阿里巴巴的"合伙人制"为移动互联网时代背景下的平台企业等选取治理模式开辟了新的道路。

（三）利益相关者之间信息不对称的弱化

在过去，由于技术和文明水平的限制，信息披露与人们的社会阶层存在相似的分层现象。信息传递常常需要经过多级流转，人们需要积极主动地去挖掘信息。然而，随着移动互联网时代的来临，社交工具如微信、微博等的广泛应用，简化了信息的获取过程，拓宽了信息的获取渠道，减少了信息传递层级的固定性。原本沿袭的信息层级推进方式变成了多元渠道、广泛领域、快速节奏的灵活架构。这种信息格局的变化在企业治理方面弱化了利益相关者之间信息不对称的现象。

信息的平等获取性同时也降低了利益相关者参与公司治理的门槛，提高了各方治理意识。这对资本市场中的投资者来说，一方面使他们能更迅速地了解公司信息，更及时准确地进行投资决策；另一方面，也有助于公司内部治理主体更好地了解和共享公司信息，进而降低代理成本。

二、移动互联网时代公司治理的风险

移动互联网时代公司治理面临新的风险。信息技术的发展带来了信息安全和隐私问题，数据泄露和隐私侵犯可能影响公司声誉。此外，网络诈骗和虚假信息的传播也增加了公司欺诈风险。在数字化交流的背景下，监管挑战和合规难题凸显，需要公司采取更强的措施来应对这些新的治理挑战。

首先，信息技术的迅速发展带来了信息安全和隐私问题，这在许多公司中已经成为一个突出的挑战。随着大量数据在网络上的交换和存储，公司的敏感信息容易成为黑客和恶意行为的目标。2013年发生在美国"目标"（Target）公司的数据泄露事件就是一个典型的案例。黑客入侵了该公司的支付系统，窃取了超过4 000万客户的信用卡信息和个人数据，导致公司声誉受损、客户信任受挫，造成了巨大的经济损失，迫使该公司采取严格的信息安全措施，以避免类似事件再次发生。雅虎公司在2014年曝出了两起数据泄露事件，分别影响了超过3亿和5亿用户的账户信息，对公司的声誉造成了沉重打击。这些事件不仅暴露了公司在信息安全方面的薄弱环节，还引发了公众对于企业如何处理用户数据和隐私的担忧。

所以在移动互联网时代，信息安全问题的严重性不容忽视。公司需要采取一系列的信息安全措施，包括加密技术、多重身份验证、安全审计等，来确保客户数据的保护。此外，加强员工的安全意识培训也是非常重要的，因为很多数据泄露事件都是由于员工的疏忽或错误操作引发的。

其次，网络诈骗和虚假信息的传播也是一个日益严峻的问题。移动互联网提供了广泛的平台，使不法分子更容易伪造信息、进行欺诈行为。公司可能会成为网络诈骗的受害者，被不实信息所困扰，这不仅影响企业信用，还可能导致法律纠纷。例如，随着互联网时代的不断演进，网络群体出现了"群体极化"[①]的现象，这在很大程度上是数字社交媒体和信息传播的结

---

① 群体极化的概念最早由美国哲学家、芝加哥大学法学院教授凯斯·桑斯坦提出，他指出，"群体极化的定义极其简单：团体成员一开始即有某些偏向，经过活动运行、商议后，人们朝偏向的方向继续移动，最后形成极端的观点。"

果。这一现象在互联网时代得以显著扩大和强化。以社交媒体为例,平台上的用户往往选择加入与自己立场相近的群体,接受与自己观点一致的信息,这种信息的过滤和集中会导致观点的极端化。例如,在政治、社会和环境等议题上,群体内的用户可能更容易形成共识,强化自身观点,并在讨论中排斥异见。

最近的研究表明,这种群体极化不仅仅停留在网络空间,也在现实社会中产生了影响。比如,某些社交媒体上的谣言可能会扩散到现实生活中,影响公众对特定话题的态度和行为。例如,双汇公司在微信上遭受的谣言攻击就导致了巨额市值损失。类似的案例还有许多,如一些企业在社交媒体上受到负面舆论攻击,从而影响其声誉和业务。企业在应对网络群体极化时面临着巨大挑战。这种极化现象可能会对公司的治理和声誉造成负面影响,但它在数字社交媒体平台上的传播往往难以控制。企业需要更加敏锐地捕捉网络舆论的变化,及时回应和澄清不实信息,维护自身的声誉。同时,企业还需要建立强大的社交媒体风险管理机制,积极参与对话,扩大信息的透明度,减少信息不对称的风险。

再次,移动互联网时代,公司与客户、投资者等利益相关者之间的联系更加直接密切,这也为公司治理带来了新的挑战。不同地区和国家的法规和法律要求可能相互冲突,这对跨国公司而言尤为复杂。例如,一家公司可能需要同时遵守美国、欧洲和中国等地的数据保护法规,这要求公司在全球范围内确保合规,避免法律风险。个人隐私保护的法规也在不断完善,进一步增加了公司合规的难度。欧洲的《通用数据保护条例》(GDPR)和美国的《加州消费者隐私法》(CCPA)等法规要求公司更加谨慎地处理和使用客户和员工的个人信息。公司需要制定明确的隐私政策,获得明确的用户同意,并采取有效的安全措施来保护这些信息,以避免潜在的法律诉讼风险和信任危机。

最后,移动互联网时代可能出现监管漏洞。在我国,股东网络投票也曾出现过监管漏洞,并引发了一系列问题。一些上市公司被指涉嫌与证券公司勾结,有组织地更改股东网络投票的结果,以确保某些决议得到通过。这种情况引发了一场关于公司治理的争议,凸显了在移动互联网时代,监管和合规问题依然是公司治理中面临的重要挑战。

尽管移动互联网时代下的公司治理面临着众多挑战和风险,但它也为公司带来了前所未有的机遇。数字技术赋能公司更精准地了解市场需求、优化运营,进而实现可持续增长。移动互联网时代下的公司治理已经超越了传统的内部机制,成为推动创新和可持续发展的关键途径。信息透明性、利益相关者的参与、创新驱动、数据安全与隐私保护……都是构建公司有效治理的重要组成部分。通过合理应对这些风险,公司可以在移动互联网时代中获得持久的竞争优势,实现长期的成功。有效的公司治理不仅可以应对市场变革,还能够为利益相关者创造更大的价值。

请用手机微信扫二维码,学习"知识扩充"。

阿里巴巴张勇:大模型催生智能化时代 阿里云走向"产品被集成"

第三节 大数据时代下的公司治理

大数据时代以海量、高速、多样的数据流动为特征,通过先进的技术和分析方法,实现对数据的收集、处理和应用,从而揭示出隐藏在数据中的信息、趋势和模式。大数据时代的公司治理呈现出治理主体多元化、信息透明度增加、决策数据驱动等特征。

一、大数据时代赋能治理主体多元化

大数据时代赋能了治理主体的多元化,在公司治理领域引发了重要变革。随着大数据技术的迅猛发展,传统的公司治理结构已不再局限于传统的管理层和股东,而是涵盖了更广泛的利益相关者,包括客户、员工、投资者、社会大众等。这种多元化的治理主体架构体现了信息传播的广泛性和参与度的提升。大数据时代所赋予的技术能力和分析手段在公司治理中的应用,促使治理主体之间的联系更加紧密,推动了治理决策的精准性和效率。

首先,大数据时代以海量异构、动态分布、实时更新的数据流动为特征。这使得企业能够收集和分析更多类型的数据,从市场调研、需求创造、产品开发到业务设计等多个方面,优化运营管理并创造更高的商业价值。以此为基础,公司能够更准确地洞察市场趋势和客户需求,实现更有针对性的战略决策,从而提升治理的决策精准性和精细化水平。

其次,大数据时代极大拓展了信息源头和流通渠道。通过数字化环境下的信息交换,信息的传播速度大大提升,使得信息得以迅速传播,从而夯实了信息传播的广度、深度和密度。这使得信息不再受限于传统的时空限制,在各市场主体之间实现了更广泛的传播,推动治理边界从线下扩展到线上。大数据的应用有力地缓解了商业社会及资本市场中的信息不对称问题,使得公司股东能更精准地判断董事会及管理层的经营水平,大股东难以操控中小股东发声空间,内部控制人则在外部市场监督压力下更慎重地维护公司利益,从而提升企业整体治理水平。

最后,大数据技术的发展显著降低了信息获取成本和提高了信息获取便利度。治理相关方能够更轻松地获取高质量的数据信息,形成科学的建议方案。这使得以中小股东为代表的分散个体能更积极参与公司治理,从而加强了对企业的监督。此外,企业能够更加谨慎地处理和使用客户和员工的个人信息,以避免法律纠纷和信任危机。这在一定程度上提高了企业的合规性和稳健性。

大数据时代通过赋能治理主体多元化,显著改变了公司治理的格局。然而,在实际应用中,公司也需要在多元治理格局下加强管理和沟通,以实现治理的协调与稳定。通过大数据技术的应用,公司能够更好地理解各类利益相关者的需求和期望,实现更广泛参与和更深入理解,从而在新的治理格局下获得更大的发展机遇。

二、大数据时代赋能内部治理机制

(一)中小股东参与

在传统的公司治理架构中,中小股东的地位常常显得尴尬。在以英美模式为代表的股权高度分散结构下,中小投资者往往难以与实际控制公司的内部管理层竞争,导致公司治理存在外部分散股东与内部管理层委托代理成本的问题(Jensen and Meckling,1976)。而在以德日模式和东亚模式为代表的股权高度集中结构下,中小股东则很难在资本投入和股权比例上与大股东和控股股东对抗,引发了大小股东之间的利益冲突(La Porta et al.,1999;Claessens et al.,2000;Faccio et al.,2002)。在主流的公司内部治理结构下,中小股东往往处于弱势地位,其话语权和影响力有限。正因如此,许多国家的资本市场都致力于加强制度建设,以保护中小股东的合理权益。通过赋予中小股东累积投票权、分类表决权甚至否决权,这些举措旨在维护中小股东与大股东及管理层之间的权力平衡,限制实际控制者侵害中小股东利益、追求个人控制权私利的行为(Fried et al.,2020;姚颐等,2011;郑国坚等,2016)。

然而,在以创新型商业模式为导向的数字经济时代,随着新技术、新业态和新模式的迅速崛起,中小股东在公司治理中的地位正在发生深刻的变化。这些新兴趋势对中小股东的影响不容忽视。新技术的应用,例如大数据、人工智能和区块链,赋予了中小股东更多参与公司治理的机会和手段。数字化的信息传播和互动平台使得中小股东能够更迅速地获取公司信息、表达意见和行使权益。与此同时,新兴业态的兴起也为中小股东提供了更多参与和投资的机会,进一步加强了他们在公司治理中的角色。

首先,大数据及普惠金融技术的飞速发展显著增强了资本市场中资金供求的精准匹配。这不仅提高了融资效率,降低了融资门槛和成本,还使得那些拥有商业模式、技术优势和人力资本优势的优质企业能够更便捷地从市场获得资本支持,减少对于金融巨头的依赖,让融资社会化和大众化成为趋势。随着融资渠道的多样化,股权的分散度也显著上升,控股股东的影响力相应减弱。中小股东不仅数量上占主导地位,当他们通过数字技术凝聚起来时,其集体力量也不可小觑。这种情况下,中小股东在企业控制权布局中的地位得到加强,同时也对公司治理有了更高的责任感。

其次,对于数字革命下的新经济企业而言,传统上股东与管理层之间的委托代理成本已不再是主要的治理难题。在新经济环境中,由创业团队等实际控制人主导的管理层对公司有着内在的认同感和责任感,不再仅仅是资本的代理人,而是有着强烈的内生动力来支持企业的发展。他们的行为决策更多地以企业的长期发展为导向,而不仅仅是个人的短期私利。这样的变化使得股东和管理层之间的利益协同度显著提升,传统治理问题如矛盾冲突和利益对抗逐渐减少。治理的重心也从防范管理层违反契约精神转向激励创业团队持续投入高质量人力资本、技术资本和创新资本,从而支持企业实现可持续发展。

最后,数字经济时代对整体股东治理水平提出更高的要求。新经济企业内部融合了许多颠覆性的商业、业务和盈利模式,这要求股东必须提高自身的专业水平和分析能力,以更深入地了解所持有股份的公司。这样能够使股东更有针对性地为企业发展提供建议和意见,发挥股东监督的作用。因此,在数字经济时代,股东需要拥有更高的智慧和贡献度,积极参与企业治理,为企业创造更大的价值。

在股东角色转型的背景下,大数据和数字技术为中小股东提供了更多积极践行股东职责和参与公司治理的机会。一方面,大数据极大地扩展了股东获取信息的途径,提升了资本市场的透明度。股东可以更便捷地收集与企业经营相关的各种信息,从宏观到微观,借助智能信息分析工具更准确地判断行情,厘清企业的经营模式和发展思路。这将大大减少了与企业管理层和大股东之间的信息不对称,使股东能够及时发现经营问题,有效地监督实际控制人合法管理决策,从而提高了企业的公司治理水平。另一方面,新一代信息技术,如人工智能、机器学习、云计算、区块链等,为中小股东提供了条件,他们可以在任何时间、任何地点,通过手机、网络等媒介积极参与公司治理。这些新兴技术与企业实践的深度融合有效地降低了中小股东的治理成本,遏制了"搭便车"现象,也激发了更广泛的治理动力,进一步加强了对投资者权利的保护。这些新技术不仅使中小股东的参与更加便捷,还促使他们更深入地了解企业的经营状况,从而更有效、更精准地行使股东权利,推动公司向更为透明和健康的方向发展。这种趋势也将有助于加强投资者信心,促进资本市场的健康发展。

(二)董事会尽职

在数字经济时代的大数据赋能下,物质资本对企业的重要性逐渐减弱,新经济企业的发展更加依赖于掌握核心技术和关键资源的创始人及其业务团队。人力资本、技术资本和管理能力等创新资本的重要性逐步上升。创业团队依靠具有竞争优势的创新构想在瞬息万变的商业市场中立足,并以此为基础进行创业。为了进一步获得扩张所需的物质资本,他们向外部资本市场发出引资信号,选择愿意合作的投资者,并转让一定比例的股权,以继续保持对企业的控制权。在此背景下,创始团队对公司董事会和管理层的控制逐渐加强。他们通过任命熟悉企业成长路径和发展使命的成员组建董事会,提高董事会的专业水平,从企业利益出发,推动企业可持续发展。

创始团队对董事会的强力控制对企业发展具有显著的积极作用。作为企业的创始者,他们对企业充满内驱力和使命感。他们能够充分发挥创业智慧,动员各种资源为企业筹集物质资本、人力资本和关系网络资本,打造富有竞争力的商业、运营和盈利模式。与股东利益相一致,创始团队以企业价值为中心,以长期发展为导向,从而降低股东与董事会之间的代理成本。此外,在新经济企业中,创始团队通常还能有效控制管理层,进一步增强董事会与管理层之间的一致性。

然而,我们也不能忽视这可能导致的控制权过度集中的问题,即如果创始团队不再以企业利益为导向,开始追求个人利益,或者其能力和眼界跟不上快速变化的世界,那么这种控制权过度集中的权力配置可能会给企业带来经营问题和治理风险。此外,创始团队对董事会的长期控制也可能引发外部投资者的不满,导致控制权争夺,甚至影响企业的现实话语权。

数字经济赋能董事会在精准治理方面的作用逐步显现。大数据和数字技术有助于董事会更好地进行市场分析、优化资本配置决策,并提高对企业经营管理的水平。新技术在人事任免方面的应用也能提高董事会的组建水平,进一步增强企业内部治理。数据治理的发挥还能提高企业的信息透明度,减少信息不对称,加强股东和资本市场的监督,抑制管理层自利行为,降低代理成本。

请用手机微信扫二维码,学习"知识扩充"。

京东的控制权配置体系

(三)管理层激励

数字经济时代,融资门槛的降低和融资社会化程度的增强导致企业对物质资本的依赖减少,公司治理的焦点从股东向企业家的转变。在这一背景下,创始人及其核心团队,那些愿意将股权让渡给外部投资者的企业家,将成为董事会的强有力决策者,同时他们也牢牢掌握着实际执行企业日常事务的管理层。这些以创始团队为核心的管理层深谙企业的商业模式、业务模式和盈利模式,掌握企业的核心技术、关键资源和差异化竞争优势,构成了不可复制、不可替代的专有人力资本。这些具备数字思维和领导力的创业团队成为企业战略转型的灵魂和先驱,一旦创始人失去对企业的控制权和管理权,企业就会失去可持续发展的核心能力。因此,数字经济时代下公司治理的新范式凸显了一个重要特征,即从"资本雇佣劳动"模式转向了"劳动雇佣资本"模式。在这个新模式下,将管理者的才能纳入公司治理的核心分析框架,重视人力资本、技术资本、管理才能等创新资本的作用,使得创始团队成为企业的主导者和价值创造者。与此同时,这些由创始团队领导的管理层,因其对企业的高度认同感、责任感和使命感,能够将个人的职业成就与企业的发展紧密结合,自主地投入高质量人力资本的同时,减少了传统管理层的自利行为,进一步提升了企业的内部治理水平。

大数据和数字技术的引入还能有效增强数据的精准治理功能,缩小管理层的主观判断和人为操纵空间,实现从生产到销售全流程的标准化操作,提升决策的科学性,优化资源的利用效率,降低资源消耗和浪费。这使得管理层在客观环境中难以谋求控制权私利,难以获得超越市场水平的超额回报。同时,大数据赋能下的提升治理水平还能有效改善企业的经营业绩和绩效表现股东和董事会能够及时识别管理层的人力资本和管理才能,并为他们提供具有竞争力的薪酬激励机制,使得管理层更能从优化的奖励体系中公平合理地分享他们的劳动成果,随着企业绩效的提升,他们也更有动力加强自身与企业利益的协同,从而在主观上减少追求私利的动机。

此外,大数据生态系统将包括内部治理力量(如大小股东、董事会、员工等)和外部治理力量(如机构投资者、新闻媒体、分析师、审计师、市场监管者等)统一到实时更新、高速流动的信息治理网络中,提升企业从决策到经营的透明度。这大大压缩了管理层试图通过隐秘手段输送利益、追求控制权私利的空间,抑制了管理层的自利倾向。同时,增强的内外部监督网络也增加了管理层违规行为被市场捕捉的风险。管理层出于对市场、规则和法律制度的敬畏,不会轻易冒险损害公司利益。

然而,强势且缺乏权力制衡的创始团队管理者可能在企业的内部治理中产生"双刃剑"效应。当企业跨越成长期,进入发展期时,可能会带来新的治理矛盾和风险。企业家及其创始团队在经验和视野方面的局限可能落后于企业高速发展对新专业、新知识和新技术的需求。在这种情况下,为了确保企业能够及时获得新的人才和知识,保持发展的动力,掌握企业实际控制权的管理层需要注意避免过于强势的作风,以免导致企业错失关键的人才和发展机会。因此,在以企业家为中心的新模式下,我们应该清醒地认识到管理者在企业不同发展阶段的异质性角色,以更为中立客观的视角展示管理层在内部公司治理中的角色和定位,并探索确保企业家效用最优化的治理路径和具体机制设计。

三、大数据时代赋能外部治理机制

(一) 数字技术赋能机构投资者的外部治理角色

随着数字经济时代的到来,大数据和数字技术为机构投资者带来了更多的数据治理功能,进一步赋能其在公司治理中的作用。

一方面,实力雄厚的机构投资者能够充分利用各种渠道和形式的数据资源,具备更强的数据收集能力。在大数据环境下,数据已成为影响市场竞争格局的重要战略性资源,而机构投资者可以借助其庞大的资源网络,高效地获取并整理数据。在数字经济时代,万物互联的经济活动产生了大量数据,机构投资者可以根据市场投资者对数据的敏感度,迅速发现有价值的信息源。这与普通大众投资者面临的数据获取门槛形成鲜明对比,使得机构投资者在数据收集方面具有明显的优势。同时,机构投资者能够分析海量、高频、多维度以及低密度的大数据资源,具备辨识真伪信息和识别隐藏信息的能力,从而更准确地判断企业的经营状态和绩效表现,为投资决策提供有力支持。

另一方面,机构投资者在数据处理和分析方面拥有更强大的能力。凭借其财力和人力资源,机构投资者能够雇用专业的技术团队,利用机器学习、人工智能等技术来分析大数据,构建模型并不断优化算法。这使得他们能更加精准地理解数据背后的趋势和关联,挖掘更多的信息价值,从而在资本市场的投资决策中获得更高的成功率。同时,他们还能在信息不对称的情况下压缩主观判断的空间,降低投机行为和激进行为,提高决策的科学性和标准度。这种数据技术赋能有助于机构投资者更好地履行其外部治理职责,提高对目标企业的监督和建议效果。

然而,需要注意的是,机构投资者在利用数据优势的同时也需要警惕其潜在的风险,避免信息不对称的加剧和市场失衡。因此,数字经济时代的外部治理机制需要在数据驱动的基础上保持清晰的透明度和公正性。

（二）数字经济时代的社交媒体与公司治理

在数字经济时代，社交媒体和自媒体平台等新型媒体渠道得到了迅猛发展。传统的媒体治理范围正在被扩展，新的数据驱动型媒体在公司治理中发挥着越来越重要的作用。这些新型媒体在公司治理中的角色不仅限于传播监督，还具有更多的功能。

一是随着大数据和数字技术的结合，媒体在精准传播方面得到了显著提升。大数据能够帮助媒体更准确地了解受众特点和市场定位，实现信息精准推送，将信息传递给最相关的受众群体。这使得媒体能够更好地发挥对企业和市场的精准治理作用，促使企业更积极地向受众披露信息，提高企业的透明度和声誉。

二是社交媒体和自媒体平台为企业提供了更多的直接沟通渠道，使得企业能够更及时地回应市场和投资者的关切。企业可以利用这些平台，主动披露信息、解答疑虑，从而降低信息不对称，增强企业与投资者的沟通和信任。例如，在产品危机和负面事件发生时，企业可以通过社交媒体及时向受众披露真实信息，减少负面影响，维护企业声誉。

总体而言，数字技术为新型媒体带来了更多治理功能，增强了其在公司治理中的作用。这有助于提高企业的信息透明度，增加市场的合理性和公正性。然而，需要警惕新型媒体可能带来的信息失真和投机情绪，保持对信息的客观判断和深入分析。比如社交媒体的"圈子"效应可能导致信息传播呈现偏向性，从而影响对企业的全面评价。此外，虚假信息和舆论压力可能导致企业采取短期主义的决策，不敢创新和承担风险，从而制约了企业的长期发展。

（三）数字经济时代的市场监管

在数字经济时代，市场监管不仅需要适应技术的发展，还需要紧跟国家治理体系现代化的步伐，以实现更加精准、高效的监管。大数据和数字技术为市场监管带来了新的可能性，有助于构建更加规范、透明、有活力的资本市场。

我国市场监管部门在数字化转型方面取得了显著进展。政府数字化治理能力的提升有助于更准确地识别企业的违规行为，从而加强对企业的监管。政府可以利用大数据分析技术，实时追踪市场动态，及时发现异常情况，为监管决策提供数据支持。

此外，我国市场监管部门还借助数字技术推动了资本市场改革。科创板的设立和证券法的修订，以及对新经济企业的支持，都有助于提高市场的包容性和吸引力。新的政策和制度环境为新型企业提供了更好的发展机会，推动经济创新。例如，中国证券业协会（CSA）推出了"智能监测系统"，利用大数据和人工智能技术，对证券市场的异常交易行为进行实时监控。这有助于监管部门更快速地发现市场操纵等违规行为，并及时采取措施。

然而，数字经济时代的市场监管也面临一些挑战。随着新经济平台的崛起，市场监管需要适应新型业态的特点，加强跨界融合和跨界竞争的多方治理模式，构建跨时间和空间的监督生态体系。同时，市场监管部门还需要严格落实退市制度，推动市场优胜劣汰，维护市场的公平竞争环境。数字经济时代的市场监管需要充分利用数字技术的优势，加强对企业的监管，促进资本市场的健康发展。然而，市场监管也需要平衡监管与创新之间的关系，避免监管过度阻碍企业的创新和发展。

本章小结

1. 与传统融资模式相比，互联网金融时代下的融资模式具有以下全新特征：消费者与投资者之间的边界变得模糊;投资者准入门槛低,责任承担能力差;关于业务模式,业界精英与普通投资者之间存在严重的信息不对称;对技术或金融创新公司价值进行合理评估面临困难。

2. 互联网金融时代下融资模式转变背后的逻辑是:首先,从借助中介机构的间接融资转变为借助互联网金融平台的直接融资实现了交易成本的节省。其次,实现了风险在社会更大范围内的分担。再次,资源的相对稀缺程度决定了生产资料的重要性。最后,实现了专业化分工程度的提高。

3. 互联网金融的实质是:"无证券发行"+"放弃控制权"="现代股份有限公司"。

4. 移动互联网时代下的公司治理变革:公司治理网络化转变,治理权力的重组和治理模式的创新,利益相关者之间信息不对称的弱化。

5. 在数字经济时代,社交媒体和自媒体平台等新型媒体渠道得到了迅猛发展。传统的媒体治理范围正在被扩展,新的数据驱动型媒体在公司治理中发挥着越来越重要的作用。

6. 数字技术下的社交媒体与公司治理。在数字经济时代,社交媒体和自媒体平台等新型媒体渠道得到了迅猛发展。传统的媒体治理范围正在被扩展,新的数据驱动型媒体在公司治理中发挥着越来越重要的作用

7. 大数据时代的市场监管不仅需要适应技术的发展,还需要紧跟国家治理体系现代化的步伐,以实现更加精准、高效的监管。

练习题

1. 互联网金融如何改变了传统公司治理的方式?它对公司决策和管理结构带来了哪些新的挑战?
2. 互联网金融时代下的公司治理如何应对信息传播的速度和范围扩大带来的挑战?
3. 如何充分利用大数据和人工智能等技术手段,进行数据驱动的决策,提高公司治理的效率和准确性?
4. 在移动互联网时代,如何确保跨地域和跨部门的有效沟通与协调?
5. 移动互联网是否加剧了公司信息安全和隐私保护的问题?
6. 大数据时代如何促进公司决策的智能化和精准化?
7. 在大数据时代,公司如何应对数据隐私和道德风险?

关键术语

互联网金融　融资　金融　大数据　网络治理

结篇案例

唯品金融八年浮沉 消金公司能否开新局

2021年9月,四川省唯品富邦消费金融有限公司(以下简称"唯品富邦消费金融")获批开业,成为全国第30家消费金融公司。原中国银保监会四川监管局批复显示,唯品会(中国)有限公司(以下简称"唯品会")为第一大股东,出资人民币2.495亿元,占公司注册资本的49.9%。

为了满足日益增长的网络消费需求,唯品会从2013年开始布局金融方面相关业务。不过,布局多年的唯品金融在轰轰烈烈的互联网金融浪潮之下的声量并不高,甚至在近年还缩减业务。2015年至2018年连续在年报中表示,将进一步发展与扩大互联网金融业务后,唯品会在2019年宣布公司已经缩减互联网金融业务,并已基本上终止了向客户与供应商提供自营贷款。唯品金融微信服务号最后一条更新仍停留在2019年6月。截至目前唯品金融App已经停用。根据年报数据,截至2019年12月31日,唯品会互联网金融业务雇员人数为274人,而截至2020年12月31日,互联网金融业务板块人员已经缩减至68名。

然而,金融业务调整与收缩并未使唯品会放弃经营互联网金融业务。2021年唯品富邦消费金融获批开业。其主要意义是帮助企业在行业规范日益完善的情况下更好地响应监管要求,以更合规的方式开展经营活动。在连续两年的年报中表示缩减互联网金融业务,多个财富管理产品下线之后,2021年唯品会再次与消费金融站到了一起的消息,让唯品会的金融业务又重新获得了行业关注。

资料来源:郑瑜.唯品金融八年浮沉 消金公司能否开新局[N].中国经营报,2021-09-27(B07).

案例思考题:

1. 为什么唯品会在连续两年的年报中表示缩减互联网金融业务,多个财富管理产品下线之后仍继续选择成立唯品富邦消费金融?

2. 在互联网金融行业中,如何平衡创新和风险管理,以确保公司治理的稳定性和业务的可持续性?

参考文献

[1] 陈昌盛,许伟.数字宏观:数字时代的宏观经济管理变革[M].北京:中信出版集团,2022.

[2] 胡晴,陈德球.数字经济时代中国公司治理:理论范式与创新实践[M].北京:中国人民大学出版社,2023.

[3] 胡晓军.数据引爆点[M].北京:北京理工大学出版社,2015.

[4] 李维安.阿里上市与网络治理模式创新[J].南开管理评论,2014,17(2):1.

[5] 李维安.现代治理突围传统管理:避免陷入误区[J].南开管理评论,2014,17(1):1.

[6] 李维安,徐建等.从公司治理到国家治理[M].南京:江苏人民出版社,2018.

[7] 李维安.移动互联网时代的公司治理变革[J].南开管理评论,2014,17(4):1.

[8] 维克托·迈尔·舍恩伯格,肯尼思·库克耶.大数据时代(中译本)[M].杭州:浙江人民出版社,2013.

[9] 谢平,邹传伟.互联网金融模式研究[J].金融研究,2012(12):11-22.

[10] 杨德明,毕建琴."互联网+"、企业家对外投资与公司估值[J].中国工业经济,2019(6):136-153.

[11] 姚颐,刘志远.投票权制度改进与中小投资者利益保护[J].管理世界,2011,(03):144-153.

[12] 张俊丽,金浩,李国栋.企业技术创新的公司治理驱动因素研究[J].现代管理科学,2015(10):106-108.

[13] 张新民,陈德球.移动互联网时代企业商业模式、价值共创与治理风险——基于瑞幸

咖啡财务造假的案例分析[J].管理世界,2020,36(5):74-86+11.

[14] 郑国洪,朱芳芳.大数据时代公司治理视角下的内部审计[J].审计月刊,2014(6):40-42.

[15] 郑国坚,蔡贵龙,卢昕."深康佳"中小股东维权:"庶民的胜利"抑或"百日维新"?——一个中小股东参与治理的分析框架[J].管理世界,2016,(12):145-158+188.

[16] 郑志刚.中国公司治理的理论与证据[M].北京:北京大学出版社,2016.

[17] Claessens S, Djankov S, Lang H L. The separation of ownership and control in east asian corporations. Journal of Financial Economics, 2000, 58(1-2): 81-112.

[18] Faccio M, Lang H L. The ultimate ownership of western european corporations. Journal of Financial Economics, 2002, 65(3): 365-395.

[19] Fried M J, Kamar E, Yafeh Y. The effect of minority veto rights on controller pay tunneling. Journal of Financial Economics, 2020, 138(3): 777-788.

[20] Jensen C M, Meckling H W. Theory of the firm: managerial behavior, agency costs and ownership structure. Journal of Financial Economics, 1976, 3(4): 305-360.

[21] La Porta R, Lopez De Silanes F, Shleifer A. Corporate ownership around the world. Journal of Finance, 1999, 54(2): 471-517.

第十四章
14 公司治理模式的演进及国际比较

全章提要

概要
案例导读
- 第一节　外部控制主导型公司治理模式
- 第二节　内部控制主导型公司治理模式
- 第三节　家族控制主导型公司治理模式
- 第四节　公司治理模式的趋同化

本章小结
练习题
关键术语
结篇案例
参考文献

概要

1. 全球最常见的三类公司治理模式。

外部控制主导型公司治理模式、内部控制主导型公司治理模式和家族控制主导型公司治理模式。

2. 三类公司治理模式在内外部治理机制上有哪些不同点?

不同主要存在于以下方面:融资渠道、股权结构、股东构成、决策执行监管机制、经理人激励机制、信息透明度、控制权市场、职业经理人市场。

3. 三类公司治理模式有何优劣?

由于各国历史、文化背景及经济发展状况不同,三类公司治理模式各具特点,各有优劣。

4. 当前全球公司治理模式的发展趋势。

《OECD公司治理准则》正逐渐成为公司治理的国际标准;机构投资者作用加强,相对控股模式开始出现;国际财务报告准则趋同;各国公司治理的相关立法呈现相同趋势;利益相关者参与治理的趋势加强;公司管理层的激励与赋权加强。

案例导读

公司业绩与经理人变更:不同地区的不同模式

一、美国雅虎公司CEO遭到解聘

2000年美国互联网泡沫彻底破灭。2001年,由于上一年度财务业绩不理想、股价下跌90%,雅虎股东向董事会施压要求解聘经理人,因此,带领雅虎由一个简单的搜索引擎公司发展为顶尖消费者品牌服务商的CEO蒂莫西·库格尔(Timothy Koogle)被迫离职,由特里·塞梅尔(Terry Semel)继任。

雅虎给予塞梅尔的薪酬高达7 000多万美元,一度成为标准普尔500企业中的最高薪酬。塞梅尔也不负众望,在6年任期内,雅虎销售额从2001年的7.4亿美元增长到了2006年的64亿美元,运营收入从接任时的亏损状态增至盈利10亿美元,股价上涨了2.25倍,用户数量从2001年的1.7亿人增至5亿人。

2006年之后,雅虎市场增速放缓,股价表现不佳。2007年,竞争对手谷歌超越了雅虎的广告市场份额,股东开始对塞梅尔表现出强烈不满并"用脚投票"。在这一时期,董事会受到了来自各方越来越大的压力,最终建议塞梅尔离职。2007年6月18日,塞梅尔在董事会的重压下宣布辞职。

二、日本三越社长冈田茂遭到解聘

日本三越有300多年的历史,第二次世界大战后加入三井集团。在三越的股东中,"三越厚生事业团"、"三越爱护会"和三越的"从业员持股会"共同持有三越15%的股份,合为第一大

股东。其他成员企业持有的三越股份仅为10%,因此,事实上,三井集团的成员企业很难通过股权来控制三越。

冈田茂自1972年在三越就任社长之后,培植亲信、排除异己、独断专行。由于他经营不善,企业效益连年下降。此外,在他任职期间,三越举办"古代波斯秘宝展"的展品被发现是赝品,致使企业形象严重受损。然而,冈田茂拒绝向公众公开道歉,并表示绝对不会引咎辞职,这一行为就引发了公众强烈反感。公众的反感直接影响了三越的业绩表现,如果事件得不到妥善处理,甚至可能导致三越破产。

在这样的形势下,三越工会首先于1982年9月14日向企业领导层提出了改善经营素质、修订经营方针的要求。随后,三井集团的社长会于同年9月17日召开,一致要求冈田茂辞职,但被冈田茂拒绝。为此,兼任三越董事的三井银行顾问(原社长和会长)小山五郎出面游说三越的全体董事,于同年9月22日,召开董事会撤销了冈田茂的社长职务。

三、韩国三星集团的经理人更迭决策

1938年,李秉喆创立了三星商会,是三星集团的开端。1960年后,韩国开始大力扶持工业发展,三星集团迅速扩张,产业涉及电子、化学、金融、汽车、军工、医疗等众多领域,并迅速跻身韩国十大财阀之首。但是近几年,三星的光环逐渐褪去,口碑也开始大幅下滑,甚至因家族继承问题而牵涉到违法行为。2016年,家族第三代掌门人李在镕为获得继承权,向韩国前总统的闺蜜崔顺实旗下财团施以贿赂,受到了韩国最高法院裁决。此外,三星电子产品口碑也开始下滑,三星Note7爆炸事件的发生使三星手机的市场占有率大幅下跌。

李在镕的行为使股东承受了高昂损失,他本人也对经营不善、违法违规和背德等问题多次进行公开道歉。尽管如此,公司仍未能将其罢免,甚至公司下一任高管是否由其子女担任仍由李在镕决定。

资料来源:辛言.留给塞梅尔的时间[J].互联网周刊,2007(9):21;王向华."会社"概念与现代日本企业管理制度[J].日本学刊,2007(6):60-71+158. https://zhuanlan.zhihu.com/p/142481497?utm_source=wechat_session.

案例思考题:同样是业绩表现不佳,为什么美国、日本、韩国三家企业更换经理人的过程却截然不同?哪些因素导致了这些差异?在你看来,哪一家企业的治理模式更有利于企业长远发展,为什么?

公司治理的本质,是防范目标不一致、信息不对称、契约不完备所导致的代理问题,其核心是构建一套科学合理的公司权利安排、责任分工和激励约束机制,来保证以股东为主的利益相关者的利益,从而激励各参与方付出充足的专用性投资。"一个国家选择什么样的治理体系,是由这个国家的历史传承、文化传统、经济社会发展水平决定的"(习近平,2014)。国家治理如此,公司治理同样如此。不同历史文化背景的政治法律体系和市场环境,会催生出不同的企业融资结构与公司特征,进而产生不同的公司治理模式。由于历史传统、文化传统和经济社会发展水平的差异,各国企业经过长期的发展历程与制度演变,形成各具特色的治理模式。

【知识扩充:思政探索】

一个国家选择什么样的治理体系,是由这个国家的历史传承、文化传统、经济社会发展水平决定的,是由这个国家的人民决定的。我国今天的国家治理体系,是在我国历史传

> 承、文化传统、经济社会发展的基础上长期发展、渐进改进、内生性演化的结果。
> ——2014年2月17日,习近平总书记在省部级主要领导干部学习贯彻十八届三中全会精神全面深化改革专题研讨班上的讲话

公司可选择多种不同的融资模式,这其中的决定因素错综复杂。不同国家融资模式的决定会因时间、经济发展程度、金融环境、法治环境、面临问题等方面的差异而各具特点。全球经典的公司治理模式主要可以分为三类:外部控制主导型公司治理模式、内部控制主导型公司治理模式和家族控制主导型公司治理模式。本章将介绍这三类公司治理模式的产生和特点,并评价其作用效果与缺陷。在此基础上,讨论全球公司治理模式的发展方向。总的来说,在前述各章对各种内外部公司治理机制详细介绍的基础上,作为对这些知识点的应用与总结,本章内容有助于建立对全球经典公司治理模式的了解。

第一节 外部控制主导型公司治理模式

在研究公司融资时,一些学者以融资体系、融资方式为特征,将不同国家的公司融资模式分为两大类:一类是市场导向型融资(Market-Oriented Financing)模式,主要表现为国家的金融体系比较发达,政府干预较少。这其中主要以英国、美国为代表,在外部融资中,英、美公司主要通过资本市场进行证券融资;另一类则为银行导向型融资(Bank-Oriented Financing)模式,主要是通过银行中介进行融资,主要以德国、日本为代表。德日作为发达国家和新兴工业国家的代表,其特征是政府对金融体系的发展起到了强有力的推动作用,形成了政府干预下以银行为主导的公司融资模式。

外部控制主导型公司治理模式又称市场控制型公司治理模式,或外部控制主导型公司治理模式(Anglo-American Model),是指控制权市场在公司治理中发挥主要作用并侧重于保护股东权益的公司治理模式。外部控制主导型公司治理模式的起源可追溯至资本主义制度下的欧美国家,这种治理模式以发达的资本市场为基础,公司融资以股票市场融资为主,且股权分散在个人和机构投资者手中,主要通过富有流动性、生机勃勃的资本市场对公司经理层进行监督。特别是,这一模式的有效实施借助于较为完善的立法和执法体系,以及较为完备的信息披露,即依靠外部监督和激励机制来约束和激励经营者,强调股东利益的最大化。

本章各节将首先介绍各种公司治理模式的产生背景与特点,再对其作用效果和缺陷进行阐释。

一、外部控制主导型公司治理模式的形成背景

实施外部控制主导型公司治理模的典型国家是英国和美国。由于这种类型的公司治理高度重视股票市场的作用,奉行股东至上原则。因此,英、美国家的经济体制被称为"股东资本主义"。这种模式的形成有其独特的文化、政治、经济和制度背景。

从文化背景来看,英、美国家的文化崇尚个人主义、私有财产、英雄主义和精英思想。在这种文化背景下,社会结构松散,人们追求平等,容易接纳有差异的因素,是一个注重成就感以及物质成功的社会。由此,这种文化促进了资本主义市场经济的发展,也影响了公司治理的价值

取向和目标设定。此外,英、美国家是民主制度的典范,政府权力受到法律和社会的制约,保护了市场的自由竞争和私人企业的发展。同时,政府也通过立法和监管来规范和保护市场秩序,维护股东和其他利益相关者的权益。同时,英、美国家拥有高度发达的资本市场和金融体系,为公司提供了丰富和多样的融资渠道。由于股权分散化和流动性强,股东对公司内部治理缺乏监督积极性,主要通过市场来控制、监督、激励和约束经营者。

美国银行实力有限,公司融资需求高,促进了证券市场和非银行金融机构(如共同基金、保险、信托公司等)的高度发展。它们与个人投资者一起成为美国企业筹资的主力军。随着公司规模和业务的扩张,股权分散化趋势加剧。一方面,个人投资者难以保持控股地位,因为他们资金有限,而且美国反托拉斯法严格限制了公司间的交叉持股;另一方面,机构投资者虽然资金雄厚、持股比例高,但为了降低风险和避免不利的税收影响,他们更倾向于分散化和多元化投资。在美国反垄断和反资本控制的文化和法治环境下,个人投资者和机构投资者的行为导致了美国股权结构的相对分散。这种股权结构使得公司所有权和控制权高度分离,管理层掌握了实际控制权,并有强烈的私人控制权收益动机。同时,由于股东缺乏监督和干预管理层的意愿和能力,内部人约束经理人的方式不再可行。在这样的背景下,英、美公司治理模式应运而生,即以保护股东权益为目标,以市场机制为核心。

具体的,我们现以美国为例分析其自然演变的市场主导型融资模式的形成(姜付秀等,2022)。

19世纪80年代以前为美国金融体系发展的初级阶段,这一阶段也为美国银行业的产生和初步扩大阶段。1776年北美独立战争爆发以后,随着商品经济和对外贸易的初步发展,加上连年战争的需要,美国历史上第一家商业银行——北美银行正式建立。从此,银行业开始得到大规模的发展。在金融发展的初级阶段,金融体系除了提供支付结算的基础功能外,主要起到融通资金的作用。对这一阶段的美国而言,银行业处于起步时期,尚未得到充分的发展。在这种情况下,债券和股票就成为资金短缺者筹资的重要方式,尤其是连年的战争产生了大量的资金需求(例如:1775—1782年的独立战争、1812—1815年的第二次英美战争、1861—1865年的南北战争),美国政府主要以债券筹资。联邦政府从1791年开始发行国债,1791年的发行规模为7 546.3万美元,1880年已经增加到20.9亿美元。此外,19世纪中叶出现了一大批靠发行股票和债券筹资的筑路公司、运输公司、采矿公司和银行,它们通过直接融资的方式满足了社会化大生产的资金需要。尤其是股份制银行领域的盛行推动了银行业的发展。这一阶段美国银行贷款的融资机制尚未完善,并且由于战争的影响,因而简单、直接、灵活的直接融资在资金融通中发挥了更大的作用。

19世纪80年代到20世纪20年代是间接融资的主导阶段。这时美国的银行也得到了广泛普遍的发展。商业银行总数从1862年的1 492家发展到了1914年的26 696家。1883年美国的贷款资产总额为271.5亿美元,证券资产总额为266.7亿美元,到1907年贷款资产总额为384.3亿美元,证券资产总额为139.3亿美元。直到大危机爆发前的1928年,贷款资产总额为287.6亿美元,证券资产总额为293.0亿美元(白钦先,1989)。上述数据总体反映出,银行在金融市场中的地位得到增强以及随着证券市场的继续发展地位又相对下降的事实。

20世纪30年代至今,美国进入了以证券市场融资为主的直接融资主导阶段。大危机过后,由于大危机造成的信贷活动过剩,金融资本对国民经济造成重创。美国联邦政府相继颁布了一系列旨在对金融市场和金融机构宏观调控的法律。如,限制经营业务的《格拉斯-斯蒂格尔法案》,规定商业银行和投资银行业务分离,同时联储还对银行的储蓄存款和定期存款利率实行上限管制。这些管制沿用到90年代,在一定程度上促进了金融市场的发展。另外,这一阶段美国已经巩固了世界经济强国的地位,对金融体系的功能需求已经不仅限于融通资金,还延伸到了风险管理、兼并收购等领域。随着信息产业的发展,要求投入大量的风险资本,而股票市场既有退出机制,又便于处理观点不一致的问题,发行股票成为风险资金筹集的主要方式。在金融体系的融通资金功能方面,直接融资方式也因其自身的特点而受到青睐。伴随着社会信用的不断健全,越来越多信誉好的大公司不再依赖商业银行贷款,而拥有了更多的选择机会。例如,信用高的企业可以用与银行借款差不多或更低的成本发行商业票据以获得短期资金,也可以通过发行股票来筹集中长期资金。银行为了补充资本也发行债券和股票,再加上经济全球化、金融管制放松等影响,美国的直接融资在这一阶段得到了空前的发展(具体参见:知识扩充:美国历年贷款资产总额和证券资产总额比较)。

公司融资方式决定了公司资金的来源,与此相应的是公司财务资本结构这一概念,它指的是公司资金来源的构成及其比例,主要包括证券资产对债权的比例以及证券资产和债权的内部结构。从财务治理的角度看,财务资本结构代表股权治理和债权治理的效应强弱及二者之间的对比,资本结构的选择就是控制权在股东和债权人之间的选择。

英、美国家公司的外部融资主要通过证券市场进行,这种财务资本结构有以下两个特点:(1)负债率较低。在西方经济发达国家中,英、美国家公司的负债率是较低的。欧洲经济合作组织的统计资料表明,英、美国家公司的平均资产负债率仅为37%,股权在资本结构中占优势地位。由于法律禁止银行等金融机构直接持有工商企业的股份,这也使得股权在财务治理中的效应明显强于债权。(2)股权分散,且绝大多数股票为个人所持有。英、美国家的资本市场发展较早且较成熟,上市公司多,股票发行额度大,股票流动性强,股权极为分散。政府对法人持股的比例也有一定的限制。近几十年来,机构投资者股东的持股比例虽然有所上升,但单个机构持有某大型公司股权超过1%的非常少。自然人股东有强烈的财务治理动机,但过于分散的股权加大了其直接从内部控制经营者的成本,从而限制了股东的直接控制能力。

二、外部控制主导型公司治理模式的形成原因

英、美公司治理模式的形成,与英、美经济、政治、法律、历史、文化等有直接和间接的关系(蔡锐、孟越,2018)。

(一)政治、历史和文化的影响

英国和美国是自由资本主义发展较早的国家,两国在政治、文化等方面比较相似,都强调追求自由并提倡个人主义和风险意识。尤其是美国,通过一系列政策和法规反对财富集中,主张民主政治,强调政治平等。美式民主通过影响美国的金融,进而影响大型上市公司的治理结构。美国政治故意削弱和拆散金融中介机构,迫使公司以股权融资为主,使得管理人员的权力更为强大。政治决策导致了现代美国公司与众不同的公司治理模式:分散的股东和掌握控制权的管理人员。现代公司就是根植于传统自由资本主义土壤而逐步发展起来的。

(二)经济发展的影响

美国和英国实行自由市场经济,政府对公司的干预程度低,且自然人投资踊跃,从而带动了英、美两国私有经济的快速发展。英国作为老牌资本主义国家,已经有几百年的公司发展

史。美国是现代市场经济发展最为成熟的国家,建国才200余年,却有近一个半世纪的公司发展史,拥有各种公司700多万家。公司的发展促进了证券市场的发育,伦敦证券交易所创建于1773年,纽约证券交易所创建于1792年,两国均有200多年的证券发展史,已经形成了发达的证券交易市场。证券市场的快速发展强化了公司直接融资的主导地位,使得英、美两国的公司发展与证券市场相辅相成、密不可分。

(三)政策和法律的影响

由于历史和文化的不同,英、美两国在经济发展过程中更注重法律政策的规制作用,建立了比较完善的法律体系。美国允许金融中介机构持有公司股份,如银行、保险公司、共同基金和养老基金等。但需要注意的是,法律禁止通过金融中介机构实现控股权的集中,因此金融中介机构无法系统地持有较多股份。美国商业银行众多,约有1.4万家,但规模都较小。长期以来,美国对银行业一直采取歧视性政策。1933年的《格拉斯-斯蒂格尔法》将商业银行和投资银行分离开来,并对它们所持股份数额进行限制。这些立法使银行的规模和势力受到了抑制;同时公司通过银行进行债务融资受到约束,不得不依靠证券市场直接融资。另外,美国的《反托拉斯法》反对公司之间相互持股,《证券法》不鼓励投资者集中持有一家公司的股票。正是由于上述法令和法规,才使美国公司在间接融资方面受到制约,而在直接融资方面非常活跃。

英国不像美国那样对银行等金融机构存在本能的敌意,对证券市场更多的是自行管理。不过,银行在自由持有股份时,一般需遵守所谓谨慎原则。例如,如果商业银行要持有一家公司较多的股份时,必须事先得到英格兰银行的认可,如果承受的风险大于银行资本金的10%,也必须得到英格兰银行的批准。直到20世纪30年代,英国的商业银行也没有多少资产,因为法律和政策不允许中央银行为其他银行提供长期贷款。甚至在1930年至1970年,中央银行也不鼓励商业银行成为股票持有者。英国保险公司是非常积极的投资者,是因为英国政府在对其的规定中涉及以上诸多因素。政治、经济、文化与历史是英、美两国公司资本结构形成的基础,政策法规则是关键性的决定因素。正是以上直接因素与间接因素的共同作用,才促使英、美两国的公司形成了以股权为主、债券为辅的资本结构。

请用手机微信扫二维码,学习"知识扩充"。

股权主导型公司治理模式的典型案例

三、外部控制主导型公司治理模式的结构特征

如前所述,在以美国为首的单层制公司治理结构中,公司内部不设监事会,监督职能主要由独立董事构成的审计委员会等专业委员会履行(见图14-1)。

英、美两国的公司治理模式的结构基本特征有以下几个方面(蔡锐、孟越,2018):

(一)股东"搭便车"现象严重,股东大会职能虚置

美国公司的股东非常分散,相当一部分股东只有少数股份,实施治理的成本很高,存在着"搭便车"的问题,即每个股东都希望其他股东进行监督,而自己坐享其成,以"用脚投票"代替了"用手投票"。这一模式在很大程度上导致了投资者对公司的监控不力,致使股东大会形同虚设,失去了监督、决策职能场所的作用。

(二)经理层权力很大

在英、美两国的公司中,董事会为了集中精力制定重大决策,往往聘请专门的经营管理人员负责日常决策,其最高级别的行政官是CEO。大多数公司董事长和CEO由一人担任。由于公

司的经营管理日益复杂化,经理职能也日益专业化,公司的日常事务管理者称为首席经营官(COO)。此外,公司还设有其他一些行政职务,如首席财务官(CFO)等。

由于 CEO 多由董事长兼任,英、美两国公司的经营决策权和业务执行权高度集中在一人手中,形成了经营者支配的现象,并带来一系列问题,如 CEO 的薪酬增长幅度过快,且与公司业绩不相符。早期据美国商业周刊统计,与1999年相比,美国365强公司的 CEO,2000 年年薪增长幅度仍高达 6.3%,远远超过普通工薪阶层的增长速度(4.3%)。为此,21 世纪后,美国大公司进行了改革:一是董事长与 CEO 分离;二是提高外部董事的比例;三是设置与 CEO 高度分离的提名委员会,由提名委员会选任董事;四是重新倡导 CEO 薪酬与公司的盈利挂钩。以上诸多改革措施在一定程度上强化了董事会的职能。

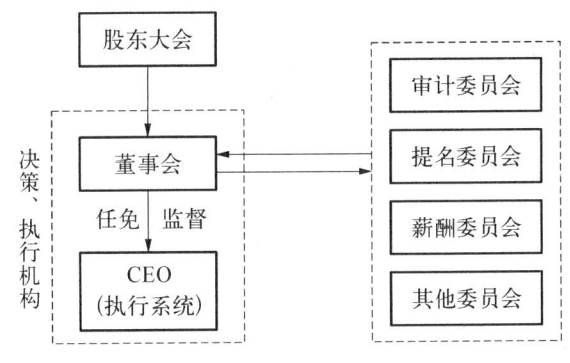

图 14-1 美国公司治理结构

资料来源:蔡锐,孟越.公司治理学[M].2 版.北京:北京大学出版社,2018.

(三) 单层制董事会,董事会中独立董事比例大

由于美国公司股东大会职能虚置,分散的广大股东对董事会寄予了厚望,所以美国公司的股东更注重通过董事会来发挥公司治理的作用。为了更好地发挥董事会的作用,美国公司特别注意董事会成员的构成和董事会内部的管理。

英、美两国的公司多采用单层制董事会,不设监事会,董事会兼有决策和监督双重职能。董事会由股东大会直接选举产生,对股东大会负责。董事会的监督职能主要由独立的非执行董事担任,通常薪酬委员会、审计委员会等行使监督职能的委员会主要或全部由独立的非执行董事组成。

英、美两国的公司独立董事在董事会中的比例多在半数以上。以美国为例,独立董事越来越受重视,并且通过法律来维护独立董事的合法地位。美国独立非执行董事的比例一般高达60%以上,美国《财富》1 000 强公司中的独立董事比例更是高达 80%以上。独立董事可以独立地对公司的经营做出客观判断和科学决策,其在董事会中的比例反映出公司治理中经营者受到外部因素约束的情况。在独立董事比例占绝对优势的公司中,经营者所感受到的外部压力明显高于来自公司的压力,这就增强了管理的科学性和有效性,并最大限度地保障了利益相关者的利益。

四、外部控制主导型公司治理模式的机制特征

区别于其他模式,外部控制主导型公司治理模式的突出特点在于其内部独立董事制度、经理人激励机制、外部法律机制市场机制等强有力的监督调控机制在公司治理中的作用。为此,本部分将从内部治理机制与外部治理机制两个层面对外部控制主导型公司治理模式的特点进行介绍。

(一) 内部治理机制特点

1. 长期激励性薪酬为主的高管薪酬体系

为缓解股东与管理层之间的利益冲突,提升高管与股东目标的一致性,以股权激励为代表

的长期激励性薪酬通常在英美等国公司高管薪酬体系中占据较大比例。自1952年美国辉瑞制药公司(Pfizer Inc.)首次推出股票期权计划以来,股票期权制度这一种长期激励机制在英、美两国迅速推开(蔡锐、孟越,2018)。到20世纪80年代中期,美国200强公司中,有60%以上都建立了不同形式的股权激励制度。发展至今,股权激励制度逐渐成为大型公司的标准配置。在股权收益占比较高的薪酬体系下,高管收入水平很大程度上取决于公司股票的市场表现,这种机制为管理层努力经营提供了更大的动力(蔡锐、孟越,2018)。

2. 经理人股票期权比例较大

经理报酬给付的形式很多,其中之一是股票期权。1952年,美国辉瑞制药公司推出第一个股票期权计划,之后越来越多的企业引入股票期权制度。根据福布斯发布的2006年美国500强企业CEO薪酬榜,期权收益在美国500强企业CEO的总薪酬中占48%,其中苹果公司CEO乔布斯基本年薪只有1美元,却以近6.7亿美元的股票收益在排行榜中名列第一(蔡锐、孟越,2018)。股票期权是一种长期激励机制,经营者来自股票期权的效益取决于股票的升值。股票升值的多少与经营者长期经营业绩直接相关,这种制度为管理者的努力带来更大的动力(蔡锐、孟越,2018)。

3. 股东"用脚投票"行为明显

由于英、美两国公司的股权结构是以众多分散的个人股东为特征的,当在董事会功能失灵的情况下,个人股东主要通过证券市场上的股票交易活动对经营者形成制约,使经营者按照他们的意愿办事。现代公司经营管理日益复杂,股东由于缺乏专门的知识和信息,难以对公司经营提出意见,而众多分散的股东要相互取得联系并达成一致协议来监控公司经营者,势必付出高昂的监督成本(蔡锐等,2018)。因此,一般股东没有兴趣直接监督和约束公司经营者,而是把兴趣转向关注股票收益率的变化上。如果股东对公司经营状况不满意,就会选择"用脚投票",通过卖出公司股票迫使经营者改善经营,甚至驱逐长期经营不善的经营者。自20世纪90年代以来,美国通用汽车公司、IBM等多家大公司的CEO被赶下台,充分显示了股东"用脚投票"的治理能力。

(二) 外部治理机制特点

由于股权分散,股东缺乏监管公司经理人的动机与能力,英、美两国公司内部治理机制对经理人的约束有限。为此,外部治理机制中法律保护机制、控制权市场、产品市场竞争以及经理人市场等内容在对公司投资人的保护上起到了无可代替的重要角色。

1. 竞争激烈的产品市场

本着反垄断的目的,美国对公司间交叉持股进行了严格限制,这有助于保障产品市场的自由竞争。一方面,产品市场竞争为股东和董事评估公司经营水平提供了很好的衡量指标和评价标准;另一方面,并购接管公司资产可能会遭到经理人的抵抗,而接管产品市场则不易受到经理人抵制。因此,避免在产品市场上被接管将激发经理人更加努力工作,减少他们的败德行为。由此可以看出,产品市场竞争从监督和激励两个维度缓解了内部控制能力不足导致的代理问题。

2. 发达且有效的控制权市场

相对分散的股权结构、严格的信息披露制度、发达的资本市场,造就了英、美等国发达且有效的控制权市场,并对公司治理产生了重要影响。由于公司信息透明度较高、资本市场相对发达,股票价格通常对公司发展前景和管理者履职质量有着较好体现。一旦管理层经营管理不佳或滥用权力,资本市场会比较及时地在公司股价中对其做出反应。对公司股票市场表现不满的股东会"用脚投票",对公司股价产生负面影响,从而导致股价大幅下跌。此时那些意图获取公司控制权的外部投资者将趁机在市场上收购公司股份。分散的股权结构使得外部收购相对容易成功,而外部收购一旦成功,不称职的经理人将会被替换,其存在的有失受托责任的行为得以纠正,公司经营绩效得以改善。同时,如果并购发生在公司业绩表现不佳时,且业绩不佳是因为经理人败德问题所导致的,这将进一步影响经理人在市场上的声誉,使被替换的经理人今后难以找到同等职位。因此,在外部控制主导型公司治理模式下,控制权市场发挥了强有力的公司治理作用,既是有效的事后控制机制,也对经理人构成了很强的事前约束。

请用手机微信扫二维码,学习"知识扩充"。

英、美两国公司的故意并购威胁

3. 经理人市场成熟

竞争性的经理人市场可以使得经理人能够根据自身条件在公司之间或公司内部不同岗位上自由流动,并且由市场决定其价格(薪酬)。这样,经理人的升迁或降职就由其经营能力和经营业绩决定。在市场竞争中被证明有能力,并对股东负责的经理人会被高薪聘用,或得到经理人市场的青睐,否则会被替换甚至被赶出经理人市场,永不再被聘用。因而,在位的经理人员会非常珍惜自己的地位和声誉,尽心尽力工作,努力提高公司的获利水平和市场价值,从而在经理人市场上建立良好的声誉,提高自身的人力资本价值。通用电气的韦尔奇,因其作为公司总裁20年来所做出的出色贡献,得到总值1.2亿美元的巨额退休金。

4. 有效的声誉机制

与控制权市场相似,有效的声誉机制和成熟的职业经理人市场也对经理人构成了有力的事前约束与事后控制。英、美等国都有着成熟健全的职业经理人市场,较高的信息透明度保障了声誉机制的有效性,进而经理人职位与薪酬成为其能力的合理体现。成熟的经理人市场不仅为公司更换能力不足或谋取私利的经理人提供了充足机会,还能够在事前有效约束经理人,使其为维护声誉和职位安全努力工作。

5. 信息披露完备

信息披露作为公司治理的决定性因素之一,一般受内部和外部两种制度的制约。外部制度是指国家和有关机构对公司信息披露的各种规定,内部制度是公司治理对信息披露的各种制度要求。内部制度与外部制度对信息披露的内容、时间、详细程度等各方面要求可能存在差异。实践证明,及时、详尽、准确的信息披露可以为投资者提供可靠的决策依据,以维护投资者的信心,并且成为吸引潜在投资者的重要条件。因此,公司强有力的信息披露可以大大降低投资者决策的风险。

近年来随着信息渠道的多元化,在资本市场比较发达的英、美等国,公司信息披露的外部制度相对完善,公司经济活动透明度高,从而极大地减少了因信息不对称而造成的决策失误,降低了失误带来的损失。无疑,信息披露的完备为投资者"用脚投票"创造了有利条件。

6. 完善的投资者法律保护机制

英、美等国相对分散的股权结构与其高度完善的投资者法律保护机制是密不可分的。完善的法律体系为中小股东的权益提供了有力保护,有效缓解了委托代理所导致的利益冲突问题。这主要体现在立法与执法两个方面。

在立法层面,首先,英、美两国有一系列法律法规、会计准则、交易所规定、行为指南等,对公司内外契约各方的权责及处罚标准做出了明确规定,能够较好地约束内部人的代理行为,保障投资者权益。同时,英、美两国的法律、准则、交易所指导意见与公司章程等,还会对公司信息披露的内容、时间、详尽程度等做出了相对完备的规定,极大地提高了公司经济活动的信息透明度,为资本市场上的投资者决策提供了重要参考。进一步地,英、美两国的法律还支持投资者通过集体诉讼对投资者权益受损进行索赔,从事后机制的角度为投资者提供了切实保障,对代理人潜在机会主义行为形成了有效威慑。在执法方面,英、美两国的法治水平与司法效率在全球都名列前茅,为其投资者保护法律体系充分发挥作用提供了十分有力的保障。

总之,英、美两国公司治理是基于股权为主的市场导向型公司治理模式,外部治理在公司治理中发挥了重要作用,并主要通过市场实现。

五、外部控制主导型公司治理模式的有效性分析

(一) 外部控制主导型公司治理的优势(蔡锐等,2018)

1. 最大限度提高公司运营效率

这主要体现在两方面:一方面,由于权力集中于CEO,公司战略决策和执行较少受到董事会干预,决策效率高;另一方面,由于对CEO的考核取决于公司的市场业绩表现和股东资本收益,公司进退决策、高管待遇和人事异动都随市场的变动而变动,受市场优胜劣汰法则的调整,故而公司业内资源配置效率高。

2. 有利于激发创新精神

股东通过市场控制、监督、激励和约束公司经理人,可以在很大限度上让经理人放开手脚,大胆创新,敢于冒险,从而使其创造力得到最大限度的发挥。美国高新技术公司的迅猛发展和产业结构的迅速调整,在很大限度上得益于这种创新精神。近20年来,得益于IT的积极应用、全球竞争力的提高和公司治理的优势,英、美两国公司的创新能力和绩效得到进一步提高,其中公司治理起到至关重要的作用。

3. 有利于提升竞争力

英、美两国公司的股权结构和治理结构安排,有利于公司依靠兼并机制迅速扩大规模,靠规模经济优势来增强公司的竞争力。在世界500强中,英、美两国的公司兼并规模最大、范围最广。特别是20世纪90年代后,美国进入了新的兼并高潮时期。

(二) 外部控制主导型公司治理的缺陷(蔡锐等,2018)

1. "弱股东、强经理人"为代理问题提供了温床

股权分散弱化了股东对经理人的监控,股东许多权力限于名义意义上,且实际权力则掌握于经理人手中。内部制衡机制的失衡和薄弱需要强有力的外部监控和制衡力度加以弥补,但由于信息不对称以及监督成本高昂等问题,实践中美国公司的外部监控和制衡未能完全做到及时有效,例如外部董事实际对公司业务及运行状况缺乏了解,大多通过CEO的眼睛看经营现状,无法做到"懂事"。因此,美国公司中CEO的权力容易变得绝对化进而导致权力被滥用,这就为代理问题的产生提供了温床。一旦外部监控出现疏漏,代理问题便会立刻变为现实,公司因此遭受重大损失。

2. 高度股权分散引发短期行为

公司股权高度分散,使得股东很少真正关心公司的长期发展,他们判断公司经营绩效主要通过盈利率和股票价格。公司经理人在股东追求短期回报和高收益的巨大压力下,不得不把注意力集中在当前或近期利润上,以达成股东短期利益最大化目标。波特曾指出,美国公司经营者在具有"高流通量的、高度投机的、短命的泡沫"特性的证券市场的压力下,不得不采取"短

期行为主义"。

3. 高股权流动性导致低资本结构稳定性

由于股东以追求短期投资收益最大化为目标,公司经营一旦出现波动,股票便不断转手,这不仅使得公司长期发展缺乏稳定的资本结构作保障,也很容易造成公司兼并重组的动荡。

4. 并购阻碍经理人积极性的发挥

公司并购被普遍认为是监控经营者的有效方式,有些公司在被并购后确实提高了经营绩效,但也有相反的情况出现。特别是 20 世纪 80 年代中后期,许多公司经理人通过各种方式,甚至包括游说立法机构立法来限制敌意收购。

第二节 内部控制主导型公司治理模式

内部控制主导型公司治理模式又称关系控制主导型或网络导向型公司治理模式,也称德日公司治理模式(German-Japanese Model),主要特征是公司通过金融机构进行间接融资,银行在公司融资中具有主导性作用;法人股比例高且相互持股,股票流通性差;证券市场不活跃,信息披露不完备;公司股东更多会采用"用手投票"的方式来使公司的目标与投资者目标相一致。

一、内部控制主导型公司治理模式的形成背景

采用内部控制主导型公司治理模式的典型国家是德国和日本。由于德、日等国的公司治理高度重视银行及法人的作用,因此,德、日等国的经济体制又被称为"法人资本主义"。

德国和日本公司的融资结构的形成经历了一个漫长的过程。在此过程中,诸多直接和间接因素相互影响,最终形成了德、日公司特有的融资渠道并进一步影响了其资本结构,主要有以下三方面:

第一,日本和德国在第二次世界大战后经历了快速的经济重建和发展,需要大量的资金投入,而证券市场相对不发达,不能满足企业的融资需求。因此,企业主要依靠银行等金融机构提供的间接融资,形成了以银行为中心的金融体系。银行不仅提供贷款,还通过持有企业股份、派驻董事、参与企业决策等方式,对企业进行长期的监督和支持。

第二,这些国家往往长期实行政治、经济、文化上的集中管理体制,形成了独特的文化价值,如日本和德国都有着较强的共同主义、集体主义和互助精神,重视人际关系和社会责任。企业不仅追求股东利益最大化,还考虑其他利益相关者,如员工、顾客、供应商、社区等的利益和福利。因此,企业倾向于建立稳定的内部人网络,通过相互持股、交叉持股、互惠交易等方式,增强内部人之间的信任和合作。

第三,日本和德国都属于大陆法系国家,法律制度相对刚性和保守,对证券市场的规范和保护不够完善。股票流通性差、信息披露不充分、外部监督力量弱,这些因素导致了外部人难以介入企业治理,而内部人则可以利用信息优势和控制权优势,维护自身利益。

在此,本节将以日本为例,具体介绍其政府干预下的内部控制主导型公司治理模式的形成。

日本现代金融体制的建立始于明治维新。按照正常的发展规律和模式,金融业是在商业资本和产业资本较为发达,以及生产和资本的集中垄断达到相当高的程度以后才得到较充分的发展。1868 年,日本明治维新时,欧洲已完成了资产阶级工业革命,并开始向垄断资本主义

过渡。在这样的情况下,日本选择了优先发展银行资本,通过政权强有力地扶持使其迅速发展。反过来,这一模式又促进日本商业资本和产业资本的发展道路。因此,日本融资模式的选择中留下了浓重的政府干预痕迹。

1868年,明治维新之后,日本当局急速地采取了如下措施:第一,迅速移植和发展西方资本主义的股份公司等经济组织。第二,通过大会总公司和国立银行制度,使银行、公债、储蓄银行等金融机构迅速发展,以此推动商业资本和产业资本的发展。第三,将日本封建特权的俸禄通过国家政权的支持转变为资本主义银行形态的资本。第四,建立一系列特殊银行,如20世纪初的日本劝业银行、农工银行、日本兴业银行等。这些措施形成了日本银行资本对商业资本和产业资本压倒性的优势和支配权。在以银行为主的间接融资发展的同时,证券市场也在逐步发展。日本政府在1878年颁布了《证券交易所管理条例》,随即在东京和大阪建立了证券交易所。到1891年,日本共建立了137家证券公司。随着股份制度和证券交易所的产生和发展,上市公司的数量不断增加,然而,与银行在金融体系中的绝对主导地位相比,证券市场的作用相当有限。在第二次世界大战期间,由于经济不景气、银行经营状况不佳,银行的存款大量地流向信托公司和保险公司,再加上服务战前准备以及刺激经济复苏的需要,政府大量增发由日本银行认购的国债,带动了银行有价证券的发展。1930年,贷款资产总额为131.8亿日元,证券类资产总额为29.65亿日元,而到1936年,贷款资产总额为133.97亿日元,证券类资产总额为79.29亿日元(劳平,2004)。

两次世界大战后,为了恢复经济,日本金融系统的调整不可避免地开始支持政府对经济的干预,造成银行体系又一次经历人为的调整。主要措施有:第一,健全银行体系,促进间接融资的发展。第二,证券业务与银行业务分离,保证间接金融机构的稳健发展,限制直接金融的发展。日本的这些举措又一次抑制直接金融的发展,形成了战后间接金融占主导的金融结构。

20世纪70年代末到现在,日本开始了金融自由化的进程,金融管理当局放松对金融机构和制度中某些严格的规定和限制,引入市场机制,允许金融业自由经营。日本的非银行金融机构和证券机构迅猛扩张,这时出现了间接融资主导向直接融资转变的趋势。在这一阶段,间接融资和直接融资比重相当。但是,在日本金融结构调整过程中,出现了实体经济和虚拟经济的背离,最终导致了泡沫经济,之后直接金融受到了一定的抑制。

到目前为止,日本的金融改革使银行朝着市场化发展,现在日本的融资结构中,还是以间接的银行融资为主,但直接融资所处的环境有所改善,也处于上升阶段。其主要表现为:第一,日本政府从1996年底推出"金融大改革"方案,深化银行业的改革。"金融大改革"内容主要包括:进一步加速金融机构业务的自由化进程;取消对不同行业业务内容的限制;实现资产交易自由化等。改革措施有助于减少政府干预,加深银行业的市场化程度。同时,银行业混业经营出现快速发展的趋势,开展综合业务的金融控股集团纷纷出现,这些都为金融资产的投资多元化、市场化、证券化开辟了道路。第二,资本市场不断发展,直接融资增长迅速。近10年来,日本逐步重视资本市场的融资作用,并正在积极探索有效途径,试图在发展间接融资的同时,进一步提高直接融资的比重(余熳宁,2002)。

在这种背景下,公司财务资本结构有以下三个特点:(1)负债率高。政府长期推行"低利率"政策,刺激公司融资更倾向于向银行贷款,在客观上抑制了证券市场的发展。在德、日公司的资本结构中,股权比例远低于债权,公司的平均负债率高达85%。许多公司长期靠银行贷款维持生计,与银行保持着相当固定的关系,且一般公司都有依靠的"主银行",银行成为公司生存发展的坚强后盾。(2)银行持股率高。虽德、日资本市场没有英、美两国发达,但政府给予银行在持股方面有很大的自由度,对银行仅在持股比例上加以限制。因而银行总体持股较多,许多银行通过持股成为公司的大股东,获得"大债主"和"大股东"的双重身份。债权治理和股权治理的结合形成了德、日公司"主银行治理"的特色。(3)股权集中于法人,法人之间互相持股。公司交叉持股的现象比较普遍,近年来,德、日公司超过80%的股份为法人所有,而且法人股股东之间相互交叉持股的很多,其持股率仍在逐年上升,导致个人股股东持股率逐年下降。股权集中有利于少数法人大股东对经营者实施直接监控。但是法人股股东并非终极所有者,治理动机比自然人股东要弱,互相持股的法人股股东之间互相支持和配合,弱化了自然人股东在财务治理中的作用。

德、日公司的资本结构特点与公司治理

二、内部控制主导型公司治理模式的形成原因

这种公司治理模式的形成主要受德、日两国制度环境,包括政治、经济、文化、历史背景等因素的影响,使得其与英国和美国不同(蔡锐、孟越,2018)。

(一) 政治、文化和历史背景

德国和日本都倾向于统治权集中。德国在俾斯麦时期就把经济的统治权集中于银行手中。在俾斯麦统一德国后,通过创造大银行作为经济引擎的方式来发展德国工业,主张中央统治经济的政治体制,促进了中央银行的建立与发展。第二次世界大战以前,日本经济控制集中于少数大财阀和家族手中,财阀与大银行关系密切,大银行被家族所控制。第二次世界大战后,美国占领军强行拆散财阀,并出售财阀的股票。但在这一过程中,拆散的是日本的产业而非金融业,日本银行仍保存着强大的势力。

德国和日本在发展中逐渐形成了其独特的文化价值观。两国都强调共同主义,具有强烈的群体意识和凝聚力量,重视追求长期利益。德国曾被称为"合作的经理资本主义"。日本公司的集体主义更是举世皆知,可以把个人利益与集体利益紧密结合在一起,使员工为了公司的发展而不懈努力。

(二) 资本市场和经济发展水平

第二次世界大战后日本和德国的经济恢复期资金非常短缺,但当时两国资本市场都很不发达,政府对公司发行债券加以严格限制。因此,公司外部融资只能依赖银行贷款。这为银行在公司融资活动中发挥主导作用提供了条件。

日本公司中银行持股和法人相互持股的流行,也与当时日本所处的经济环境有关。第二次世界大战后日本为了加入经济合作与发展组织(Organization for Economic Cooperation and Development,OECD),不得不开放国内资本市场,实行资本自由化。为了防止国外公司对日本公司通过收购股票进行吞并,保护民族工业,日本积极推行稳定股东进程,大力发展法人相互持股,有效地阻止了国外公司通过收购股票吞并日本公司。

(三) 法律和政策因素

一是德国和日本对金融机构的管制政策较为宽松。德国和日本的金融机构在持有公司股权方面具有较大的自由度,这是德国和日本公司融资体制形成的关键因素。1987年以后,《反垄断法》规定商业银行可持有一家公司股份的上限为5%,但对超过5%范围的股票处理问题,却设定了十年延缓期,等于对银行没有限制。保险公司最多可持有一家公司10%的股份。共同基金和养老基金在投资方面不受任何限制。

二是德国和日本对证券市场的限制过于严格。德国和日本传统上对非金融公司进行直接融资采取歧视性的法律监管。日本长期以来，债券市场只对少数国有公司和电子行业开放，而且债券发行委员会通过一套详细的会计准则对公司债券的发行设置了严格的限制条件，明确规定发行申请必须得到银行的支持。在德国，公司发行商业股票和长期债券必须事前得到联邦经济部的批准，且发行股票要被征收1%的公司税。由于对公司直接融资的严格监管，使得德、日两国证券市场较英、美两国证券市场发展相对落后。

三是德、日两国在信息披露方面规定不严格。早前OECD曾对各国跨国公司合并财务报表进行了一次调查，其中在经营结果披露方面，被调查的23家日本公司中只有两家公司完全符合要求。而19家德国公司披露方面，无一家符合要求。这表明日、德公司在信息披露方面规定不太严格，结果造成外部投资者得到内部信息的机会减少，增加了信息成本，影响了投资积极性，这对公司的直接融资行为起到了阻碍作用。

由此可见，上述因素的综合作用，促进了德国和日本以银行间接融资为主要特征的资本结构的形成。日本融资渠道的单一，使得日本银行有实力在公司所有权中扮演重要的角色；德国则将证券市场融资置于银行的支配之下。

三、内部控制主导型公司治理模式的结构特征

德国和日本公司以银行为主要债权人，且所有权相当集中，因此代理问题主要是由债权人与代表股东利益的经营者之间利益不一致和信息不对称所造成的。债权人为了维护自己的权益，保障自身的利益，需要对经营者进行控制和监督。德国和日本的公司治理主要以内部治理为主，日本注重公司经营者的地位，德国则积极发挥监事会的功能。

（一）日本公司治理模式的结构特征

日本的公司治理结构一般采用"股东大会-董事会-高级经理"（包括社长、副社长、常务、专务等）三层结构，监事会与董事会平行设置（见图14-2）。

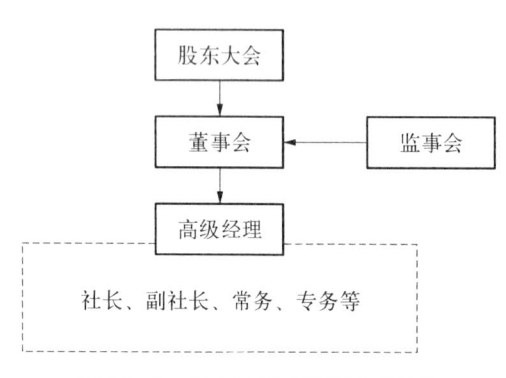

图14-2 日本公司治理模式的结构

资料来源：蔡锐，孟越.公司治理学[M].2版.北京：北京大学出版社，2018.

请用手机微信扫二维码，学习"知识扩充"。

日本公司股东大会"形骸化"

日本公司治理模式的结构特征如下所述：

1. 股东大会"形骸化"

由于日本的公司是法人大股东互相持股，法人持股的目的是建立长期稳定的交易关系。在正常情况下干预对方公司内部事务并不利于建立长期稳定的合作关系，也容易导致双方的不信任和对立。因此，法人股东之间会形成默契，互不干涉。在这种情况下，大股东特别是金融大股东很少直接干预公司经营活动。而个人股东由于持股比例小，根本无法在股东大会上对公司经营决策产生影响。因此，股东大会实际上被公司的经营者操纵，使股东大会"形骸化"（张凝，2009；危秀美，2021）。

2. 董事会由经理人控制，以内部董事为主

日本的公司治理结构实施双层制董事会，即决策职能的董事会与监督职能的监事会分开，且董事会与监事会平行设置。从功能上看，日本公

司的董事会既是公司的决策机构,又是执行机关,决策和执行合为一体。因此,董事会的权力很大。但一个明显的特征是,它对董事会的监督功能很弱,这主要是因为社长能控制董事会。从构成看,监事会与董事会是平级的,日本董事会外部董事比例很低,而且外部董事几乎都来自相互持股的公司、银行和关联公司或者综合商社,真正具有独立性、与公司没有任何联系的外部董事很少,且外部董事没有介入公司的管理权,公司真正的管理权仍掌握在内部董事手中。董事会的大部分成员是由以社长为中心的高级经理人员构成,形成以社长为顶点的序列组织,即董事会由序列位置上的社长、副社长、常务和专务董事构成,社长通常为代表董事(董事长)。从董事产生的机制看,日本公司的董事往往是由社长提名的。董事候选人是由社长、董事会成员和大股东协商后提出的,然后象征性地提交给股东大会批准,很少有提名不被通过的现象。这样,就形成了由社长选举董事、董事会选举社长的循环选举,实际上相当于社长自己选举自己。这是日本内部权力机构的一大特色。

日本公司的董事会与美国很相似,基本上是业务执行机构和决策机构合二为一。但是,日本公司董事会的股东代表特别少。另外,董事会有1名以上的董事常常是公司主银行的前任主管,这是日本商业银行的通行做法。这位前任主管的职责就是负责为主银行收集信息,并对公司主管实行严格监控。当对公司经营者的经营业绩不满意时,他可以利用股东大会罢免经营者。

2002年日本"高法"改革之后,移植了英、美国家盛行的独立董事制度,符合条件的公司自愿选择内部结构的治理机制,既可以选择独立董事制度,也可以保持原来监事会制度。

(二) 德国公司治理模式的结构特征

德国公司的业务执行职能和监督职能分离,并成立了与之相应的两种管理机构,即董事会(又称执行董事会)和监事会,但监事会置于董事会之上,属于垂直型双层董事会。依照德国法律,股份公司必须设立双层董事会(见图14-3)。

德国公司治理模式的结构特征如下所述:

1. 监事会是公司股东、职工利益的代表机构和监督机构

德国公司法规定了监事会(监督委员会)的主要权责:(1)任命和解聘董事,监督董事会是否按照公司章程经营;(2)对诸如超量贷款而引起公司资本增减等公司的重要经营事项做出决策;(3)审核公司账簿,核对公司财产,并在必要时召集股东大会。

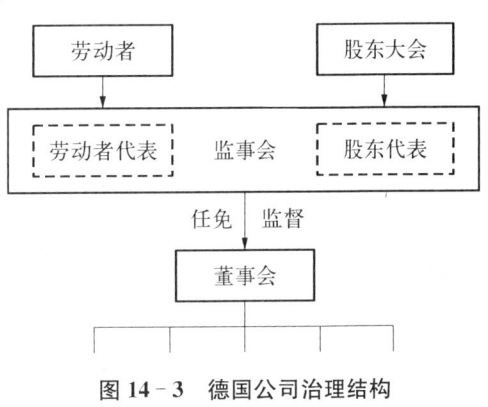

图14-3 德国公司治理结构

资料来源:蔡锐,孟越.公司治理学[M]. 2版.北京:北京大学出版社,2018.

德国公司监事会的成员一般要求有比较突出的专业特长和丰富的管理经验,监事会主席由监事会成员选举,须经2/3以上成员投赞成票确定,监事会主席在表决时有两票决定权。由此看来,德国公司的监事会是有效的,因为它拥有对公司经理和其他高级管理人员的聘任权与解雇权。这种无论从组织机构形式上还是从授予的权力上都保证了股东能发挥其应有的控制和监督职能。

2. 董事会是公司的法人机构

董事会(管理委员会)职能主要是负责公司的经营管理,向监事会报告和负责,向股东及其他利益相关者提供必要的信息。

四、内部控制主导型公司治理模式的机制特征

德国和日本公司的治理模式是一种主动或者积极的模式,即公司股东主要通过一个能信赖的中介组织,或者股东当中有行使股东权利的人或者组织(通常是一家银行),来代其控制与监督公司经营者的行为,达到参与公司治理的目的。如果股东对公司经营者不满意,不像英、美公司那样只是"用脚投票",而是直接"用手投票"。德国和日本的公司治理机构主要是依靠内部控制来实施和进行的,但是在具体做法上两个国家又有所不同。

(一)德国公司治理模式的机制特征

1.银行的治理作用

由于银行本身持有大量的投票权和股票代理权,因而在公司监事会选举中必然占有重要地位。据德国垄断委员会统计,100家大型股份公司中,银行在70家设有监事,有些还担任监事会主席,银行代表占股东代表的22.5%。如果公司经理和高层管理人员管理不善,银行在监事会的代表就会同其他代表一起要求改组执行董事会,更换主要经理人员。由此可见,德国在监事会成员的选举、监事会职能的确定上都为股东行使控制与监督权提供了可能性,而银行直接持有公司股份则使得股东有效行使权力成为现实。

2.员工参与治理

德国公司的治理机制是由股东和公司员工共同治理的模式。德国公司治理机制有别于其他国家的重要特征是员工参与决定制度。德国在历史上曾是空想社会主义和工人运动极为活跃的国家。第二次世界大战后,随着资本所有权和经营权的分离,德国员工参与意识进一步加强,德国政府颁布了一系列关于员工参与决定的法规。据估计,德国实施员工参与制的公司共有雇员1 860万人,占雇员总数85%。

德国的员工参与制通常分为以下三种形式:(1)拥有员工2 000名以上的公司,监事会成员要有一半职工代表;进入监事会的职工代表中,一般职员与高级职员是按比例选举的,但每一群体至少有一名代表;执行理事会中至少有两名职工代表。(2)拥有职工1 000名以上的公司,执行理事会中要有1名劳工经理,并由监事会选出;监事会的人数为11人,其中劳资双方分别选出4名代表和1名其他成员,再加一名双方都能接受的第三方中立者。其他成员不允许与劳资双方有任何依赖关系,也不能来自那些与本公司有利害关系的公司。(3)雇员在500名以上的公司,职工代表在监事会中要占1/3,由工人委员会提出候选人名单,再由员工直接选举产生。当监事会席位总数多于1位,则至少要有1名员工代表。

这种员工通过选派代表进入监事会和执行理事会参与公司决策的共同决定制,使得公司决策比较公开民主,既有利于股东和员工对经营者的监督,减少失误和腐败,降低代理成本,也有利于调动各方面的积极性,减少摩擦和冲突,保持公司和社会的稳定与持续发展。

(二)日本公司治理模式的机制特征

1.经理人激励机制

日本经营者的激励有两大特点:一是基于"年功序列工资"体系的报酬激励。所谓"年功序列工资"体系指的是正式职工每隔一段时期工资提高一次,职位也每隔一段时期晋升一次的惯例。但是,新入职的公司职工在经过一段时间的工资、奖金、职位同步提高以后,就要根据工作成绩和能力考核逐渐拉开工资、奖金和职位的差距,导致职工之间展开十分激烈的晋升之争。这一制度对员工形成了不断进取的激励。二是基于"终身雇佣制度"的事业激励,即员工

只要进入公司,可以一直工作到退休,即使出现经营困难,公司也不随意解雇其正式职工。这一制度有效激励个人以长期发展为奋斗目标。

2. 经理人约束机制

(1) 主银行约束机制。日本银行的双重身份,决定了其在行使监控权时必然要发挥主导作用。日本银行及法人股东积极获取经营信息并对公司主管实行严格的监督。银行作为公司的主要股东,在财务状况良好时,只是作为"平静的商业伙伴"而存在;如果公司盈利开始下降,主银行由于所处的特殊地位也能及时发现问题。如果情况继续恶化,主银行可以通过召开股东大会或董事会来更换公司的最高领导层。

(2) 公司集团内部控制机制。日本公司还通过定期举行经理俱乐部会议对公司主管施加影响。尽管经理俱乐部会议是非正式的公司治理结构,但它是银行和其他主要法人股东真正行使权力的场所。它就像另一个董事会,与德国的监事会相似。在经理俱乐部会议上,银行和法人股东的负责人与公司经理一道讨论公司的计划项目、经理成功计划和重大公司政策等。虽然会议每月开一次,而且在会议上并不投票,参加者也不相互发布指令,但经理可以感受到会议所达成共识的约束。这主要是因为会议成员是一些联合起来能够控制经理所在公司投票权的人。因此,经理俱乐部会议并非是一个等级官僚组织,而是一个相互沟通和平等协同监管的论坛。

3. 公司员工治理机制

日本还重视公司员工的治理作用。在日本公司中,经营者的选拔、连任以及工作业绩都需要得到员工的支持和认可。日本公司的员工把进入公司董事会看成是毕生的追求。与美国相比,董事由员工晋升的比例较高,日本公司内部员工的终身雇佣制、公司内工会的存在为从业人员发挥治理功能提供了良好的基础。

请用手机微信扫二维码,学习"知识扩充"。

德日债权主导型公司治理模式案例

五、内部控制主导型公司治理模式的有效性分析

(一) 内部控制主导型公司治理模式的优势

1. 充分发挥银行监控作用

德、日公司的核心股东是商业银行,同时商业银行也是公司的主要贷款人。作为股票持有人,银行具有一般股东所缺乏的时间和精力,能够对公司生产经营活动进行有效的监督;作为公司的主要放款人,为了贷款的安全和有效性,银行必然会积极且及时地获取和掌握公司生产经营活动的有关信息,并对其贷款进行事前、事中和事后监督。作为公司股东的银行无疑拥有比其他股东获取公司经营活动更多信息的天然优势,监控成本也低,从而确保了公司股东的监控作用得以正常发挥。

2. 保障更为长期的稳定发展

德、日公司的核心股东银行,作为一个安定性股东,其进行的投资是长期性投资,可以有效地制止公司并购事件的频繁发生。此外,法人相互持股形成了公司之间相互控制、相互依赖的协调关系。一旦有关联的某公司发生困难,则由集团内主要银行出面,予以资金融通,从某种程度避免了公司倒闭,对于整个集团的稳定经营与长期发展起到了极其重要的作用。

3. 降低交易成本并提高效率

法人相互持股的一个重要功能是把分散竞争的公司凝聚在一个企业集团内。在集团内部,法人股权所有者持股的目的不在于以股权控制和支配公司的经营活动,而是通过维持公司

间长期稳定的交易关系,扩大交易量,节约交易费用。

(二) 内部控制主导型公司治理模式的缺陷

1. 缺乏外部资本市场的压力,监督机制流于形式

法人持股的目的在于加强公司间长期稳定的交易关系和分工合作关系。因此,法人相互持股具有很强的稳定性,股权流动性差,资本市场难以发挥对公司经营者的监督和制约作用,加之法人或银行控股的公司没有规范的信息披露制度,使得经营者免受来自市场的压力。经营者不但摆脱了股东所有者的监督和控制,还掌握和控制了董事会,以至于公司经理和普通员工可以联合起来,形成内部人控制,利用信息不对称和产权不清晰的制度缺陷,侵蚀银行及其他法人的资产。

2. 经营者缺乏危机感,创新动力不足

由于公司之间相互持股,形成相当稳定的安定股东,缺乏英、美公司那样来自外部市场的压力。因此,德国和日本公司的经营者缺少危机感,对公司发展的创新动机不强,后劲不足。20世纪90年代以来日本在高新技术产业领域落后于美国也许可以说明这一点。

3. 主银行制导致泡沫经济

20世纪80年代以来,日本中央银行以扩张性的货币政策支持经济增长,使得证券市场和房地产市场出现轮番上涨的震荡。与此同时,银行为了招揽生意,不断向公司提供大量的贷款,而且还为自己的关联公司寻求发展外债的途径,助长了公司的过度扩张。所以,采用主银行制被看成是日本"泡沫经济"形成的一个重要原因。

第三节 家族控制主导型公司治理模式

家族控制主导型公司治理,又称为东亚家族公司治理模式(East Asian Family Model),是指家族占有公司股权的相对多数,公司所有权与经营权不分离,家族在公司中起着主导作用的一种治理模式。与此相适应,资本流动性也相对较弱。

【知识扩充:思政探索】

习近平总书记关于扎根中国大地的相关论述

中国有九百六十多万平方公里土地、五十六个民族,我们能照谁的模式办?谁又能指手画脚告诉我们该怎么办?面对丰富多彩的世界,我们应该秉持兼容并蓄的态度,虚心学习他人的好东西,在独立自主的立场上把他人的好东西加以消化吸收,化成我们自己的好东西,但决不能囫囵吞枣、决不能邯郸学步。照抄照搬他国的政治制度行不通,会水土不服,会画虎不成反类犬,甚至会把国家前途命运葬送掉。只有扎根本国土壤、汲取充沛养分的制度,才最可靠,也最管用。

——2014年9月5日,习近平总书记在庆祝全国人民代表大会成立60周年大会上的讲话

一、家族控制主导型公司治理模式的形成背景

家族控制主导型公司治理模式以东亚的韩国、东南亚的新加坡、马来西亚、泰国、印度尼西亚、菲律宾和中国香港、中国台湾等国家和地区为代表。由于家族在上述东亚国家公司治理中发挥着重要作用,因此,把这一类型的经济体制称为"家族资本主义"。

在韩国,有许多由家族控制的大型财阀,即大型企业集团,如三星、乐天、现代等,其实是背靠韩国政府的力量才得以快速发展。在朝鲜战争之后许多被没收的日本统治时期的公营企业以及日本人的私人企业被政府出售,韩国的许多私人企业家接手了这些被出售的企业,这也是许多韩国家族企业的雏形。20世纪六七十年代,韩国政府为了振兴国家经济,对家族企业提供了大量的政府补贴以及财政政策的支持。虽然在80年代后期,韩国政府为了保证经济的稳定运行,防止家族财阀权势过大而出台了一系列管制措施。但总体而言,许多韩国家族企业还是在这一时期取得了长足的发展、积累了较大的体量。东南亚各国的家族企业大部分是华人家族企业,这些家族企业基本诞生于西方列强对东南亚的殖民时期。在这一殖民时期中,许多中国南方地区的华人闯南洋,进入东南亚邻国。作为外来民族,华人在东南亚处在一种长期受到歧视与排斥的特殊社会环境中。在这种险恶的社会环境及极大的生存压力之下,许多华人白手起家,希望通过金钱来提升自己的社会地位与生活质量,因此产生了大量的家族企业。在第二次世界大战后,东南亚各国纷纷独立,许多华人家族企业通过收购兼并、参股等形式接手了殖民地时期遗留的西方资本所控制的行业与企业,华人家族企业因此得以迅速发展。同时,许多华人家族企业赶上了国家独立后复苏经济的浪潮,成为富甲一方的大企业。东南亚家族企业的成员控制了家族企业的多数股权,家族企业的经营控制权也掌握在家族成员手中(赵晶,2021)。

此外,韩国和东南亚国家受到儒家文化的深刻影响,崇尚家庭亲缘关系,重视"和谐""泛爱众""仁者爱人"等思想观念。这些观念在韩国人和东南亚华人中形成了稳固的家族观念。这种家族观念引入到企业,便形成了企业的家族性,并在企业运营过程中形成了由家族成员共同治理企业的家族治理模式。在经济发展过程中,韩国和东南亚国家面临着资金短缺、市场不完善、法律不健全等问题。在这种情况下,家族企业可以利用自身和家族成员的资金、信用、信息等资源来解决经营困难,并通过内部市场来降低交易成本。同时,由于所有权和经营权没有分离,也可以避免代理问题,提高效率。因此,家族控制主导型公司治理模式具有一定的有效性。

二、家族控制主导型公司治理模式的形成原因

(一) 历史原因

东亚各国家族公司产生于20世纪50年代之前,即东南亚各国、各地区正处于西方列强的殖民统治时期。这一时期,移居东南亚的华人开始在外国资本的夹缝中创办公司。第二次世界大战后,东南亚各国纷纷独立,华人家族公司通过购并、控股、参股的形式,控制了过去为西方资本控制的和垄断的行业。同时,独立后的东南亚国家采取了大力发展经济的战略,也为华人家族公司提供了发展机会,家族公司开始在一些国家经济中占据了主导地位。20世纪80年代以来,东南亚华人家族公司经营的产业层次不断提高,多元化经营的范围不断扩大,上市公司数量不断增多,家族公司所有权出现了多元化格局。但家族成员仍然控制着公司的多数股权,公司主要经营管理权仍然掌握在家族成员手中。不过,来自家族外的高级管理人才开始

大量进入公司,并掌握了部分高层管理职位。

韩国家族公司产生于第二次世界大战或朝鲜战争结束后至20世纪60年代前。第二次世界大战后,在美国的支持下,私营家族公司进入了创业期。朝鲜战争后,政府把第二次世界大战后没收的日本统治时期的公营公司和日本私营公司,以分散付款的方式出售给私人公司、军政人员和其他人员,许多家族公司因此而发家。20世纪60年代后期开始,在家族控制大量股权的情况下,韩国家族财团下的核心公司纷纷上市,公司所有权开始社会化。同时,随着多元化战略的实施,家族财团所控制的系列公司不断增多,有亲缘关系的家族成员大量进入公司。

(二) 文化原因

儒家文化是韩国和东南亚国家家族式公司治理模式形成的共同原因。儒家文化重视家庭亲缘关系,"和谐""和为贵""家和万事兴""仁者爱人"等思想对韩国和东南亚华人有较强的影响。这种家族观念引入到公司,便形成了公司的家族性,并在公司运营过程中形成了由家族成员共同治理的家族模式。

(三) 其他特殊原因

东南亚家族治理模式的形成还有其特殊原因:一是民族歧视。东南亚国家独立前,华人长期受西方殖民主义者的歧视,独立后作为少数民族又受所在国当地人的歧视。在这种情况下,华人只能借助家族成员的力量来谋求公司发展并保持对公司的控制权。二是相较于东南亚国家当地人,华人一般都受到良好的教育,文化素质较高。正是这种差距使得东南亚国家独立后,华人和当地人的合作受到限制,使得华人公司只得采取家族治理模式。

韩国长期以来受儒家思想的影响,工商业者的社会地位很低,因此在20世纪60年代以前,在韩国创办公司只能依托家族的力量。20世纪60年代以后,公司的社会地位得到提高,许多大学生纷纷到父母创办的家族公司工作,使家族公司家族性得到进一步加强。同时,朝鲜战争后国贫民穷,资金短缺。因此,在家族公司的创业期,家族成员的共同出资便成为创办公司所需资金的主要来源。

三、家族控制主导型公司治理模式的结构特征

股权高度集中于家族是东亚很多国家的公司治理共性。在家族公司中,处于绝对控股地位的是公司主或其家族成员,形成了一种股权高度集中于家族成员或家族的私人公司。另外,为了保证家族对公司控制权的不丧失,家族控制型公司往往采取很多措施使得公司的股权结构呈现超稳定状态,他们往往不愿意采取任何使得控制权分散的股权融资方式。甚至,家族公司不把公司财产所有权与公司所有权进行区分,因而也就不可能实现公司产权的公开化、社会化和多元化。即使有些家族控制型公司由于某种原因愿意上市,将部分股权让渡给社会公众持有,但是家族本身仍然会采取相应措施来确保家族对公司最大股权的控制。总之,家族控制型公司的股权高度稳定且高度集中于控股家族及家族成员手中,这也是这类公司所有权结构的重要特点。

请用手机微信扫二维码,学习"知识扩充"。

亚洲部分国家(地区)公司股权结构

另外,在东亚及东南亚地区,家族控制型公司逐渐形成了规模巨大的家族公司集团,而这些集团往往掌控多家上市公司,如印尼、菲律宾和韩国的大多数公司都归属于某个公司集团;马来西亚、泰国,以及中国香港有归属集团的公司占40%以上,只有新加坡及中国台湾有归属集团的公司比例低于20%。东南亚家族公司与韩国家族公司治理结构有各自不同的特征。

(一）东亚家族控制主导型公司治理模式的结构特征

1. 利用金字塔式组织结构控制下属系列公司

东亚家族公司控制者为了实现对旗下众多子公司的终极控制，采取了一种金字塔式组织结构。位居金字塔顶层的终极控制人通过层层持股，以较小比例的股权投资实现对底层成员公司的有效控制。同时，集团成员公司不仅与顶层控制人之间具有金字塔式结构，而且成员公司之间往往也具有复杂的交叉持股关系。这种金字塔结构大大提高了控制者的控制能力，可以起到四两拨千斤的功效。因此，这种公司组织形式在东亚比较普遍。

2. 公司所有权与经营管理权主要由家族成员控制

在东亚家族公司中，家族成员控制公司所有权和经营权表现为五种类型：(1) 公司初始所有权和经营管理权由单一创业者控制，当创业者退休后，传递给其子女，由子女共同控制；(2) 由参与创业的兄弟姐妹或堂兄弟姐妹控制，待公司进入第二代经营时交给子女或堂兄妹子女共同控制；(3) 由合资创业的具有血缘、亲缘及姻缘关系的家族成员共同控制，然后顺延传递给创业者家族第二代或第三代成员，由其共同控制；(4) 家族创业者或者家族公司与家族外其他创业者或公司合资创办公司时候，由家族创业者或家族公司控股，待公司股权传递给家族第二代或者第三代后，形成由家族成员联合共同控制的局面；(5) 一些原来处于封闭状态的家族公司，迫于公司公开化和社会化的压力，把公司的部分股权转让给家族外的其他人或者公司，或公开上市，从而形成家族公司产权多元化局面。但这些股权多元化的家族公司的所有权和经营管理权仍主要由家族成员控制。

3. 公司决策家长化

在东亚家族公司中，公司的决策被纳入了家族内部序列，公司的重大决策如创办新公司、开拓新业务、人事任免等都由家族中的大家长一人决定，家族中其他成员做出的决策也必须得到家长首肯。即使这些家长已经退居二线，但当家族第二代成员做出决策时，也必须征求家长意见或征得其首肯。当家族公司的领导权传递给第二代或者第三代以后，前一代家族的决策权威也同时赋予第二代或者第三代接班人，由他们做出的决策，其他家族成员一般也必须服从或者遵从。

（二）韩国公司治理结构的基本特征

20世纪60年代，韩国公司逐步形成了政府控制下的家族治理模式，韩国公司融资结构高负债，也主要是受这一模式的影响而形成。韩国财团及其所属公司基本上是由公司创办者的家族成员控制。韩国公司的治理结构主要表现在以下几点：

1. 家族成员控制财团及其所属系列公司的所有权

在韩国资本市场不健全、小股东分散的情况下，韩国财团及其系列公司的所有权基本控制在以业主为首的家族成员手中。

2. 家族成员掌握财团及其系列公司的主要经营管理权

在韩国，当掌握财团或公司最高经营权的业主退休后，财团或公司的最高经营权主要采取以血缘关系为基础的特别是以长子为主的家族制继承制度，采取非血缘关系的专门经营者继承的组织式继承制度则较少。财团所属系列公司的主要经营管理权由家族成员控制。如在现代集团成立初期，除财团创始人郑周永外，其一个胞弟、八个儿子等其他家族成员分别在财团下属的系列公司中担任经理或会长等职务。

3. 财团的重大决策由掌握最高经营权的家族成员做出

在韩国的财团中,重大决策一般由控制公司最高经营权的家族成员做出,主要是由财团董事长一人做出,或者是财团董事长在同各系列公司负责人和财团综合企划部交换意见后做出决策。

4. 家族成员以相互债务担保和相互财政补贴形式对财团所属系列公司实施控制

韩国大型家族公司所有权集中度只在10%左右,因此,由最大控股股东掌握的直接控制权就受到相当限制。然而,其他关联公司具有的交叉持股结构和相互担保使得最大的股东能巩固控制公司。所谓"相互债务担保"是指财团所属系列公司为获取金融机构贷款而进行的相互间的担保。所谓"相互财政补贴"是指财团所属系列公司的盈利公司给予亏损公司的经济补贴。家族成员正是利用这种方式,形成一个利益共同体并实施控制。

四、家族控制主导型公司治理模式的机制特征

家族控制主导型公司治理模式的机制特征在于公司所有权与控制权都主要集中在家族成员手中,两权并未出现较大程度的分离。由于物资资源和人力资源都主要来自家族,代理问题相对较小,相应地,内部公司治理机制的发展程度也相对较低。此模式的主要特征表现如下:

(一) 经营者激励约束双重化

在东亚及东南亚家族公司中,经营者受到来自家族利益和亲情的双重激励和约束。对于家族第一代创业者而言,他们的经营行为往往是为了光宗耀祖或使得自己的家庭更好地生活,以及为自己子孙后代留下一份产业。对于家族公司的第二代经营者来说,发扬光大父辈留下的事业、承担家族成员资产保值与增值的责任、维持家族成员亲情,是对他们经营行为进行激励与约束的主要因素。因此,与非家族公司的经营者相比,家族公司经营者产生道德问题有利己的个人主义倾向的可能性较低,用规范的制度对经营者进行监督和约束已经不必要。但是这种建立在家族利益和亲情基础上的激励约束机制,使得家族公司经营者所承受的压力更大,并为家族公司的解体留下隐患。

(二) 政府对公司的强约束

东亚及东南亚家族公司在发展过程中受到来自政府政治、经济和法律方面的影响和制约。凡是家族公司的经营活动符合国家政治、经济和法律要求的,政府会在金融、财政、税收等方面给予扶持;反之则会加以限制。因此,注重维护与政府尤其是与政府官员的关系,是东亚家族公司的一个共同特征。一些家族公司正是利用亲属在政府中任职,获得经济上的特权而发展起来的。还有一些家族公司通过贿赂政府官员、吸收政府官员家属参股、安排其在公司任职等形式,寻找在政府中的靠山,获取来自政府提供的特许经营权、专营权、工程招标等非市场化的利益。

韩国则是政府利用金融体系在外部控制公司。1964年,韩国经济发展战略从内向型转向外向型,从进口替代导向转向出口替代导向。在国内金融资源短缺的情况下,为了保证政府制定的出口导向战略的实施,政府采用直接控制金融体系及其资金流向的形式来指导和控制公司的投资导向,从而把公司纳入了政府的直接控制之下。其主要手段有:一是设立地方银行、产业银行、进出口银行、长期信用银行等各种金融机构,为公司提供贷款;二是利用低利率优惠贷款控制公司;三是利用金融政策控制公司;四是利用信贷资金的分配流向控制公司。

(三) 银行等金融机构的外部监督较弱

以经济建设为中心,实现工业化,是20世纪50年代以来东亚国家的基本国策,在这一国

策的指导下,作为金融资源主要提供者的银行等金融机构对所在国公司在投融资上一般都呈现出软约束的特征。只要公司的生产经营活动符合政府宏观经济政策和产业政策的要求,就能从银行等金融机构中获得源源不断的贷款,而银行等金融机构对贷款公司的进入机制是否健康,贷款投向是否合理则很少关心,从而造成东亚家族公司受到来自银行等金融机构的监督和约束力度较小。

在东南亚,许多家族公司都涉足银行业,但是银行只是家族公司之一,银行必须服从于家族的整体利益,为家族的其他系列公司服务。因此,来自银行的约束一般都是软约束。而没有涉足银行业的家族公司一般都采用由下属的系列公司之间相互担保的方式向银行融资,这也使银行对家族公司的监督力度受到削弱。在韩国,银行是由政府控制的,银行只是发放贷款的工具,对公司的监督与约束力度很小。

五、家族控制主导型公司治理模式的有效性分析

(一) 家族控制主导型公司治理模式的有效作用

1. 对公司内部控制的有效作用

从公司内部控制角度,其有效性表现为三个方面:一是由于所有权和经营权没有分离,所有者和经营者的利益一致,代理问题很小;家族和公司合一的特征,使得家族成员把公司资产视为家族资产,公司凝聚力强;二是由于家族伦理道德规范的制约,建立在血缘、亲缘和姻缘关系基础上的家族成员把家族内的伦理和情感带进公司,使得家族公司能够像家庭一样存在并保持较高的稳定性;三是家长决策在一定程度上节约了决策时间,保证了决策过程的迅速性。

2. 对公司成长和发展的作用

韩国和东南亚的家族公司都是在资金数额较少情况下建立起来的,经过几十年的发展,家族公司多数从单一经营转向更多元化经营,集团内部公司的关联交易占了相当的比重。由于同时受家族控制,关联公司之间的交易费用是很低的。许多家族公司已经成为资产规模达几十亿甚至几百亿美元的全球性大公司。而且许多家族公司实现了从单一经营向多元化经营、从国内公司到国际公司的转变。家族公司的成长和发展虽然是许多因素共同促进的结果,但家族治理模式在其中起到重要作用。

3. 对国家经济发展的作用

建立在家族治理模式基础上的韩国和东南亚各国家族公司,对各国经济发展起到了重要推动作用。例如韩国,20世纪70年代以来,家族大公司的销售额一直占全国销售额70%左右,进出口额占国内进出口额的90%以上。再如泰国,1986年,商业、运输、旅游、建筑等行业的生产总值达4 408亿泰铢,占其国内生产总值的40.9%,而这些行业的70%属于华人家族。

(二) 家族控制主导型公司治理模式的负面作用

1. 所有权控制过于集中,形成对小股东的剥夺

随着家族公司集团中的部分公司上市,东亚及东南亚的家庭公司所有权结构出现一定程度的多元化,但控制权仍掌握在家族成员手中,这样的后果是小股东的利益受到侵害。家族公司做决策时,公司最高领导人往往不会考虑中小股东的利益。在某些国家和地区,中小股东持有股份的公司常常为受同一个家族控制的其他公司提供贷款担保或者直接借钱给这些公司,给中小股东带来不得不承担的风险。

2. 缺乏对家族外人力资本的激励作用

东亚及东南亚的家庭公司由于等级森严,家族外员工一般很难进入公司的最高管理层;同时家族外员工包括高级管理人员由于不持有公司股份,因而对公司关注度低。由于这种情况的存在,具有人力资本潜质的家族外员工的能力和智慧不能通过有效形式发挥出来,造成了公司人力资本的大量浪费。这也是东亚及东南亚的家族公司技术水平和管理水平比欧美公司相对低下的重要原因。

3. 任人唯亲可能带来经营上的风险

家族治理模式具有凝聚力强、稳定程度高和决策迅速等特点,是以参与管理的家族成员具有相应的管理才能为条件的。如果家族成员经营管理能力较差,不仅家族公司上述优势发挥不出来,还给公司带来经营上的失败,甚至导致公司破产倒闭。例如,韩国国际财团曾经是一个拥有20个子公司的全球性大公司,由于财团领导核心由缺乏管理才能的家族成员组成,致使该财团于1985年破产倒闭。

4. 家族公司权力交接容易引起纷争

一些家族公司在领导人换代时,容易出现继承人人选得不到家族成员的拥护而导致公司分裂的情况。如泰国的暹罗集团、新加坡的杨协成集团都曾出现过这样的情况。还有一些家族公司的继承人由于投资和经营失误,引发家族内讧和家族关系破裂,最终导致家族公司解散。如1997年以来破产的韩国起亚、韩宝等八大家族公司都属于这种情况。

请用手机微信扫二维码,学习"知识扩充"。

杉杉股权之争 实为继承权争夺

5. 公司社会化、公开化程度低带来的风险

在东亚国家,由于家族公司的所有权和经营管理权为家族所控制,公司的社会化和公开化程度低,因而使公司社会形象受到影响,发展受到制约。同时,也正是由于公司的社会化和公开化程度较低,使得公司融资渠道狭窄,公司所需资金只能通过银行借款获得,运营也只能通过高负债来维持。在东南亚,华人家族公司的负债一般都超过公司资产;而在韩国,家族公司的负债率更高,一般都高达百分之几百,有的甚至超过百分之一千。当银行拒绝融资时,公司会马上陷入困境,甚至破产倒闭。

第四节 公司治理模式的趋同化

各种公司治理模式都有其产生的特殊历史背景和文化、法律和市场环境,因此都有存在的合理性。但是,自20世纪80年代以来,种种迹象表明,不同的公司治理模式正在取长补短,显示出趋同化的倾向。

【知识扩充:思政探索】

习近平总书记关于经济全球化的相关论述

当今世界,经济全球化潮流不可逆转,任何国家都无法关起门来搞建设,中国也早已同世界经济和国际体系深度融合。我们绝不会走历史回头路,不会谋求"脱钩"或是搞封

闭排他的"小圈子"。
——2020年11月19日,习近平总书记在亚太经合组织工商领导人对话会上的主旨演讲

一、经典公司治理模式的比较

大多数早期的公司治理理念产生于英国和美国,即源于外部控制主导型公司治理模式。正是英、美两国公司的两权分离现象,使人们早在20世纪30年代便注意到识别与解决代理问题的重要性。然而,到80年代晚期,许多学者都认为,在外部控制主导型公司治理模式下,管理层掌握了过大的控制权且缺乏约束,中小股东高度重视短期收益而忽视了公司长期发展。相比来说,内部控制主导型公司治理模式更为有效,而德国和日本的公司也在全球表现出很强的竞争优势。

1992年开始,日本经济长期停滞不前;1993年,德国发生了严重的经济衰退。随着德、日两国接连发生经济衰退,人们改变了看法,外部控制主导型公司治理模式又得到了高度肯定。而此后,21世纪初,随着安然公司、世通公司、施乐公司等大型公司接连曝出震惊世界的假账丑闻,人们对外部控制主导型公司治理模式再次产生了怀疑。在这个过程中,不论是实业界还是学术界,对经典公司治理模式的质疑都越来越多,公司治理模式的比较研究日益兴起。

表14-4总结了三类公司治理模式的关键异同,主要体现在融资结构差异、内部公司治理机制差异和外部公司治理机制差异三个方面。美国拥有发达的资本市场,股权相对分散且流动性强,股东缺乏监督单个公司的动机和能力,因此,公司治理主要通过以控制权市场为主的外部治理机制实现。德、日的证券市场相对欠发达,早期国家对经济干预较多,同时,因为公司资金主要来源于银行,因此银行具有充足的动机和能力对公司实施监督。在这样的情况下,实施内部治理机制有利于公司长期稳定发展,也便于保护各利益相关者的利益。东南亚的证券市场和银行都起步较晚,家族的人脉与资源对公司发展起着至关重要的作用,以家族控制为主导的公司凝聚力强、决策迅速,适合新兴市场的成长期公司。

表14-4 三类公司治理模式的异同点

比 较 项		外部控制主导型公司治理模式	内部控制主导型公司治理模式	家族控制主导型公司治理模式
融资结构	融资渠道	直接融资为主	银行是重要的资金来源	银行贷款与家族资源为主
	股权结构	相对分散	比较集中	高度集中
	股东构成	机构投资者为主	银行与交叉持股的公司法人为主	家族成员为主
内部公司治理机制	决策、执行、监督机制	以独立董事为主的单层制董事会	银行主导的双层制董事会	家长决策制
	经理人激励机制	长期激励性薪酬占薪酬较大比重	长期雇佣、激励略显不足	家族利益与亲情的双重激励

续 表

比 较 项		外部控制主导型公司治理模式	内部控制主导型公司治理模式	家族控制主导型公司治理模式
外部公司治理机制	信息透明度	较高	较低	较低
	控制权市场	活跃	不活跃	不活跃
	职业经理人市场	成熟	高管缺乏流动性	不发达,依靠家族成员
	产品市场竞争	激烈	激烈	激烈

资料来源:姜付秀,于上尧等.公司治理:基本原理及中国特色[M].北京:中国人民大学出版社,2022:277-278.

优点与缺点往往是同源的。相应地,美国相对分散的股权也导致美国股东更注重公司的短期股票市场表现,进而导致经理人短视。德、日法人交叉持股的内部控制机制尽管稳定性强,但也降低了公司间的竞争程度,同时,交叉持股导致公司在人事问题上互为股东、互为高管,长此以往,可能会导致内部人之间相互共谋、弱化监督,并容易带来泡沫经济。东亚家族治理模式尽管适合新兴市场的成长期公司,但也限制了其外部融资和扩张能力,并带来了传承问题。所以,最优的公司治理模式不能一概而论,需要与公司所处的外部环境相匹配,并随着外部环境变化与公司自身成长不断调整。

二、《OECD公司治理准则》成为公司治理的国际标准

为顺应全球化公司治理运动,1999年5月,OECD(经合组织)的29个成员国部长通过了《OECD公司治理准则》,这是公司治理领域第一个多国共同使用的工具,其最重要的目的是建立一个全球的治理话语,并借此反映公司治理功能的趋同。《OECD公司治理准则》出台之后,逐渐为各国所接受,成为公司治理的国际标准,同时也是各国、各地区公司治理准则的范本。一些国际组织也相继运用《OECD公司治理准则》,衡量公司治理绩效。例如,国际会计协会创办的会计准则发展国际论坛(IFAT),就是用《OECD公司治理准则》作为分析治理和披露制度的工具(蔡锐等,2018)。

2000年后,公司治理领域一些大公司接连出现骇人听闻的事件,如美国安然和世界通信公司造假案件、日本雪印食品舞弊案件等,再一次引发了人们对公司治理问题的反思。在这种情况下,2002年,OECD部长级会议一致同意对OECD国家的最新发展进行重新考察,以便根据最新的公司治理发展状况对《OECD公司治理准则》进行审查。2004年4月,OECD结合公司治理领域的最新发展情况,立足于宣扬公司治理的理念,公布了最新的《OECD公司治理准则》。

本次修订的准则不仅参考了OECD国家的经验,还参考了非OECD国家,尤其是那些参加了OECD和世界银行共同组织的公司治理地区圆桌会议的俄罗斯、亚洲、东南亚、拉美国家和地区的经验。因此,新的《OECD公司治理准则》不仅适用于OECD国家,也适用于相当多的非OECD国家。《OECD公司治理准则》适用性的广泛程度,无疑是全球公司治理模式趋同化的重要表现形式。

三、相对控股模式出现

无论是以英、美为代表的外部控制主导型模式,还是以德、日为代表的内部控制主导型模式,都存在一个相同的负面后果,即因为缺乏监督而产生"经营者控制"。基于"经营者控制"的严峻现实,两种治理模式开始向中间靠拢,即从高度分散和高度集中向中间靠拢,以谋求一种相对控股模式。由于相对控股股东拥有的股权比重较大,因而有动力发现公司经营中存在的问题,并对经理人的更换高度关注(蔡锐等,2018)。因此,与高度分散和高度集中这两种股权结构相比较,相对模式更有利于发挥公司治理的作用,从而能够更有效地促使经理人按股东利益最大化原则行事,实现公司价值最大化。

在英、美等国,具体做法是通过改变机构投资者持股比重并且激励其参与公司治理来实现这一模式。英、美越来越多的机构投资者(特别是养老基金)发现参与"关系投资"有助于提高自己的投资组合价值。而且由于机构投资者持有股份很多,使得他们难以在短期内找到足以买进这些股份的买主。加之抛售巨额股票会引起股市大跌,机构投资者自身也会蒙受巨大损失,这就在客观上迫使机构投资者长期持有股票,并借助投票机制直接参与公司治理,以保证其权益不受损害(蔡锐等,2018)。公司也意识到加强与机构投资者的联系和沟通的重要性,通过这样的方式可以保持公司经营的透明度,增强公司在资本市场上的良好形象。据英国投资者关系协会对英国200家大型公司高层经理的调查表明,72%的人都认为他们比三年前更重视公司与投资者的关系。

在德、日等国家,银行及机构投资者持股比例则在不断下降。长期以来,德、日公司盛行的相互持股也主要是银行及机构投资者之间的持股。由于相互持股的弊端已为人们所认识,相互持股正在逐渐稀释,相互持股的稀释主要是银行持股下降导致的(蔡锐等,2018)。与此同时,近年德、日两国公司的股权分散现象愈来愈明显。

可见,一方面是英、美等外部控制模式的国家的机构投资者持股比重上升,另一方面则是德、日等内部控制模式的国家的机构投资者持股比重下降。在这种情况下,逐渐形成了一种所谓"相对控股模式",即股权有一定的集中度,有相对控股股东存在。经过几年的发展,相对控股模式已逐渐形成,而且对"经营者控制"已经产生了一定的制约作用(蔡锐等,2018)。

根据《东京上市公司治理白皮书》数据显示,截至2014年结算年度(2014年3月最后一个交易日),东京主板上市公司中,第一大股东持股比例在5%以下(不含5%)的公司,即股权极度分散的占10.6%,5%~10%以下(不含10%)的即股权分散的公司占33.2%(见表14-5)。

表14-5 日本东京股票市场第一大股东持股率统计(截至2014年结算年度)　(单位:%)

持股比例 证券市场	5%以下	5%(含)~ 10%以下	10%(含)~ 20%以下	20%(含)~ 33.3%以下	33.3%(含)~ 50%以下	50%(含)~ 75%以下
东京主板市场	10.6	33.2	23.9	15.9	9.6	6.6
东京中小板	3.9	20.6	27.9	24.4	12.5	10.8
JSDAQ	1.9	9.1	29.3	30.9	17.5	11.4
创业板	4.1	7.2	19.1	27.3	26.8	15.5

资料来源:华生.万科模式:控制权之争与公司治理[M].上海:东方出版社,2017.

近些年来,德国公司的股权结构呈现分散化趋势。2015年DAX30指数的30家公司中第一大股东持股比例(中级所有者)的均值为19.22%(中值为9.48%),相比2001年的29.92%(中值24.75%)下降十分明显。具体分析公司的第一大股东(见表14-6),可以发现,30家公司中有16家未发现有控制权的股东(第一大股东持股比例不到10%)。在剩余的14家中,追溯第一大股东背后的控制人,最终发现,由私人或家庭控制的公司有8家,政府控制的为4家(中央政府3家,地方政府1家),还有2家公司属于混合型(第一大股东为信托基金)。

表14-6 DAX公司控制权分类

控制权类型	数量	占比(%)
分散	16	53.33
私人或家庭	8	26.67
政府	4	13.33
混合控制	2	6.67
分散的金融公司	0	53.33
分散的非金融公司	0	53.33

资料来源:华生.万科模式:控制权之争与公司治理[M].上海:东方出版社,2017.

四、财务报告准则趋同

随着跨公司、跨国界投资组合,资本市场的一体化发展,以及投资者对标准化财务报表的呼吁,国际财务报告准则(IFRS)和美国财务报告准则(GAAP)逐渐为世界各国所接受,美国的会计准则也已经开始向国际财务报告准则过渡。长期以来,一些公司不断在国际资本市场上寻求融资机会,因此它们不得不采纳IFRS或美国GAAP会计准则编制其财务报告。2001年2月,欧洲委员会提出一项法规建议,要求至少在2005年前,所有在欧洲注册的公司必须使用国际IFRS。

为了满足本国公司利用国际资本市场的需要,一些OECD成员国进行了相应改革,允许国内公司使用IFRS或GAAP进行财务信息披露。例如,德国通过KonTraG立法,允许德国公司运用IFRS或者GAAP进行财务信息披露。一年之后,在DAX指数成分公司中,按照IFRS或者GAAP进行财务信息披露的公司比例从一年前的17%迅速攀升到63%。日本政府于1998年通过决议,推动其财务报表制度接近IFRS。在法国,市场监管者COB于1999年1月宣布,要求所有上市公司按照IFRS披露其补充财务报告。1999年,韩国也成立了会计准则委员会,旨在推进韩国会计准则与国际惯例相一致。

目前,世界上绝大多数国家和地区,包括欧盟、加拿大、日本和中国的一些公司都已经采用IFRS。在全球资本市场区域一体化的情况下,采用共同的财务准则,将大大降低公司的会计成本,提高公司运营绩效。尽管这种趋同可能会在某些方面偏离基于各国特殊性的准确性(如GAAP有针对性对石油和保险等行业的具体指导,而IFRS则没有),从而会误导投资者,损失一些社会福利。但采用IFRS后,财务报告具有透明度和可比性,由此带来的收益增加将会大大超过因某些方面偏离精准性所带来的成本上升。

五、法律趋同

在英、美等国家的法律传统中,公司概念是一种股东和公司管理当局之间的基于信任的关系;而在欧洲大陆传统里,公司具有独立的意志,对公司有利的事情可能对股东不利。这些不同可以追溯到公司法,如股东权利、董事会的义务等规定上的不同。

然而,这些不同并不像看起来那样重要,而且它们的重要性也越来越小。现在所有国家都意识到,投资者是公司策略的重要仲裁人,剩余索取权是公司治理的核心,且资本市场变得日益重要。与此相适应,有价证券规则对公司的约束作用也越来越大。

各国与公司治理相关的立法在近几年里也出现了明显的趋同。例如,德国立法已经将决策过程的控制权倾向于股东,提高账目的透明度,尤其是合并账目;法国也在其公司法改革的《Marini 报告》中提出法国公司法"契约化"的必要性,赋予公司更多制定财务结构的自由;意大利的《Draghi 改革法案》大大地增加了股东权利;而日本则制订了彻底改革现行金融体系的计划,实行股票交易完全自由化,取消了有价证券的交易税,废除了对养老基金、保险公司、投资信托业务等资产运用的限制。

此外,英、美两国也更加容忍关系型投资,比较突出的表现是其开始重视银行持股的作用。由于银行双重身份能够在公司治理中发挥证券市场所不能很好地承担的"相机治理"监督作用,因此,20 世纪 90 年代后,英、美开始逐渐放松对银行的限制使商业银行开始涉足证券投资等非传统银行业务,商业银行与投资银行的业务界限趋于模糊,商业银行、储蓄贷款机构、信用社,甚至证券公司、人寿保险公司、养老基金等金融机构的业务差别日益淡化。

法律的趋同不是法律折中主义,而是不断增长的大公司选择制度的环境趋势导向,或者说是大公司对开发和利用流动的、便宜的资本来源的需求。例如,大公司要在美国纽约证券交易所发行股票,就必须接受美国的有价证券规则和会计标准。无疑,这对于这些大公司所在国的规则和制度的形成具有重要影响。

六、利益相关者治理成为主导

员工、上下游公司等利益相关者越来越多地参与到公司治理之中。事实上,许多国家早就认识到利益相关者在公司治理体系中的重要性。比如,德国、荷兰、比利时、奥地利等国的监事会中都有员工代表席位;在日本,供应链上下游公司通过交叉持股的方式实现紧密连接、互相监督;在美国,雇员得以从员工持股计划(Employee Stock Ownership Plans, ESOP)中获益,并由此影响公司决策。近年来,重视公司利益相关者的利益逐渐在世界范围内形成共识,而这对公司治理正在产生极大影响。

总之,世界各种公司治理模式正在相互靠近,相互补充。英美公司收敛股票的过度流动性,寻求股票的稳定性,以利于公司的长远发展;德、日公司则收敛股票的过度安定性,借助股票市场的流动性,来激活公司的活力。不过,由于不同模式形成的背景的长期影响,在相当长的时期内,各种治理模式还会保持各自的特点,不太可能完全趋同。当然,趋同并不意味着某一种公司治理模式的胜利,而应该视作各国公司选择融资结构与公司治理发展的更大空间。所有权与控制权结构应当更多地与公司自身需求和特征相适应,而不是依照一国主流的公司治理模式来构建。公司所处的制度环境以及随发展即测即评下需求的变化,是构建和不断完善其公司治理模式时重要的考量因素。

【知识扩充:思政探索】

社会主义核心价值观——和谐

自人类社会产生以来,对和谐社会的追求就是一种重要的价值取向。在中国,和谐自古以来就是中华文明遵循的核心价值理念。在西方,法国的空想社会主义者在18世纪就提出了建立"和谐社会"的构想。马克思主义批判地吸收了空想社会主义理论中的合理成分,科学地描绘了未来理想社会的蓝图。中国特色社会主义和谐社会建设,正是实现这一价值目标的伟大实践。

和谐作为社会主义核心价值观的重要组成,是人类世界的普遍要求和未来方向:首先,就一般事物而言,和谐是事物存在的一种辩证关系的积极展现;其次,就社会形态的特征而言,和谐是中国特色社会主义的本质属性;再次,就人类历史的未来发展而言,和谐世界是人类的共同价值追求。

资料来源:theory.people.com.cn/n/2014/0506/c384764-24981614.html.

【知识扩充:思政探索】

习近平总书记关于全人类共同发展的相关论述

综合研判世界发展大势,经济全球化是不可逆转的时代潮流。

实践证明,过去40年中国经济发展是在开放的条件下取得的,未来中国经济实现高质量发展也必须在更加开放的条件下进行。这是中国基于发展需要作出的战略抉择,同时也是在以实际行动推动经济全球化造福世界各国人民。

——2018年4月10日,习近平总书记在博鳌亚洲论坛2018年年会开幕式上的主旨演讲

我们要共同倡导弘扬全人类共同价值,和平、发展、公平、正义、民主、自由是各国人民的共同追求,要以宽广胸怀理解不同文明对价值内涵的认识,不将自己的价值观和模式强加于人,不搞意识形态对抗。

——2023年3月15日,习近平总书记在中国共产党与世界政党高层对话中的主旨演讲

本章小结

1. 因各国历史、文化背景及经济发展状况不同,各国公司治理模式各具特点,比较典型的公司治理模式有三种:一是外部控制主导型模式,二是内部控制主导型模式,三是家族控制主导型模式。

2. 外部控制主导型模式以分散化股权融资机制为基础,股权分散,机构投资者占主导地位。

外部市场尤其是公司控制权市场在公司治理中居主导地位,董事会中独立董事比例较大。该模式的优点是能最大限度提高公司运营效率,有利于创新精神的迸发,有利于公司竞争力的提升;缺陷是股东大会"空壳化""弱股东、强经理人"现象严重,公司资本结构的稳定性较差等。

3. 内部控制主导型模式以法人相互持股为基础,股权集中,银行在公司治理中居于主导地位,董事会和监事会分设。该模式的优点是银行的监控作用得以充分发挥,能更好地实现公司长期稳定发展,法人相互持股可降低交易成本;缺陷是缺乏外部资本市场的压力、监督机制流于形式,经营者缺乏危机感、创新动力不足,主银行制易导致泡沫经济等。

4. 家族控制主导型模式以家族控股为基础,所有权与经营权不分,决策实施家长化。该模式的主要优点是代理问题小,公司凝聚力强,决策迅速;缺陷是所有权控制过于集中、形成对小股东剥夺,缺乏对家族外人力资本的激励作用,任人唯亲可能带来经营上的风险,家族公司权力交接容易引起纷争等。

5. 自20世纪80年代以来,不同的公司治理模式开始取长补短,显示出趋同化倾向。突出表现在:《OECD公司治理准则》正逐渐成为公司治理的国际标准;机构投资者作用加强,相对控股模式出现;国际财务报告准则趋同;各国公司治理的相关立法呈趋同趋势;利益相关者治理参与治理的趋势加强;公司管理层的激励与赋权加强。

练习题

1. 三类公司治理模式的特征分别是什么?
2. 三类公司治理模式存在哪些差异?
3. 三类公司治理模式分别有哪些优缺点?
4. 全球公司治理模式的发展趋势是什么?其背后的驱动因素有哪些?
5. 是否存在最佳的公司治理模式?
6. 中国上市公司更趋近哪种公司治理模式?为什么?
7. 中国在美国的上市公司,会受到哪些公司治理模式的挑战?为什么?

关键术语

外部控制主导型公司治理模式　内部控制主导型公司治理模式　家族控制主导型公司治理模式　治理模式趋同　利益相关者治理

结篇案例

回顾本章开篇的导入案例,应用本章所学知识回答以下问题:

1. 雅虎公司、三越公司和三星集团更换CEO的过程,分别体现了外部控制主导型公司治理模式、内部控制主导型公司治理模式和东立亚家族治理模式的哪些特征?
2. 在三家公司更换CEO的过程中,你认为哪家公司的做法更好?为什么?
3. 透过这三家公司更换CEO的案例,你认为它们在公司治理方面分别可以做出哪些改进?谈谈你的建议。
4. 设想一下,三家公司的CEO在中国会有怎样的结果?

参考文献

[1] 白钦先.比较银行学[M].郑州：河南人民出版社,1989.
[2] 蔡锐,孟越.公司治理学(第2版)[M].北京：北京大学出版社,2018.
[3] 陈祖华,朱庆仙.公司治理模式的国际比较及启示——从资本结构角度的分析[J].南京审计学院学报,2005,2(1)：7-9.
[4] 刁薇薇.美日企业融资模式比较研究[D].长春：吉林大学,2006.
[5] 范文燕.资本结构与公司治理的关系研究[D].长沙：湘潭大学,2002.
[6] 费腾.中、美、日科技型中小企业融资结构比较研究[D].长春：东北师范大学,2012.
[7] 洪青.公司资本结构与治理结构：国际比较及启示[J].企业经济,2004(1)：164-154.
[8] 姜付秀,于上尧等.公司治理：基本原理及中国特色[M].北京：中国人民大学出版社,2022.
[9] 蓝庆新,韩晶.公司治理模式演进的国际比较分析——基于制度系统论的视角[J].经济社会体制比较,2010(5)：186-192.
[10] 劳平.融资结构的变迁研究[M].广州：中山大学出版社,2004.
[11] 李红霞.美、日、德企业融资模式比较与借鉴[J].财经问题研究,2003(12)：21-25.
[12] 李角奇.公司治理国际比较分析及中国公司治理目标模式创新研究[D].沈阳：东北大学,2008.
[13] 李维安.公司治理[M].天津：南开大学出版社,2001.
[14] 李维安,武立东.公司治理教程[M].上海：上海人民出版社,2002.
[15] 李维安.现代公司治理研究[M].北京：中国人民大学出版社,2005.
[16] 罗伯特·蒙克斯,尼尔·米诺.公司治理(第二版)[M].李维安,周建,等,译.北京：中国财政经济出版社,2003.
[17] 马克·J.洛.强管理者弱所有者[M].郑文通,等,译.上海：上海远东出版社,2000.
[18] 马林.公司治理国际案例精选[M].宋增基,李春红,译.北京：北京大学出版社,2011.
[19] 玛丽·奥沙利文.公司治理百年——美国和德国公司治理演变[M].黄一义,谭晓青,冀书鹏,译.北京：人民邮电出版社,2007.
[20] 孙裕君.美、日、德企业融资及比较[J].经济界,2003(2)：51-53.
[21] 唐海鸥,陈易灵.不同类型股权结构与公司治理模式的国际比较[J].财会通讯,2009(9)：112-114.
[22] 危秀美.我国上市公司治理转型的"董事会中心主义"模式研究[D].广州：华南理工大学,2021.
[23] 吴元波.公司治理结构下中国上市公司资本结构与融资方式的制度分析[D].西安：西北大学,2005.
[24] 夏雪冰.公司治理机制的国际比较[J].东方企业文化,2010(3)：125.
[25] 肖海斌,刘源.公司治理模式：国际比较及其对中国的借鉴意义[J].经济论坛,2005(5)：65-67.
[26] 肖奎.公司治理模式：国际比较与演进趋势[J].南方金融,2016(2)：68-74.
[27] 熊蓉佳.美日企业财务治理的比较和启示[J].财会月刊,2004(15)：44-45.

[28] 余熳宁.日本融资模式的发展状况[J].中国金融,2002(1):50.
[29] 张凝.日本股东大会制度的立法、理论与实践[M].北京:法律出版社,2009.
[30] 章治国.公司治理模式的国际比较与启示[J].当代石油石化,2017,25(6):44-50.
[31] 宗雪.公司治理模式的国际比较及启示[J].商业现代化,2016(14):77-78.
[32] 邹琦.美日中小企业融资比较研究[D].长春:东北师范大学,2006.
[33] Ballon J R. The financial behavior of japanese corporations[M]. Tokyo and New York,1988.